Rapide,
léger et santé

Smoothies melon et kiwi, p. 26

Hoummos aux herbes, p. 58

Potage épicée aux patates douces, p. 102

Salade haricots noirs, avocat et œufs, p. 122

Macaronis, citron et fromage, p. 140

Pétoncles au four et prosciutto, p. 192

Poulet épicé avec haricots cannellini, p. 220

Burgers épicés au tofu et aux légumes, p. 280

Salade de fruits frais *mojito*, p. 296

MICHELA NERI

Rapide, léger et santé

RECETTES DÉLICIEUSES POUR VIVRE EN SANTÉ

97-B, Montée des Bouleaux, Saint-Constant, Qc, Canada, J5A 1A9
Tél. : (450) 638-3338 / Téléc. : (450) 638-4338
www.broquet.qc.ca / info@broquet.qc.ca

Catalogage avant publication de Bibliothèque et Archives nationales du Québec et Bibliothèque et Archives Canada

Neri, Michela

    [Healthy, quick and light. Français]

    Rapide, léger et santé : délicieuses recettes pour une vie en santé

    (Un vrai délice !)

    Traduction de : Healthy, quick and light.

    Comprend un index.

    ISBN 978-2-89654-512-4

    1. Cuisine rapide. 2. Cuisine santé. 3. Livres de cuisine. I. Titre. II. Titre : Healthy, quick and light. Français. III. Collection : Vrai délice !.

TX833.5.N4714 2016   641.5'55   C2015-941979-4

Nous reconnaissons l'aide financière du gouvernement du Canada. We acknowledge the financial support of the Government of Canada. Nous remercions également livres Canada books™, ainsi que le gouvernement du Québec : Programme de crédit d'impôt pour l'édition de livres – la Société de développement des entreprises culturelles (SODEC).

Canada Québec

Titre original : *Healthy, quick and light*

Édition originale :
Ce livre a été conçu, réalisé et publié par McRae Publishing Ltd, Londres
info@mcraebooks.com
www.mcraepublishing.co.uk
Éditeurs : Anne McRae, Marco Nardi
Copyright © 2015 McRae Publishing Limited
Tous droits réservés. Toute reproduction non autorisée, de quelque façon que ce soit, est interdite.

Directrice de projet : Anne McRae
Directeur artistique : Marco Nardi
Photographe : Brent Parker Jones
Texte : Michela Neri
Réalisation : Foreign Concept
Stylisme alimentaire : Lee Blaylock
Maquette : Filippo Delle Monache

Édition canadienne en langue française :
Copyright © Ottawa 2016 Broquet inc.
Dépôt légal – Bibliothèque et Archives nationales du Québec
1er trimestre 2016

Traduction et adaptation : Jean Roby et Christiane Laramée
Révision : Andrée Laprise
Maquette de la page couverture : Brigit Levesque
Infographie : Sandra Martel, Nancy Lépine

ISBN 978-2-89654-512-4
Imprimé en Chine

Tous droits de traduction totale ou partielle réservés pour tous les pays. La reproduction d'un extrait quelconque de ce livre, par quelque procédé que ce soit, tant électronique que mécanique, en particulier par photocopie, est interdite sans l'autorisation écrite de l'éditeur.

NOTE AUX LECTEURS

Consommer des œufs ou des blancs d'œufs qui ne sont pas complètement cuits vous expose au risque d'empoisonnement alimentaire à la salmonelle. Le risque est plus élevé pour les femmes enceintes, les gens âgés, les très jeunes enfants et toute personne dont le système immunitaire est déficient. Si la salmonelle vous inquiète, vous pouvez utiliser des blancs d'œufs reconstitués en poudre ou des œufs pasteurisés.

À PROPOS DE L'AUTEURE

Michela Neri a étudié la pâtisserie à l'école Le Cordon Bleu de Paris. Elle a travaillé dans ce domaine tant en France qu'en Italie. Elle vit désormais à Sydney, en Australie, où elle conçoit des recettes. Elle collabore à de nombreux magazines et *Rapide, léger et santé* est son troisième livre.

Table des matières

Introduction 10

Choisir un plat 12

Déjeuner 16

Hors-d'œuvre et collations 52

Soupes et salades 92

Pâtes, nouilles et céréales 138

Poissons et fruits de mer 176

Viandes 214

Légumes et tofu 250

Desserts 286

Index 316

Introduction

Vous trouverez ici plus de 140 recettes pour une vaste gamme de plats pour le déjeuner, des hors-d'œuvre, des collations, des soupes et des salades, mais aussi des plats de pâtes, de riz, de fruits de mer et de viandes, sans oublier les légumes, le tofu et les desserts.

Comme l'indique le titre, nos critères de sélection des recettes étaient qu'elles devaient être «rapides, légères et saines». En fait, elles sont toutes conçues afin que vous puissiez les préparer en 30 minutes ou moins, quoique certaines comptent des durées supplémentaires «inactives» pour la réfrigération ou la mise en attente. Vous pouvez lire les durées de préparation, de mise en attente ou de réfrigération, et les durées de cuisson à côté des symboles colorés de chaque recette. Ces recettes sont aussi saines et légères, en ce sens qu'elles sont riches en ingrédients naturels, herbes et légumes frais en particulier, mais aussi en grains entiers, en légumineuses, en fruits de mer, en viandes maigres de première qualité et en fruits frais pour les desserts.

Nous croyons qu'il est toujours préférable d'utiliser des ingrédients frais, en saison, qui ont été cultivés localement. Un produit qui a été récolté à maturité de l'autre côté du globe n'aura jamais la valeur nutritive, ni la saveur d'un produit cultivé dans votre propre région. Nous espérons que vous aurez autant de plaisir à préparer et à savourer ces recettes que nous en avons eu à les tester et les rédiger. Bon appétit!

LÉGENDE		
	4-6 portions	**Portions** Nombre de portions
	30 minutes	**Préparation** Durée de préparation du plat, excluant la cuisson et la mise en attente
	1 heure	**Réfrigération et mise en attente** «Temps mort» alors que le plat refroidit, attend, etc.
Les symboles ci-contre sont utilisés dans tout le livre.	15 minutes	**Cuisson** Durée de cuisson
	2	**Difficulté** De 1 (facile) à 3 (compliqué). La plupart des recettes ont un indice 1 ou 2.

Ci-contre : Bruschettas, tomates et oignon, p. 66

Choisir un plat

Ce livre contient plus de 140 recettes de plats sains et légers qui peuvent toutes être exécutées en 30 minutes ou moins. Dans cette partie, nous avons choisi certaines recettes parmi les plus alléchantes et nous les avons regroupées sous divers en-tête, simplement pour vous donner un coup de pouce. Par exemple, si vous débutez en cuisine, consultez la section FACILES ci-dessous pour quelques idées de départ. Si vous cherchez une recette éprouvée, consultez nos suggestions CLASSIQUES. Consultez aussi nos recommandations PLATS GASTRONOMIQUES, PLATS VÉGÉTARIENS, CUISINE INTERNATIONALE, PLATS RÉGÉNÉRANTS et le CHOIX DE L'ÉDITEUR.

FACILES

Soupe aux carottes crémeuses, p. 96

Jus épinards, soya et blé avec ginko, p. 18

Scones de blé entier fromage et herbes, p. 78

Salade pois chiches et steak, p. 136

Saumon au four avec chapelure au parmesan, p. 204

Purée de pommes de terre à l'ail, p. 254

Fondue au chocolat avec fruits frais, p. 298

PLATS GASTRONOMIQUES

Brochettes de poulet sur canne à sucre, p. 90

Gnocchis épinards et ricotta, p. 152

Céviché, p. 182

Crème aux petits fruits et croquant aux noix de cajou, p. 300

Carpaccio de thon avec endives, p. 180

PLATS VÉGÉTARIENS

Brochettes de tofu avec sauce aux arachides, p. 84

Tagliatelles pesto amandes et basilic, p. 150

Sauté de nouilles ramen et tofu, p. 156

Pommes de terre et épinards épicés, p. 256

Salade de fruits frais *mojito*, p. 296

CHOISIR UN PLAT 13

CUISINE INTERNATIONALE

Taramasalata, p. 60

Fricadelles de poisson thaïlandaises avec trempette, p. 88

Soupe aux haricots d'Afrique du Nord, p. 108

Pad thaï avec tofu, p. 154

Poisson à la sauce chermoula avec couscous, p. 208

PLATS RÉGÉNÉRANTS

Granola avoine, noix et petits fruits, p. 36

Régénérant matinal pomme et légumes, p. 20

Quinoa pomme et fromage, p. 172

Soupe froide concombre et avocats, p. 94

Paniers de melon avec sorbet au citron, p. 294

CLASSIQUES

Falafel avec hoummos, p. 80

Spaghettis avec sauce aux tomates fraîches, p. 146

Sole meunière, p. 212

Côtelettes d'agneau aux herbes de Provence, p. 246

Soufflés au chocolat faibles en gras, p. 312

CHOIX DE L'ÉDITEUR

Crostinis guacamole et fromage, p. 70

Salade de poulet rôti, tomates et menthe, p. 132

Poires pochées et crème ricotta, p. 304

Morue, pommes de terre et romarin, p. 206

Escalopes de veau à la romaine, p. 236

Pois, jambon et persil, p. 260

Crème aux fraises, p. 288

Déjeuner

Jus épinards, soya et blé
avec ginko

Le ginko est un supplément phytonutritionnel utilisé abondamment en médecine alternative pour traiter un grand nombre de problèmes de santé, depuis les fonctions cognitives et l'hypertension jusqu'à l'acouphène et la dégénérescence maculaire.

- 1–2 portions
- 10 minutes

- 100 g (2 tasses) de feuilles de bébés épinards fraîches
- 175 ml (¾ tasse) de boisson de soya
- 45 ml (3 c. à soupe) d'herbe de blé, hachée
- 30 ml (2 c. à soupe) de graines de citrouille
- 5 ml (1 c. à thé) de ginko

1

1. **Réduire** en jus les épinards, la boisson de soya, l'herbe de blé, les graines de citrouille et le ginko dans un pichet.
2. **Verser** dans 1 ou 2 verres et servir.

Si vous avez aimé cette recette, vous raffolerez aussi de celles-ci.

Régénérant matinal pommes et légumes

20

Jus agrumes et persil

22

Réveille-matin carottes et gingembre

24

DÉJEUNER

Régénérant matinal
pommes et légumes

Préparez un pichet de ce jus délicieux pour commencer sainement la journée.

- 2–4 portions
- 10 minutes

4	branches de céleri
2	carottes
2	pommes biologiques, le cœur enlevé
1	concombre
1	courgette
1	poivron rouge, épépiné

 1

1. **Réduire** en jus à l'aide d'une centrifugeuse le céleri, les carottes, les pommes, le concombre, la courgette et le poivron.

2. **Verser** dans des verres et servir.

Si vous avez aimé cette recette, vous raffolerez aussi de celles-ci.

Jus épinards, soya et blé avec ginko

18

Jus agrumes et persil

22

Réveille-matin carottes et gingembre

24

20 DÉJEUNER

Jus agrumes et persil

Faible en calories, mais riche en vitamine C et en une foule d'autres vitamines, minéraux et phytochimiques essentiels, ce jus d'agrumes constitue un super départ santé.

- 1 portion
- 10 minutes

3	kiwis
2	oranges, pelées et épépinées
1	pamplemousse, pelé et épépiné
125	ml (½ tasse) de feuilles de persil frais

1

1. **Réserver** quelques cubes de kiwi pour garnir. Réduire en jus les oranges, le pamplemousse, le reste des kiwis et le persil dans un pichet.

2. **Verser** dans un verre. Enfiler les cubes de kiwi sur un cure-dent et garnir le verre avant de servir.

Si vous avez aimé cette recette, vous raffolerez aussi de celles-ci.

Jus épinards, soya et blé avec ginko

18

Régénérant matinal pommes et légumes

20

Smoothies melon et kiwi

26

DÉJEUNER

Réveille-matin carottes et gingembre

Ce jus rafraîchissant et désaltérant est idéal pour les mois d'été.

- 2 portions
- 10 minutes

250 g (8 oz) de carottes
2 pamplemousses, pelés et en quartiers
1 morceau (2,5 cm/1 po) de gingembre frais, pelé et haché
125 ml (½ tasse) de glace pilée, pour servir
Feuilles de menthe fraîche, pour servir

1

1. Mettre 2 verres au congélateur pour les refroidir.
2. Réduire en jus à l'aide d'une centrifugeuse les carottes, le pamplemousse et le gingembre. Ajouter la glace et bien brasser.
3. Diviser uniformément le jus entre les 2 verres refroidis.
4. Garnir de feuilles de menthe fraîche et servir aussitôt.

Si vous avez aimé cette recette, vous raffolerez aussi de celles-ci.

Jus épinard, soya et blé avec ginko

18

Régénérant matinal pommes et légumes

20

Jus agrumes et persil

22

Smoothies melon et kiwi

Le melon et le kiwi sont deux excellentes sources naturelles de vitamine C, mais ils contiennent aussi un large éventail d'autres nutriments qui aident à maintenir une santé optimale.

- 2 portions
- 10 minutes

300	g (2 tasses) de cantaloup en dés
1	petite pomme Granny Smith, pelée, le cœur enlevé et hachée
1	kiwi, pelé et haché
30	ml (2 c. à soupe) de miel
15	ml (1 c. à soupe) de jus de citron fraîchement pressé
125	ml (½ tasse) de glace pilée

1

1. **Mettre** 2 verres moyens au congélateur pour les refroidir. Réserver quelques cubes de melon pour garnir.

2. **Combiner** le reste de melon avec la pomme, le kiwi, le miel, le jus de citron et la glace dans un mélangeur et mixer jusqu'à ce que le mélange soit lisse.

3. **Verser** dans les verres refroidis. Enfiler les cubes de melon sur des cure-dents et garnir les verres. Servir aussitôt.

Si vous avez aimé cette recette, vous raffolerez aussi de celles-ci.

Jus agrumes et persil

22

Smoothies aux fruits exotiques

30

Smoothies pomme et abricots

32

26 DÉJEUNER

Smoothies aux framboises

Les framboises contiennent une gamme remarquable de phytonutriments antioxydants et anti-inflammatoires. Choisissez toujours des framboises bien mûres, car elles contiennent plus d'éléments nutritifs.

- 2 portions
- 10 minutes

- 1

150 g	(1 tasse) de framboises fraîches
1	banane, pelée et hachée
125 ml	(½ tasse) de yogourt aux framboises à faible teneur en gras, ou de yogourt de soya aux framboises
310 ml	(1 ¼ tasse) de jus de grenade

1. **Mettre** 2 verres au congélateur pour les refroidir.
2. **Combiner** les framboises, la banane, le yogourt aux framboises et le jus de grenade dans un mélangeur. Mixer jusqu'à ce que le tout soit lisse.
3. **Verser** dans les verres refroidis et servir aussitôt.

Si vous avez aimé cette recette, vous raffolerez aussi de celles-ci.

Réveille-matin carottes et gingembre

24

Smoothies aux fruits exotiques

30

Smoothies pomme et abricots

32

28   DÉJEUNER

Smoothies aux fruits exotiques

Si vous ne pouvez trouver de goyave fraîche, remplacez-la dans cette recette par une mangue additionnelle.

- 2–4 portions
- 15 minutes

1 banane
1 petit ananas, pelé et haché
1 papaye, pelée et hachée
1 mangue, pelée et hachée
1 goyave, pelée et hachée

250 ml (1 tasse) de jus de canneberge
250 ml (1 tasse) de glace pilée

 1

1. **Mettre** 2 à 4 verres au congélateur pour les refroidir.
2. **Réserver** quelques morceaux de fruits frais pour garnir. Combiner le reste d'ananas, de papaye, de mangue, de goyave, le jus de canneberge et la glace dans un mélangeur et mixer jusqu'à ce que le tout soit lisse.
3. **Verser** dans les verres refroidis, garnir de fruits et servir.

Si vous avez aimé cette recette, vous raffolerez aussi de celles-ci.

Smoothies melon et kiwi

26

Smoothies aux framboises

28

Smoothies pomme et abricots

32

Smoothies pomme et abricots

Si vous n'avez pas de pomme biologique, rincez à fond celle que vous avez, ou pelez-la avant de la réduire en jus.

- 2 portions
- 10 minutes

1	pomme biologique Granny Smith, avec la pelure	250	ml (1 tasse) de yogourt nature
250	ml (1 tasse) de jus de pomme	125	ml (½ tasse) de glace pilée
4	abricots, frais ou surgelés	15	ml (1 c. à soupe) de miel
1	banane		

1

1. **Mettre** 2 grands verres au congélateur pour les refroidir. Couper la pomme en deux, retirer le cœur, puis réserver deux tranches pour garnir.
2. **Mixer** le reste de pomme avec le jus de pomme, les abricots, la banane, le yogourt, la glace pilée et le miel jusqu'à ce que le tout soit lisse.
3. **Verser** dans les verres refroidis, garnir des tranches de pomme et servir.

Si vous avez aimé cette recette, vous raffolerez aussi de celles-ci.

Régénérant matinal pomme et légumes

20

Smoothies melon et kiwi

26

Smoothies aux fruits exotiques

30

32 DÉJEUNER

Muesli rapide

Beaucoup de céréales à déjeuner offertes dans les supermarchés contiennent beaucoup trop de sucre et de sel. En préparant cette céréale simple, vous serez certain de commencer sainement la journée.

- 2 portions
- 10 minutes
- 2

150	g (1 ½ tasse) de flocons d'avoine
50	g (½ tasse) de son d'avoine
60	g (½ tasse) d'amandes effilées
30	ml (2 c. à soupe) de graines de tournesol
15	ml (1 c. à soupe) de germe de blé
3	ml (½ c. à thé) de cannelle moulue
1	pomme biologique Granny Smith, avec la pelure et râpée
175	ml (¾ tasse) de lait à faible teneur en gras, de boisson de soya, de boisson de riz, ou de boisson d'amandes
60	ml (4 c. à soupe) de yogourt à faible teneur en gras, ou de yogourt de soya
	Fraises fraîches, pour servir

1. **Combiner** les flocons d'avoine, le son d'avoine, les amandes, les graines de tournesol, le germe de blé, la cannelle et la pomme dans un bol, et bien mêler.
2. **Ajouter** graduellement le lait ou la boisson, en brassant jusqu'à ce que le mélange ait la même consistance qu'un gruau d'avoine.
3. **À la cuillère,** répartir le mélange dans des bols. Garnir d'une cuillerée de yogourt et de quelques fraises, puis servir.

Si vous avez aimé cette recette, vous raffolerez aussi de celles-ci.

Granola avoine, noix et petits fruits

36

Gruau déjeuner

38

Gruau à la cannelle avec fruits frais

40

34 DÉJEUNER

Granola avoine,
noix et petits fruits

Dans ce granola, les noix et les graines vous fourniront plein d'énergie pour affronter les journées les plus occupées. On peut le conserver 2 à 3 semaines dans un contenant hermétique.

- 12–15 portions
- 10 minutes
- 20 minutes
- 1

- 90 g (¾ tasse) de demi-pacanes
- 90 g (¾ tasse) d'arachides
- 450 g (4 ½ tasses) de flocons d'avoine
- 60 g (½ tasse) de graines de sésame
- 60 g (½ tasse) de graines de tournesol
- 125 ml (½ tasse) d'huile de tournesol
- 125 ml (½ tasse) de miel liquide
- 60 g (½ tasse) de canneberges séchées
- 60 g (½ tasse) de cerises séchées
- Lait à faible teneur en gras, boisson de soya, boisson de riz, ou boisson d'amandes froide, pour servir

1. **Préchauffer** le four à 180 °C (350 °F). Tapisser un grand moule peu profond de papier parchemin.
2. **Mêler** les pacanes, les arachides, l'avoine, les graines de sésame et les graines de tournesol dans un grand bol. Arroser avec l'huile et le miel. Mêler à la fourchette pour briser les gros grumeaux d'avoine.
3. **Étendre** le mélange dans le moule préparé. Cuire au four environ 20 minutes en brassant à l'occasion, jusqu'à ce que le mélange soit croustillant et doré. Retirer du four et laisser refroidir complètement.
4. **Ajouter** en brassant les canneberges et les cerises. Servir avec beaucoup de lait froid ou de boisson.

Si vous avez aimé cette recette, vous raffolerez aussi de celles-ci.

Muesli rapide

34

Gruau déjeuner

38

Crêpes sans gluten

42

36 DÉJEUNER

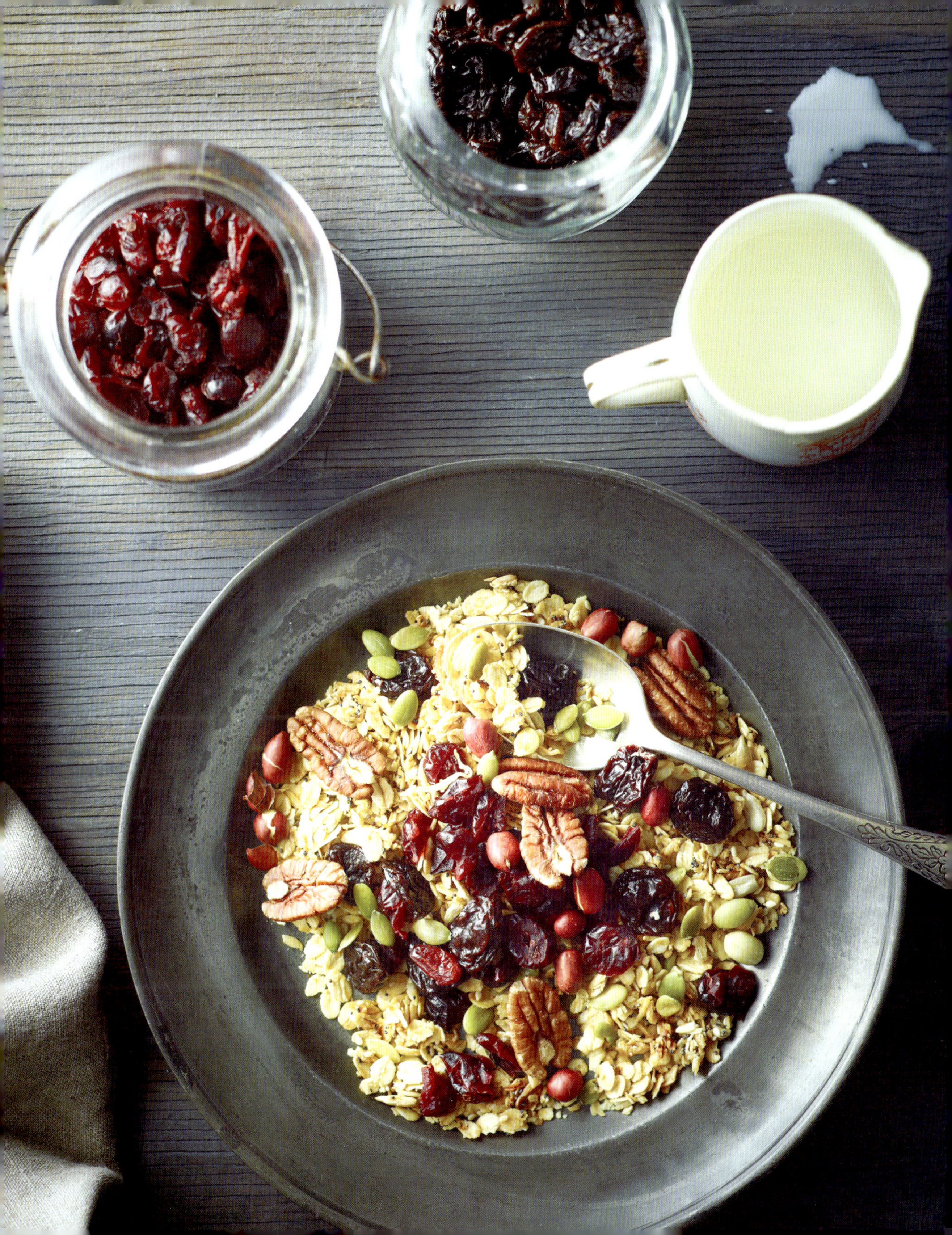

Gruau déjeuner

Plusieurs types d'avoine sont disponibles, dont les flocons d'avoine traditionnels (aussi appelés à l'ancienne) et les flocons d'avoines rapides ou instantanés. Les types d'avoine les plus sains pour le gruau *(porridge)* ont été grossièrement moulus sur pierre ou épointés (concassés). C'est ce que nous avons utilisé dans cette recette. Ils prennent un peu plus de temps à cuire que l'avoine en flocons.

- 4 portions
- 15 minutes
- 10–15 minutes

- 250 ml (1 tasse) de lait entier
- 250 ml (1 tasse) d'eau
- 3 ml (½ c. à thé) de sel de mer en flocons
- 5 ml (1 c. à thé) d'extrait de vanille
- 100 g (1 tasse) d'avoine grossièrement moulue sur pierre ou d'avoine épointée
- Sirop d'érable, pour servir
- Tranches de fruits frais ou petits fruits, pour servir

1

1. **Combiner** le lait et l'eau dans une casserole à fond épais sur feu moyen-fort. Ajouter le sel et l'extrait de vanille, puis porter à ébullition.
2. **Ajouter** l'avoine, en brassant vigoureusement avec une cuillère en bois. Quand l'eau recommence à bouillir, réduire à feu doux. Laisser mijoter, en brassant de temps à autre, jusqu'à ce que l'avoine soit crémeuse et épaisse, 10 à 15 minutes.
3. **Éteindre** le feu et couvrir la casserole. Laisser reposer 5 minutes pour que tout le liquide soit absorbé.
4. **Verser** dans des bols et servir chaud, accompagné de sirop d'érable et de fruits frais au goût.

Si vous avez aimé cette recette, vous raffolerez aussi de celles-ci.

Muesli rapide — 34

Granola avoine, noix et petits fruits — 36

Gruau à la cannelle avec fruits frais — 40

DÉJEUNER

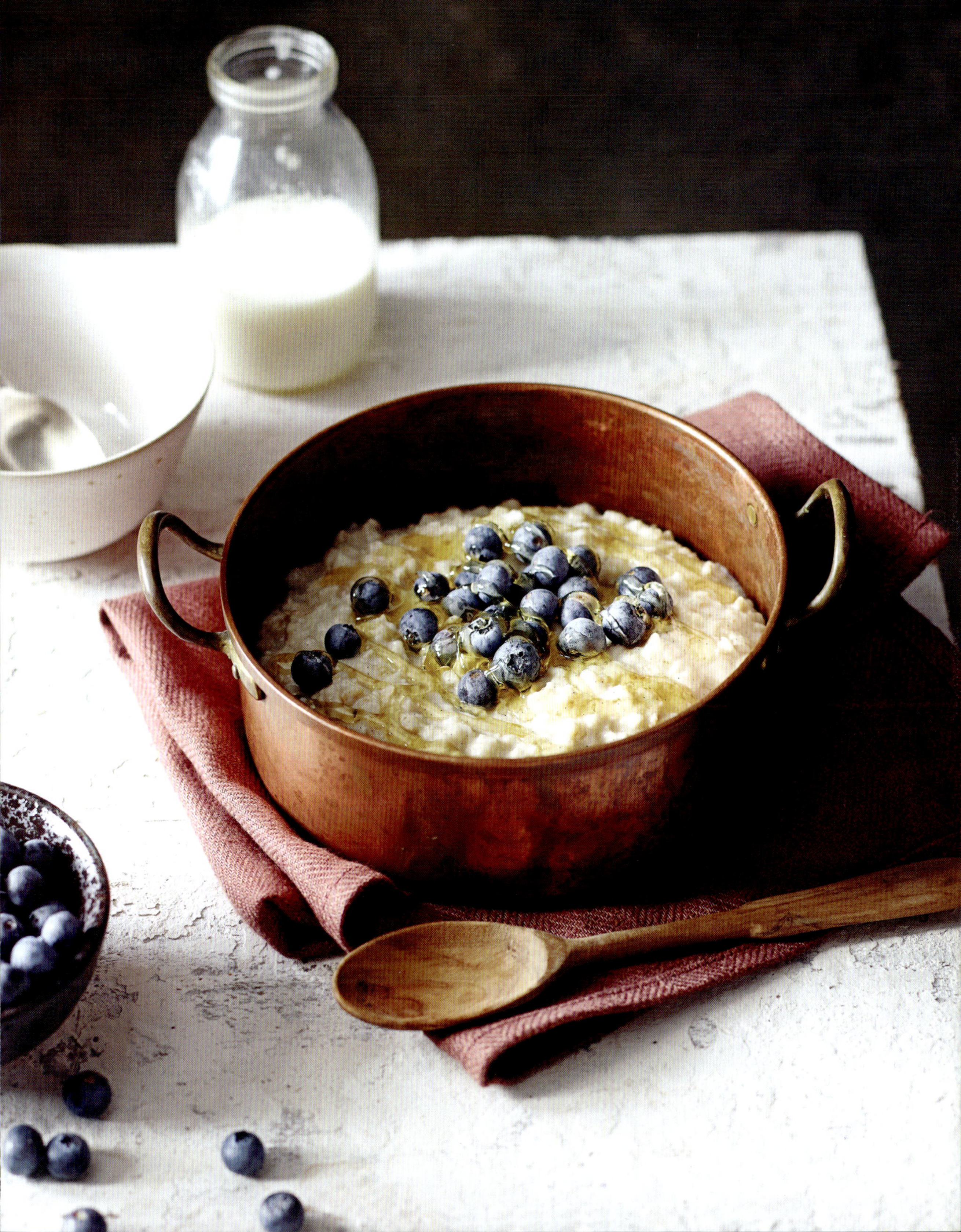

Gruau à la cannelle
avec fruits frais

L'avoine contient un type de fibre soluble appelée bêta-glucane qui a des effets bénéfiques sur le taux de cholestérol. En ne consommant que trois grammes de fibres solubles d'avoine par jour (environ un bol d'avoine), on réduit généralement le cholestérol de 8 à 23 %.

- 4 portions
- 10 minutes
- 4–5 minutes

- 1

- 120 g (1 ¼ tasse) de flocons d'avoine à l'ancienne
- 3 ml (½ c. à thé) de cannelle moulue + un surplus pour saupoudrer
- 20 ml (4 c. à thé) de cassonade
- 500 ml (2 tasses) de lait écrémé
- 2 bananes, tranchées
- 300 g (2 tasses) de bleuets frais
- 1 pot (500 g/5 oz) de yogourt nature, sans matière grasse ou faible en gras

1. **Mêler** l'avoine, la cannelle, la cassonade, le lait et une banane dans une casserole moyenne, sur feu moyen-fort. Porter à ébullition en brassant souvent. Réduire à feu doux et laisser mijoter, 4 à 5 minutes, en remuant constamment.

2. **Répartir** le gruau entre quatre bols de service. Garnir avec la deuxième banane, les bleuets, une cuillerée de yogourt et un soupçon de cannelle. Servir.

Si vous avez aimé cette recette, vous raffolerez aussi de celles-ci.

Muesli rapide — 34

Gruau déjeuner — 38

Crêpes sans gluten — 42

40 DÉJEUNER

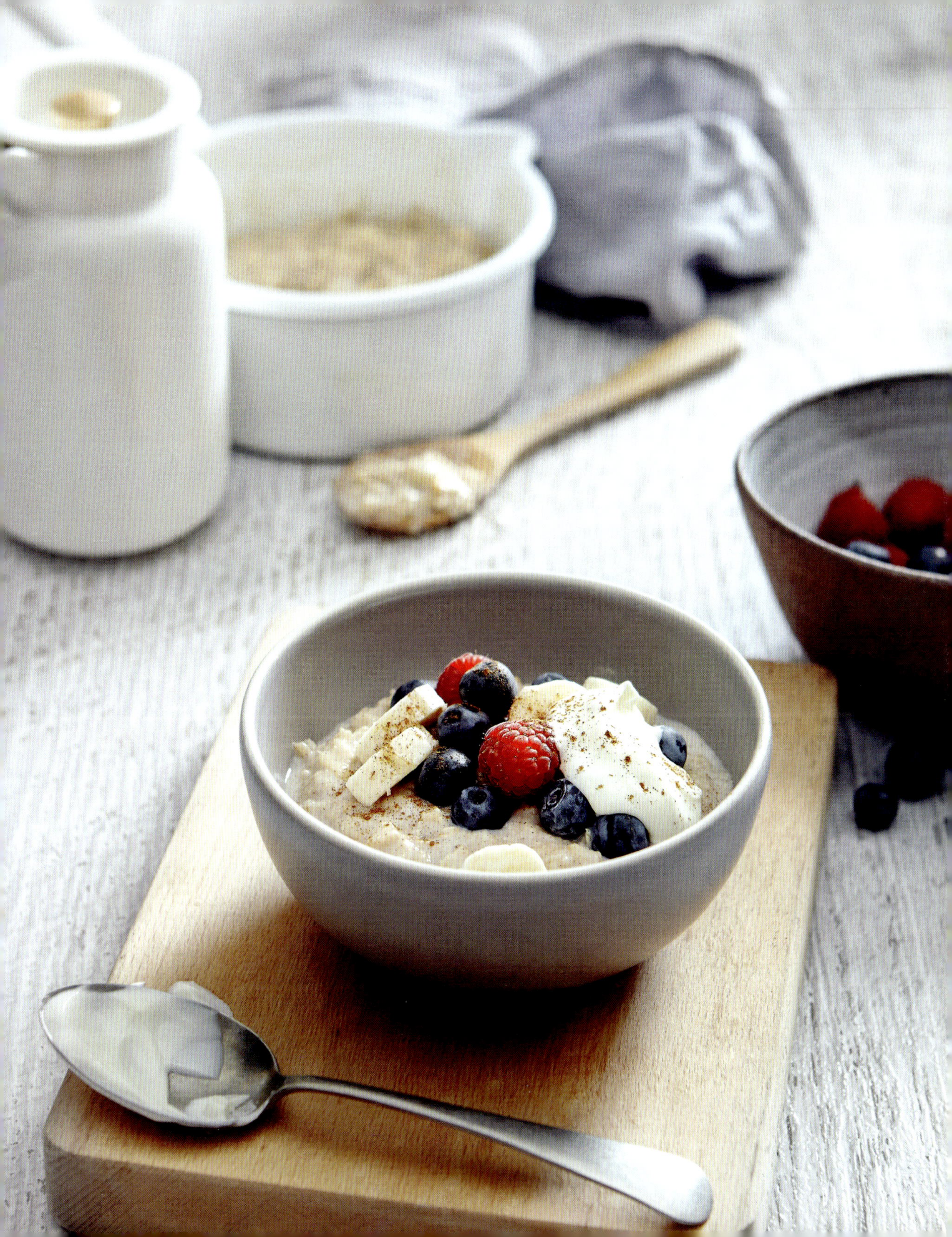

Crêpes sans gluten

Ces crêpes font un délicieux déjeuner pour les personnes atteintes de la maladie cœliaque, mais aussi pour un groupe plus vaste de personnes qui se rendent compte qu'elles peuvent souffrir d'une forme plus bénigne d'intolérance au gluten.

- 6 portions
- 15 minutes
- 20–25 minutes
- 1

270	g (1¾ tasse) de farine de sorgho
30	g (¼ tasse) de farine de sarrasin
30	g (⅓ tasse) de farine d'amande
30	g (¼ tasse) de fécule de pomme de terre ou d'amidon de tapioca
8	ml (1½ c. à thé) de levure chimique
4	ml (¾ c. à thé) de sel en flocons
4	ml (¾ c. à thé) de gomme de xanthane
250	ml (1 tasse) de lait
250	ml (1 tasse) d'eau
2	gros œufs, légèrement battus
60	ml (¼ tasse) d'huile de noix de coco
15	ml (1 c. à soupe) de miel ou de nectar d'agave cru
5	ml (1 c. à thé) d'extrait de vanille
3	ml (½ c. à thé) d'extrait d'amande
15	à 30 ml (1 à 2 c. à soupe) de beurre ou d'huile végétale, ou de fruits frais hachés, ou de confiture, pour servir
	Sucre glace, pour saupoudrer

1. **Combiner** dans un bol les trois farines, la fécule de pomme de terre, la levure chimique, le sel et la gomme de xanthane. Bien mêler.

2. **Faire un puits** au centre et verser le lait, l'eau, les œufs, l'huile de noix de coco, le miel, et les extraits de vanille et d'amande. Fouetter jusqu'à ce que le mélange soit lisse et homogène.

3. **Graisser** légèrement une poêle à crêpe avec un peu de beurre ou d'huile avant de la mettre à feu moyen-fort.

4. **Vérifier** la chaleur de la poêle en y laissant tomber une goutte d'eau. Si elle grésille, la poêle est assez chaude.

5. **Avec une louche,** verser de la pâte dans la poêle chaude. Quand de minuscules bulles apparaissent sur le dessus, retourner délicatement la crêpe à la spatule. Cuire jusqu'à ce que ferme, 2 à 3 minutes. Répéter avec le reste de pâte.

6. **Servir** dès que possible avec du sirop d'érable chaud, des fruits frais ou de la confiture de fruits.

Si vous avez aimé cette recette, vous raffolerez aussi de celles-ci.

Muesli rapide — 34

Gruau déjeuner — 38

Gruau à la cannelle avec fruits frais — 40

DÉJEUNER

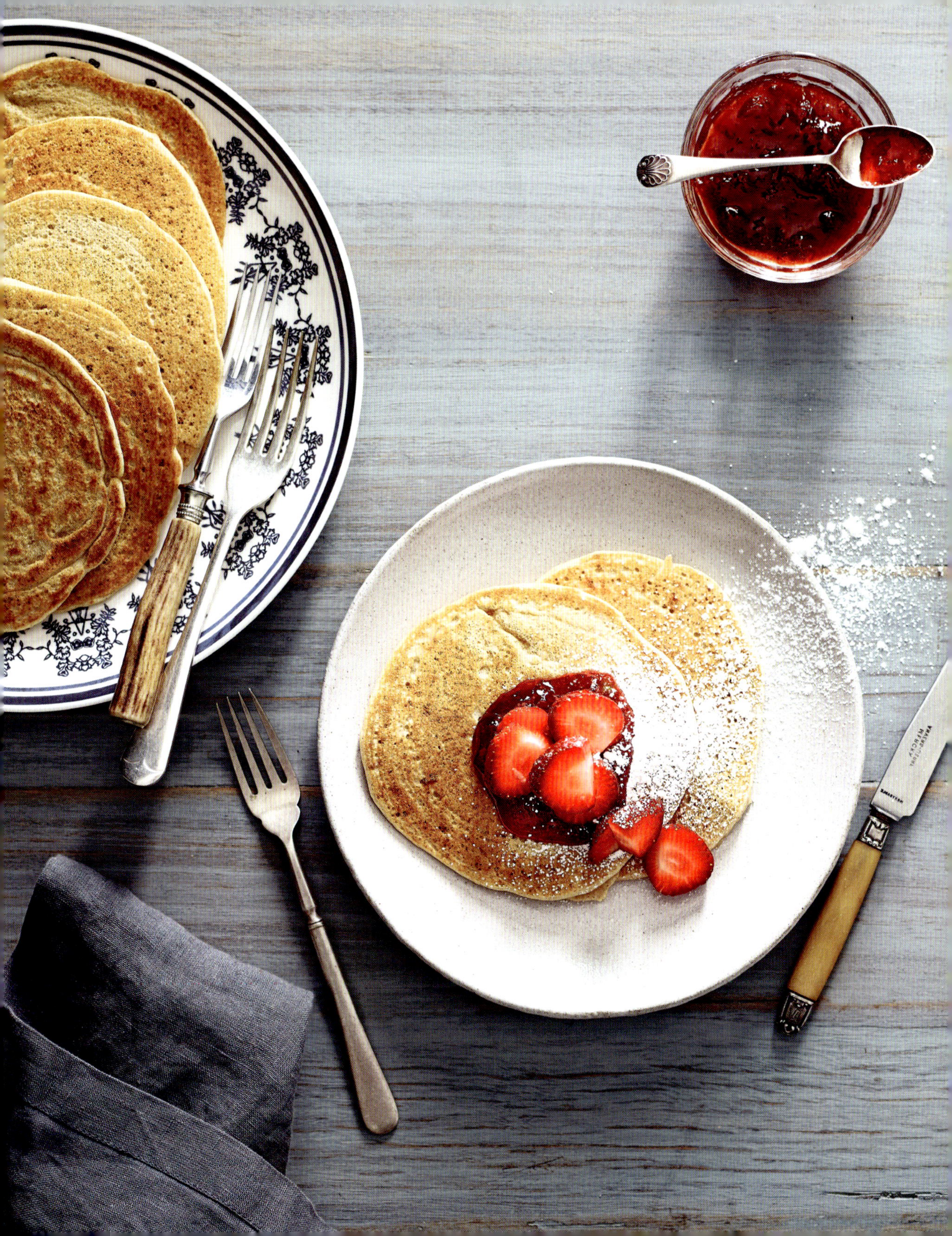

Œufs pochés sur pain grillé
avec tomates rôties

Riches en protéines, les œufs sont un bon choix dans le cadre d'un régime sain et équilibré. Comme ils contiennent du cholestérol, certaines personnes ayant un taux de cholestérol élevé préfèrent limiter leur consommation, mais la plupart des experts admettent maintenant que la consommation de quantités modérées de cholestérol n'affecte pas grandement les taux de lipides. Suivez l'avis de votre médecin en cas de doute.

- 2 portions
- 5 minutes
- 9–11 minutes
- 1

10	petites tomates mûries sur vigne
15	ml (1 c. à soupe) de vinaigre balsamique
4	gros œufs
2	tranches de pain au levain, grillées
8	feuilles de basilic frais

1. **Préchauffer** le four à 180 °C (350 °F).
2. **Disposer** les tomates sur une petite plaque, puis les arroser de vinaigre balsamique. Rôtir 6 à 8 minutes, jusqu'à ce qu'elles commencent à ramollir.
3. **Porter** une petite casserole d'eau à ébullition. Réduire à feu doux et, à la cuillère, créer un tourbillon.
4. **Casser** les œufs, un à la fois, au centre du tourbillon. Pocher environ 3 minutes, jusqu'à ce que les blancs d'œufs soient fermes.
5. **Utiliser** une cuillère à égoutter pour retirer les œufs de la casserole. Égoutter tout surplus d'eau.
6. **Déposer** les œufs sur le pain grillé avec les tomates à côté. Garnir avec le basilic. Servir chaud.

Si vous avez aimé cette recette, vous raffolerez aussi de celles-ci.

Burritos déjeuner — 46

Omelette aux herbes — 48

Omelette asperges et fromage — 50

44 DÉJEUNER

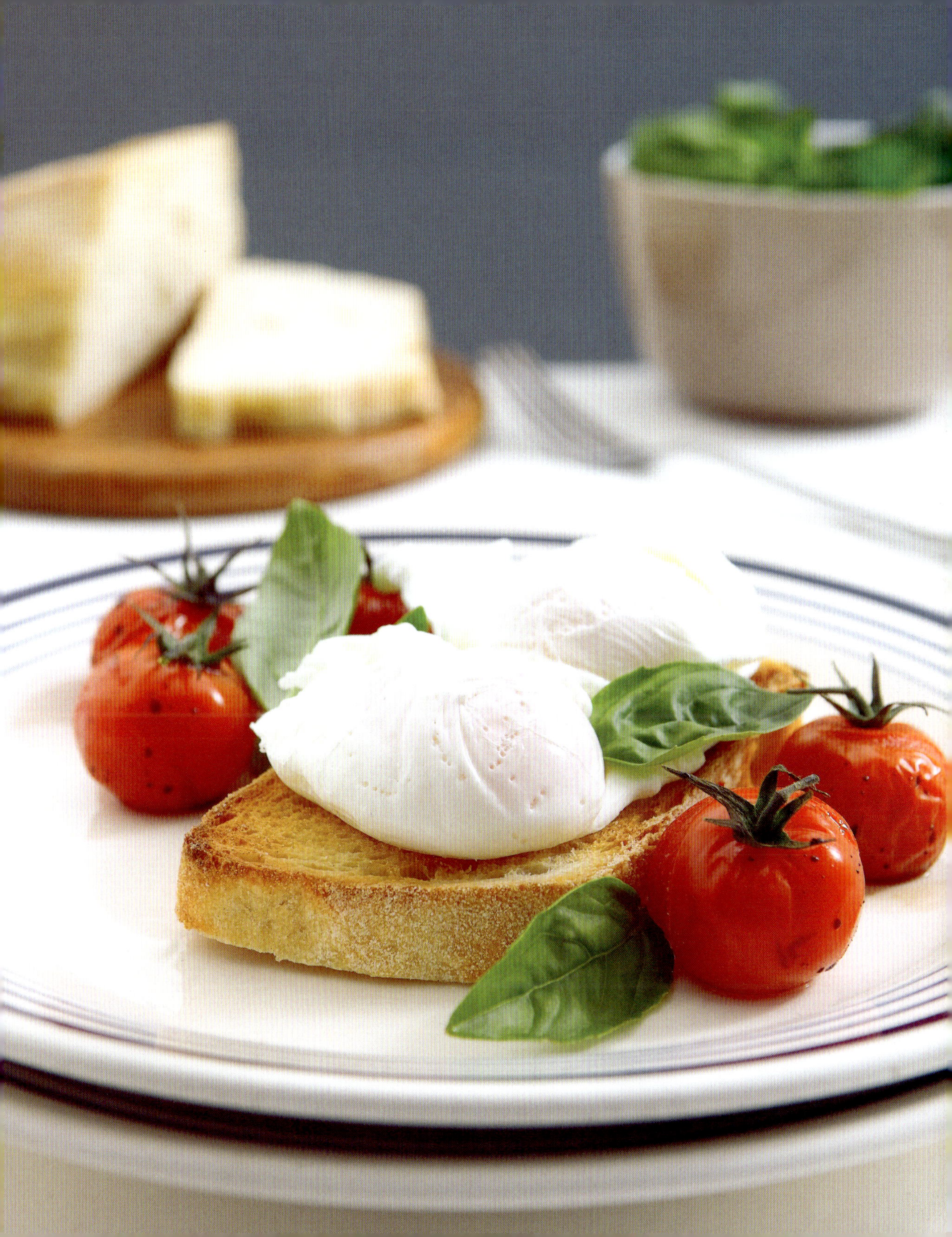

Burritos déjeuner

Les burritos sont issus de la cuisine mexicaine et tex-mex : des tortillas à la farine de blé enveloppant ou repliées sur une garniture. Vous pouvez ajouter un supplément de saines fibres alimentaires à ce plat en utilisant des tortillas de blé entier.

- 4 portions
- 5 minutes
- 7 minutes
- 1

8	gros œufs
250	ml (1 tasse) de crème légère (15 % m.g.)
4	tortillas
125	ml (½ tasse) de salsa aux tomates (voir la recette, page 62) ou de chutney aux fruits
100	g (2 tasses) de cresson

1. **Battre** ensemble les œufs et la crème dans un grand bol, jusqu'à ce que le mélange soit mousseux.
2. **Cuire** le mélange d'œufs dans une grande poêle antiadhésive à feu moyen-doux, en brassant souvent, environ 5 minutes ou jusqu'à ce que les œufs forment de gros grumeaux. Mettre en attente au chaud.
3. **Réchauffer** les tortillas dans une grande poêle à feu vif, une à la fois, jusqu'à ce qu'elles commencent à se colorer.
4. **Transférer** les tortillas sur une surface plane et couvrir de salsa ou de chutney aux fruits. Garnir des œufs brouillés et du cresson.
5. **Replier** les tortillas sur la garniture et servir chaud.

Si vous avez aimé cette recette, vous raffolerez aussi de celles-ci.

Œufs pochés sur pain grillé avec tomates rôties — 44

Omelette aux herbes — 48

Omelette asperges et fromage — 50

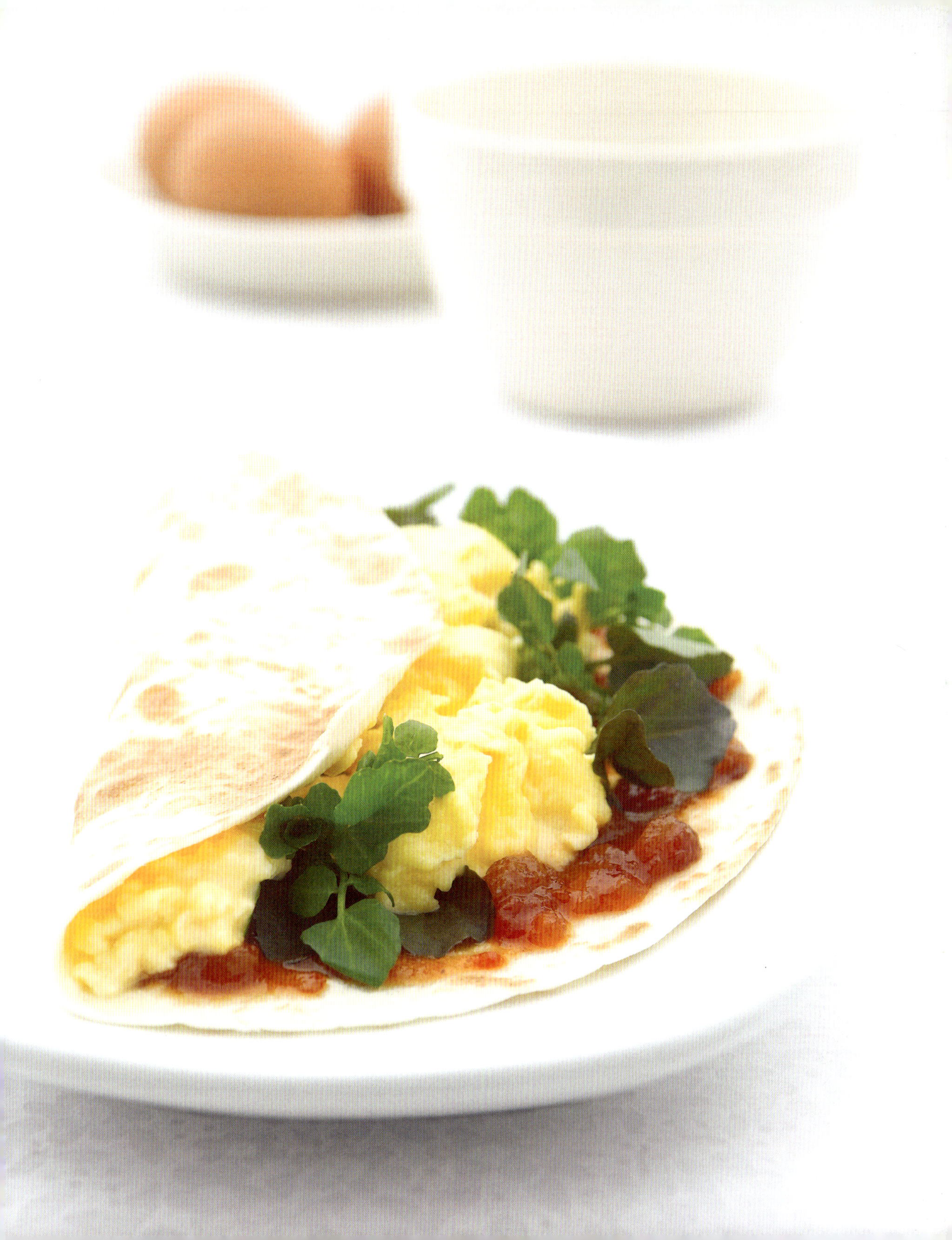

Omelette aux herbes

C'est l'omelette française classique. Variez les herbes selon ce que vous avez sous la main et votre goût personnel. Si désiré, battez 30 ml (2 c. à soupe) de parmesan fraîchement râpé avec les œufs et les herbes.

- 2–4 portions
- 10 minutes
- 5 minutes

5	gros œufs
15	ml (1 c. à soupe) de persil frais, haché finement + quelques brins, pour garnir
15	ml (1 c. à soupe) de ciboulette fraîche, hachée finement
15	ml (1 c. à soupe) d'estragon frais, haché finement
	Sel de mer et poivre noir, fraîchement moulus
30	ml (2 c. à soupe) de beurre

2

1. **Battre** les œufs, le persil, la ciboulette et l'estragon dans un grand bol. Saler et poivrer.
2. **Fondre** le beurre dans un petite poêle à feu moyen.
3. **Ajouter** les œufs battus. Une fois le fond coagulé, glisser une spatule en bois sous les œufs pour les détacher de la poêle. Agiter la poêle avec un mouvement circulaire. Cuire jusqu'à ce que bien doré au-dessous.
5. **Incliner** la poêle à l'opposé de la poignée et, avec une spatule, replier les deux bords sur le centre.
6. **Glisser** une spatule sous l'omelette pour la glisser dans une assiette de service. Garnir des brins de persil et servir chaud.

Si vous avez aimé cette recette, vous raffolerez aussi de celles-ci.

Œufs pochés sur pain grillé avec tomates rôties — 44

Burritos déjeuner — 46

Omelette asperges et fromage — 50

DÉJEUNER

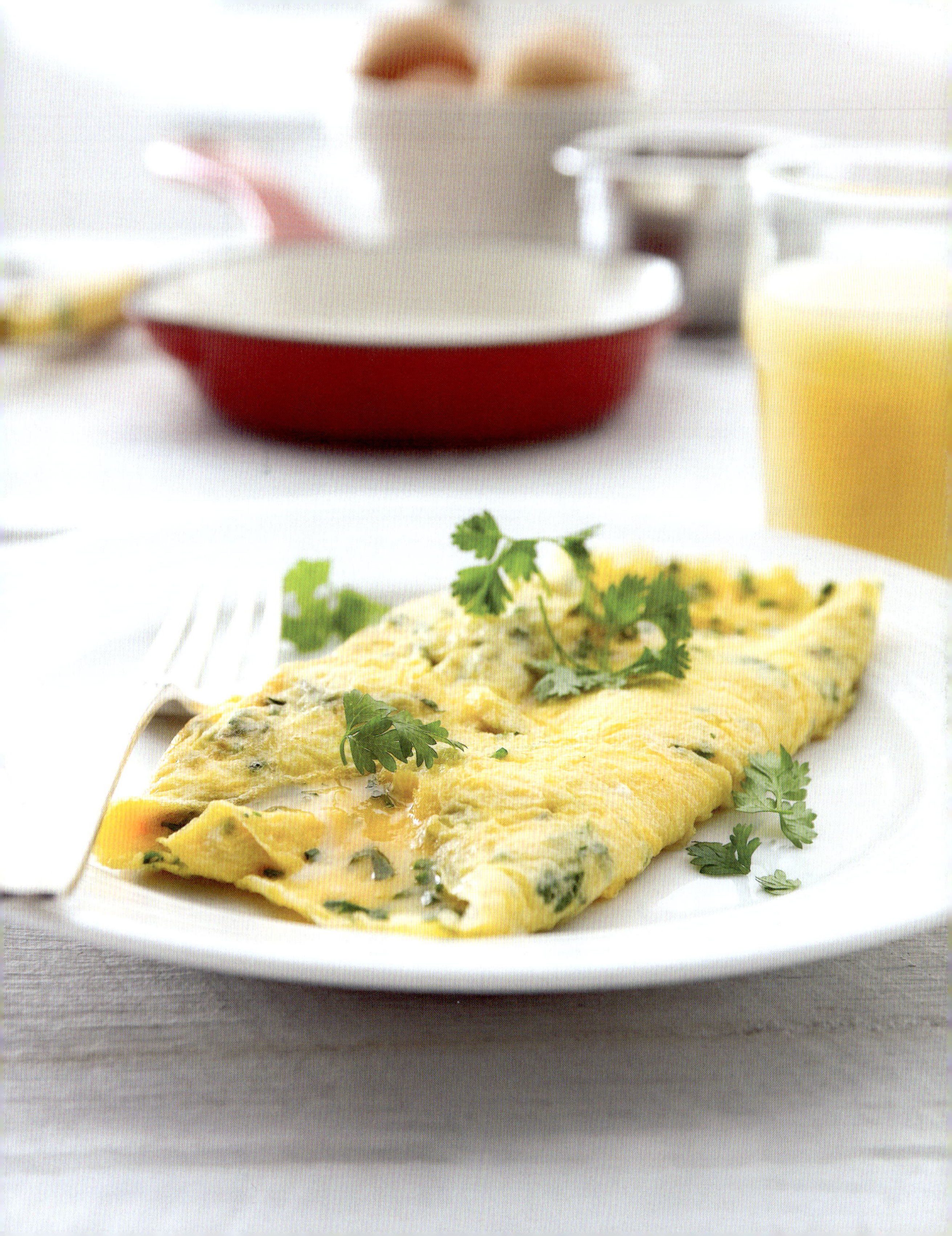

Omelette asperges et fromage

L'apparition sur les marchés d'asperges fraîches produites localement annonce l'arrivée du printemps. Les asperges devraient toujours être servies le plus vite possible après la cueillette.

- 2 portions
- 10 minutes
- 15 minutes

250 g (8 oz) d'asperges
3 gros œufs, séparés
Sel de mer et poivre noir, fraîchement moulus
15 ml (1 c. à soupe) d'eau
60 g (½ tasse) de parmesan fraîchement râpé
30 ml (2 c. à soupe) de beurre

1

1. **Cuire** à la vapeur les asperges, jusqu'à ce qu'elles soient juste tendres, environ 5 minutes (la durée de cuisson dépend de la grosseur des tiges). Hacher les asperges grossièrement.
2. **Battre** les jaunes d'œufs dans un petit bol, puis saler et poivrer.
3. **Mêler** l'eau, le parmesan et les asperges hachées avec les jaunes d'œufs.
4. **Dans un bol séparé,** fouetter les blancs d'œufs jusqu'à ce qu'ils forment des pics fermes. Avec une spatule en caoutchouc, plier délicatement les blancs d'œufs dans les jaunes.
5. **Allumer** le gril du four.
6. **Fondre** le beurre dans une poêle moyenne allant au four. Verser le mélange d'œufs dans la poêle. Cuire à feu moyen jusqu'à ce que le dessous soit bien doré, environ 5 minutes.
7. **Mettre** l'omelette à environ 12 cm (5 po) sous le gril du four jusqu'à ce qu'elle soit dorée, 2 à 3 minutes. Servir chaud.

Si vous avez aimé cette recette, vous raffolerez aussi de celles-ci.

Salade thon, haricots et asperges
126

Risotto aux asperges
166

Asperges grillées avec œufs et mayonnaise au yogourt
258

50 DÉJEUNER

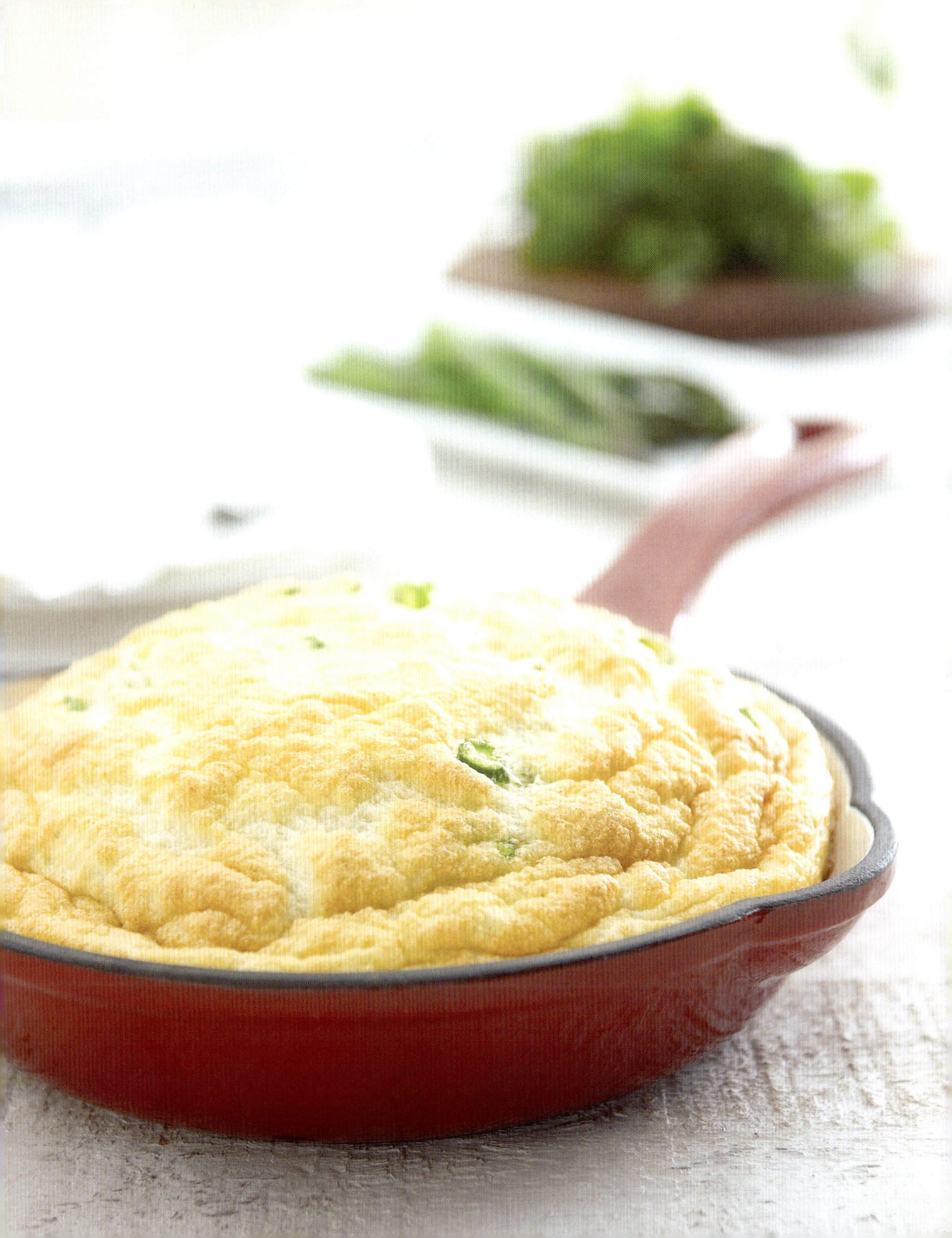

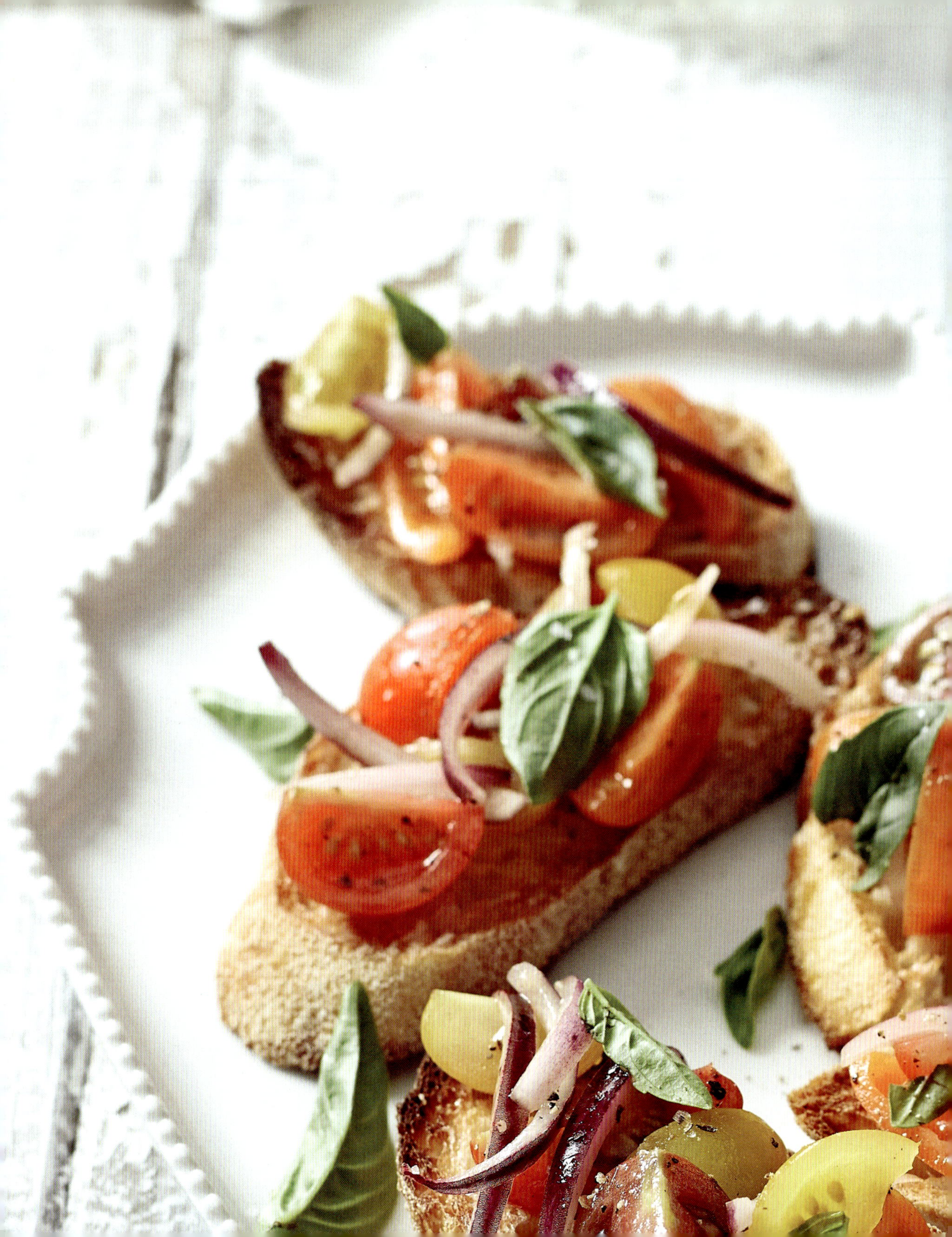

Hors-d'œuvre
et collations

Amandes épicées rôties

Les amandes sont riches en gras monoinsaturés, ce même type de gras bénéfique pour la santé que l'on trouve dans l'huile d'olive, et qui est associé à la réduction des risques de maladies cardiovasculaires.

- 6–8 portions
- 5 minutes
- 8–10 minutes
- 1

1	blanc d'œuf
5	ml (1 c. à thé) de paprika fumé
45	ml (3 c. à soupe) de parmesan fraîchement râpé
250	g (2 tasses) d'amandes blanchies entières

1. **Préchauffer** le four à 200 °C (400 °F). Dans un bol, battre le blanc d'œuf à la fourchette jusqu'à ce qu'il soit mousseux.
2. **Ajouter** en brassant le paprika et le parmesan. Ajouter les amandes et les enrober uniformément.
3. **Étendre** les amandes en une seule couche sur une grande plaque à pâtisserie. Rôtir 8 à 10 minutes, jusqu'à ce qu'elles soient dorées.
4. **Laisser** refroidir à la température de la pièce avant de servir.

Si vous avez aimé cette recette, vous raffolerez aussi de celles-ci.

Trempette aux poivrons — 56

Crostinis guacamole et fromage — 70

Falafels et hoummos — 80

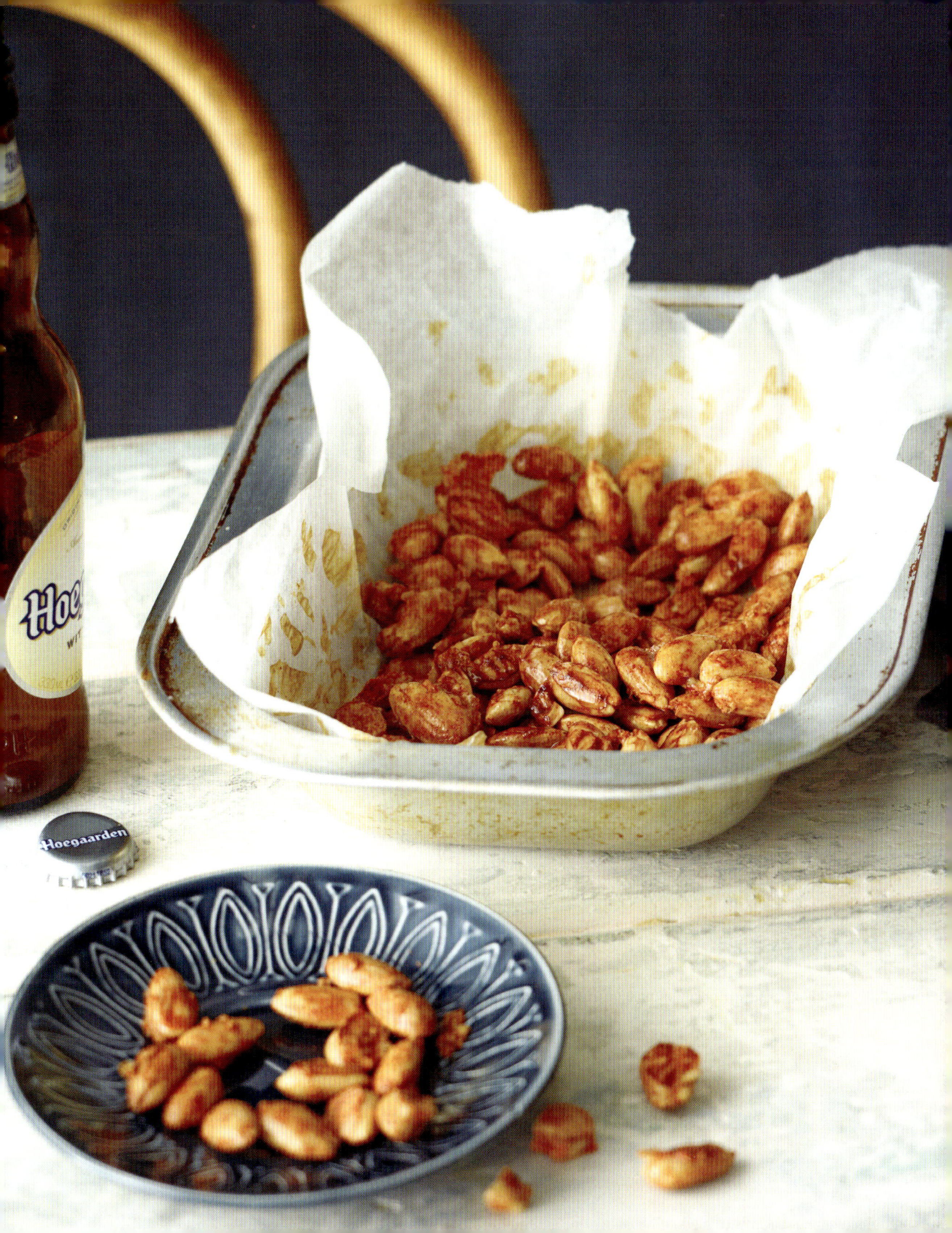
Hoegaarden

Trempette aux poivrons

Le jus de grenade est très nutritif, riche en antioxydants. Vous pouvez en acheter dans les supermarchés complets, les boutiques d'aliments santé ou de fournisseurs en ligne.

- 6-8 portions
- 15 minutes
- 12-13 minutes
- 2

250 ml (1 tasse) de jus de grenade	1 pot (500 g/1 lb) de poivrons rouges grillés, égouttés et hachés grossièrement
6 pitas de blé entier	
60 g (½ tasse) de noix grillées	5 ml (1 c. à thé) de jus de citron fraîchement pressé
4 ml (¾ c. à thé) de paprika fumé	
3 ml (½ c. à thé) de cumin moulu	125 ml (½ tasse) d'huile d'olive extra vierge
3 ml (½ c. à thé) de poivre de Cayenne	Gros sel de mer

1. **Faire mijoter** le jus de grenade dans une poêle moyenne à feu moyen-fort, jusqu'à ce qu'il soit épais, sirupeux et qu'il commence à brunir sur les bords, 12 à 13 minutes. Cela devrait vous donner 30 à 45 ml (2 à 3 c. à soupe) de sirop.

2. **Couper** grossièrement un pita, puis le hacher dans un robot culinaire jusqu'à l'obtention d'une chapelure grossière. Ajouter les noix, le paprika, le cumin et le poivre de Cayenne. Mixer jusqu'à ce que le mélange soit finement haché.

3. **Ajouter** les poivrons, le jus de citron et le sirop de grenade; mixer jusqu'à ce que le mélange soit lisse. Ajouter graduellement l'huile en un filet mince et régulier et mêler jusqu'à l'obtention d'un mélange homogène.

4. **Griller** le reste de pitas, puis couper ou déchirer en pointes pour servir.

5. **Transférer** la trempette aux poivrons dans un bol de service, garnir de persil et servir avec les pitas.

Si vous avez aimé cette recette, vous raffolerez aussi de celles-ci.

Amandes épicées rôties — 54

Hoummos aux herbes — 58

Taramasalata — 60

HORS-D'ŒUVRE ET COLLATIONS

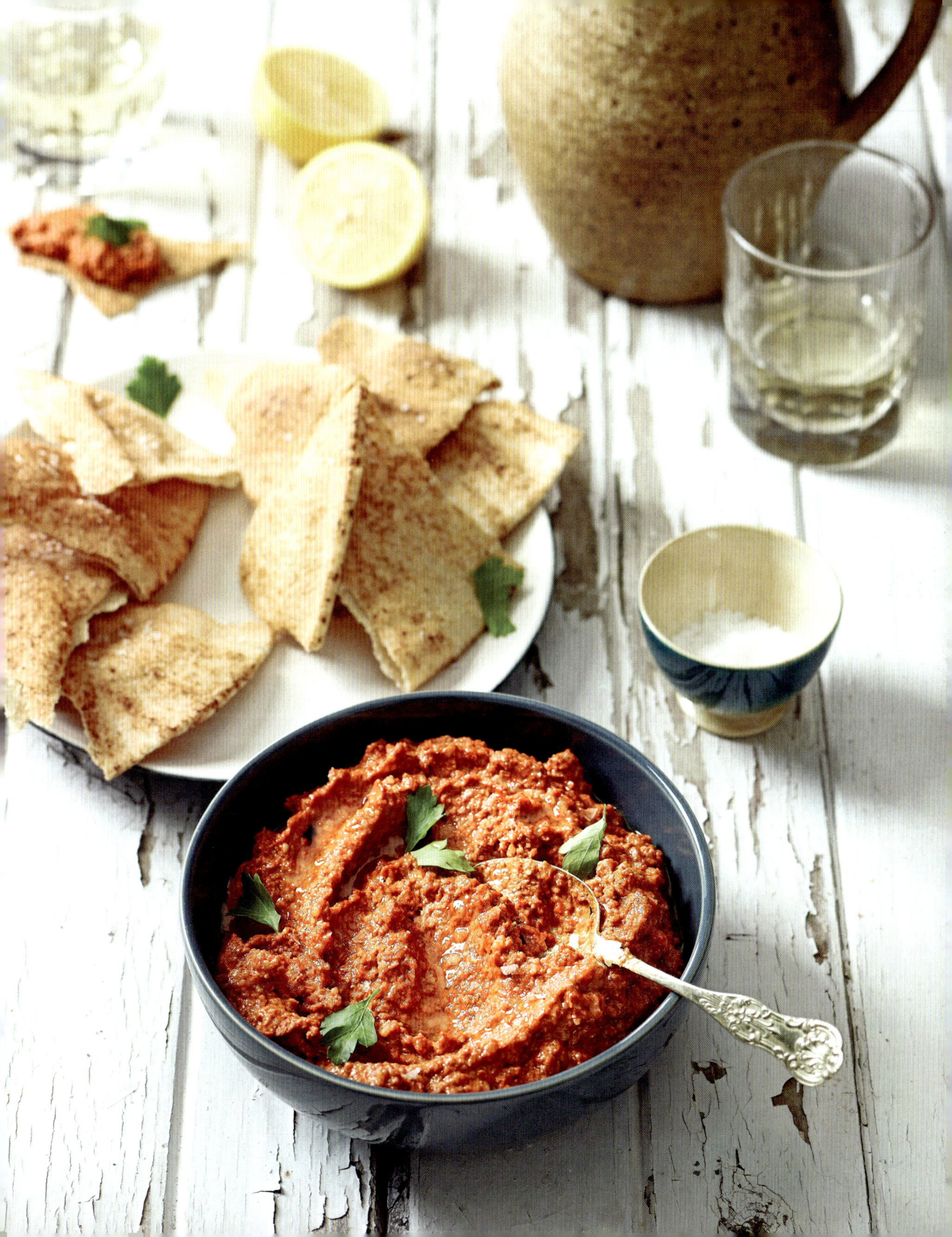

Hoummos aux herbes

Les pois chiches sont les légumineuses les plus populaires du monde, et ce, pour une bonne raison. Une seule demi-tasse procure 27 grammes de glucides, la source de carburant préférée de l'organisme, et 6 grammes de protéines végétales maigres. Avec 5 grammes de fibres par portion, les pois chiches sont une excellente source de fibres alimentaires. Ils sont aussi une bonne source de magnésium, de potassium et de fer.

- 4 portions
- 10 minutes
- 1

1	boîte (400 g/14 oz) de pois chiches, rincés et égouttés
1	gousse d'ail
30	ml (2 c. à soupe) de tahini (pâte de sésame)
60	ml (¼ tasse) de persil frais
60	ml (¼ tasse) de feuilles de basilic frais
30	ml (2 c. à soupe) de menthe fraîche
1	oignon vert, haché
15	ml (1 c. à soupe) d'aneth frais, haché
5	ml (1 c. à thé) de miel
15	ml (1 c. à soupe) de jus de lime fraîchement pressé
	Sel de mer et poivre noir, fraîchement moulus
90	ml (⅓ tasse) d'huile d'olive extra vierge
	Bâtonnets de carottes et de concombres, pour servir
	Tranches de poivrons rouges, pour servir
	Craquelins de blé entier, pour servir

1. **Combiner** tous les ingrédients dans un robot culinaire et mélanger par pulsion jusqu'à ce que le mélange soit homogène.

2. **Transférer** dans un bol et servir avec les légumes et les craquelins.

Si vous avez aimé cette recette, vous raffolerez aussi de celles-ci.

Trempette aux poivrons — 56

Taramasalata — 60

Falafels et hoummos — 80

58 HORS-D'ŒUVRE ET COLLATIONS

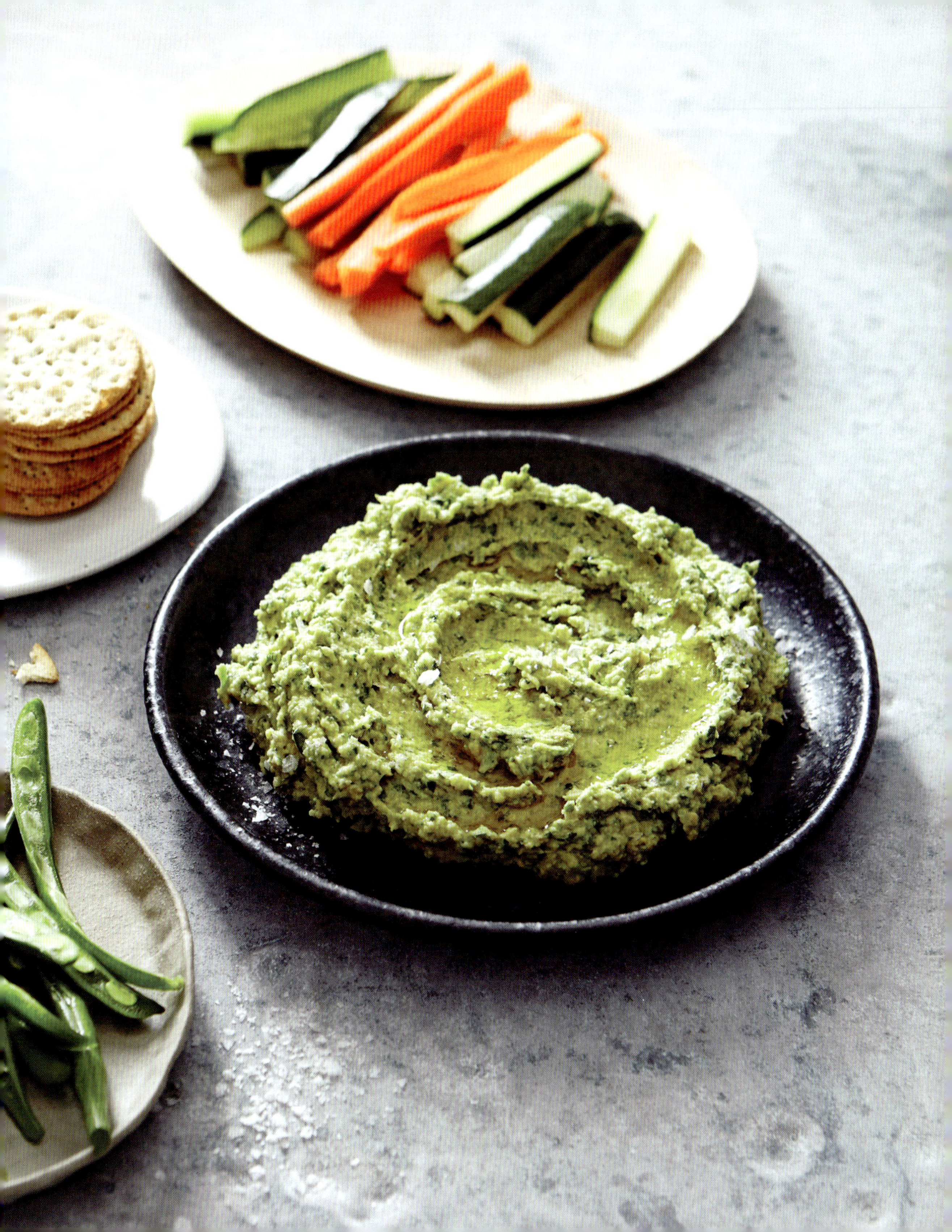

Taramasalata

Le *taramasalata* se prépare avec des *taramas*, les œufs salés et fumés de morue ou de carpe. Il peut être rose ou blanc, selon les œufs utilisés.

- 4–6 portions
- 15 minutes
- 2 heures
- 10 minutes
- 1

2	pommes de terre moyennes, pelées et en petits cubes
150 g (5 oz)	d'œufs de morue
1	petit oignon blanc, haché
150 ml (⅔ tasse)	d'huile d'olive extra vierge
	Jus de 1 citron fraîchement pressé
	Sel de mer et poivre noir fraîchement moulus
	Persil haché finement, pour garnir
	Olives Kalamata, pour servir
	Pointes de pitas grillés, pour servir

1. **Cuire** les pommes de terre dans l'eau bouillante légèrement salée jusqu'à ce qu'elles soient tendres, environ 10 minutes. Égoutter et passer sous l'eau froide. Égoutter de nouveau.

2. **Combiner** les pommes de terre, les œufs de morue, l'oignon, l'huile et le jus de citron dans le bol d'un robot culinaire et hacher jusqu'à ce que le mélange soit lisse. Ajouter un peu plus d'huile si la trempette est trop épaisse.

3. **Saler** et poivrer. Transférer dans un bol de service, couvrir d'une pellicule plastique et réfrigérer au moins 2 heures avant de servir.

4. **Garnir** de persil, puis servir avec des olives et des pitas.

Si vous avez aimé cette recette, vous raffolerez aussi de celles-ci.

Trempette aux poivrons — 56

Hoummos aux herbes — 58

Falafels et hoummos — 80

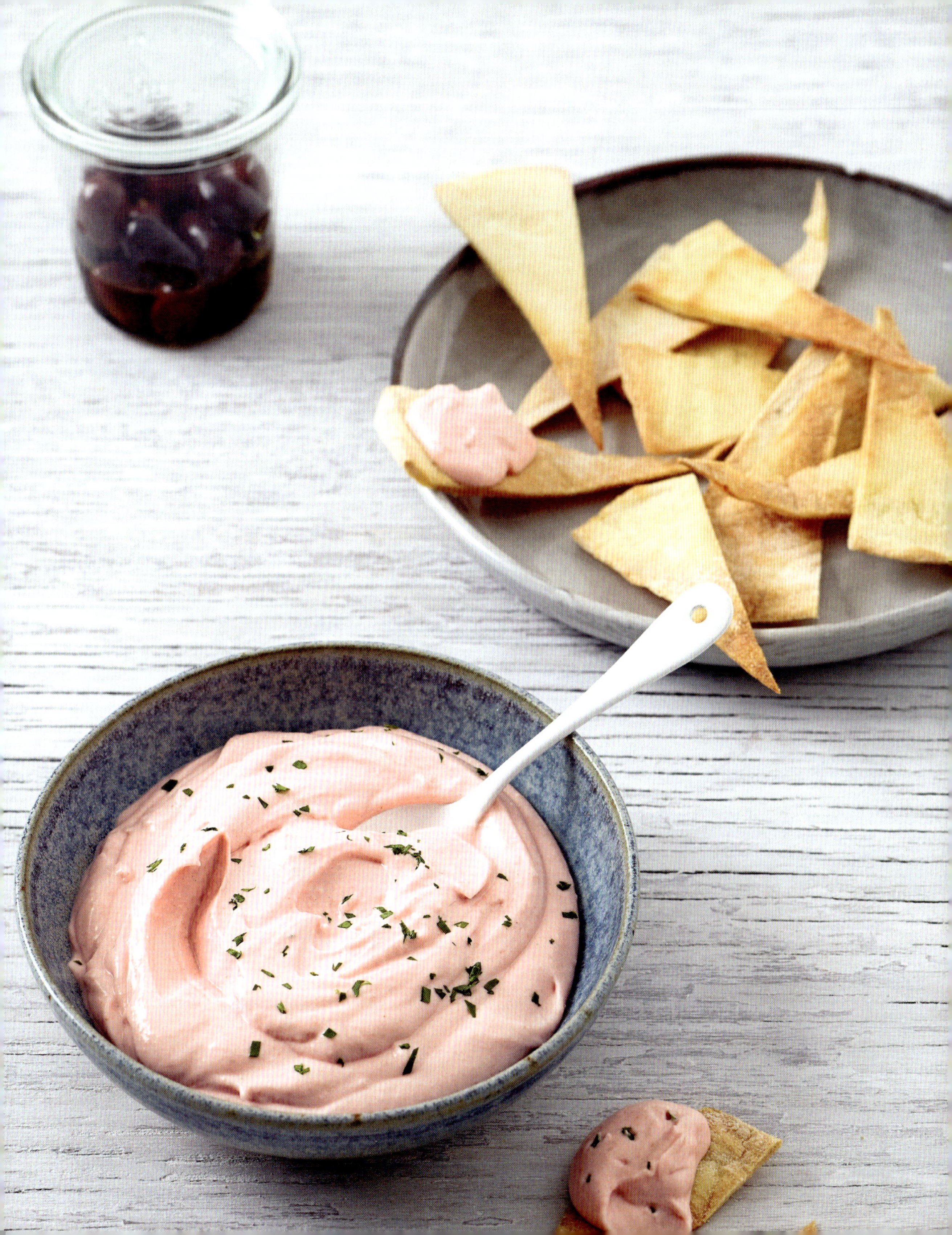

Pico de gallo
(salsa)

Cette salsa mexicaine est un hors-d'œuvre léger et délicieux. Si désiré, préparez-la à l'avance, couvrez-la d'une pellicule plastique, puis réfrigérez-la environ 15 minutes avant de servir.

- 4–6 portions
- 15 minutes
- 1

3	tomates moyennes mûres, coupées en dés
2	gousses d'ail, hachées finement
1	à 2 piments rouges frais, épépinés et hachés finement
1	petit oignon rouge doux, haché finement
125 ml (½ tasse)	de coriandre fraîche, hachée finement
	Jus fraîchement pressé de 1 lime
	Sel de mer et poivre noir, fraîchement moulus
	Chips de maïs, pour servir

1. **Mettre** les tomates dans un bol moyen, puis ajouter l'ail, les piments, l'oignon, la coriandre et le jus de lime. Saler et poivrer.

2. **Servir** avec les chips de maïs.

Si vous avez aimé cette recette, vous raffolerez aussi de celles-ci.

Amandes épicées rôties — 54

Salsa à la mangue — 64

Bruschettas tomates et oignon — 66

62 HORS-D'ŒUVRE ET COLLATIONS

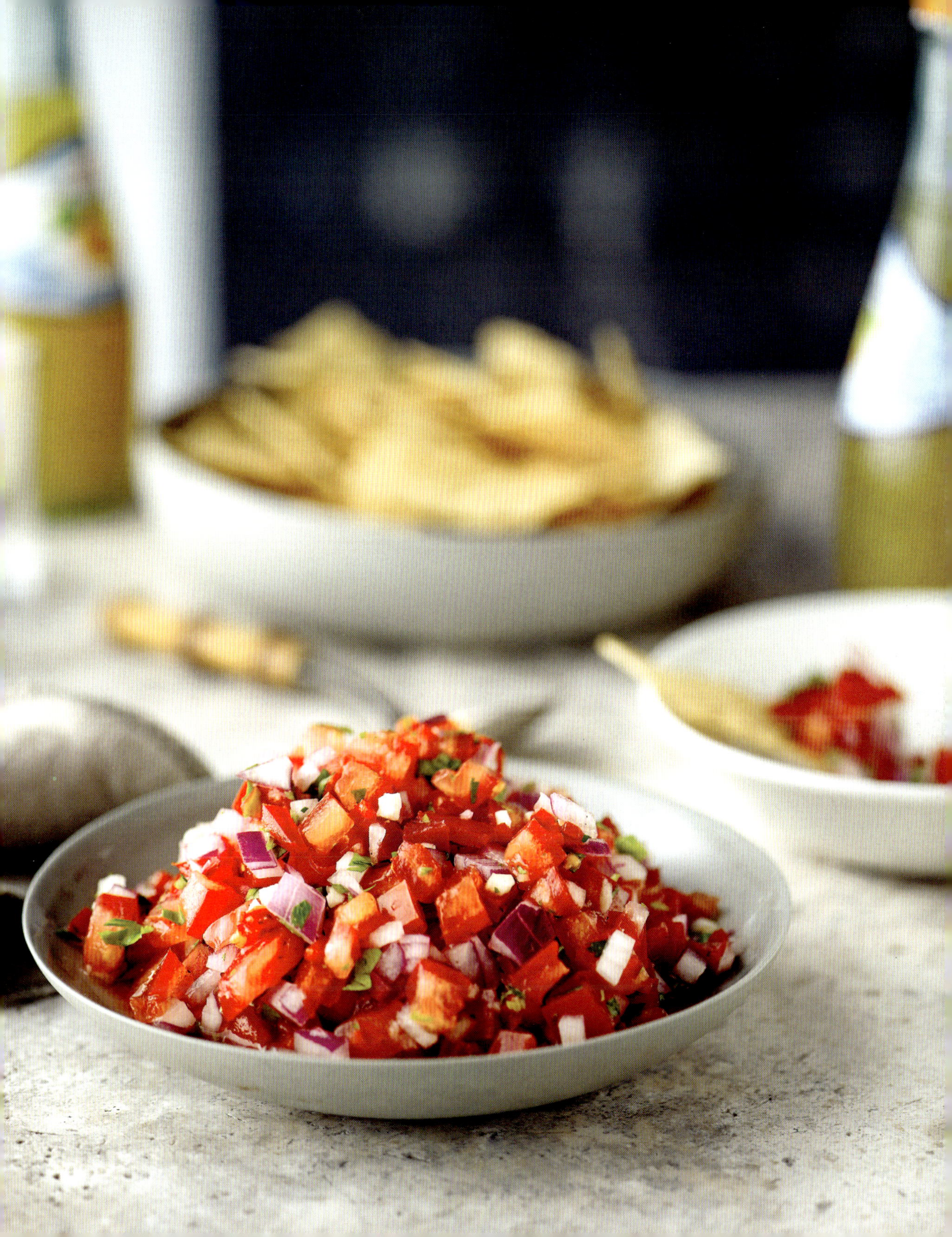

Salsa à la mangue

La mangue est le fruit le plus consommé du monde. C'est aussi un choix santé. La consommation régulière de mangues contribue à un risque moins élevé de maladie du cœur et de certains types de cancer, une meilleure digestion ainsi qu'à des os, une peau et des cheveux plus sains.

- 4–6 portions
- 10 minutes
- 1

1	mangue, pelée, dénoyautée et coupée en petits cubes (environ 500 ml/2 tasses)	1	piment serrano ou jalapeño, épépiné et haché très finement
1	petit oignon rouge, haché finement	15	ml (1 c. à soupe) de jus de lime fraîchement pressé
125	ml (½ tasse) de feuilles de coriandre fraîche, hachée finement		Sel de mer et poivre noir, fraîchement moulus
			Chips tortillas, pour servir

1. **Combiner** la mangue, l'oignon, la coriandre, le piment et le jus de lime dans un bol. Bien mêler. Saler et poivrer.
2. **Couvrir** et réfrigérer jusqu'au moment de servir.
3. **Servir** avec des chips tortillas.

Si vous avez aimé cette recette, vous raffolerez aussi de celles-ci.

Amandes épicées rôties — 54

Pico de gallo (salsa) — 62

Brochettes italiennes — 72

HORS-D'ŒUVRE ET COLLATIONS

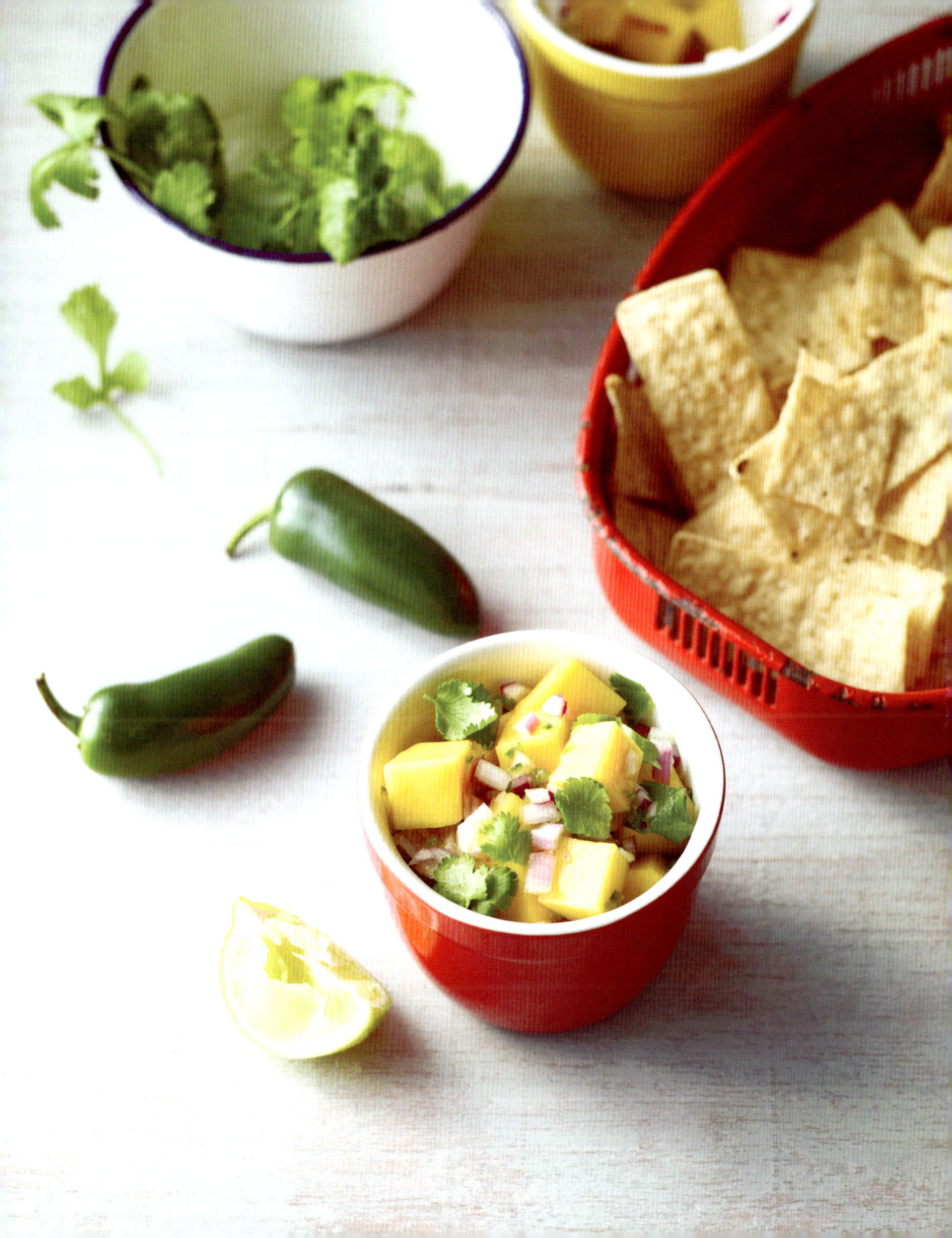

Bruschettas tomates et oignon

Ce plat simple ne fonctionnera que si vous choisissez des tomates et un basilic des plus savoureux ainsi qu'une excellente qualité d'huile d'olive. C'est un plat fantastique si vous avez un grand nombre d'invités.

- 12 portions
- 10 minutes
- 2–3 minutes
- 1

2	kg (4 lb) de tomates cerises rouges et jaunes, en quartiers		2	baguettes, coupées en 40 tranches environ
150	ml (⅔ tasse) d'huile d'olive extra vierge de la meilleure qualité		4	gousses d'ail, pelées
			1	gros oignon rouge en quartiers, puis tranché finement
2,5	ml (½ c. à thé) de sel de mer		250	ml (1 tasse) de feuilles de basilic frais
2,5	ml (½ c. à thé) poivre noir, fraîchement moulus			

1. **Allumer** le gril du four.
2. **Combiner** les tomates, l'huile le sel et le poivre dans un grand bol.
3. **Griller** les tranches de baguette sous le gril 1 à 2 minutes de chaque côté, jusqu'à ce qu'elles soient croustillantes et dorées. Pendant qu'elles sont encore chaudes, frotter légèrement un côté de chaque tranche avec l'ail.
4. **À la cuillère,** déposer le mélange de tomates sur les tranches de pain grillées et garnir d'oignon. Déchirer les feuilles de basilic et en parsemer le dessus. Servir chaud.

Si vous avez aimé cette recette, vous raffolerez aussi de celles-ci.

Pico de gallo (salsa) — 62

Toasts à la grecque — 68

Crostinis guacamole et fromage — 70

HORS-D'ŒUVRE ET COLLATIONS

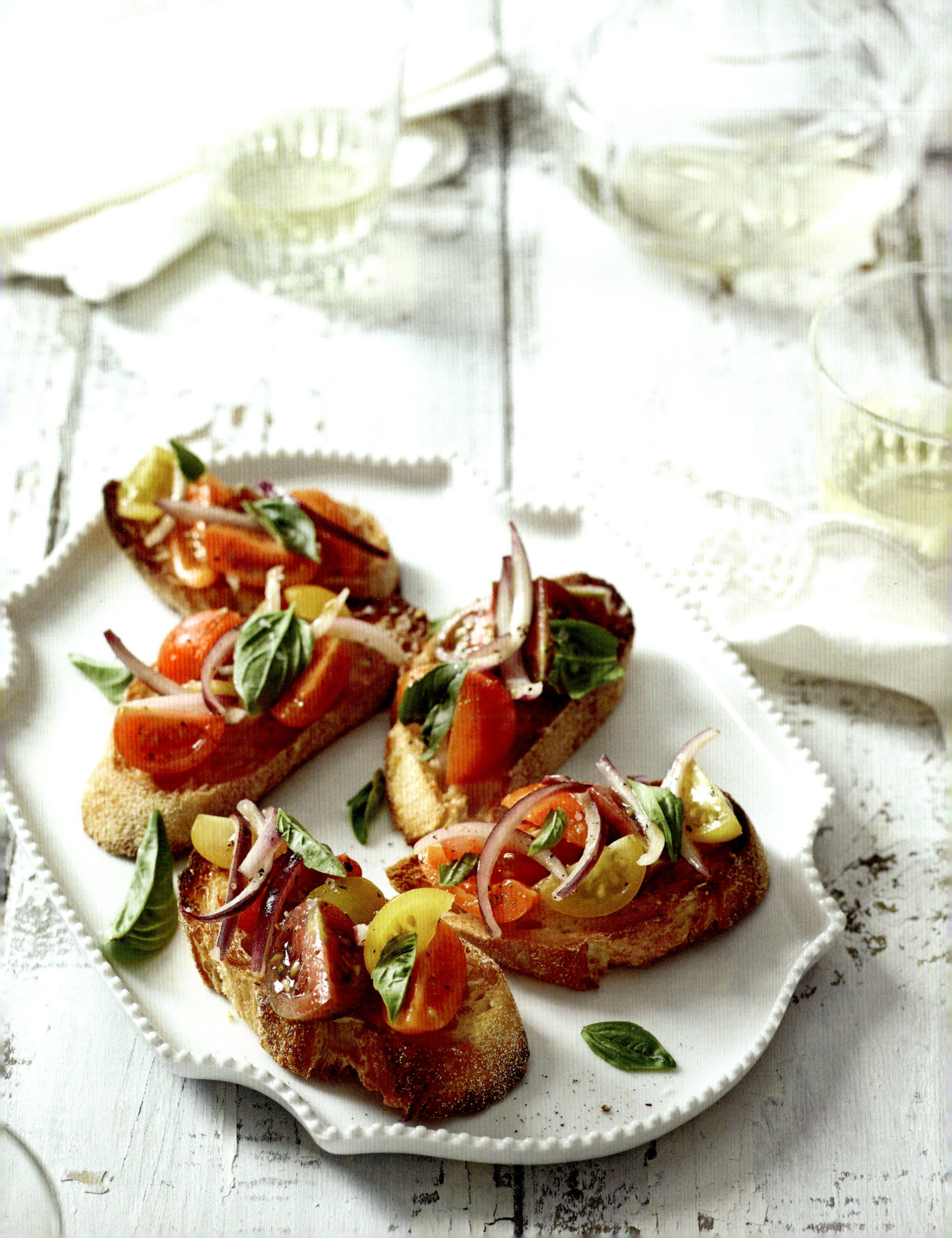

Toasts à la grecque

Nous avons ajouté ici une note grecque à un vieux classique italien. Nous n'avons pas ajouté de sel à la garniture parce que la feta est déjà assez salée.

- 6 portions
- 15 minutes
- 5–10 minutes
- 1

6	tomates italiennes, hachées grossièrement	30	ml (2 c. à soupe) de basilic frais, haché grossièrement
50	g (½ tasse) de tomates séchées dans l'huile, égouttées		Poivre noir, fraîchement moulu
180	g (6 oz) de feta, émiettée grossièrement	6	grandes tranches épaisses de pain multigrain ou de blé entier
60	ml (¼ tasse) d'huile d'olive extra vierge	3	gousses d'ail
30	ml (2 c. à soupe) de vinaigre balsamique		

1. **Allumer** le gril du four.
2. **Combiner** les tomates fraîches, les tomates séchées, la feta, l'huile, le vinaigre balsamique et le basilic dans un bol. Poivrer. Laisser reposer quelques minutes pendant que vous grillez le pain.
3. **Disposer** les tranches de pain en une seule couche sur une plaque à pâtisserie. Passer sous le gril 1 à 2 minutes de chaque côté, jusqu'à ce que le pain soit grillé et légèrement doré.
4. **Frotter** un côté de chaque tranche de pain avec une demi-gousse d'ail. Le pain grillé agira comme une râpe et absorbera l'ail.
5. **Étendre** uniformément le mélange de tomates et fromage. Servir chaud.

Si vous avez aimé cette recette, vous raffolerez aussi de celles-ci.

Bruschettas tomates et oignon — 66

Crostinis guacamole et fromage — 70

Brochettes italiennes — 72

HORS-D'ŒUVRE ET COLLATIONS

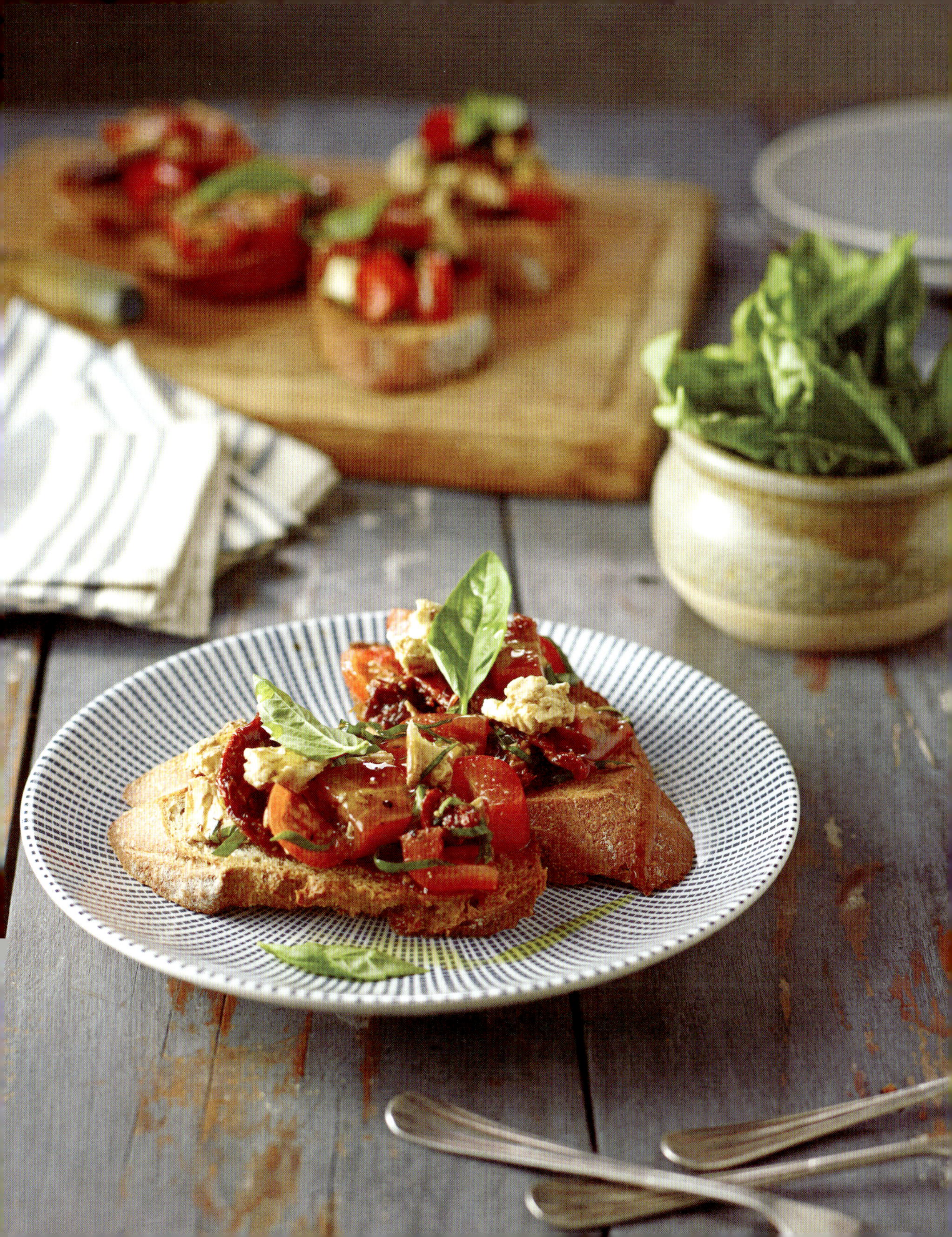

Crostinis guacamole et fromage

Le guacamole doit être servi pas plus de 1 heure ou 2 après sa préparation sans quoi il commencera à se décolorer.

- 12 portions
- 15 minutes
- 5 minutes
- 1

2	avocats mûrs	120	g (4 oz) de fromage de chèvre à pâte molle
1	petit oignon rouge, haché finement	2	baguettes, coupées en 40 tranches environ
1	piment jalapeño, épépiné et haché finement	30	ml (2 c. à soupe) d'huile d'olive extra vierge
1	gousse d'ail, émincée	1	tomate grappe moyenne, épépinée et hachée finement
13	ml (2½ c. à thé) de jus de lime fraîchement pressée		
1	ml (¼ c. à thé) de sel de mer en flocons		
1	ml (¼ c. à thé) de poivre noir, fraîchement moulu		

1. **Couper** les avocats en deux et enlever le noyau. Avec une cuillère, retirer la chair et la mettre dans un bol. À la fourchette, écraser la chair jusqu'à ce qu'elle soit légèrement grumeleuse.

2. **Ajouter** en brassant les ⅔ des oignons, le piment, l'ail, le jus de lime, le sel en flocons et le poivre noir. Ajouter le fromage de chèvre en pliant délicatement.

3. **Préchauffer** le four à 190°C (375°F). Disposer le pain en une seule couche sur une plaque à pâtisserie. Arroser avec l'huile.

4. **Cuire** au four environ 5 minutes, jusqu'à ce qu'il soit croustillant et doré.

5. **Tartiner** chaque tranche du mélange à l'avocat.

6. **Mêler** la tomate et le reste d'oignon rouge dans un petit bol. Déposer un peu du mélange de tomate sur chaque tranche.

7. **Assaisonner** d'un surplus de poivre, et servir.

Si vous avez aimé cette recette, vous raffolerez aussi de celles-ci.

Pico de gallo (salsa) — 62

Bruschettas tomates et oignon — 66

Toasts à la grecque — 68

HORS-D'ŒUVRE ET COLLATIONS

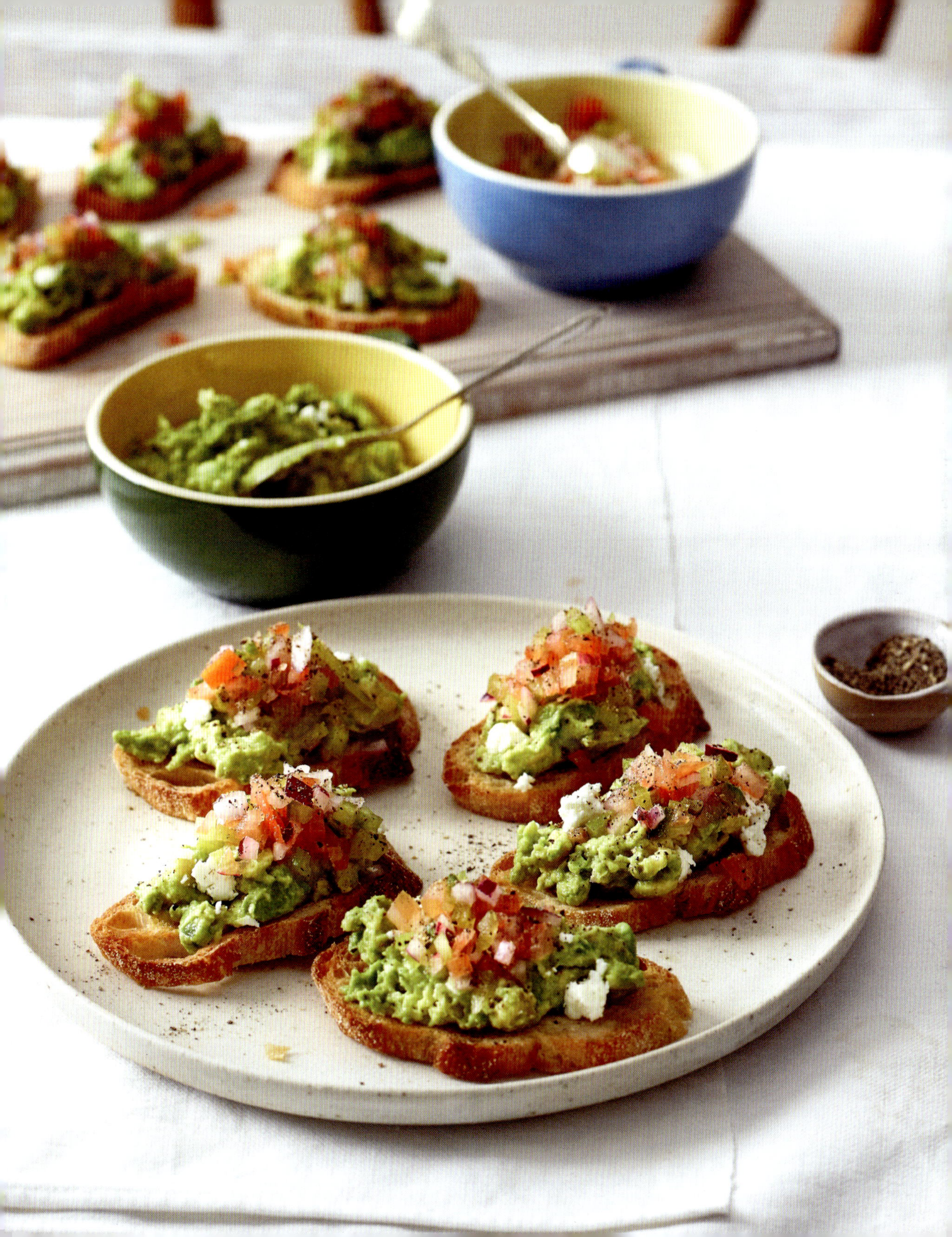

Brochettes italiennes

D'une simplicité extrême, c'est sur la très grande qualité des ingrédients que repose cette recette. Ces brochettes sont originaires de la belle île de Capri, au large de la côte de Naples, dans le sud de l'Italie.

- 8–10 portions
- 15 minutes
- 1

40	tomates cerises	
20	bocconcinis (boules de mozzarella de la taille d'une cerise)	
20	feuilles de basilic frais	
	Huile d'olive extra vierge, à verser en filet	
	Sel de mer et poivre noir, fraîchement moulus	

1. **Enfiler** 1 tomate cerise, suivie d'une boule de mozzarella, d'une feuille de basilic, puis d'une autre tomate sur une mini-brochette en bambou. Répéter jusqu'à ce que tous les ingrédients aient été utilisés pour obtenir 20 brochettes.

2. **Disposer** les brochettes sur des assiettes de service. Saler, poivrer, et servir.

Si vous avez aimé cette recette, vous raffolerez aussi de celles-ci.

Pico de gallo (salsa) — 62

Bruschettas tomates et oignon — 66

Bochettes de tofu avec sauce aux arachides — 84

HORS-D'ŒUVRE ET COLLATIONS

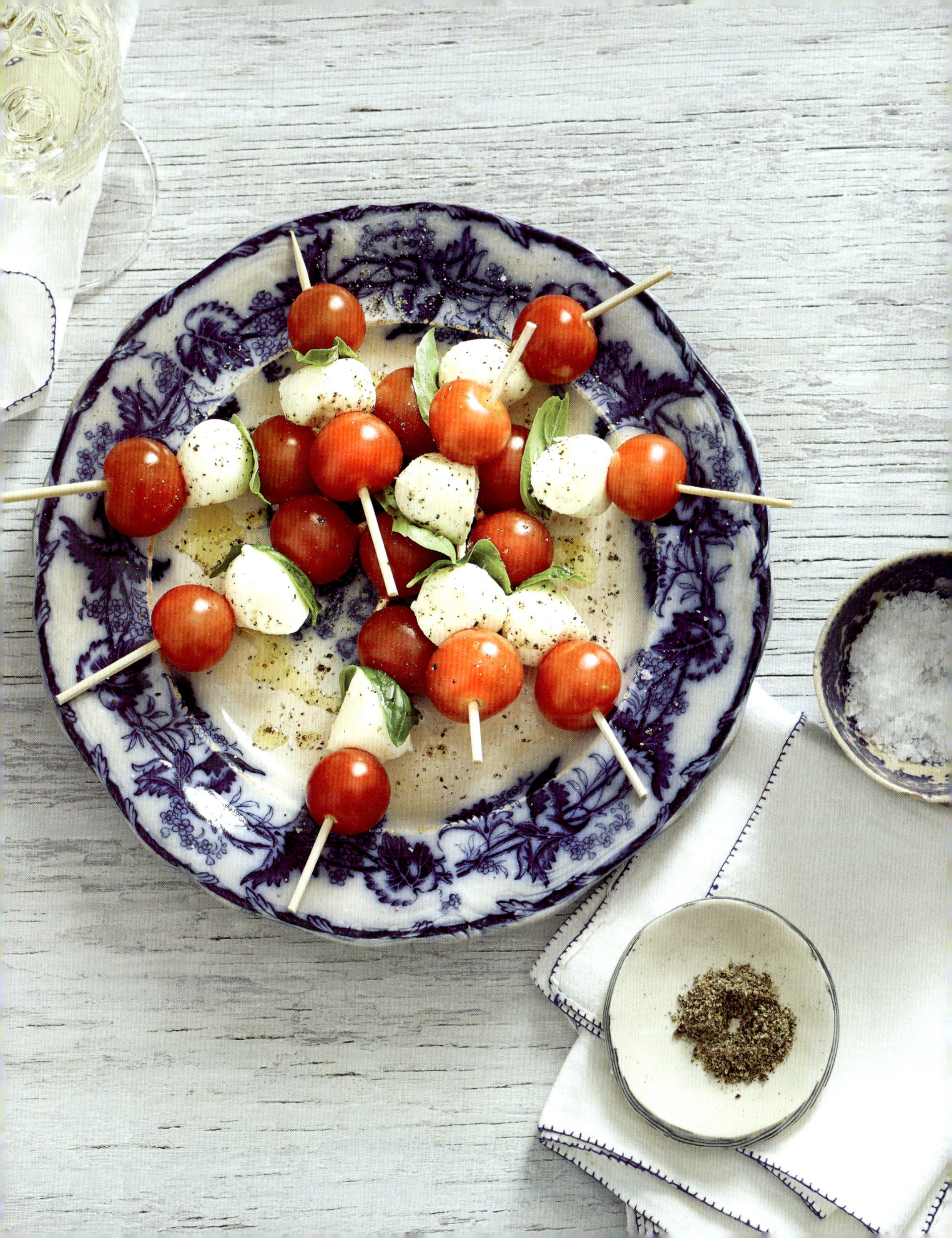

Craquelins multigrains

Faire vos propres craquelins chez vous, c'est vous assurer qu'ils ne contiennent aucun ingrédient malsain, comme des gras trans. Vous pouvez trouver la farine de pois chiches partout où l'on vend des aliments indiens ou chez des fournisseurs en ligne, voire dans certains supermarchés.

- 8–10 portions
- 10 minutes
- 30 minutes
- 20 minutes
- 1

75	g (½ tasse) de farine de blé entier	
30	g (¼ tasse) de farine tout usage	
30	g (¼ tasse) de farine de pois chiches	
20	g (¼ tasse) de polenta fine	
15	ml (1 c. à soupe) de graines de lin moulues	
10	ml (2 c. à thé) de sel en flocons	
5	ml (1 c. à thé) de cumin moulu	
5	ml (1 c. à thé) de coriandre moulue	
5	ml (1 c. à thé) de paprika doux	
90	ml (⅓ tasse) d'eau	
60	ml (¼ tasse) d'huile d'olive extra vierge	
15	ml (1 c. à soupe) de miel	
30	ml (2 c. à soupe) de graines de tournesol	
30	ml (2 c. à soupe) de graines de citrouille	
30	ml (2 c. à soupe) de graines de sésame	
15	ml (1 c. à soupe) de graines de pavot	

1. **Combiner** les farines avec la polenta, les graines de lin, le sel, le cumin, la coriandre et le paprika dans un robot culinaire et mixer pour bien mélanger.

2. **Combiner** l'eau, l'huile et le miel dans un petit bol. Tout en laissant le moteur tourner, ajouter graduellement le liquide aux ingrédients secs et brasser pour bien mêler.

3. **Transférer** dans un bol, ajouter les graines de tournesol, citrouille, sésame et pavot, puis brasser et pétrir pour bien combiner.

4. **Diviser** la pâte en deux et façonner deux disques. Envelopper de pellicules plastiques et réfrigérer 30 minutes.

5. **Préchauffer** le four à 180 °C (350 °F). Graisser légèrement deux grandes plaques à pâtisserie.

6. **Rouler** un disque de pâte entre deux feuilles de papier parchemin pour obtenir un rectangle de 5 mm (¼ po) d'épaisseur et de 20 x 25 cm (8 x 10 po) de côté. Couper les bords droits. Tailler ce rectangle en deux dans le sens de la longueur, puis en cinq transversalement. Vous obtenez 10 rectangles.

7. **Disposer** les rectangles à environ 2 cm (¾ po) de distance sur une des plaques préparées. Répéter avec le reste de pâte.

8. **Cuire** au four environ 20 minutes, jusqu'à ce que les craquelins soient croustillants et dorés. Tourner les plaques à mi-cuisson pour une cuisson uniforme.

9. **Laisser** refroidir sur les plaques à pâtisserie 2 à 3 minutes, jusqu'à ce que les craquelins soient assez fermes. Transférer sur des grilles métalliques et laisser refroidir complètement.

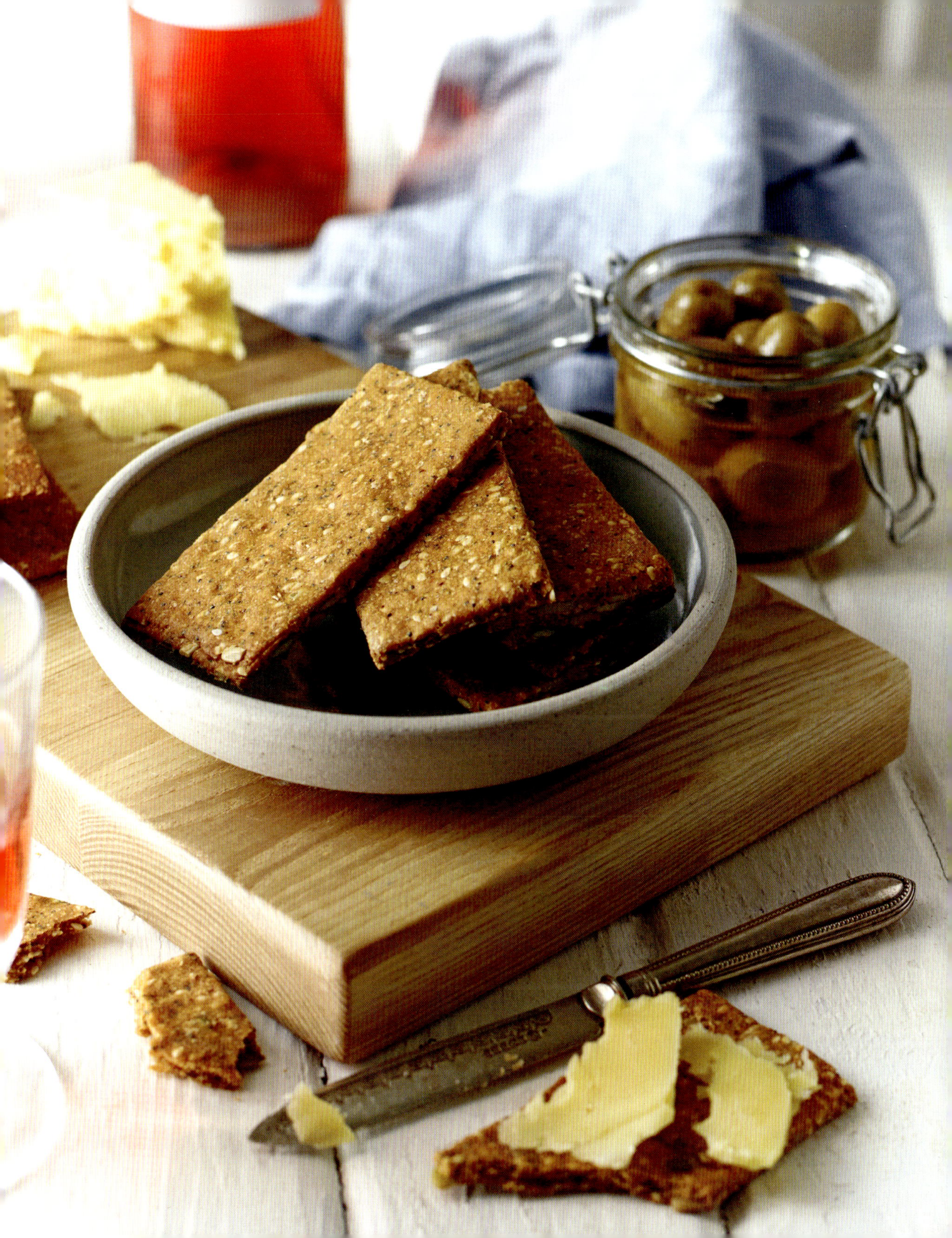

Pains de semoule
cuits à la poêle

Servez ces petits pains chauds garnis de beurre, de fromage à pâte molle et de tomates fraîches, ou d'autres garnitures à votre choix. Ils font une excellente collation après l'école.

- 4 portions
- 15 minutes
- 20 minutes
- 1

- 185 g (1 ½ tasse) de semoule fine + un surplus pour enrober
- 15 ml (1 c. à soupe) de sucre superfin (semoule)
- 5 ml (1 c. à thé) de levure chimique
- 1 ml (¼ c. à thé) de sel de mer
- 60 ml (¼ tasse) de beurre non salé, fondu
- 150 ml (⅔ tasse) de lait
- Beurre, confiture, miel, ou fromage à pâte molle frais et tranches de tomates, pour servir

1. **Combiner** la semoule, le sucre, la levure chimique et le sel dans un bol moyen.

2. **Ajouter** le beurre fondu et, avec les doigts, le faire pénétrer. Ajouter le lait et brasser pour obtenir une pâte épaisse. Mettre en attente 5 minutes pour une hydratation complète.

3. **Diviser** la pâte en quatre portions égales. Saupoudrer chacune d'assez de semoule pour éviter que la pâte ne colle à vos mains, puis la façonner en 4 disques de 10 cm (4 po) sur 1,5 cm (⅔ po) d'épaisseur environ. Enrober les deux côtés des disques de semoule.

4. **Préchauffer** une grande poêle antiadhésive à feu moyen-doux.

5. **Cuire** les disques de pâte jusqu'à ce qu'ils soient dorés, 4 à 5 minutes de chaque côté.

6. **Couper** en deux horizontalement et servir chauds, tartinés de beurre, de confiture, de miel ou de fromage à pâte molle et de tomates.

Si vous avez aimé cette recette, vous raffolerez aussi de celles-ci.

Craquelins multigrains
74

Scones de blé entier fromage et
78

Falafels et hoummos
80

HORS-D'ŒUVRE ET COLLATIONS

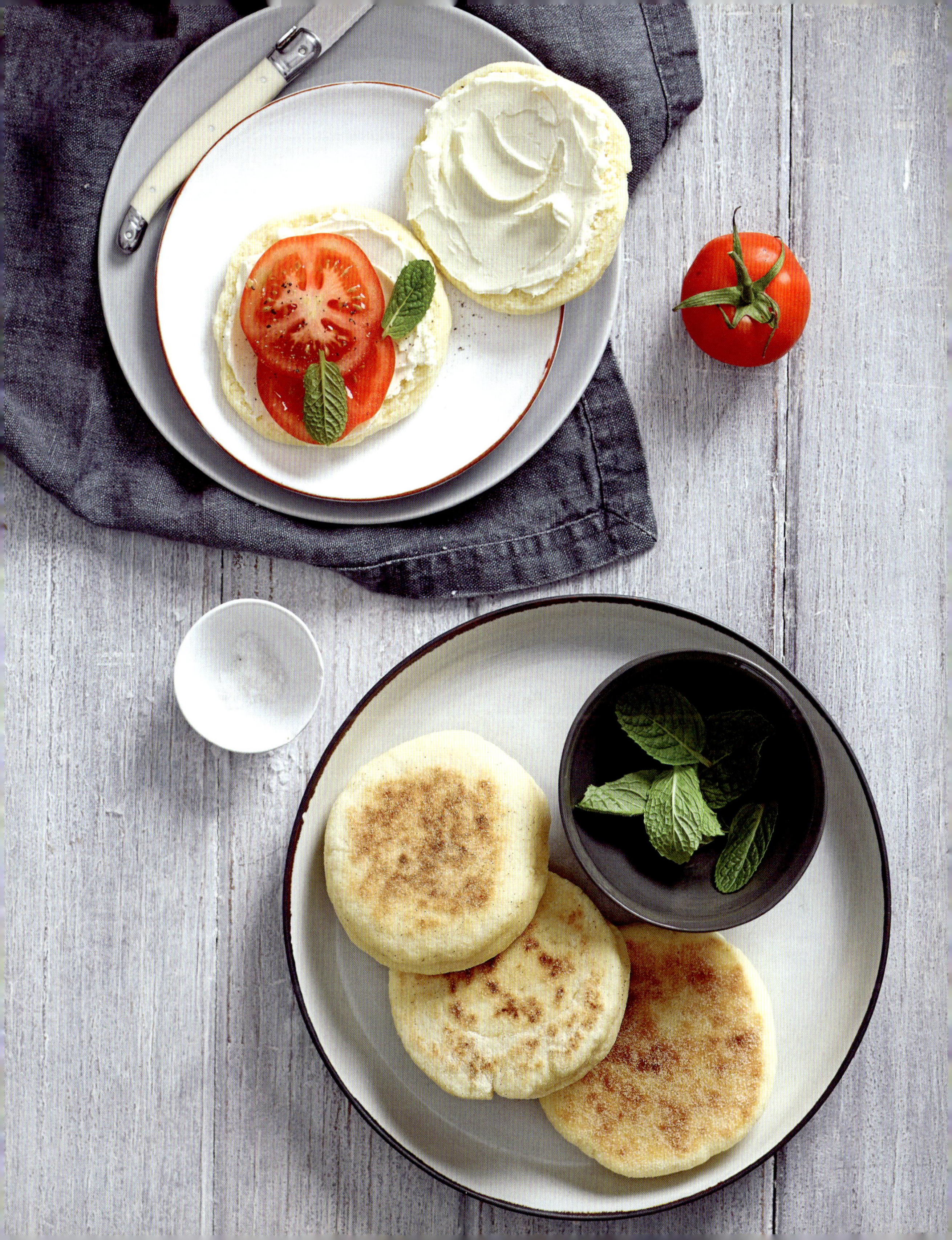

Scones de blé entier
fromage et herbes

Ces scones peuvent être servis à tout moment de la journée, depuis le déjeuner et le brunch jusqu'à la collation, ou pour accompagner les soupes et les salades du prochain chapitre.

- 6–12 portions
- 15 minutes
- 12–15 minutes
- 1

- 300 g (2 tasses) de farine tout usage
- 300 g (2 tasses) de farine de blé entier
- 30 ml (2 c. à soupe) de levure chimique
- 5 ml (1 c. à thé) de bicarbonate de sodium
- 10 ml (2 c. à thé) de sel de mer
- 160 g (1⅓ tasse) de cheddar fort, fraîchement râpé
- 30 ml (2 c. à soupe) de sauge fraîche, hachée finement
- 180 g (¾ tasse) de beurre non salé, froid et coupé en petits morceaux
- 375 ml (1½ tasse) de babeurre à faible teneur en gras

1. **Préchauffer** le four à 225 °C (450 °F). Graisser légèrement une grande plaque à pâtisserie et la doubler de papier parchemin.

2. **Combiner** les deux farines, la levure chimique, le bicarbonate et le sel dans un robot culinaire et mélanger par pulsion.

3. **Ajouter** le fromage et la sauge et mélanger par pulsion. Ajouter le beurre et mélanger par pulsion jusqu'à ce que le mélange ressemble à une chapelure grossière. Ajouter le babeurre et mélanger par pulsion tout juste pour combiner.

4. **Déposer** la pâte sur une surface de travail légèrement enfarinée. Pétrir rapidement jusqu'à ce que la pâte commence tout juste à se former.

5. **Rouler** avec un rouleau à pâte enfariné pour obtenir une abaisse de 2 cm (¾ po) d'épaisseur. Avec un emporte-pièce rond de 7 cm (3 po) de diamètre, couper 12 scones. Rouler de nouveau les restes de pâte en découpant autant de scones que possible.

6. **Déposer** les scones sur la plaque préparée en les espaçant de 5 cm (2 po).

7. **Cuire** au four 12 à 15 minutes, jusqu'à ce qu'ils soient gonflés et dorés. Transférer sur une grille métallique. Servir chauds ou à la température de la pièce.

Si vous avez aimé cette recette, vous raffolerez aussi de celles-ci.

Craquelins multigrains — 74

Pains de semoule cuits à la poêle — 76

Beignets courgette et maïs — 82

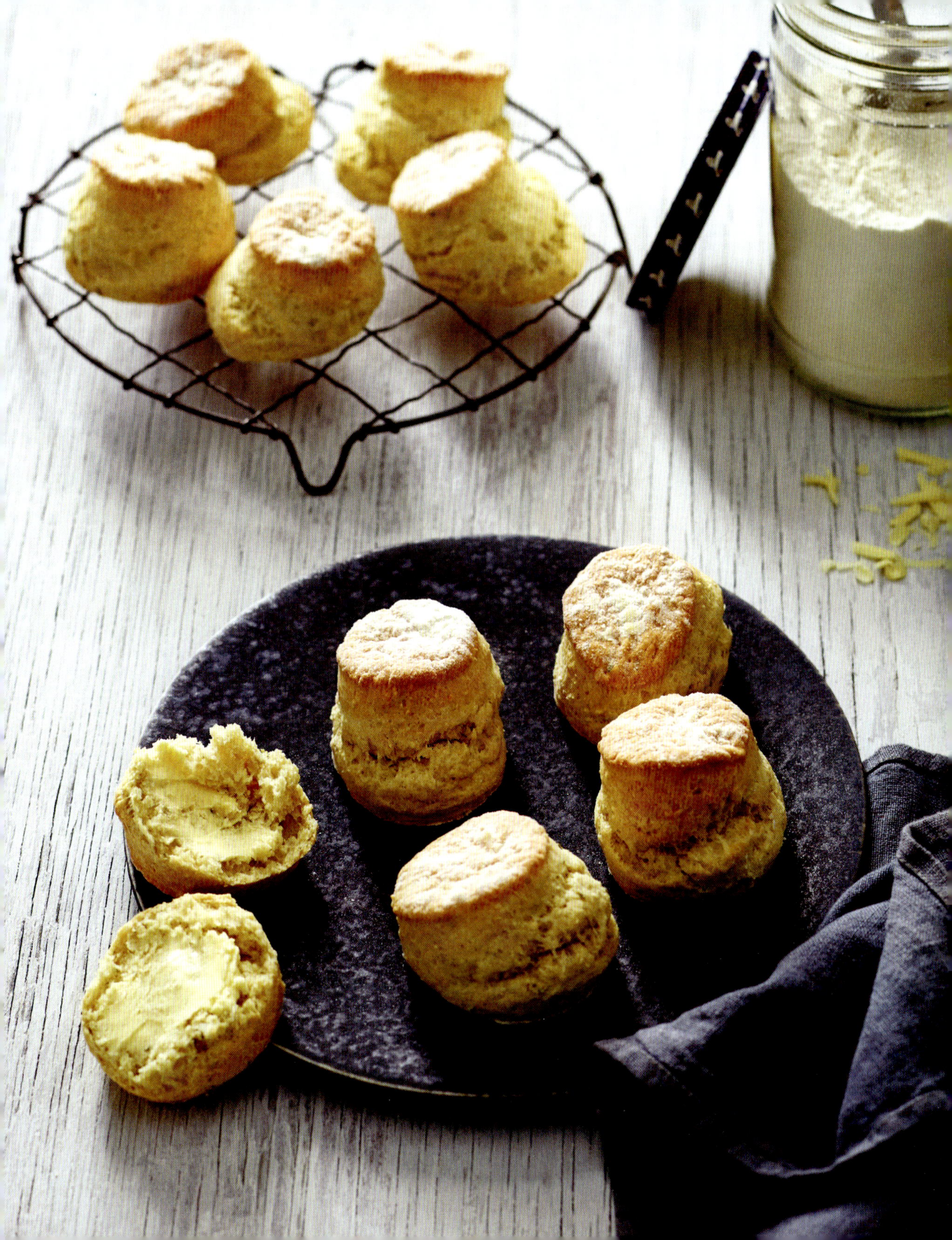

Falafels et hoummos

Ces deux hors-d'œuvre du Moyen-Orient se marient fort bien.

- 4–8 portions
- 20 minutes
- 6–8 minutes
- 1

FALAFELS

1	boîte (400 g/14 oz) de pois chiches, rincés et égouttés
4	oignons verts, tranchés
3	ml (½ c. à thé) de cumin moulu
30	ml (2 c. à soupe) de pâte de harissa
45	ml (3 c. à soupe) de jus de citron fraîchement pressé
	Sel de mer et poivre noir, fraîchement moulus
75	ml (5 c. à soupe) d'huile d'olive extra vierge
50	g (1 tasse) de feuilles de roquette, pour servir
	Pitas, pour servir

HOUMMOS

1	boîte (400 g/14 oz) de pois chiches, rincés et égouttés
90	ml (⅓ tasse) d'huile d'olive extra vierge + un surplus pour arroser
60	ml (¼ tasse) de jus de citron fraîchement pressé
45	ml (3 c. à soupe) de tahini (pâte de sésame)
3	gousses d'ail, hachées grossièrement
5	ml (1 c. à thé) de cumin
45	à 60 ml (3 à 4 c. à soupe) d'eau
	Sel de mer en flocons et poivre noir
	Pincée de paprika moulu doux, pour servir (facultatif)

1. **Pour les falafels,** verser les pois chiches dans un robot culinaire. Ajouter les ¾ des oignons verts, le cumin, 15 ml (1 c. à soupe) de pâte de harissa et 15 ml (1 c. à soupe) de jus de citron. Saler et poivrer.

2. **Hacher** jusqu'à ce que le mélange soit lisse et se tienne. Façonner en 8 falafels égaux et fermes.

3. **Chauffer** 30 ml (2 c. à soupe) d'huile dans une grande poêle à feu moyen. Ajouter les falafels et frire jusqu'à ce que dorés, 3 à 4 minutes de chaque côté.

4. **Mêler** le reste de pâte de harissa 15 ml (1 c. à soupe) avec 45 ml (3 c. à soupe) d'huile et 30 ml (2 c. à soupe) de jus de citron. Saler et poivrer, puis ajouter le reste d'oignons verts.

5. **Pour le hoummos,** combiner les pois chiches, l'huile, le jus de citron, le tahini, l'ail et le cumin dans un robot culinaire et mêler jusqu'à l'obtention d'une pâte grossière.

6. **Ajouter** graduellement l'eau en laissant tourner le moteur jusqu'à ce que le mélange soit lisse et crémeux. Saler et poivrer. Transférer dans un bol de service et réfrigérer jusqu'au moment de servir.

7. **Servir** les falafels chauds avec la roquette, les pitas et l'hoummos.

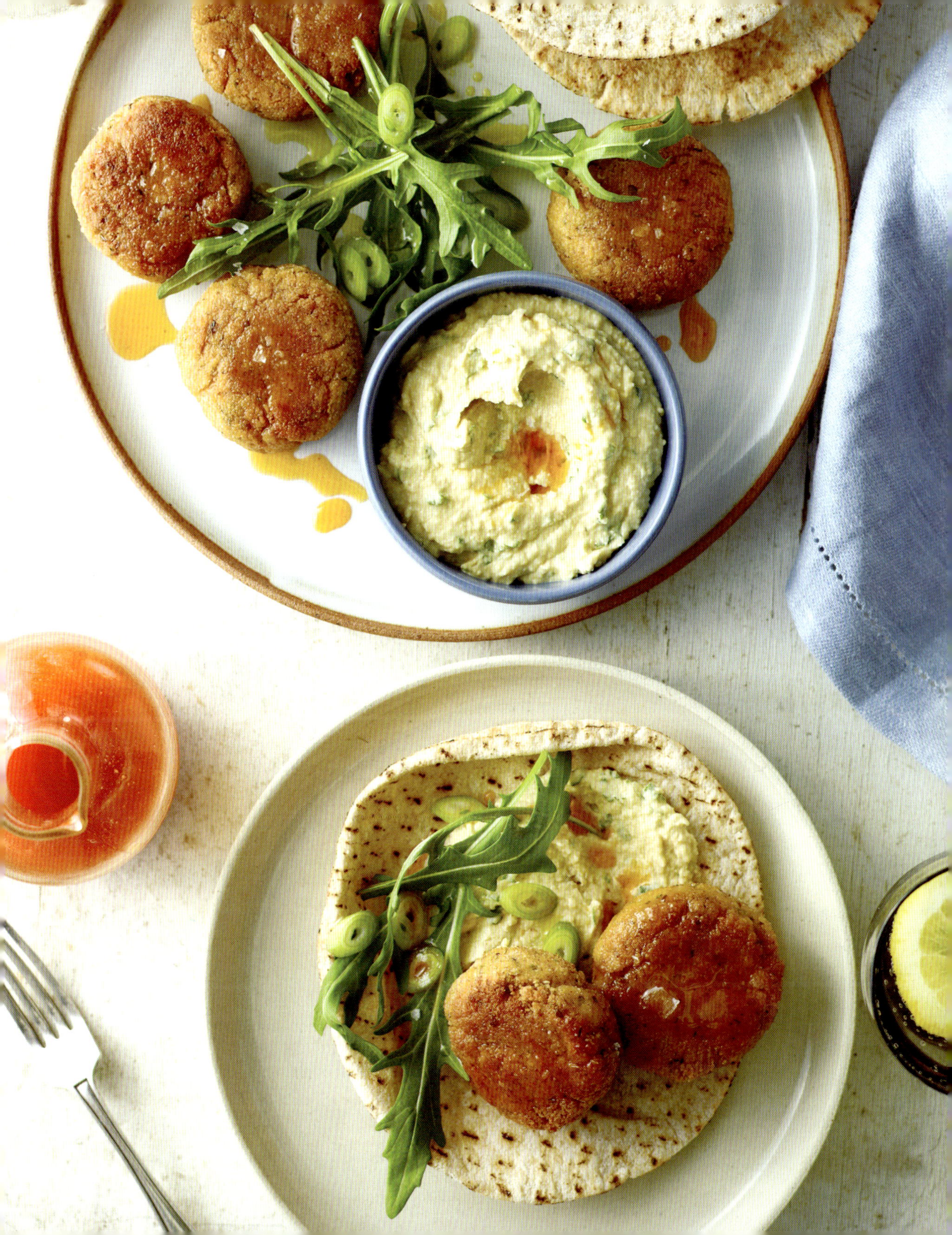

Beignets courgette et maïs

Choisissez une bonne qualité d'huile santé, comme de l'huile d'olive extra vierge, pour cuire ces beignets.

- 4–6 portions
- 15 minutes
- 15 minutes
- 1

150 g (1 tasse) de maïs (sucré) surgelé, décongelé	1 piment rouge frais, épépiné et haché grossièrement
1 courgette, râpée grossièrement	Sel de mer et poivre noir, fraîchement moulus
4 oignons verts, tranchés finement	60 ml (4 c. à soupe) d'huile végétale, pour la friture
45 ml (3 c. à soupe) de farine à levure	Guacamole, pour servir
2 gros œufs, légèrement battus	Chips de maïs, pour servir
30 ml (2 c. à soupe) de coriandre fraîche, hachée grossièrement	Quartiers de lime, pour servir

1. **Combiner** le maïs, la courgette, les oignons verts, la farine, les œufs, la coriandre et le piment dans un grand bol. Saler et poivrer au goût, puis bien mélanger.

2. **Chauffer** l'huile dans une grande poêle à feu moyen, jusqu'à ce qu'elle soit très chaude.

3. **Laisser** tomber 30 ml (2 c. à soupe) du mélange dans la poêle et cuire, en tournant une fois, jusqu'à ce que les beignets soient dorés et bien cuits, 4 à 6 minutes. Avec une cuillère trouée, retirer de la poêle et égoutter sur un essuie-tout.

4. **Servir** chaud avec le guacamole, les quartiers de lime et les chips de maïs.

Si vous avez aimé cette recette, vous raffolerez aussi de celles-ci.

Falafels et hoummos — 80

Bochettes de tofu avec sauce aux arachides — 84

Fricadelles de poisson thaïlandaises avec trempette — 88

HORS-D'ŒUVRE ET COLLATIONS

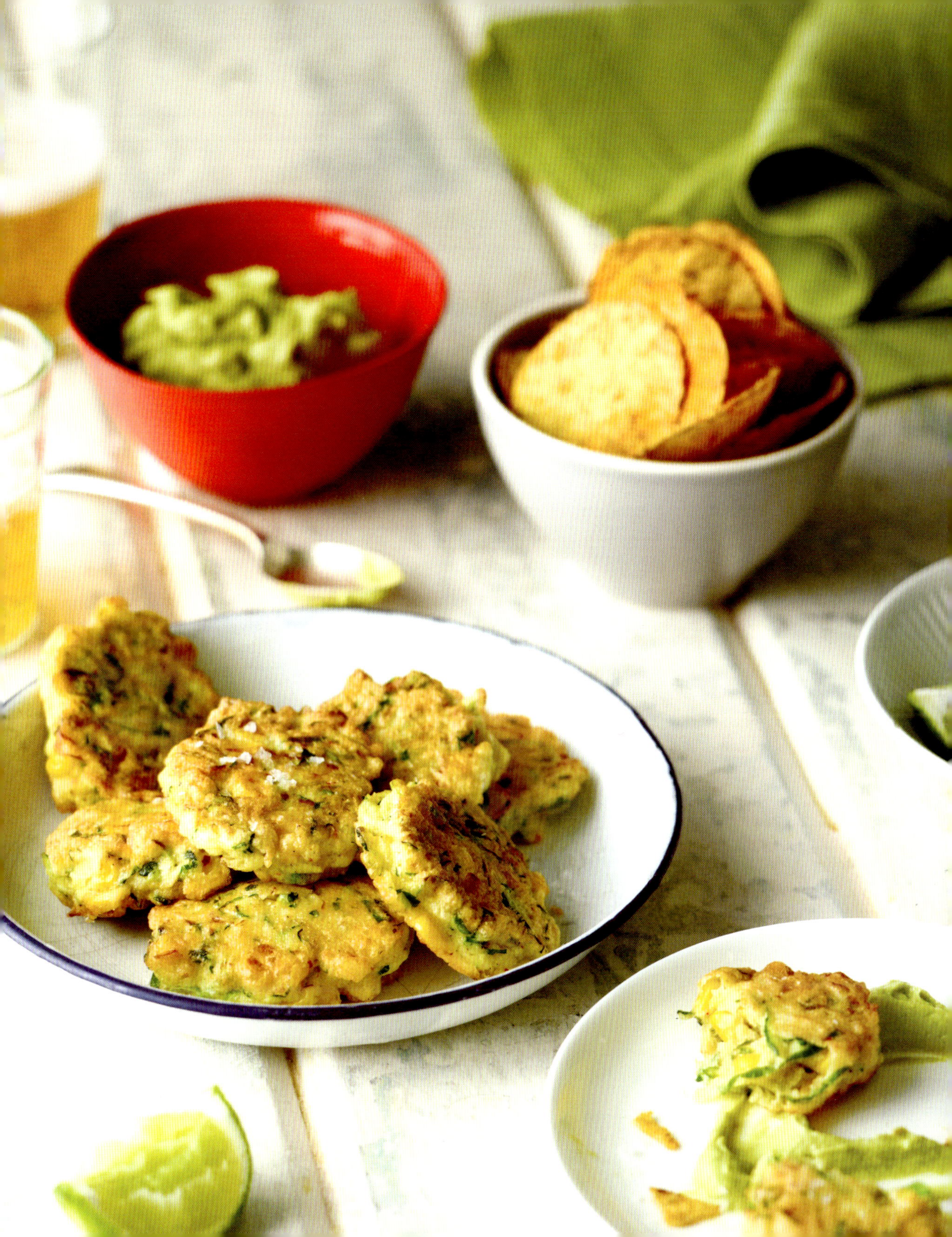

Brochettes de tofu
avec sauce aux arachides

Ces brochettes santé sont riches en protéines végétales maigres.

- 6 portions
- 15 minutes
- 15 minutes
- 2

BROCHETTES DE TOFU

- 30 ml (2 c. à soupe) d'huile d'arachides
- 350 g (12 oz) de tofu ferme, coupé en cubes de 1 cm (½ po)
- Sel de mer et poivre noir, fraîchement moulus

SAUCE SATAY

- 90 ml (⅓ tasse) d'huile d'arachides
- 250 g (8 oz) d'arachides crues
- 4 échalotes, hachées
- 2 gousses d'ail
- 3 ml (½ c. à thé) d'assaisonnement au chili
- 1 petit piment rouge, épépiné et haché finement
- 5 ml (1 c. à thé) de cassonade foncée
- 15 ml (1 c. à soupe) de sauce soya foncée
- 400 ml (1⅔ tasse) d'eau
- Jus fraîchement pressé de 1 citron

1. **Pour les brochettes de tofu,** chauffer l'huile dans un grand wok à feu vif. Ajouter les cubes de tofu et frire jusqu'à ce qu'ils soient croustillants et légèrement dorés.

2. **Saler et poivrer** légèrement, puis mettre en attente au chaud.

3. **Pour la sauce satay,** chauffer l'huile dans le wok et sauter les arachides jusqu'à ce qu'elles soient dorées. Laisser légèrement refroidir, puis hacher dans un robot culinaire jusqu'à ce que la pâte soit presque lisse.

4. **Sauter** quelques secondes les échalotes et l'ail dans le reste d'huile du wok, puis ajouter l'assaisonnement au chili, le piment, la cassonade, la sauce soya et l'eau. Porter à ébullition.

5. **Ajouter** la pâte d'arachides et laisser mijoter jusqu'à ce que la sauce ait épaissi, 8 à 10 minutes. Ajouter le jus de citron.

6. **Pendant que la sauce cuit,** enfiler les cubes de tofu sur des brochettes de bambou.

7. **Répartir** dans des assiettes de service. À la cuillère, arroser uniformément les brochettes de sauce satay. Servir chaud.

Si vous avez aimé cette recette, vous raffolerez aussi de celles-ci.

Brochettes italiennes
72

Fricadelles de poisson thaïlandaises avec trempette
88

Brochettes de poulet sur canne à sucre
90

HORS-D'ŒUVRE ET COLLATIONS

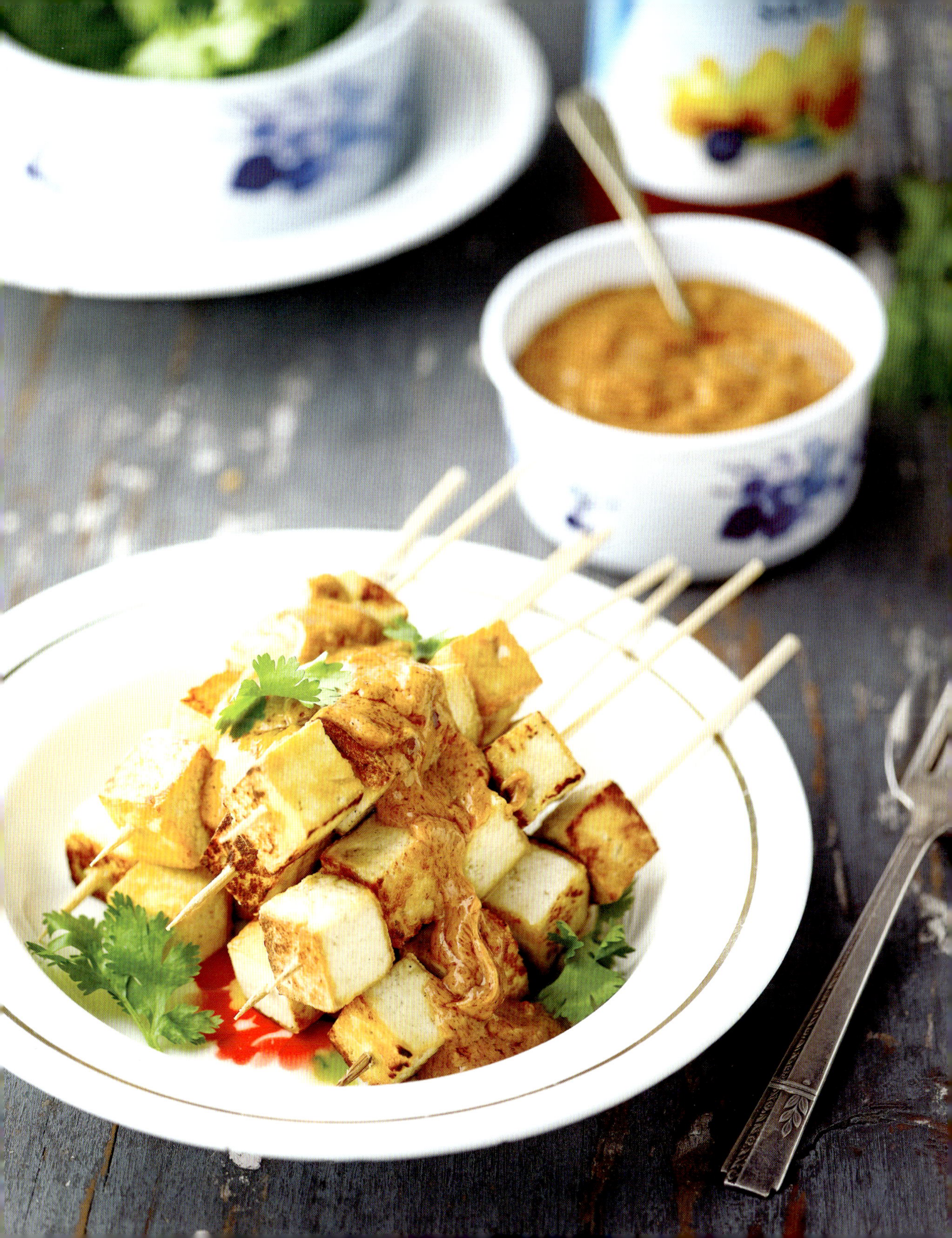

Crevettes grillées épicées

La harissa est un condiment nord-africain très piquant. Vous pouvez l'acheter déjà prête partout où des aliments d'Afrique du Nord ou du Moyen-Orient sont vendus, mais il est aussi facile de la préparer chez soi.

- 6 portions
- 10–15 minutes
- 10 minutes
- 4–6 minutes
- 1

PÂTE DE HARISSA
- 10 piments rouges longs, séchés
- 2 gousses d'ail
- 10 ml (2 c. à thé) de paprika moulu
- 5 ml (1 c. à thé) de cumin moulu
- 5 ml (1 c. à thé) de sel de mer
- 3 m (½ c. à thé) de coriandre moulue
- 60 ml (¼ tasse) d'huile d'olive extra vierge
- 30 ml (2 c. à soupe) de jus de citron, fraîchement pressé

CREVETTES
- 24 grosses crevettes crues, non décortiquées
- Quartiers de citron, pour servir

1. **Pour la pâte de harissa,** faire tremper les piments dans l'eau chaude 10 minutes pour les ramollir. Égoutter et hacher grossièrement.

2. **Combiner** les piments, l'ail, le paprika, le cumin, le sel et la coriandre dans un petit robot culinaire et mêler jusqu'à ce que le mélange soit finement haché.

3. **Sinon,** piler le tout en utilisant un mortier et un pilon. Ajouter l'huile et le jus de citron. Bien mêler pour obtenir une pâte.

4. **Préparer** un feu chaud dans le barbecue à l'extérieur ou allumer le gril du four. Si votre barbecue n'a pas de surface de cuisson solide, mettre une plaque de cuisson, un tapis pour barbecue ou une crêpière sur le gril pour la préchauffer.

5. **Pour les crevettes,** les enrober uniformément de pâte harissa.

6. **Griller** les crevettes jusqu'à ce que la carapace soit rose partout et que la pâte de harissa soit légèrement noircie et parfumée, 2 à 3 minutes de chaque côté.

7. **Transférer** dans une assiette de service, garnir de quartiers de citron et servir chaud.

Si vous avez aimé cette recette, vous raffolerez aussi de celles-ci.

Fricadelles de poisson thaïlandaises avec trempette — 88

Crevettes sauce verte — 194

Crevettes épicées à l'orange — 196

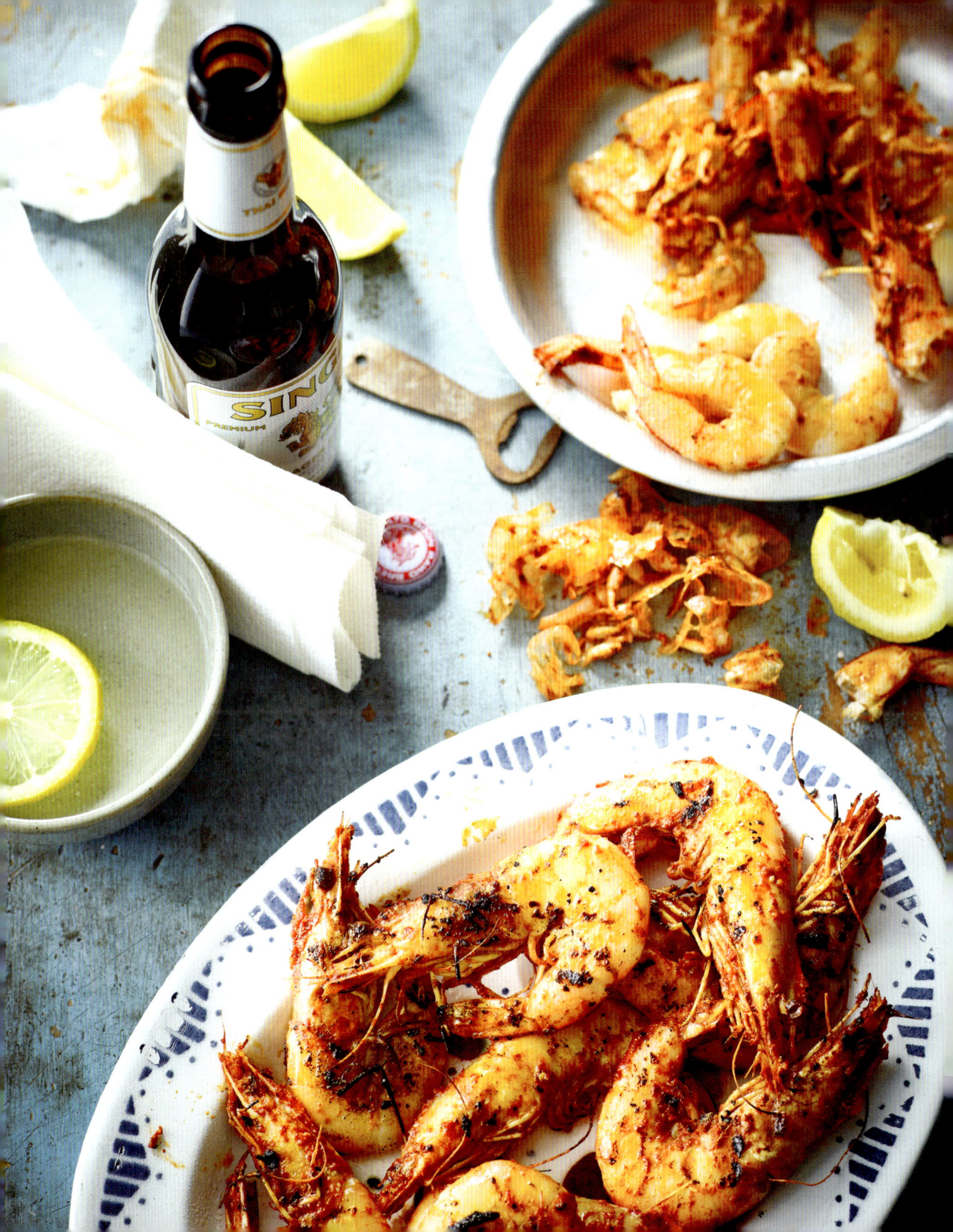
PREMIUM

Fricadelles de poisson
thaïlandaises avec trempette

Ces fricadelles constituent une collation ou une entrée délicieuse. Vous pouvez aussi les servir comme plat principal. Dans ce cas, cette recette satisfera 2 à 3 personnes.

- 6–8 portions
- 15 minutes
- 15 minutes
- 2

TREMPETTE

125	ml (½ tasse) d'eau
60	ml (¼ tasse) de vinaigre blanc
70	g (⅓ tasse) de sucre blanc
30	ml (2 c. à soupe) de sauce de poisson thaïe
¼	de concombre pelé, épépiné et en dés
1	gros piment rouge, épépiné et haché finement
30	ml (2 c. à soupe) d'arachides rôties, hachées finement

FRICADELLES

500	g (1 lb) de filets de poisson blanc ferme, hachés grossièrement
8	ml (1 ½ c. à thé) de pâte de cari rouge thaïe
8	ml (1 ½ c. à thé) de sauce de poisson thaïe
1	gros blanc d'œuf
2	petites échalotes, hachées finement
2	haricots verts chinois ou haricots verts, hachés finement
2	feuilles de combavas (limes Kaffir), hachées finement
30	ml (2 c. à soupe) de coriandre fraîche, hachée finement
	Sel de mer et poivre noir, fraîchement moulus
15	à 30 ml (1 à 2 c. à soupe) d'huile végétale
2	limes, coupées en quartiers

1. **Pour la trempette,** combiner l'eau, le vinaigre et le sucre dans une petite casserole à feu doux. Cuire, en brassant de temps à autre, jusqu'à ce que le sucre soit dissout, environ 5 minutes. Augmenter le feu et laisser mijoter jusqu'à ce que le mélange soit légèrement sirupeux, environ 5 minutes.

2. **Transférer** dans un petit bol. Ajouter la sauce de poisson, le concombre, le piment et les arachides. Brasser pour combiner et mettre en attente pour refroidir.

3. **Pour les fricadelles,** combiner le poisson, la pâte de cari, la sauce de poisson et le blanc d'œuf dans un robot culinaire et mêler jusqu'à ce que le mélange soit lisse.

4. **Transférer** dans un bol moyen. Ajouter en brassant les échalotes, les haricots, les feuilles de combavas et la coriandre. Saler et poivrer. Former 16 fricadelles.

5. **Préchauffer** une plaque de cuisson (crêpinière) ou une grande poêle à feu moyen-fort.

6. **Ajouter** l'huile à la poêle, puis ajouter toutes les fricadelles en une seule couche. Griller jusqu'à ce qu'elles soient cuites de part en part et dorées, 4 à 5 minutes de chaque côté. Égoutter sur un essuie-tout.

7. **Servir** chaud, avec la trempette et les quartiers de lime.

HOT CHILI SAUCE
SHAKE WELL
TƯƠNG ỚT SRIRACHA
食品公司
HUY FONG FOODS, INC.
www.huyfong.com
17 OZ. (1 lb. 1 oz.) (482g)

Brochettes de poulet
sur canne à sucre

Les enfants adoreront particulièrement ces brochettes de poulet légèrement sucrées. Si vous ne pouvez trouver de cannes à sucre, utiliser des bâtonnets à sucettes ou à cupcakes ou des brochettes de bambou.

- 6 portions
- 15 minutes
- 8–10 minutes
- 1

500 g (1 lb)	de poulet haché
3	oignons verts, la partie blanche seulement, hachés finement
30 ml (2 c. à soupe)	de sauce de poisson thaïe
30 ml (2 c. à soupe)	de jus de lime, fraîchement pressé
1	gros blanc d'œuf
2	gousses d'ail, hachées finement
10 ml (2 c. à thé)	de gingembre, pelé et haché finement
3 m (½ c. à thé)	de sel de mer en flocons
30 ml (2 c. à soupe)	de feuilles de coriandre fraîche, hachées finement
12	bâtonnets de canne à sucre (15 cm/6 po)
	Sauce chili douce, pour servir

1. **Combiner** le poulet, les oignons verts, la sauce de poisson, le jus de lime, le blanc d'œuf, l'ail, le gingembre et le sel dans un robot culinaire. Mélanger par pulsion pour combiner. Transférer dans un bol, ajouter la coriandre, puis bien mêler.

2. **Diviser** le mélange en 12 portions égales. Avec les mains humides, façonner le mélange autour des ⅔ inférieurs de chaque bâtonnet de canne à sucre. Déposer dans un plat, couvrir d'un linge à vaisselle propre et réfrigérer jusqu'au moment de cuire.

3. **Préparer** un feu moyen dans un barbecue à l'extérieur ou allumer le gril du four à l'intérieur. Avec un essuie-tout huilé, frotter les grilles du barbecue.

4. **Griller** les brochettes de poulet, en les tournant à l'occasion, jusqu'à ce qu'elles soient cuites de part en part et dorées, 8 à 10 minutes. Si on fait cuire sous le gril, déposer les brochettes sur une grille métallique dans une plaque de cuisson et faire cuire comme sur le barbecue.

5. **Transférer** dans une assiette de service et les servir chaudes, accompagnées de la sauce chili comme trempette.

Si vous avez aimé cette recette, vous raffolerez aussi de celles-ci.

Brochettes italiennes
72

Bochettes de tofu avec sauce aux arachides
84

Fricadelles de poisson thaïlandaises avec trempette
88

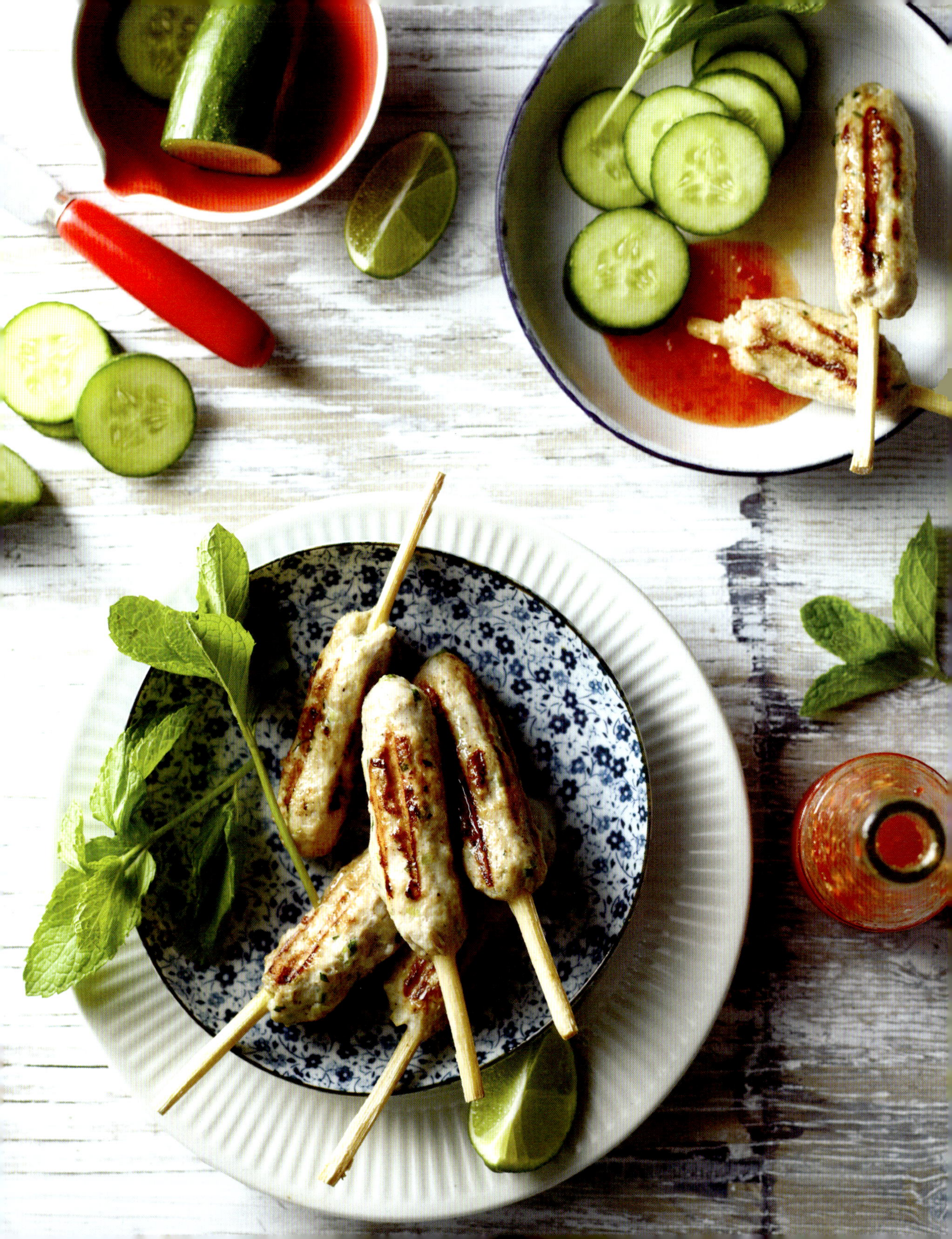

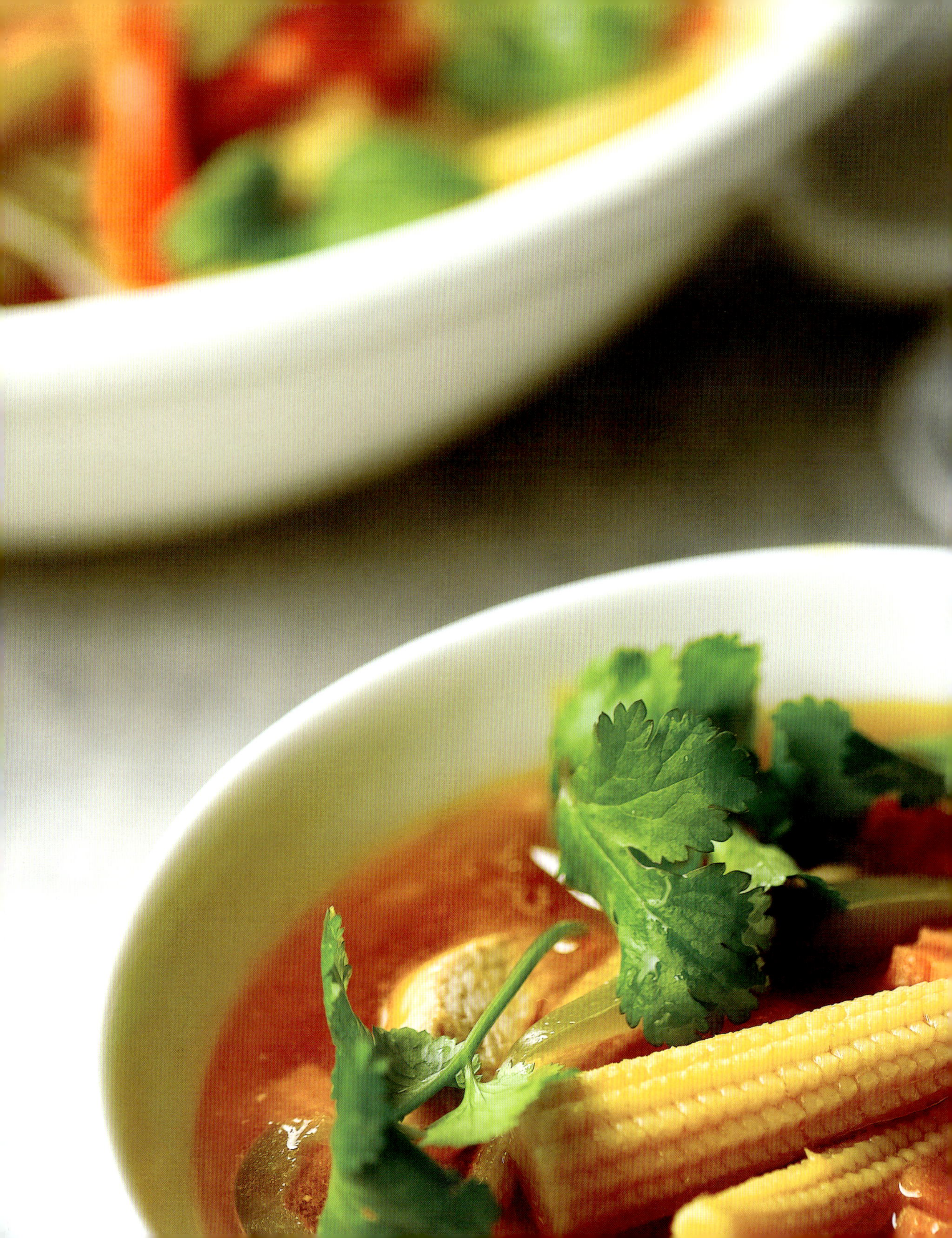

Soupes
et salades

Soupe froide concombre et avocats

Vous pouvez mixer cette soupe rafraîchissante en quelques minutes. Conservez tous les ingrédients au réfrigérateur jusqu'au moment de la préparation et servez-la aussitôt, alors qu'elle est encore délicieusement fraîche.

4 portions
10 minutes

1

1	gros concombre, pelé et en quartiers	250	ml (1 tasse) de yogourt nature
2	avocats mûrs, pelés, dénoyautés et en quartiers	250	ml (1 tasse) d'eau glacée
2	oignons verts, hachés	250	ml (1 tasse) de glaçons
2	gousses d'ail, pelées		Sel de mer et poivre noir fraîchement moulus
60	ml (¼ tasse) de feuilles de coriandre fraîche + un surplus, pour garnir	1	petit piment rouge, épépiné et haché finement, pour garnir
60	ml (¼ tasse) de jus de lime, fraîchement pressé		

1. **Combiner** le concombre, les avocats, les oignons verts, l'ail, la coriandre, le jus de lime, le yogourt, l'eau glacée et les glaçons dans un robot culinaire et mixer jusqu'à ce que ce soit lisse. Saler et poivrer.

2. **Servir** la soupe garnie du surplus de coriandre et du piment.

Si vous avez aimé cette recette, vous raffolerez aussi de celles-ci.

Soupe haricots et pommes de terre avec pesto
98

Potage parmentier
104

Potage de brocoli avec fromage bleu
106

94 SOUPES ET SALADES

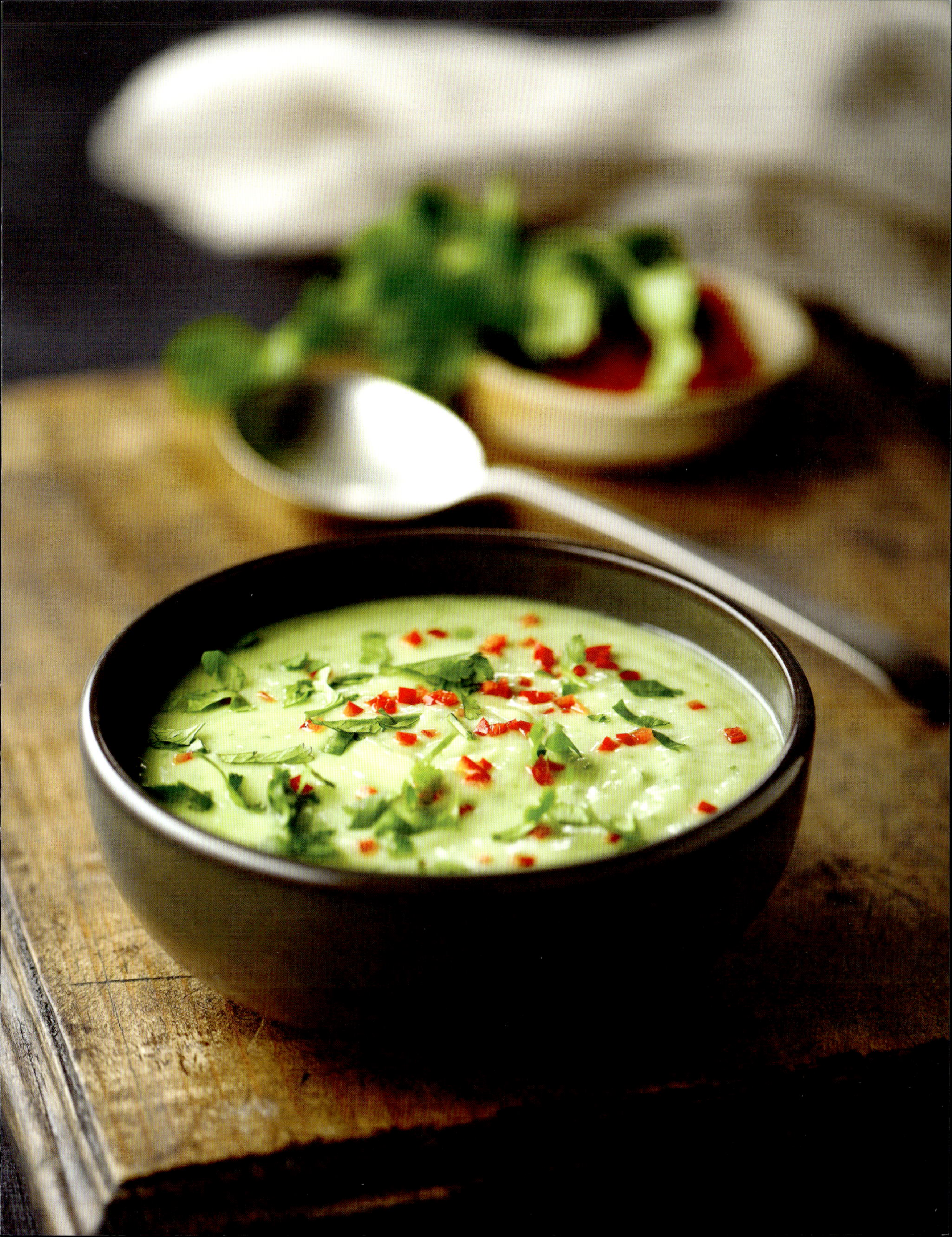

Soupe aux carottes crémeuses

Les carottes cuites sont une excellente source de fibres alimentaires, de vitamines A, K et B6, et de manganèse.

- 4–6 portions
- 10 minutes
- 15–20 minutes
- 1

45	ml (3 c. à soupe) de beurre
1	kg (2 lb) de carottes, de préférence avec leurs tiges, pelées et tranchées finement
1	petit oignon, en dés
1	gousse d'ail, hachée
5	ml (1 c. à thé) de gingembre frais, haché finement
1	pincée de sucre
	Sel de mer et poivre noir, fraîchement moulus
15	ml (1 c. à soupe) d'huile d'olive extra vierge
2	panais, pelés et tranchés finement
5	ml (1 c. à thé) de vinaigre de vin blanc
500	ml (2 tasses) de bouillon de poulet
175	ml (¾ tasse) de lait
	Persil frais haché grossièrement, pour garnir

1. **Fondre** le beurre dans un chaudron à feu moyen. Réserver 125 ml (½ tasse) de carottes. Ajouter le reste de carottes dans le chaudron avec l'oignon, l'ail, le gingembre, le sucre, le sel et le poivre. Réduire à feu doux. Couvrir et laisser cuire jusqu'à ce que les carottes soient tendres, environ 10 à 15 minutes.

2. **Entre-temps,** chauffer l'huile dans une casserole moyenne à feu moyen. Ajouter les carottes réservées et les panais. Saler et poivrer. Sauter jusqu'à ce que les légumes commencent à se colorer un peu, environ 2 minutes. Couvrir et laisser cuire jusqu'à ce qu'ils soient tendres, environ 5 minutes.

3. **Augmenter** le feu à moyen-vif. Ajouter le vinaigre, en brassant pour bien enrober. Cuire 1 minute. Répartir uniformément ce mélange de légumes entre quatre bols à soupe.

4. **Ajouter** le bouillon de poulet et le lait au mélange de carottes et d'oignon dans le chaudron. Saler et poivrer. Porter à ébullition, puis retirer du feu.

5. **Réduire** en purée le mélange à l'aide d'un mélangeur à main.

6. **À la louche,** verser la soupe crémeuse sur les légumes dans les bols. Garnir de persil et la servir chaude.

Si vous avez aimé cette recette, vous raffolerez aussi de celles-ci.

Soupe froide concombre et avocats
94

Soupe haricots et pommes de terre avec pesto
98

Potage épicé aux patates douces
102

SOUPES ET SALADES

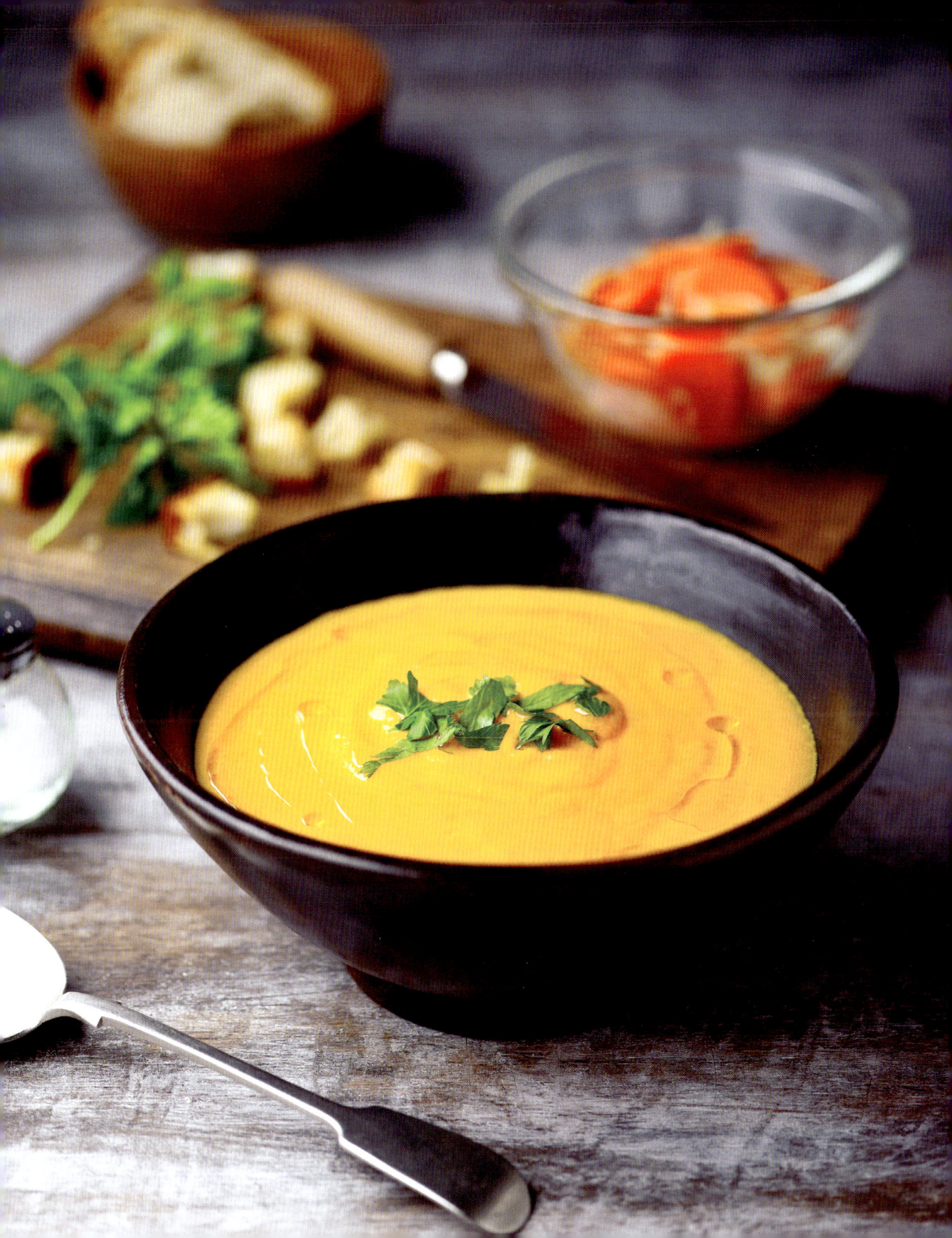

Soupe haricots et pommes de terre avec pesto

Cette recette de pesto vous en donnera plus qu'il n'en faut pour garnir la soupe. Au goût, tartinez le surplus de pesto sur des tranches de pain et servez-les avec la soupe. Ou bien, utilisez le pesto dans votre prochain plat de pâtes. Le pesto se conservera 4 à 5 jours au réfrigérateur.

- 4 portions
- 10 minutes
- 15–20 minutes
- 1

SOUPE

45	ml (3 c. à soupe) d'huile olive extra vierge
1	oignon, haché finement
400	g (14 oz) de haricots de Lima surgelés
3	ou 4 pommes de terre moyennes, pelées et en petits cubes
1	l (4 tasses) de bouillon de légumes
	Sel de mer et poivre noir, fraîchement moulus
15	ml (1 c. à soupe) de basilic frais, pour garnir

PESTO

100	g (2 tasses) de feuilles de basilic frais
30	ml (2 c. à soupe) de pignons de pin
2	gousses d'ail
60	ml (¼ tasse) de parmesan, fraîchement râpé
125	ml (½ tasse) d'huile d'olive extra vierge
	Sel de mer et poivre noir, fraîchement moulus

1. **Pour préparer la soupe,** chauffer l'huile dans un chaudron à feu moyen. Ajouter l'oignon et sauter jusqu'à ce qu'il soit ramolli, 3 à 4 minutes.

2. **Ajouter** les haricots de Lima, les pommes de terre et le bouillon de légumes. Porter à ébullition. Réduire à feu doux. Laisser mijoter jusqu'à ce que les haricots et les pommes de terre soient tendres, environ 10 minutes.

3. **Pour préparer le pesto,** combiner le basilic, les pignons, l'ail et le fromage dans un robot culinaire. Hacher jusqu'à ce que le mélange soit lisse. En laissant tourner le moteur, incorporer graduellement l'huile. Saler et poivrer.

4. **En brassant,** ajouter 90 à 120 ml (6 à 8 c. à soupe) de pesto dans la soupe. Réduire la soupe en purée à l'aide d'un mélangeur à main. Remettre sur le feu et réchauffer doucement.

5. **Saler** et poivrer, puis garnir de feuilles de basilic frais. Servir chaud.

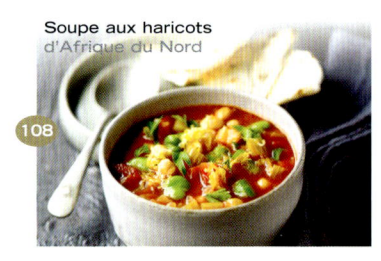

Si vous avez aimé cette recette, vous raffolerez aussi de celles-ci.

Soupe froide concombre et avocats — 94

Potage parmentier — 104

Soupe aux haricots d'Afrique du Nord — 108

SOUPES ET SALADES

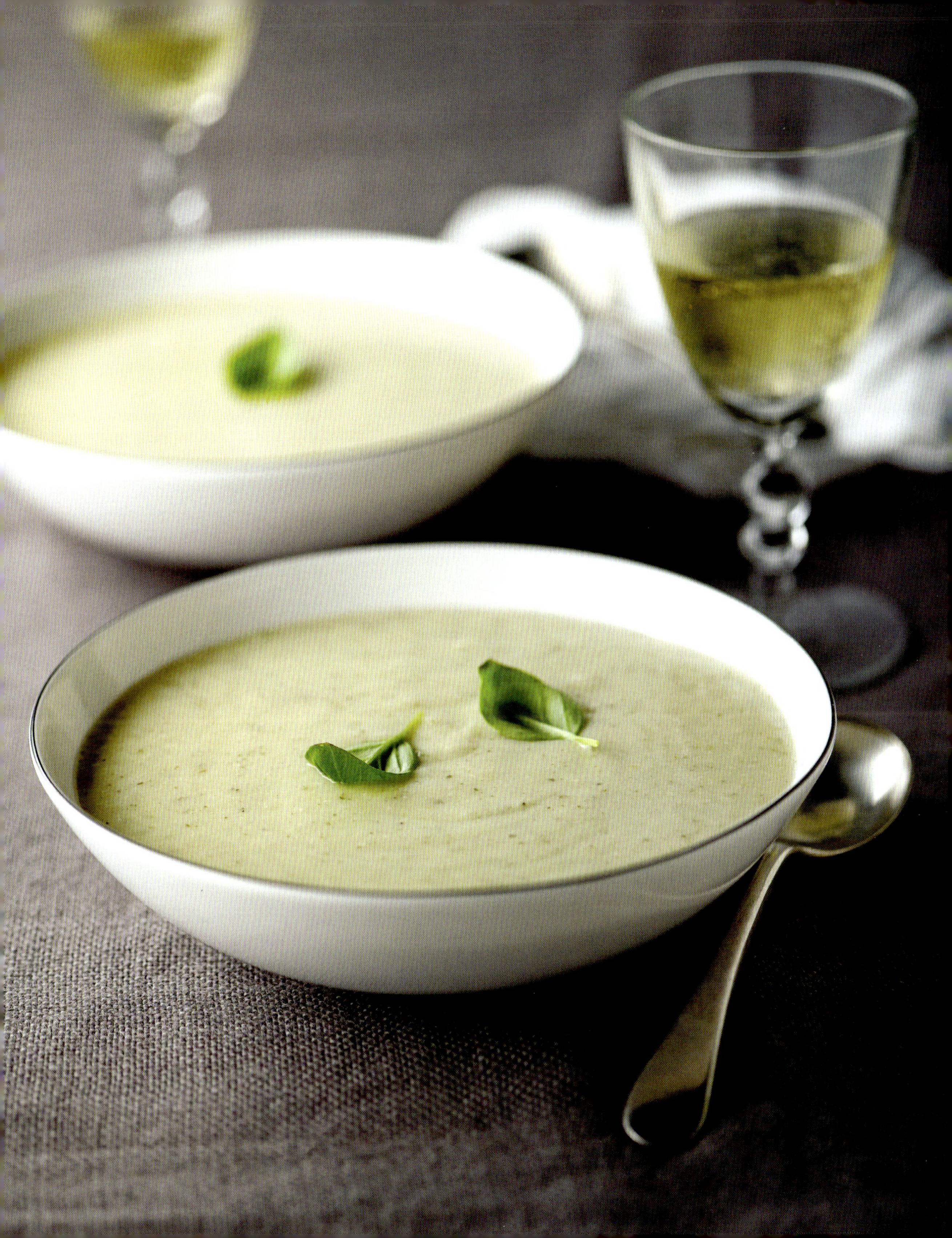

Soupe au maïs avec bacon

Utilisez de la pancetta ou du jambon pour varier le goût. Cette soupe facile et rapide constitue l'entrée idéale pour un repas léger. Servez-la avec du pain fraîchement cuit.

- 4 portions
- 10 minutes
- 10–15 minutes
- 1

15	ml (1 c. à soupe) d'huile végétale
6	tranches de bacon, sans la couenne, hachées grossièrement
1	oignon moyen, tranché finement
1	grosse pomme de terre, pelée et en petits cubes
750	ml (3 tasses) de bouillon de poulet
375	ml (1 ½ tasse) de lait
450	g (3 tasses) de maïs sucré frais, surgelé ou en boîte, égoutté si en boîte
	Sel de mer et poivre noir, fraîchement moulus
30	ml (2 c. à soupe) de ciboulette, fraîchement ciselée

1. **Chauffer** l'huile dans un chaudron sur feu moyen. Ajouter le bacon et sauter jusqu'à ce qu'il commence à se colorer, 3 à 4 minutes.
2. **Ajouter** l'oignon et la pomme de terre. Sauter jusqu'à ce que l'oignon soit ramolli, 3 à 4 minutes.
3. **Verser** le bouillon de poulet et le lait. Porter à ébullition légère. Laisser mijoter à feu doux jusqu'à ce que la pomme de terre soit tendre, environ 5 minutes.
4. **Ajouter** le maïs et laisser mijoter jusqu'à ce qu'il soit chauffé complètement. Saler et poivrer.
5. **Verser** à la louche dans des bols à soupe. Garnir de ciboulette. Servir chaud.

Si vous avez aimé cette recette, vous raffolerez aussi de celles-ci.

Potage parmentier
104

Potage de brocoli avec fromage bleu
106

Soupe poulet et nouilles à l'orientale
110

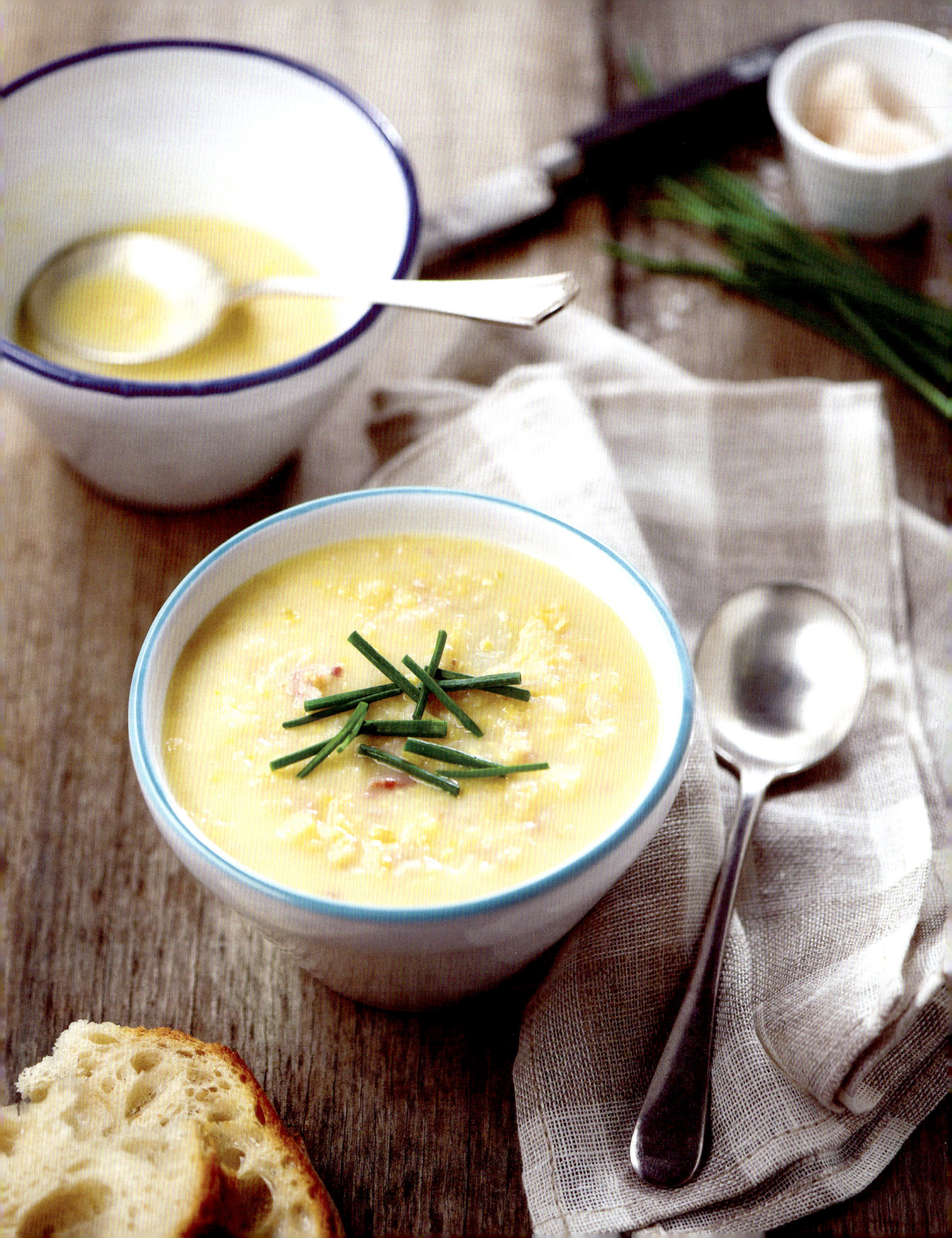

Potage épicé
aux patates douces

Les patates douces regorgent de nutriments et de fibres alimentaires. Par conséquent, c'est une soupe santé à servir en famille ou entre amis. Au goût, remplacez les patates douces par des pommes de terre.

- 4 portions
- 10 minutes
- 15–20 minutes
- 1

15	ml (1 c. à soupe) de beurre
1	oignon, haché grossièrement
1	piment rouge frais, épépiné et haché finement
5	ml (1 c. à thé) de coriandre moulue
2	gousses d'ail, hachées finement
750	g (1 ½ lb) de patates douces, pelées et en petits cubes
500	ml (2 tasses) de bouillon de légumes
	Sel de mer et poivre noir, fraîchement moulus
60	g (½ tasse) de gruyère, fraîchement râpé
	Paprika piquant, pour saupoudrer (facultatif)
	Coriandre fraîche, pour garnir

1. **Fondre** le beurre dans un chaudron à feu moyen. Ajouter l'oignon, le piment, la coriandre et l'ail. Sauter jusqu'à ce que ce soit ramolli, environ 5 minutes.

2. **Ajouter** les patates douces. Sauter 2 à 3 minutes de plus.

3. **Verser** le bouillon de légumes. Porter à ébullition, puis laisser mijoter jusqu'à ce que les patates douces soient cuites, 10 à 12 minutes.

4. **Réduire** en purée à l'aide d'un mélangeur à main jusqu'à ce que lisse. Saler et poivrer.

5. **Servir** la soupe chaude, parsemée de fromage, saupoudrée de paprika et garnie de quelques feuilles de coriandre.

Si vous avez aimé cette recette, vous raffolerez aussi de celles-ci.

Soupe aux carottes crémeuses
96

Soupe haricots et pommes de terre avec pesto
98

Potage parmentier
104

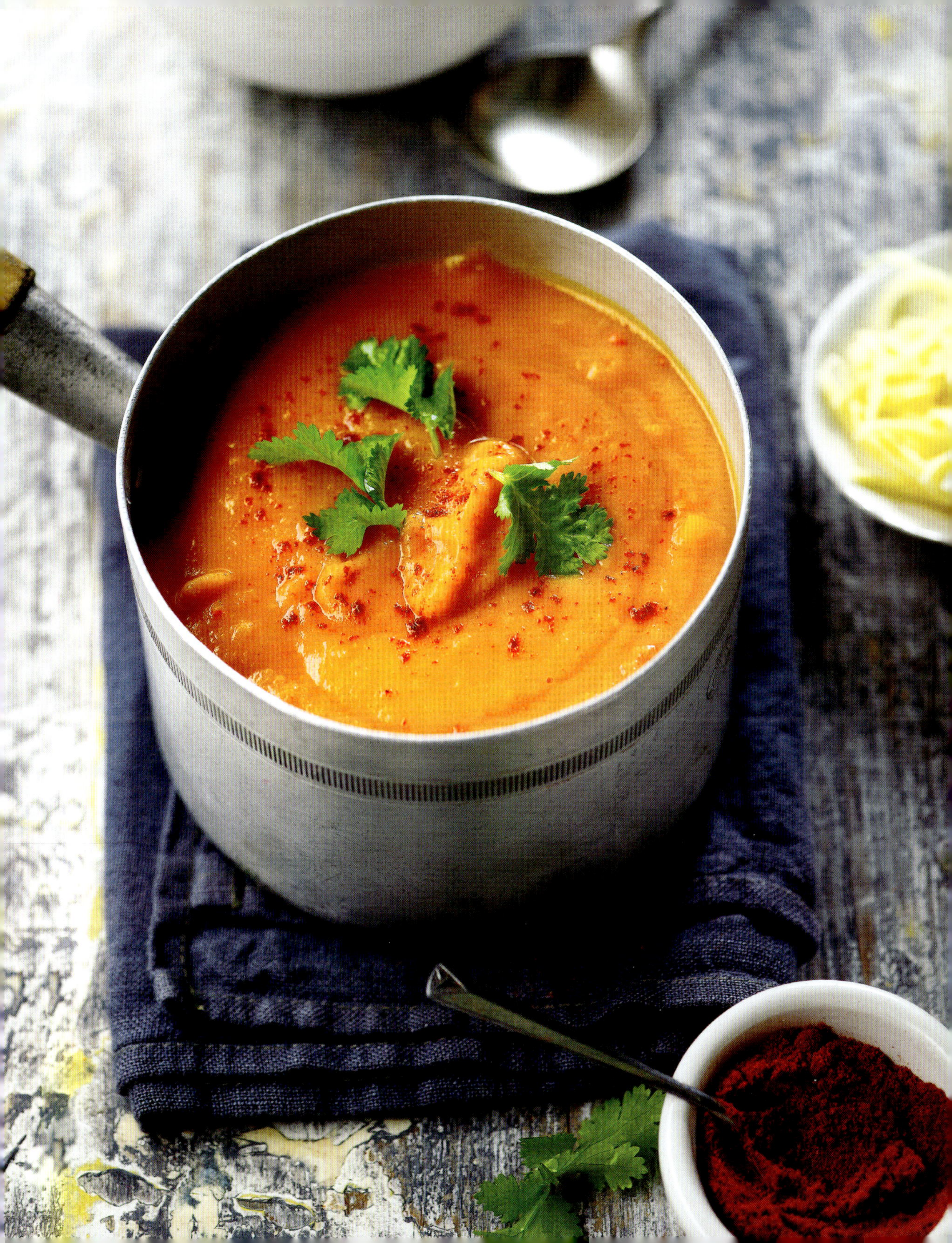

Potage parmentier

Cette soupe est très réconfortante durant le froid des mois d'hiver. Si vous le désirez, épicez-la avec un léger saupoudrage de paprika piquant avant de servir.

- 4–6 portions
- 10 minutes
- 15–20 minutes
- 1

60	g (¼ tasse) de beurre	
1	oignon, haché finement	
60	g (2 oz) de bacon, haché grossièrement	
1	piment rouge frais, épépiné et haché finement	
750	g (1 ½ lb) de pommes de terre, pelées et en petits dés	
5	ml (1 c. à thé) de piment de la Jamaïque moulu	
15	ml (1 c. à soupe) de marjolaine fraîche, hachée finement + un surplus de feuilles, pour garnir	
1	feuille de laurier	
	Sel de mer et poivre noir, fraîchement moulus	
15	ml (1 c. à soupe) de farine tout usage	
1	l (4 tasses) d'eau	
15	ml (1 c. à soupe) de persil frais, haché finement	
2	gousses d'ail, hachées finement	
5 ml (1 c. à thé) de vinaigre de vin blanc		

1. **Fondre** le beurre dans un grand chaudron à feu moyen. Ajouter l'oignon et le bacon, puis sauter jusqu'à ce qu'ils soient légèrement dorés, 5 à 7 minutes.

2. **Ajouter** le piment, les pommes de terre, le piment de la Jamaïque, la marjolaine et la feuille de laurier. Saler et poivrer. Ajouter la farine en brassant bien, puis l'eau. Laisser mijoter jusqu'à ce que les pommes de terre soient tendres, 10 à 15 minutes.

3. **Retirer** la feuille de laurier. Réduire la soupe en purée à l'aide d'un mélangeur à main.

4. **Remettre** la soupe sur le feu. Ajouter le persil, l'ail et le vinaigre. Porter à ébullition.

5. **Servir** chaud, garni des feuilles de marjolaine additionnelles.

Si vous avez aimé cette recette, vous raffolerez aussi de celles-ci.

Soupe haricots et pommes de terre avec pesto — 98

Potage épicé aux patates douces — 102

Potage de brocoli avec fromage bleu — 106

SOUPES ET SALADES

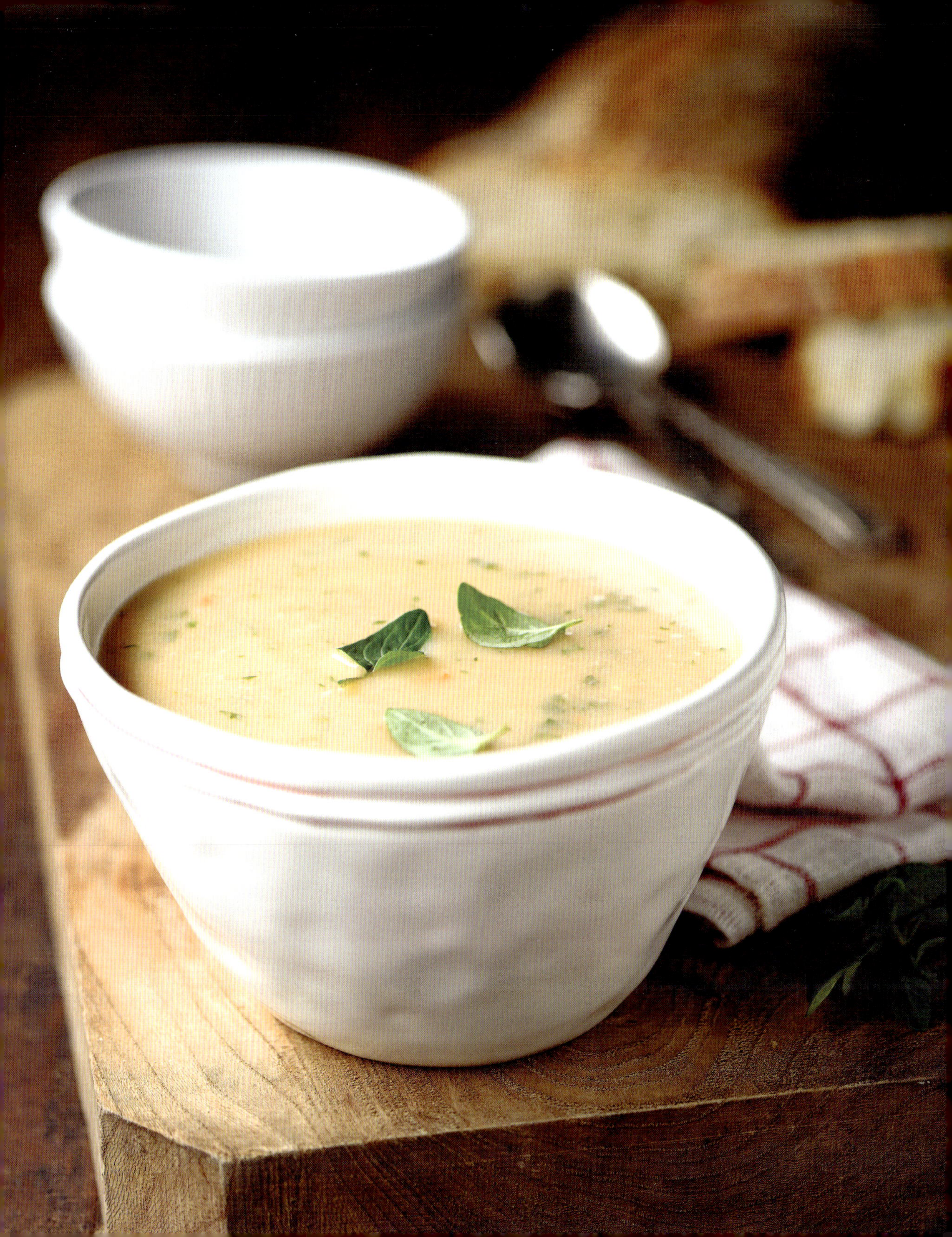

Potage de brocoli
avec fromage bleu

La texture crémeuse et les saveurs douces de la purée de brocoli se marient à merveille au goût salé et piquant du fromage bleu.

- 4 portions
- 10 minutes
- 15–20 minutes
- 1

30 ml	(2 c. à soupe) d'huile d'olive extra vierge
1	gros oignon, haché grossièrement
1	grosse pomme de terre, pelée et en petits cubes
1	l (4 tasses) de bouillon de légumes
1	tête de brocoli, environ 350 g (12 oz), hachée grossièrement
120 g	(4 oz) de fromage bleu (Stilton ou Roquefort), émietté
	Feuilles de persil italien frais, hachées grossièrement, pour garnir

1. **Chauffer** l'huile dans un chaudron à feu moyen. Ajouter l'oignon. Sauter jusqu'à ce qu'il soit ramolli, 3 à 4 minutes.

2. **Ajouter** la pomme de terre et le bouillon de légumes. Laisser mijoter jusqu'à ce que la pomme de terre soit tendre, environ 10 minutes.

3. **Ajouter** le brocoli. Cuire jusqu'à ce qu'il soit tendre, mais toujours d'un vert vif, environ 5 minutes. Retirer du feu. Ajouter la moitié du fromage.

4. **Réduire** la soupe en purée à l'aide d'un mélangeur à main.

5. **Remettre** sur le feu et faire mijoter doucement.

6. **Verser** à la louche dans des bols de service. Garnir le potage du reste de fromage et de persil, et le servir chaud.

Si vous avez aimé cette recette, vous raffolerez aussi de celles-ci.

Soupe froide concombre et avocats — 94

Soupe haricots et pommes de terre avec pesto — 98

Potage parmentier — 104

SOUPES ET SALADES

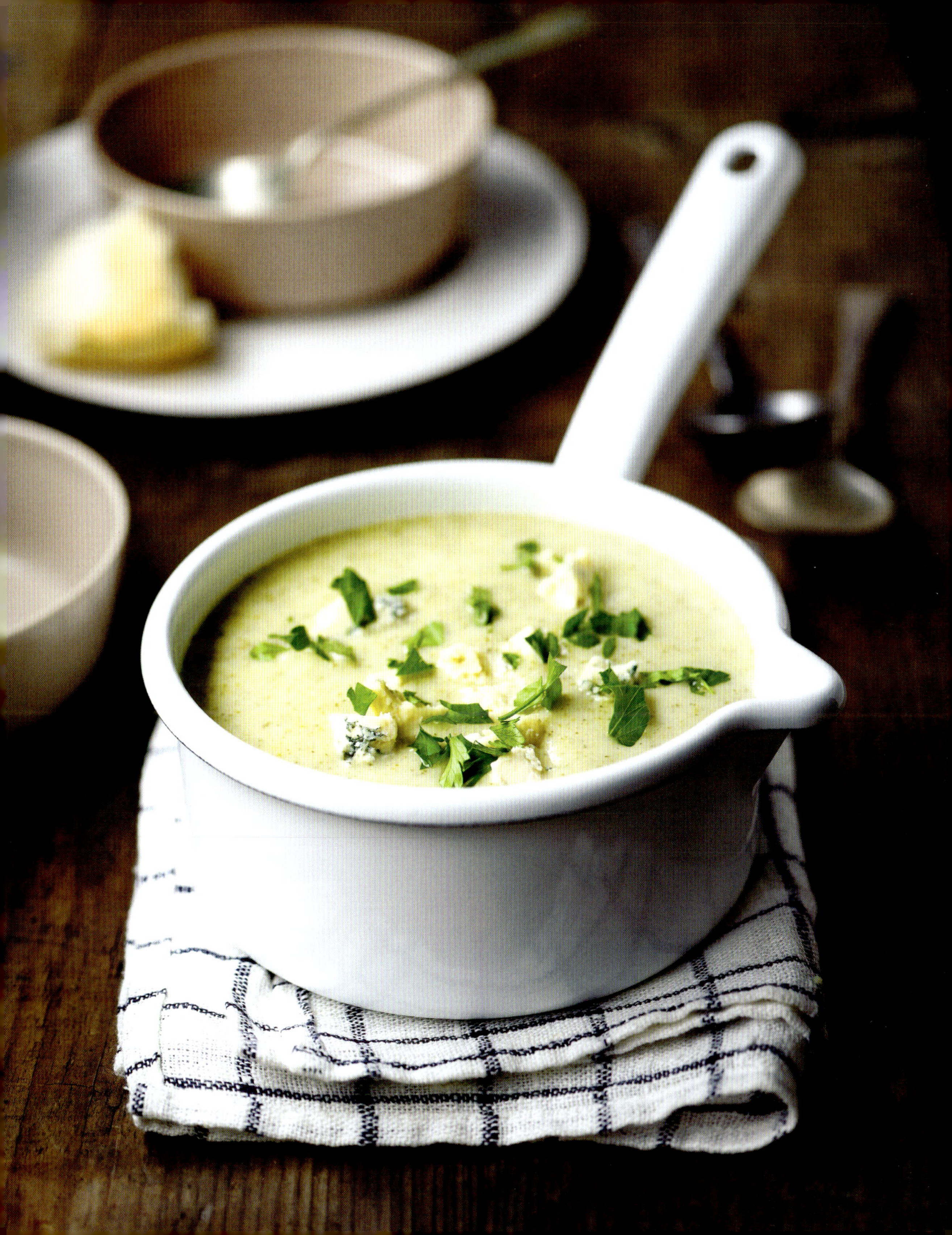

Soupe aux haricots
d'Afrique du Nord

Cette soupe végétarienne consistante est gorgée de protéines végétales maigres de première qualité et riche en fibres alimentaires.

- 4 portions
- 10 minutes
- 15–20 minutes

30	ml (2 c. à soupe) d'huile d'olive extra vierge
1	oignon moyen, haché
2	gousses d'ail, hachées finement
2	branches de céleri, hachées
10	ml (2 c. à thé) de cumin moulu
1	l (4 tasses) de bouillon de légumes chaud
1	boîte (400 g/14 oz) de tomates hachées, avec le jus
1	boîte (400 g/14 oz) de pois chiches, rincés et égouttés
	Poivre noir, fraîchement moulu
150	g (1 tasse) de gourganes fraîches
	Jus de ½ citron et zeste finement râpé
	Sel de mer en flocons
30	ml (2 c. à soupe) de coriandre fraîche ou de persil plat grossièrement hachés, pour garnir
	Pitas, pour accompagner

1. **Chauffer** l'huile dans un chaudron à feu moyen. Ajouter l'oignon, l'ail et le céleri. Sauter jusqu'à ce qu'ils soient attendris, 3 à 4 minutes. Ajouter le cumin. Sauter 1 minute de plus.

2. **Augmenter** à feu vif. Ajouter le bouillon de légumes, les tomates, les pois chiches et une bonne dose de poivre noir fraîchement moulu. Laisser mijoter 10 minutes.

3. **Ajouter** les gourganes et le jus de citron. Laisser mijoter 2 minutes.

4. **Saler** et poivrer. Parsemer de zeste de citron et de coriandre ou de persil frais. Servir chaud avec les pitas.

Si vous avez aimé cette recette, vous raffolerez aussi de celles-ci :

Soupe haricots et pommes de terre avec pesto — 98

Soupe poulet et nouilles à l'orientale — 110

Minestrone rapide avec saucisses — 112

108 SOUPES ET SALADES

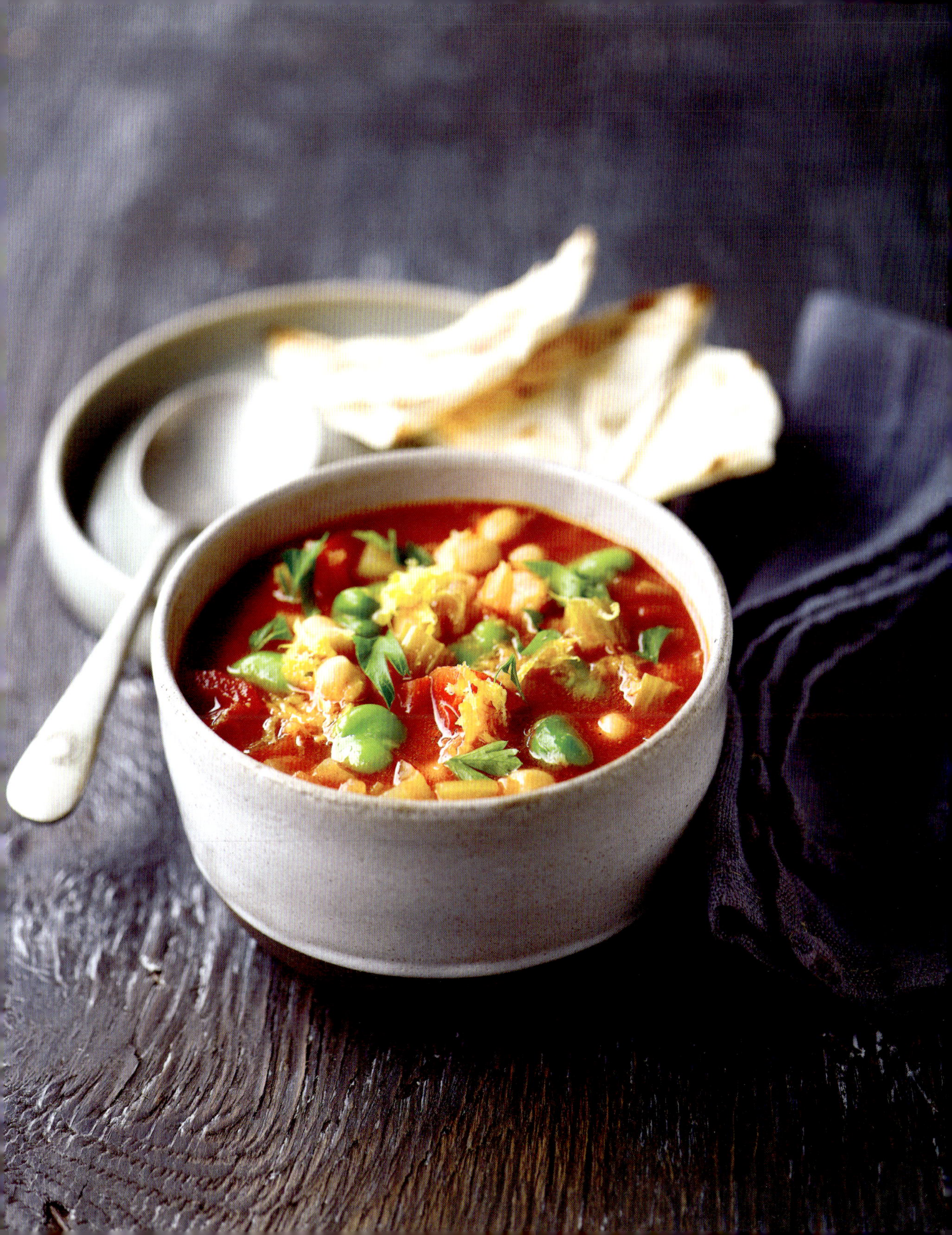

Soupe poulet et nouilles
à l'orientale

Cette soupe très épicée est rafraîchissante en entrée! Si vous n'êtes pas amateur de plats piquants, utilisez moins de piments.

- 4–6 portions
- 15 minutes
- 15 minutes
- 1

30	ml (2 c. à soupe) de pâte de tamarin
15	ml (1 c. à soupe) d'huile pimentée orientale
5	piments rouges séchés, émiettés
5	gousses d'ail, hachées finement
15	ml (1 c. à soupe) de gingembre frais, émincé
60	ml (¼ tasse) de sauce soya foncée
15	ml (1 c. à soupe) de sauce d'huîtres
15	ml (1 c. à soupe) de sucre
1,5	l (6 tasses) de bouillon de poulet
2	poitrines de poulet, désossées et sans la peau, coupées en minces lanières
2	carottes, hachées finement
50	g (1 tasse) de pousse de haricots mungo
6	à 8 petits épis de maïs sucré
1	petit poivron vert, épépiné et haché finement
1	petit poivron rouge, épépiné et haché finement
250	g (8 oz) de vermicelle de riz
	Sel de mer en flocons
	Poignée de feuilles de coriandre fraîche, pour garnir

1. **Mêler** la pâte de tamarin, l'huile pimentée, les piments, l'ail, le gingembre, la sauce soya et la sauce d'huîtres dans un grand wok.

2. **Chauffer** le wok à feu moyen. Ajouter le sucre et verser le bouillon de poulet. Porter à ébullition, en brassant sans arrêt.

3. **Ajouter** le poulet et laisser mijoter 5 minutes, en brassant bien.

4. **En brassant,** ajouter les carottes, les pousses de haricots, les épis de maïs, les poivrons et les nouilles de riz. Laisser mijoter jusqu'à ce que le poulet et les légumes soient tendres, environ 10 minutes.

5. **Saler.** Garnir la soupe de coriandre et la servir chaude.

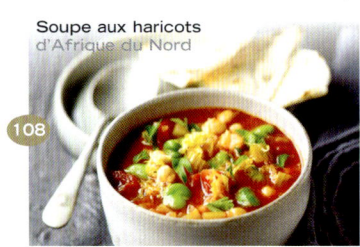

Si vous avez aimé cette recette, vous raffolerez aussi de celles-ci:

Soupe aux haricots d'Afrique du Nord — 108

Minestrone rapide avec saucisses — 112

Soupe épicée au bœuf — 114

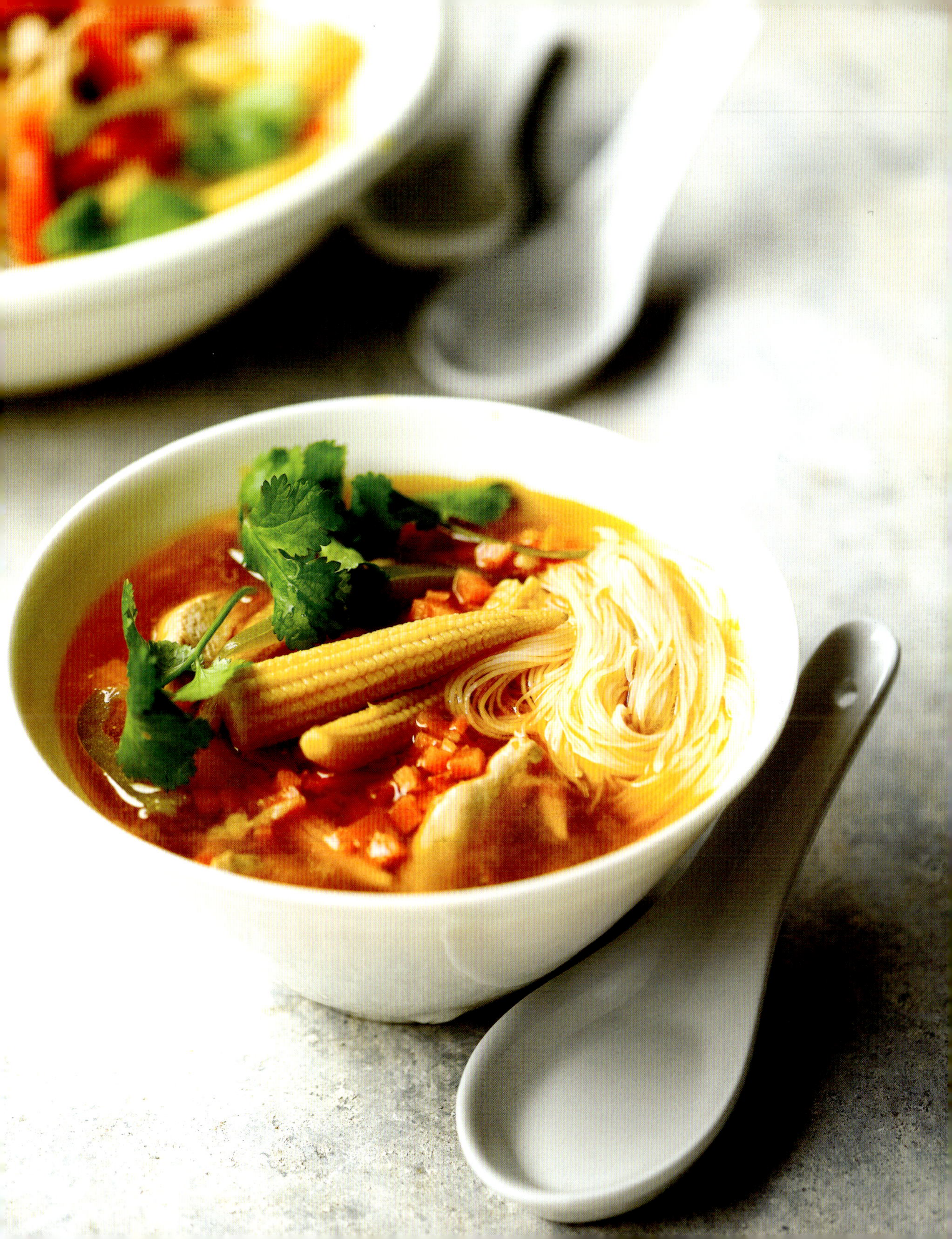

Minestrone rapide
avec saucisses

Si vous ne trouvez pas de saucisses italiennes, remplacez-les par des saucisses locales fraîches au goût prononcé. Assurez-vous de les piquer adéquatement à la fourchette, afin que la plupart du gras puisse s'échapper quand vous les sauterez et qu'il s'égouttera avant que les saucisses soient ajoutées à la soupe.

- 4–6 portions
- 10 minutes
- 15–20 minutes
- 1

4	grosses saucisses italiennes très goûteuses, en morceaux et bien piquées à la fourchette	300	g (2 tasses) de macédoine de légumes surgelée
1,5	l (6 tasses) de bouillon de bœuf		Sel de mer et poivre noir, fraîchement moulus
1	boîte (400 g/14 oz) de tomates, et leur jus	60	à 90 ml (4 à 6 c. à soupe) de parmesan, fraîchement râpé
2	grosses pommes de terre, pelées et en petits cubes		

1. **Mettre** les saucisses dans un grand chaudron à feu moyen-vif et sauter jusqu'à ce qu'elles soient bien dorées, environ 5 minutes. Égoutter et jeter le gras des saucisses.

2. **Ajouter** le bouillon de bœuf, les tomates, les pommes de terre et la macédoine. Saler et poivrer.

3. **Porter** à ébullition. Couvrir partiellement le chaudron, puis laisser mijoter à feu doux jusqu'à ce que les légumes soient tendres, environ 10 minutes.

4. **Parsemer** de parmesan et servir chaud.

Si vous avez aimé cette recette, vous raffolerez aussi de celles-ci.

Soupe aux haricots d'Afrique du Nord — 108

Soupe poulet et nouilles à l'orientale — 110

Soupe épicée au bœuf — 114

SOUPES ET SALADES

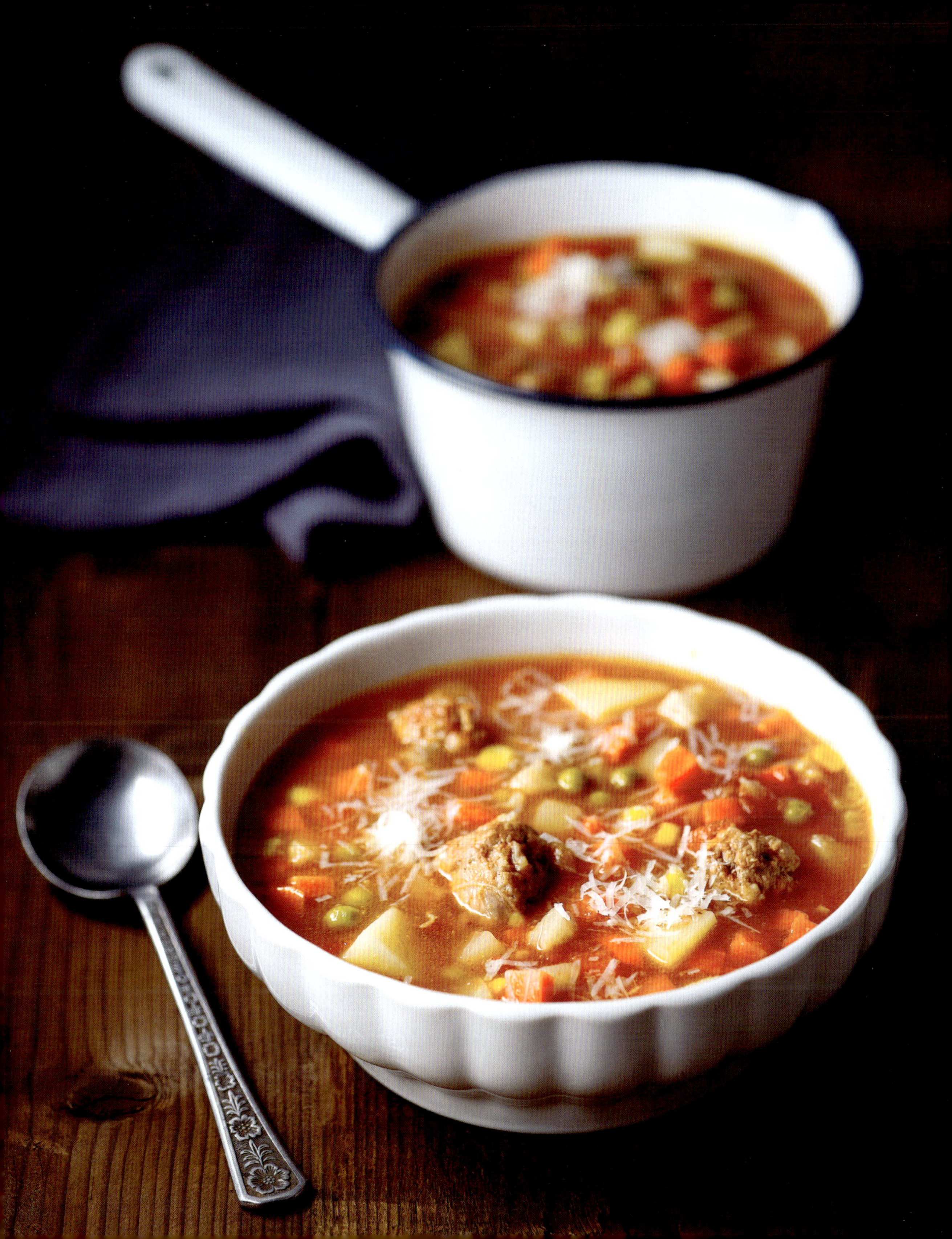

Soupe épicée au bœuf

C'est un plat très consistant, qui ressemble plus à un ragoût qu'à une soupe. C'est un repas tout-en-un, à la fois savoureux et rapide. Servez avec du pain fraîchement cuit pour éponger le surplus de liquide.

- 4–6 portions
- 10 minutes
- 20 minutes
- 1

30	ml (2 c. à soupe) d'huile d'olive extra vierge	350	g (12 oz) de bœuf haché
1	gros oignon blanc, haché finement	2	boîtes (400 g/14 oz chacune) de tomates entières, hachées, avec leur jus
2	gousses d'ail, hachées finement	2	à 3 grosses pommes de terre, pelées et en petits cubes
1	carotte, hachée finement	1	l (4 tasses) de bouillon de bœuf
1	branche de céleri, hachée finement		Sel de mer et poivre noir, fraîchement moulus
1	piment rouge, tranché finement	30	ml (2 c. à soupe) de coriandre finement hachée, pour garnir
30	ml (2 c. à soupe) de persil frais, haché finement		

1. **Chauffer** l'huile dans un grand chaudron à feu moyen-vif. Ajouter l'oignon, l'ail, la carotte, le céleri, le piment et le persil. Sauter jusqu'à ce que l'oignon soit attendri, environ 5 minutes.

2. **Ajouter** le bœuf et sauter jusqu'à ce qu'il soit joliment doré, environ 5 minutes.

3. **Ajouter** les tomates, les pommes de terre, le bouillon de bœuf, le sel et le poivre. Couvrir partiellement et laisser mijoter à feu moyen-doux jusqu'à ce que les pommes de terre soient tendres, 10 minutes.

4. **Garnir** de coriandre et servir chaud.

Si vous avez aimé cette recette, vous raffolerez aussi de celles-ci.

Soupe aux haricots d'Afrique du Nord — 108

Soupe poulet et nouilles à l'orientale — 110

Minestrone rapide avec saucisses — 112

114 SOUPES ET SALADES

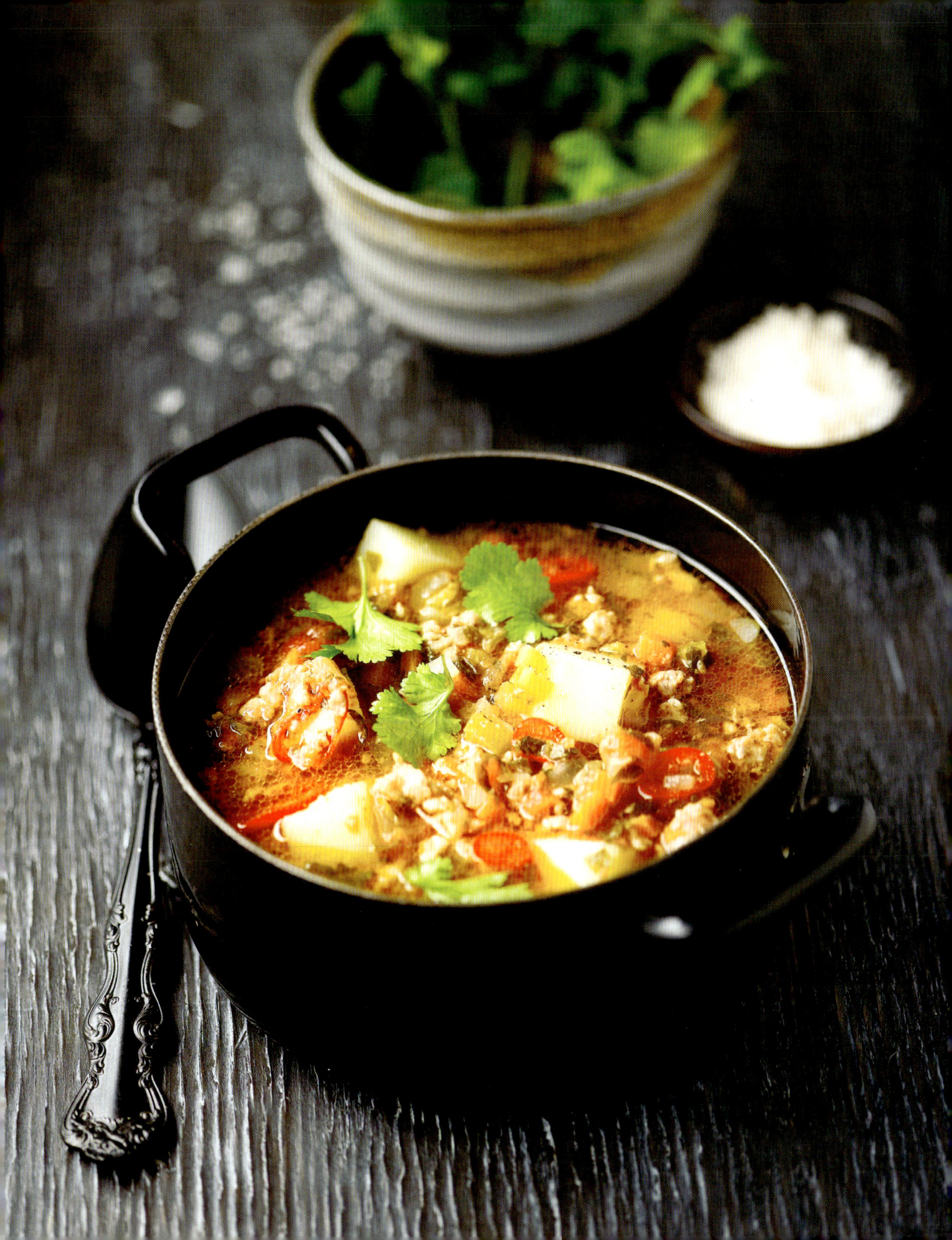

Salade verte,
croûtons et avocats

Cette salade simple est une merveilleuse entrée. Préparez les croûtons, les laitues et la vinaigrette à l'avance. Mêlez les ingrédients tout juste avant de servir, quand les croûtons sont toujours croustillants et savoureux.

- 4 portions
- 10 minutes
- 5 minutes
- 1

SALADE

- 30 ml (2 c. à soupe) d'huile d'olive extra vierge
- 2 tranches épaisses de pain en cubes
- 15 ml (1 c. à soupe) d'origan séché
- 100 g (2 tasses) de roquette, d'épinards et de cresson en mélange
- 2 avocats, pelés, dénoyautés et en morceaux

VINAIGRETTE

- 60 ml (¼ tasse) huile d'olive extra vierge
- 15 ml (1 c. à soupe) de vinaigre de vin blanc
- 5 ml (1 c. à thé) de moutarde de Dijon
- Sel de mer et poivre noir, fraîchement moulus

1. **Pour la salade,** chauffer l'huile dans une poêle à frire moyenne à feu moyen. Ajouter le pain et l'origan. Sauter jusqu'à ce que le pain soit doré, environ 5 minutes.

2. **Mettre** le mélange de verdures et les avocats dans un bol à salade.

3. **Pour la vinaigrette,** fouetter ensemble l'huile, le vinaigre et la moutarde dans un petit bol. Saler et poivrer.

4. **Verser** en filet sur la salade et mêler légèrement. Éparpiller les croûtons sur le dessus, puis servir.

Si vous avez aimé cette recette, vous raffolerez aussi de celles-ci.

Salade poires, fromage de chèvre et noix — 118

Salade courgettes grillées et fromage de chèvre — 120

Salade haricots noirs, avocat et œufs — 122

SOUPES ET SALADES

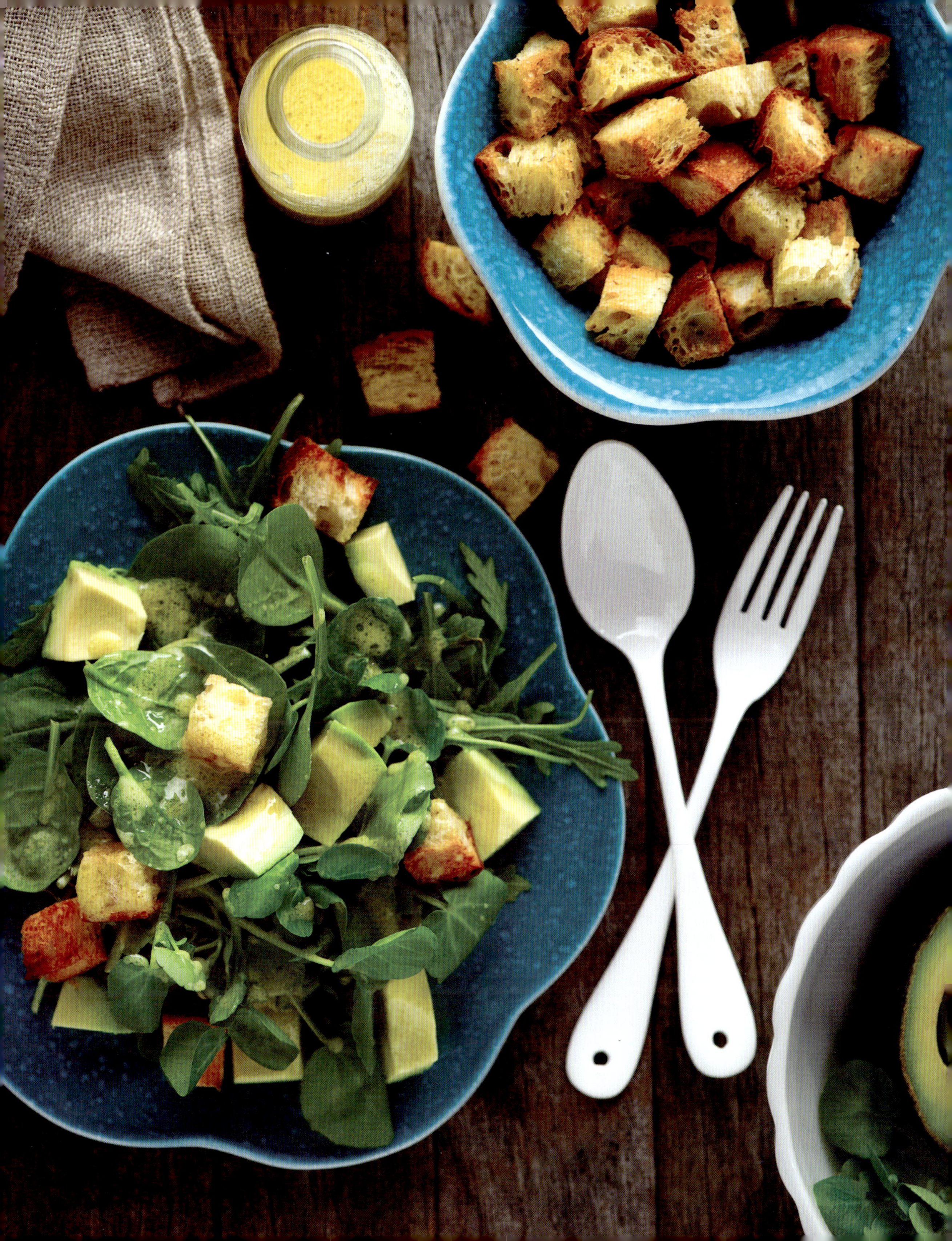

Salade poires, fromage de chèvre et noix

Si vous n'utilisez pas de poires biologiques, pelez-les. Il est préférable d'acheter des poires biologiques, car une bonne part des qualités nutritives du fruit se trouve tout juste sous la pelure.

- 4 portions
- 15 minutes
- 5 minutes
- 1

SALADE

- 60 g (½ tasse) de noix en morceaux
- 100 g (2 tasses) de mâche
- 50 g (1 tasse) de feuilles de roquette
- 3 poires biologiques, le cœur enlevé et tranchées
- 250 g (8 oz) de fromage de chèvre à pâte molle crémeux, émietté

VINAIGRETTE

- 125 ml (½ tasse) d'huile d'olive extra vierge
- 30 ml (2 c. à soupe) d'armagnac ou autre eau-de-vie
- 15 ml (1 c. à soupe) de vinaigre de xérès
- Sel de mer et poivre noir, fraîchement moulus

1. **Pour la salade,** préchauffer le four à 200 °C (400 °F). Répartir les noix sur une plaque à pâtisserie et rôtir environ 5 minutes, jusqu'à ce qu'elles soient croquantes et dorées. Transférer dans un petit bol.

2. **Pour la vinaigrette,** fouetter l'huile, l'armagnac et le vinaigre dans un petit bol. Saler et poivrer.

3. **Combiner** la mâche et la roquette dans un bol à salade. Verser en filet la moitié de la vinaigrette. Mêler délicatement pour enrober.

4. **Diviser** uniformément les laitues entre quatre bols à salade. Garnir avec les poires, le fromage et les noix.

5. **Verser** en filet un peu de vinaigrette sur chaque portion, puis servir.

Si vous avez aimé cette recette, vous raffolerez aussi de celles-ci.

Salade verte, croûtons et avocats — 116

Salade courgettes grillées et fromage de chèvre — 120

Salade lentilles, feta et tomates cerises — 124

SOUPES ET SALADES

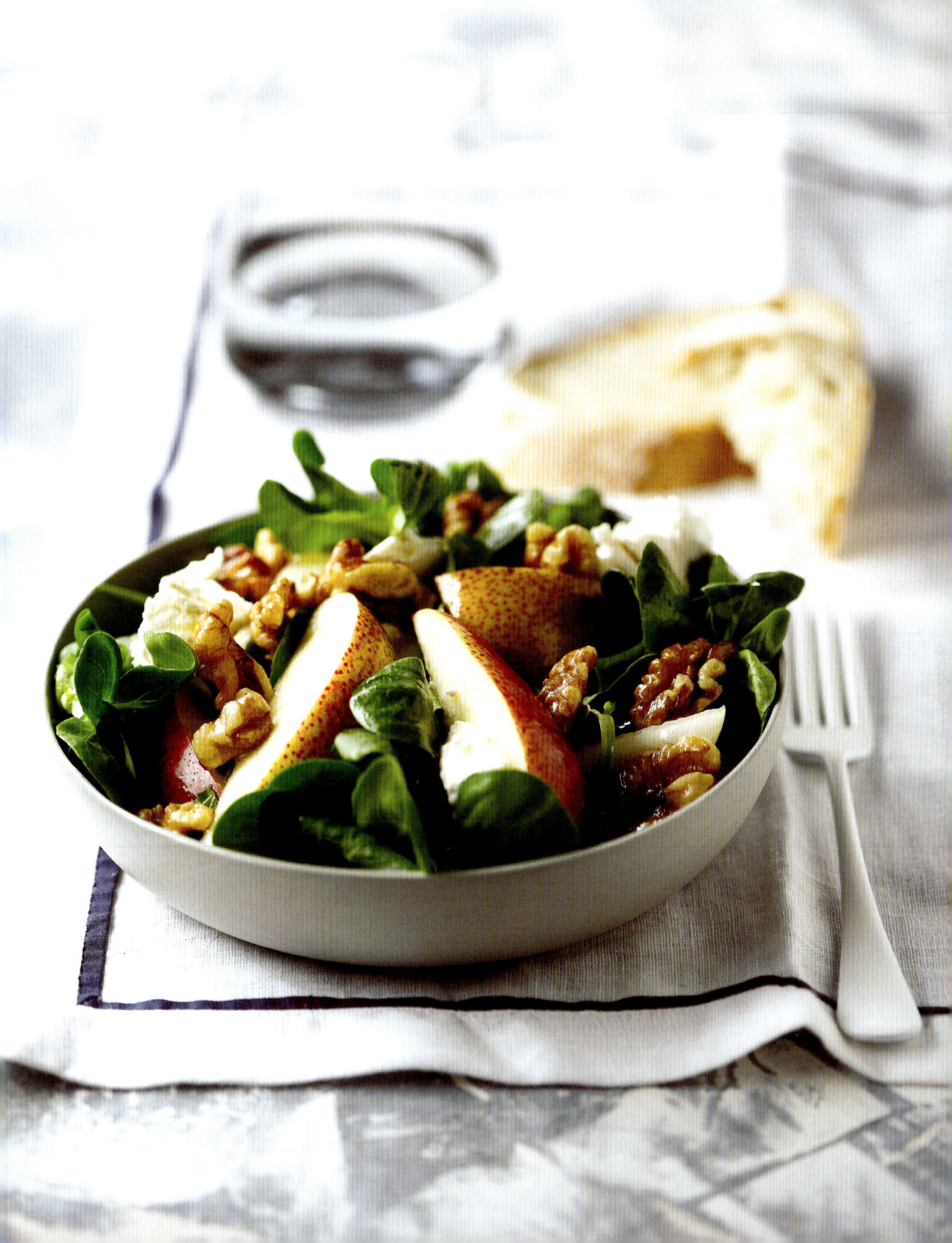

Salade courgettes grillées
et fromage de chèvre

Préparez cette salade durant les mois d'été, quand les courgettes présentent le maximum de saveur.

- 4 portions
- 10 minutes
- 15–20 minutes
- 1

3	grosses courgettes, tranchées en minces lanières dans le sens de la longueur
75	ml (5 c. à soupe) d'huile d'olive extra vierge
15	ml (1 c. à soupe) de graines de fenouil
150	g (5 oz) de bacon tranché, sans la couenne et haché
1	gros bulbe de fenouil, tranché finement
250	g (8 oz) de fromage de chèvre à pâte molle, émietté

Jus fraîchement pressé de 1 petit citron

Sel de mer et poivre noir, fraîchement moulus

Persil frais, pour garnir

Pain de blé entier fraîchement cuit, pour accompagner

1. **Mêler** les courgettes dans un bol avec 30 ml (2 c. à soupe) d'huile et les graines de fenouil.

2. **Chauffer** une crêpière ou une plaque de cuisson et griller les courgettes quelques minutes de chaque côté, jusqu'à ce qu'elles soient tendres.

3. **Frire** à sec le bacon dans une grande poêle jusqu'à ce qu'il soit croustillant, environ 5 minutes. Égoutter ensuite sur un essuie-tout.

4. **Mettre** le fenouil dans un grand bol et mêler avec les courgettes chaudes, le bacon et le fromage de chèvre.

5. **Fouetter** le jus de citron avec les 45 ml (3 c. à soupe) d'huile restants. Saler et poivrer.

6. **Verser** en filet la vinaigrette sur la salade. Garnir de persil. Servir avec un pain fraîchement cuit.

Si vous avez aimé cette recette, vous raffolerez aussi de celles-ci.

Salade poires, fromage de chèvre et noix — 118

Salade haricots noirs, avocat et œufs — 122

Salade lentilles, feta et tomates cerises — 124

120 SOUPES ET SALADES

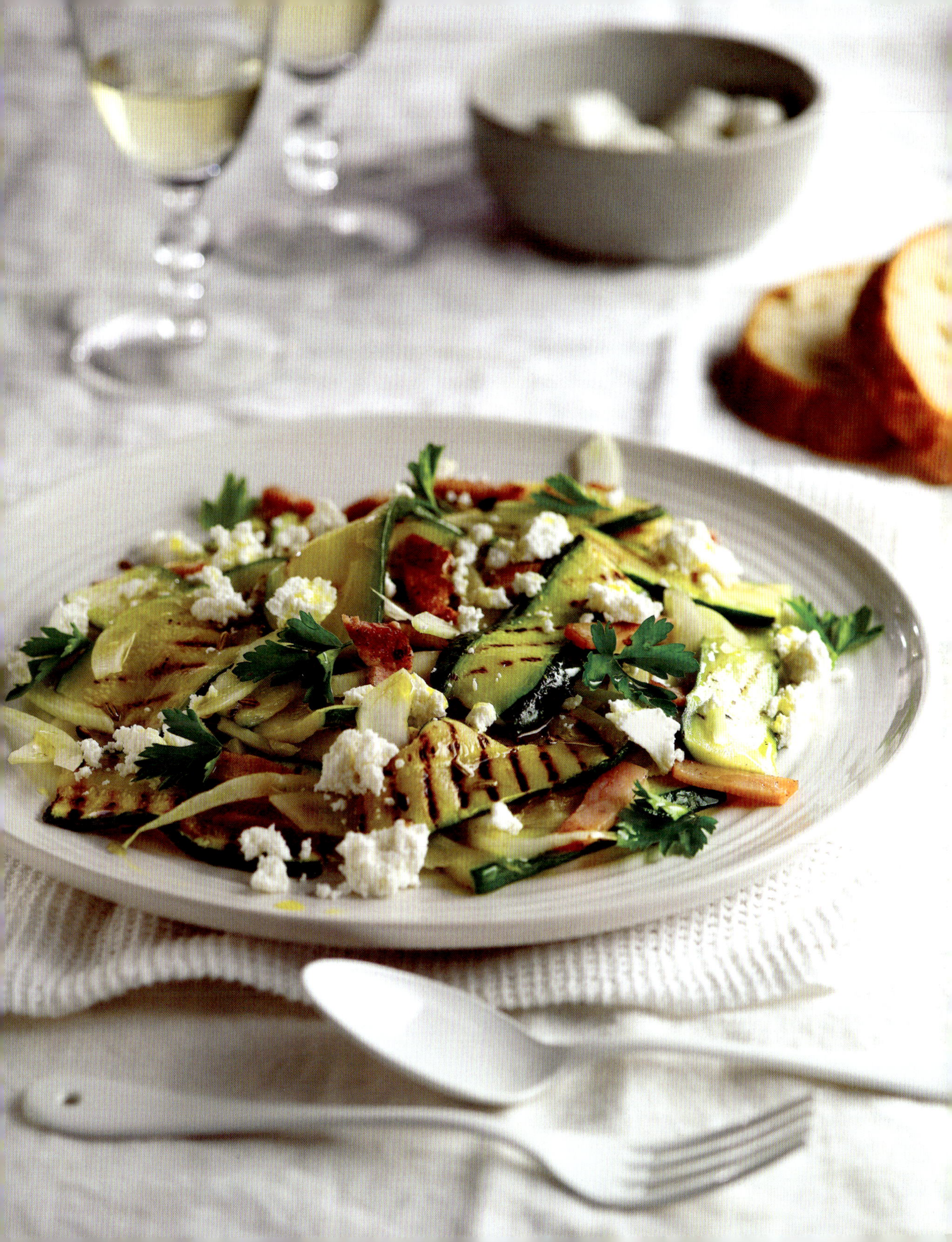

Salade haricots noirs,
avocat et œufs

L'avocat contient beaucoup de nutriments essentiels, dont des fibres alimentaires, du potassium, de la vitamine E et de nombreuses vitamines du complexe B, dont l'acide folique. Consommé régulièrement, l'avocat peut aider à réduire le taux de cholestérol et protéger contre les maladies cardiovasculaires.

4 portions
15 minutes

1

SALADE

- 2 avocats, pelés et dénoyautés
- 1 boîte (400 g/14 oz) de haricots noirs, rincés et égouttés
- 1 boîte (400 g/14 oz) de haricots rognons blancs, rincés et égouttés
- 1 petit oignon rouge, tranché finement
- 50 g (1 tasse) de coriandre fraîche, hachée grossièrement
- 24 tomates cerises, en moitiés
- 4 œufs à la coque
- Pitas grillés, pour accompagner

VINAIGRETTE

- 90 ml (⅓ tasse) d'huile d'olive extra vierge
- 15 ml (1 c. à soupe) de cordial à la lime
- 1 gousse d'ail, hachée finement
- 1 ml (¼ c. à thé) de sel
- Poivre noir, fraîchement moulu
- 1 petit piment rouge frais, épépiné et haché finement
- 3 ml (½ c. à thé) de cumin

1. **Pour la salade,** trancher les avocats et les mettre dans un grand bol avec les haricots noirs, les haricots blancs, l'oignon, la coriandre et les tomates.

2. **Pour la vinaigrette,** fouetter l'huile, le cordial à la lime, l'ail, le sel, le poivre, le piment et le cumin dans un petit bol.

3. **Écaler** les œufs, puis les couper en quartiers.

4. **Mêler** la salade avec la vinaigrette et garnir avec les œufs. Servir avec les pitas.

Si vous avez aimé cette recette, vous raffolerez aussi de celles-ci.

Salade poires, fromage de chèvre et noix
118

Salade lentilles, feta et tomates cerises
124

Salade thon, haricots et asperges
126

122 SOUPES ET SALADES

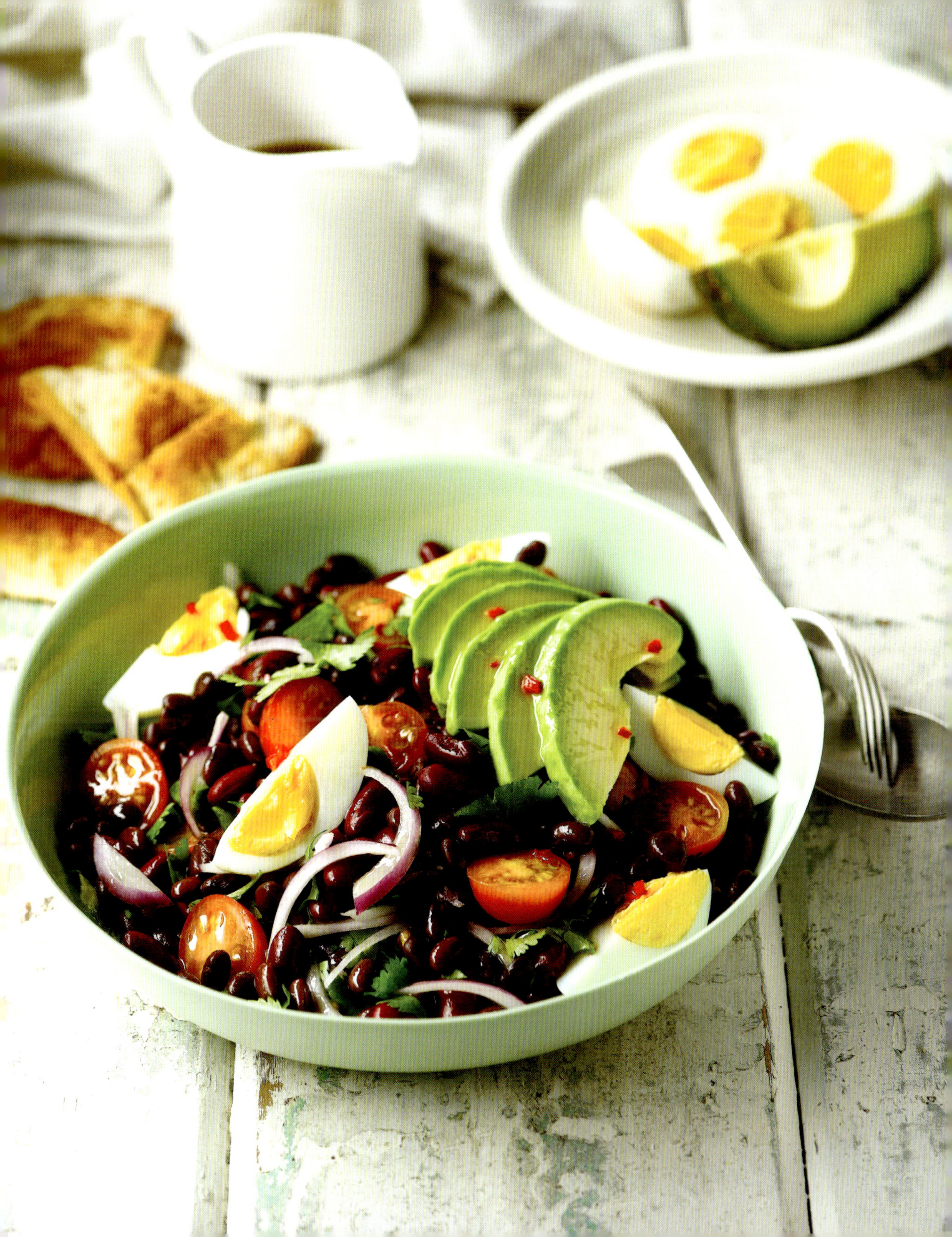

Salade lentilles, feta et tomates cerises

Aliment très sain, les lentilles sont une excellente source de fibres alimentaires, qui aident à protéger contre les maladies cardiovasculaires et plusieurs cancers. Elles contiennent aussi des protéines et des quantités utiles de folate et de magnésium.

- 6 portions
- 10 minutes
- 15–20 minutes
- 1

SALADE

- 400 g (2 tasses) de lentilles vertes du Puy
- 3 ml (½ c. à thé) de graines de cumin
- 5 ml (1 c. à thé) de sel
- 4 oignons verts, tranchés (incluant la partie verte)
- 50 g (1 tasse) de persil frais, haché finement
- 12 tomates cerises, en moitiés
- 150 g (5 oz) de feta, en petits cubes

VINAIGRETTE

- 125 ml (½ tasse) d'huile d'olive extra vierge
- 30 ml (2 c. à soupe) de jus de citron, fraîchement pressé
- 1 ml (¼ c. à thé) de poivre noir, fraîchement moulu

1. **Pour la salade,** mettre les lentilles dans une casserole moyenne avec 1,5 l (6 tasses) d'eau froide, le cumin et le sel. Porter à ébullition à feu moyen-vif. Couvrir et laisser mijoter doucement jusqu'à ce que les lentilles soient tendres, 15 à 20 minutes.
2. **Égoutter** et transférer dans un grand bol à salade. Laisser refroidir quelques minutes, tandis que vous préparez les autres ingrédients.
3. **Ajouter** les oignons verts, le persil, les tomates et la feta aux lentilles et mêler délicatement.
4. **Pour la vinaigrette,** fouetter tous les ingrédients dans un petit bol.
5. **Verser** en filet sur la salade chaude, puis servir.

Si vous avez aimé cette recette, vous raffolerez aussi de celles-ci.

Salade courgettes grillées et fromage de chèvre — 120

Salade haricots noirs, avocat et œufs — 122

Salade thon, haricots et asperges — 126

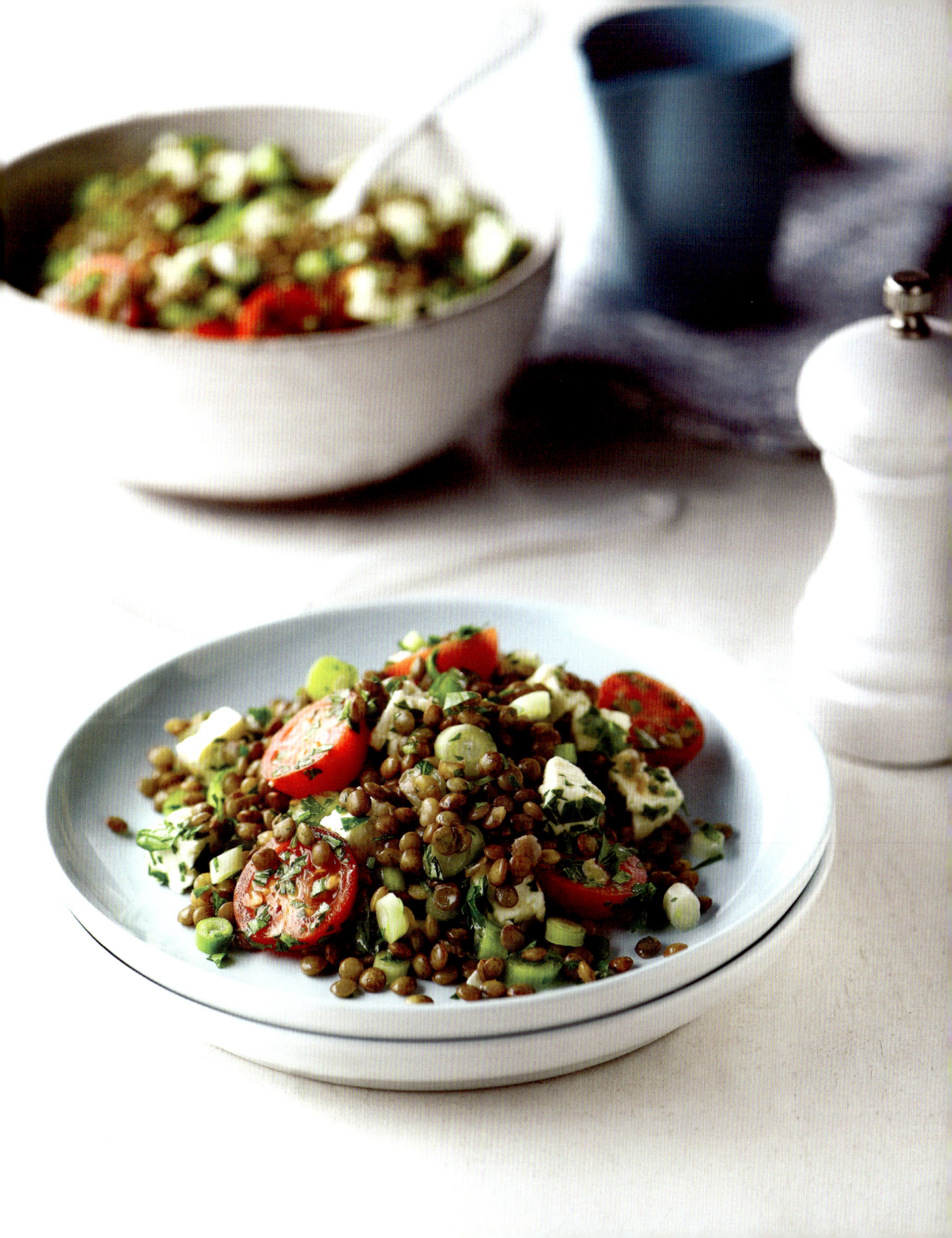

Salade thon,
haricots et asperges

Servez cette salade au printemps et au début de l'été, quand les asperges sont à leur meilleur. Prenez garde de ne pas trop cuire les asperges : elles devraient être encore fermes, savoureuses et vert vif.

- 6 portions
- 10 minutes
- 4–5 minutes
- 1

SALADE

1	grosse botte d'asperges
2	boîtes (180 g/6 oz chacune) de thon, égoutté
2	boîtes (400 g/14 oz chacune) de haricots cannellini, rincés et égouttés
1	oignon rouge, haché finement
30	ml (2 c. à soupe) de câpres en saumure, égouttées

VINAIGRETTE

60	ml (¼ tasse) d'huile d'olive extra vierge
15	ml (1 c. à soupe) de vinaigre de vin rouge
30	ml (2 c. à soupe) d'estragon frais, haché finement
	Sel de mer et poivre noir, fraîchement moulus

1. **Pour la salade,** couper les parties dures au bas des tiges d'asperges.
2. **Cuire** les asperges dans une grande casserole d'eau bouillante, jusqu'à ce qu'elles soient tendres, 4 à 5 minutes. Égoutter à fond et laisser refroidir un peu. Hacher en courtes sections.
3. **Combiner** le thon, les haricots, l'oignon, les câpres et les asperges dans un grand bol à salade. Bien mêler le tout.
4. **Pour la vinaigrette,** fouetter tous les ingrédients dans un petit bol.
5. **Verser** en filet sur la salade. Mêler délicatement avant de servir.

Si vous avez aimé cette recette, vous raffolerez aussi de celles-ci.

Salade chaude de saumon, pommes de terre et betteraves — 128

Steaks de thon avec sauce au yogourt et au concombre — 198

Thon grillé, œufs, tomates et olives — 200

126 SOUPES ET SALADES

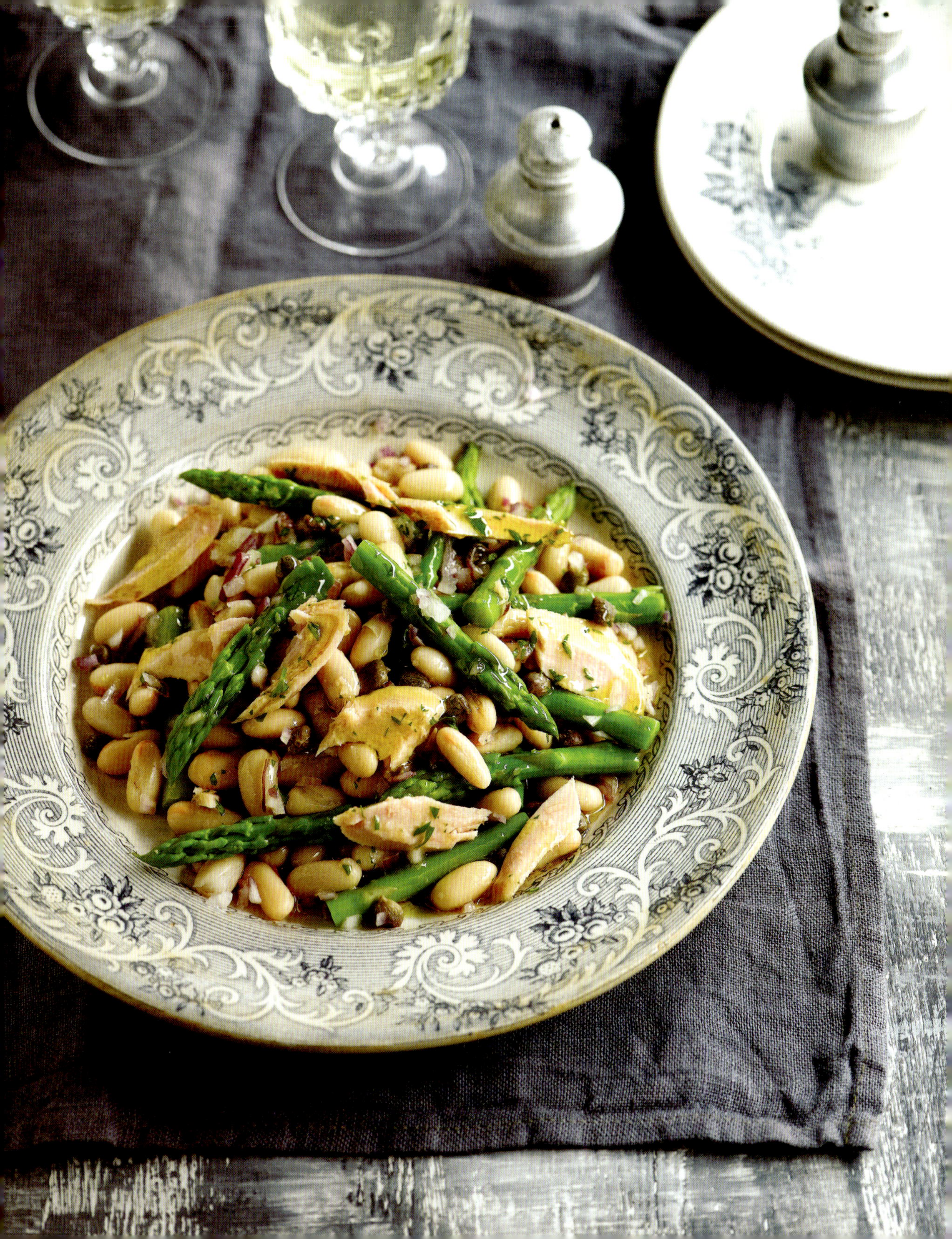

Salade chaude de saumon,
pommes de terre et betteraves

Cette salade nourrissante constitue en soi un repas léger ou un dîner faciles à préparer.

- 4 portions
- 15 minutes
- 15–20 minutes
- 1

SALADE

4	grosses pommes de terre, avec la pelure, en tranches épaisses
300	g (2 tasses) de pois surgelés
4	tranches de bacon maigre, sans la couenne
4	filets de saumon (150 g/5 oz chacun), sans la peau
350	g (12 oz) de betteraves cuites
200	g (4 tasses) de cresson
6	oignons verts, tranchés diagonalement

VINAIGRETTE

60	ml (¼ tasse) d'huile d'olive extra vierge
45	ml (3 c. à soupe) de jus de citron, fraîchement pressé
5	ml (1 c. à thé) de moutarde de Dijon
	Sel de mer et poivre noir, fraîchement moulus

1. **Pour la salade**, faire bouillir les pommes de terre dans l'eau salée jusqu'à ce qu'elles soient tendres, environ 10 minutes, en ajoutant les pois dans les dernières 3 à 4 minutes. Égoutter et laisser refroidir.

2. **Entre-temps**, frire à sec le bacon dans une poêle antiadhésive à feu moyen jusqu'à ce qu'il soit doré, environ 5 minutes. Retirer le bacon et réserver.

3. **Mettre** le saumon dans la même poêle et frire dans la graisse de bacon jusqu'à ce qu'il soit doré et tout juste cuit au centre, 2 à 3 minutes de chaque côté.

4. **Pour la vinaigrette**, fouetter tous les ingrédients dans un petit bol.

5. **Disposer** les pommes de terre, les pois, les betteraves et le cresson dans quatre assiettes de service. Prendre garde que les betteraves ne tachent pas les autres ingrédients.

6. **Garnir** de saumon et de bacon. Verser en filet la vinaigrette, puis servir.

Si vous avez aimé cette recette, vous raffolerez aussi de celles-ci.

Carpaccio de saumon fumé
178

Darnes de saumon et sauce hollandaise à l'aneth
202

Saumon au four avec chapelure au parmesan
204

128 SOUPES ET SALADES

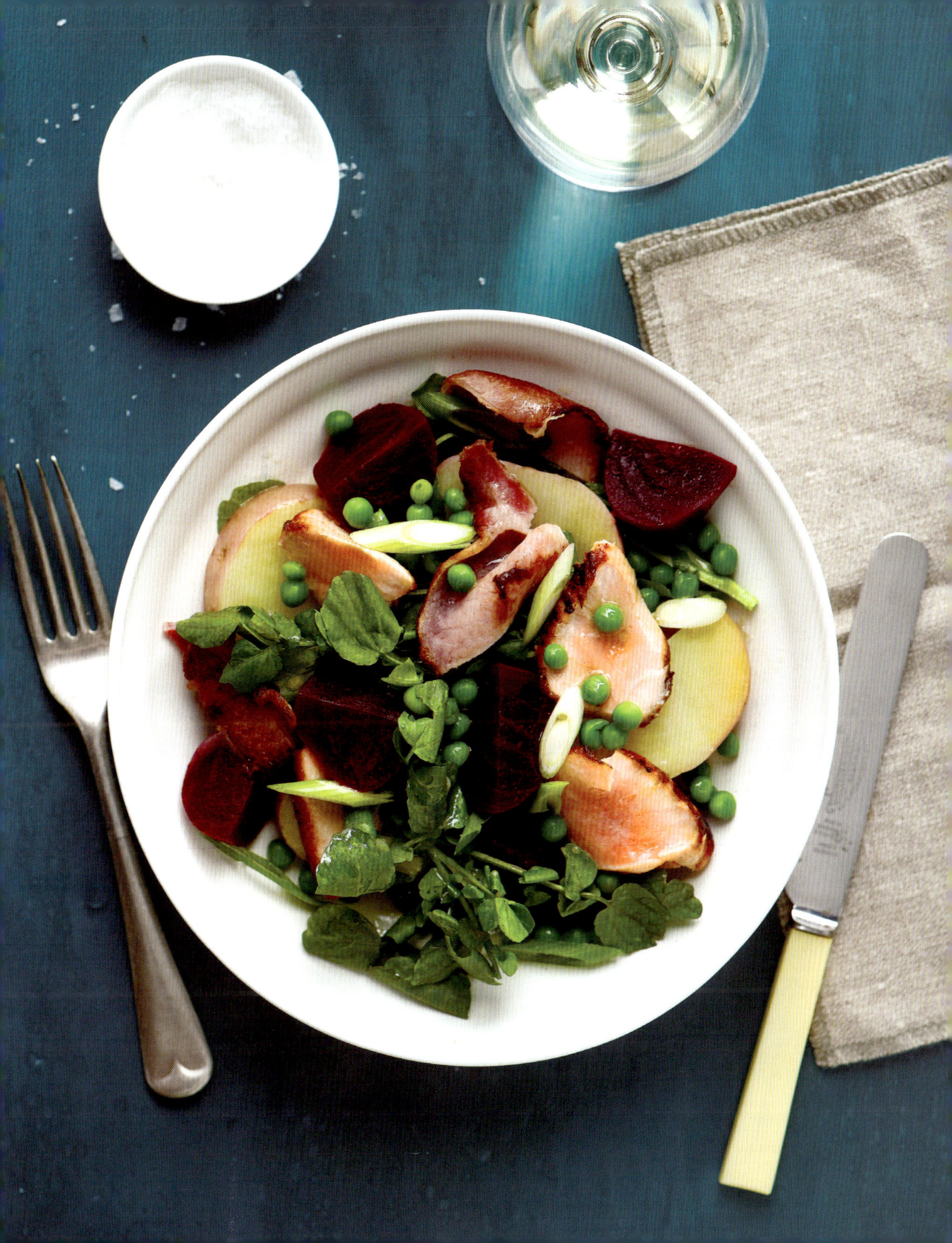

Salade poulet, roquette
et pois chiches

Cette salade est nourrissante, gorgée de protéines et de glucides bons pour la santé. Servez-la comme dîner ou souper au printemps, quand vous essayez de retrouver votre silhouette pour les mois d'été.

- 4 portions
- 10 minutes
- 6–10 minutes
- 1

VINAIGRETTE

- 90 ml (⅓ tasse) de jus de citron, fraîchement pressé
- 3 gousses d'ail, hachées finement
- 30 ml (2 c. à soupe) de basilic frais, haché grossièrement
- 15 ml (1 c. à soupe) de cassonade
- 125 ml (½ tasse) d'huile d'olive extra vierge

Sel de mer et poivre noir, fraîchement moulus

SALADE

- 2 poitrines de poulet, désossées et sans la peau, tranchées finement
- 1 boîte (400 g/14 oz) de pois chiches, rincés et égouttés
- 150 g (3 tasses) de roquette

1. **Pour la vinaigrette,** fouetter tous les ingrédients dans un petit bol. Réserver.
2. **Pour la salade,** chauffer une plaque de cuisson ou le barbecue à intensité élevée.
3. **Griller** le poulet jusqu'à ce qu'il soit tendre et cuit de part en part, 3 à 5 minutes de chaque côté. Durant la cuisson, retourner le poulet et le badigeonner avec la moitié de la vinaigrette.
4. **Combiner** les pois chiches et la roquette dans un bol à salade. Verser en filet le reste de vinaigrette et mêler délicatement.
5. **Garnir** de poulet et mêler un peu. Servir chaud.

Si vous avez aimé cette recette, vous raffolerez aussi de celles-ci.

Salade poulet rôti, tomates et menthe 
132

Salade agneau grillé et légumes printaniers
134

Poulet grillé, roquette et haricots blancs 
218

SOUPES ET SALADES

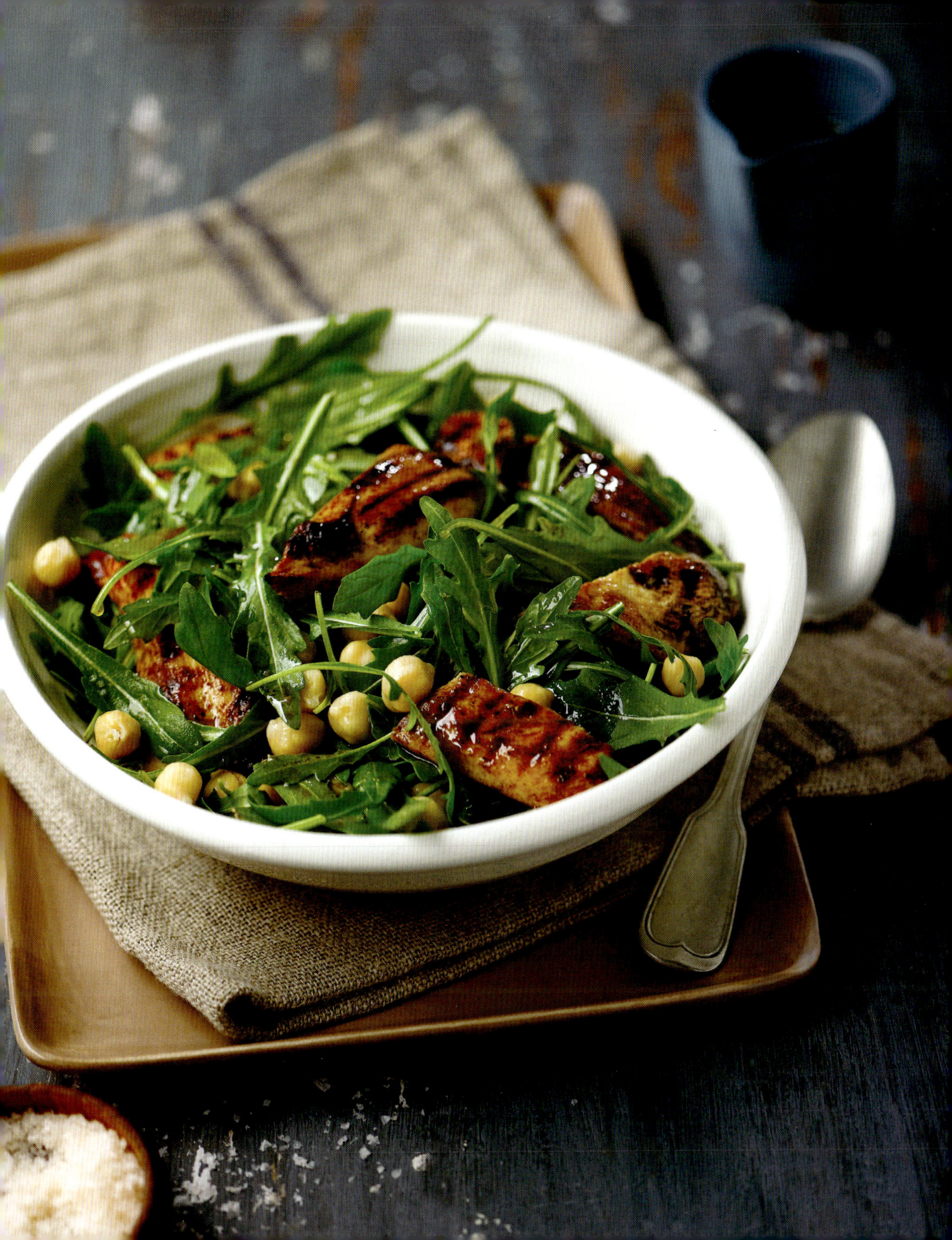

Salade poulet rôti,
tomates et menthe

Vous pouvez réaliser cette salade deux fois plus vite en utilisant du poulet déjà grillé du supermarché. La salade est beaucoup plus santé que la plupart des mets à emporter.

- 4 portions
- 10 minutes
- 15–20 minutes

- 1

3	demi-poitrines de poulet, désossées et sans la peau
	Zeste râpé finement de 1 citron
30	ml (2 c. à soupe) d'origan frais, haché grossièrement
60	ml (4 c. à soupe) d'huile d'olive extra vierge
	Sel de mer et poivre noir, fraîchement moulus
8	tranches de bacon, sans la couenne et hachées
100	g (2 tasses) de verdures en mélange
50	g (½ tasse) d'olives noires
1	petit concombre, pelé et tranché
1	petit oignon rouge, tranché
12	tomates cerises, en moitiés
120	g (½ tasse) de yogourt grec nature
1	gousse d'ail, hachée finement
	Jus fraîchement pressé de 1 citron
15	ml (1 c. à soupe) de feuilles de menthe, hachées finement + feuilles additionnelles, pour garnir

1. **Préchauffer** le four à 190 °C (375 °F).
2. **Mettre** les poitrines de poulet dans un bol avec le zeste de citron, l'origan et 30 ml (2 c. à soupe) d'huile. Saler et poivrer.
3. **Mettre** le poulet dans un plat à rôtir et cuire au four 15 à 20 minutes, jusqu'à ce qu'il soit doré et cuit de part en part. Laisser refroidir un peu.
4. **Entre-temps,** frire à sec le bacon dans une grande poêle jusqu'à ce qu'il soit croustillant, environ 5 minutes. Égoutter sur de l'essuie-tout.
5. **Combiner** les verdures, les olives, le concombre, l'oignon et les tomates dans un bol. Ajouter le bacon et mêler délicatement.
6. **Fouetter** le yogourt, l'ail, le jus de citron, la menthe et les 30 ml (2 c. à soupe) restants d'huile dans un petit bol. Saler et poivrer.
7. **Trancher** le poulet et ajouter dans le bol avec la salade. Garnir avec le surplus de menthe, verser en filet la vinaigrette et servir.

Si vous avez aimé cette recette, vous raffolerez aussi de celles-ci.

Salade poulet, roquette et pois chiches
130

Salade agneau grillé et légumes printaniers
134

Poulet grillé, roquette et haricots blancs
218

132 SOUPES ET SALADES

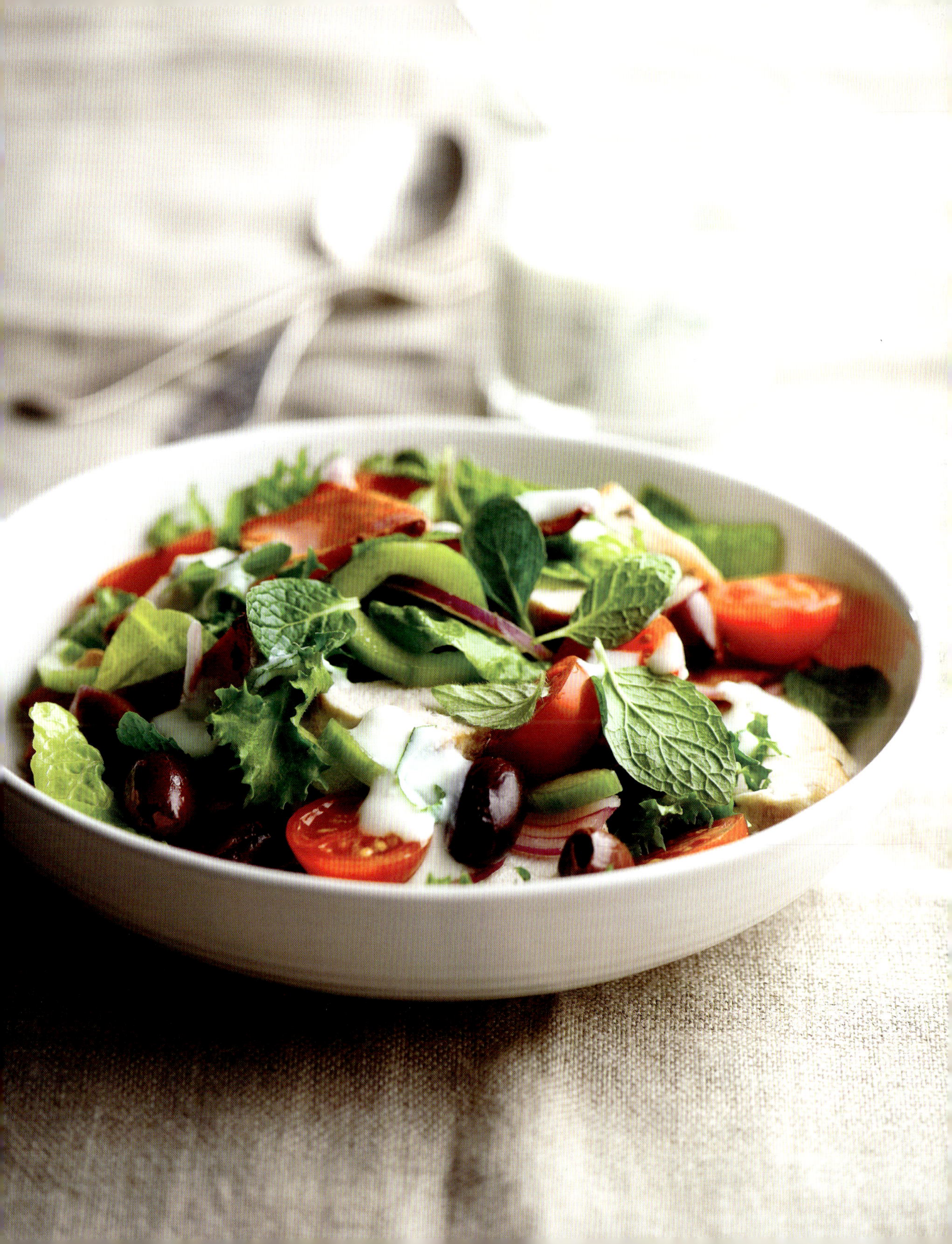

Salade agneau grillé
et légumes printaniers

Pour ajouter saveur et couleur, joignez une poignée de carottes miniatures avec leurs feuilles dans la marmite à vapeur avec les autres légumes.

- 4 portions
- 15 minutes
- 10–15 minutes
- 1

1	botte d'asperges, parées	2	gousses d'ail, tranchées finement
150	g (1 tasse) de pois surgelés	12	tomates cerises, en moitiés
150	g (1 tasse) de gourganes miniatures, fraîches ou surgelées	90	ml (1/3 tasse) d'huile d'olive extra vierge
1	petit bouquet de menthe fraîche	30	ml (2 c. à soupe) de vinaigre balsamique
	Sel de mer et poivre noir, fraîchement moulus	1	petit bouquet d'estragon frais, haché
4	filets d'agneau		

1. **Mettre** une grande casserole d'eau à feu vif. Placer la marguerite à l'intérieur et couvrir. Porter à ébullition.

2. **Ajouter** les asperges, les pois, les gourganes et la menthe. Cuire à la vapeur jusqu'à ce que les légumes soient tout juste tendres, environ 5 minutes. Transférer dans un bol et laisser refroidir un peu.

3. **Entre-temps,** chauffer une plaque de cuisson ou le barbecue à intensité élevée. Saler et poivrer l'agneau. Parsemer d'ail. Griller jusqu'à ce qu'il soit cuit à votre goût, environ 4 minutes de chaque côté pour une cuisson rosée.

4. **Ajouter** les tomates aux légumes dans le bol et mêler délicatement.

5. **Fouetter** l'huile, le vinaigre balsamique, l'estragon, le sel et le poivre dans un petit bol.

6. **Répartir** uniformément le mélange de légumes et tomates entre quatre assiettes de service. Verser en filet la moitié de la vinaigrette et mêler délicatement.

7. **Garnir** avec l'agneau. Verser en filet le reste de vinaigrette et servir chaud.

Si vous avez aimé cette recette, vous raffolerez aussi de celles-ci.

Salade poulet, roquette et pois chiches — 130

Côtelettes d'agneau — 246

Steaks d'agneau et pesto aux graines de citrouille — 248

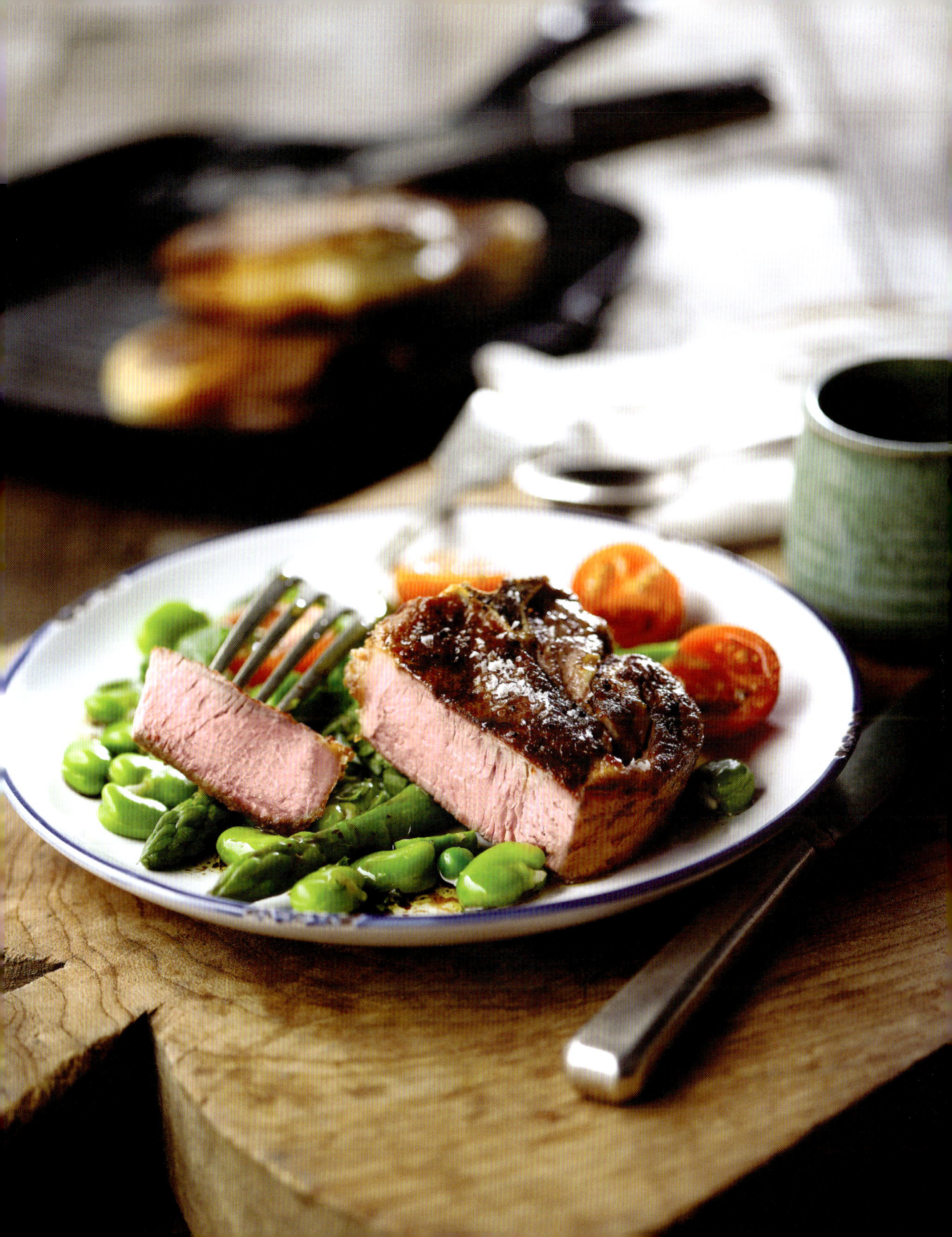

Salade de pois chiches et steak

Cette salade énergisante et gorgée de protéines est idéale pour un dîner ou un souper rapide.

- 4 portions
- 15 minutes
- 5–10 minutes
- 1

2	boîtes (400 g/14 oz chacune) de pois chiches rincés et égouttés	
1	oignon rouge, tranché finement	
24	tomates cerises, en moitiés	
125	ml (½ tasse) de feuilles de basilic frais	
	Sel de mer et poivre noir, fraîchement moulus	
400	g (14 oz) de steak de surlonge, dégraissé de tout gras	
250	ml (1 tasse) de yogourt nature à faible teneur en gras	
45	ml (3 c. à soupe) de harissa ou de pâte de piments	

1. **Mêler** les pois chiches, l'oignon rouge, les tomates et le basilic dans un bol à salade.
2. **Saler** et poivrer généreusement le steak.
3. **Préchauffer** une plaque de cuisson ou le barbecue à intensité élevée. Griller le steak jusqu'à ce qu'il soit cuit à votre goût, environ 5 à 10 minutes pour une cuisson à point. Laisser reposer la viande avant de la couper.
4. **Fouetter** le yogourt avec la harissa ou la pâte de piments dans un petit bol.
5. **Trancher** le steak et l'ajouter dans le bol à salade. Verser en filet le mélange au yogourt, mêler délicatement et servir.

Si vous avez aimé cette recette, vous raffolerez aussi de celles-ci.

Salade poulet, roquette et pois chiches — 130

Salade agneau grillé et légumes printaniers — 134

Lanières de steak avec pesto, roquette et tomates cerises — 240

SOUPES ET SALADES

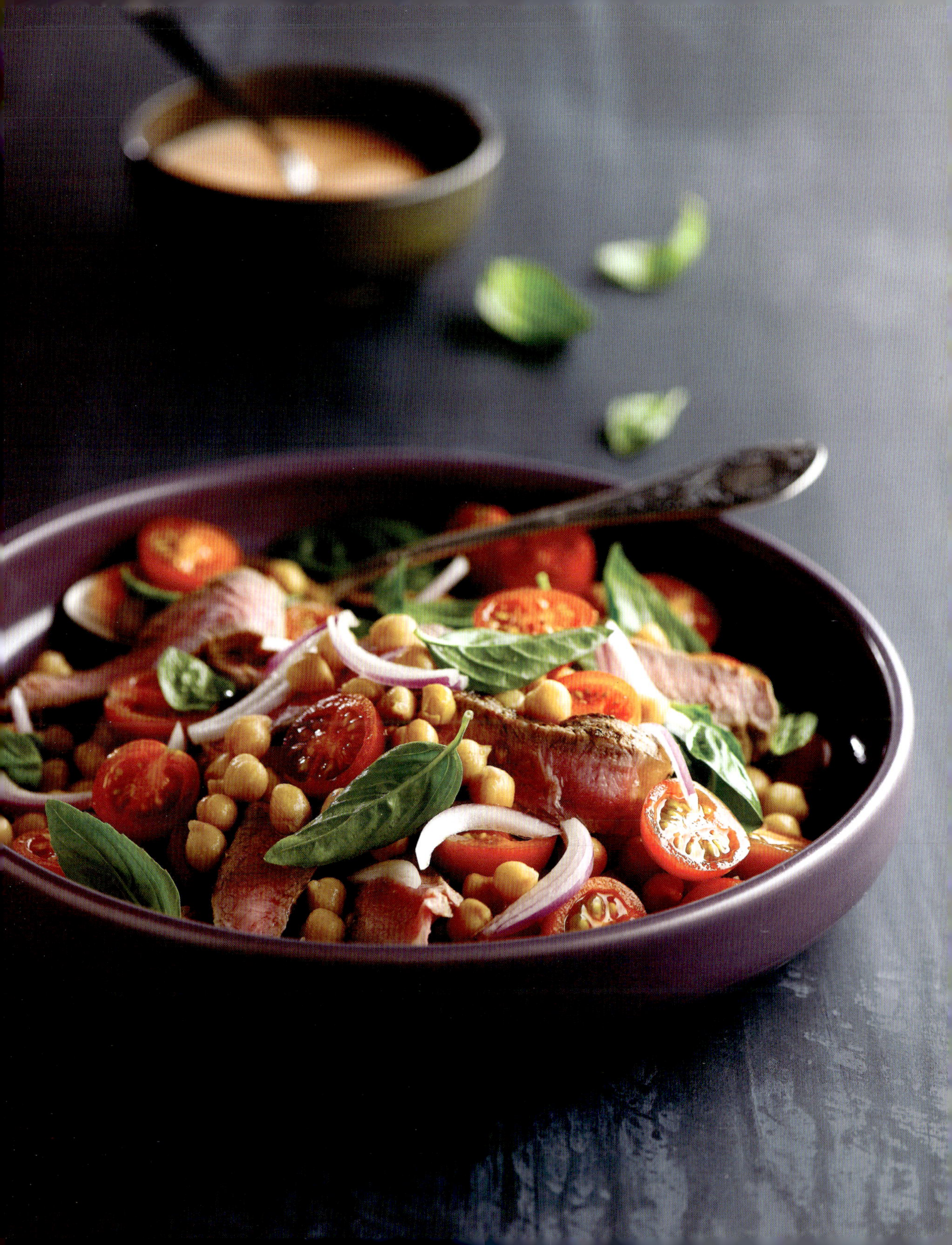

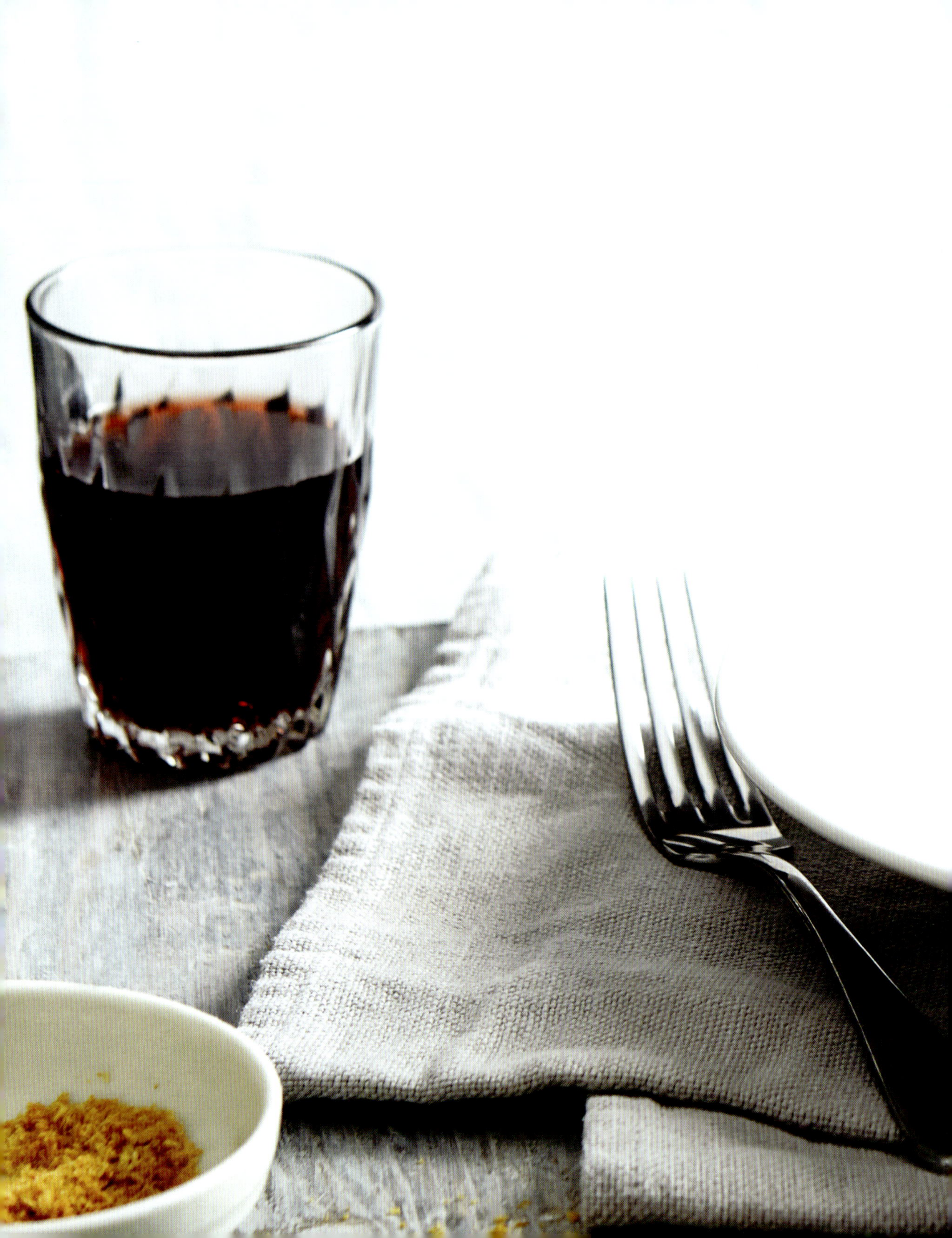

Pâtes, nouilles et céréales

Macaronis,
citron et fromage

De petites pâtes comme les mini-macaronis, coquilles ou papillons sont idéales avec cette sauce.

- 4–6 portions
- 10 minutes
- 8–10 minutes

- 120 g (½ tasse) de beurre salé, coupé en dés
- Jus fraîchement pressé de 2 citrons
- 4 brins de safran, émiettés
- 250 g (2 tasses) de pecorino, fraîchement râpé
- 500 g (1 lb) de petits macaronis
- Persil frais, pour servir

1

1. **Mettre** une grande casserole d'eau salée à bouillir à feu vif.
2. **Fondre** le beurre dans une grande poêle à feu vif. Ajouter en brassant le jus de citron, le safran et les ¾ du pecorino.
3. **Cuire** les pâtes dans l'eau bouillante jusqu'à ce qu'elles soient *al dente*.
4. **Égoutter** les pâtes et ajouter dans la poêle avec la sauce. Mêler délicatement pour les enrober, puis les servir chaudes avec le reste de fromage et le persil.

Si vous avez aimé cette recette, vous raffolerez aussi de celles-ci.

Spaghettis pesto aux herbes — 144

Spaghettis avec sauce aux tomates fraîches — 146

Tagliatelles pesto amandes et basilic — 150

140 PÂTES, NOUILLES ET CÉRÉALES

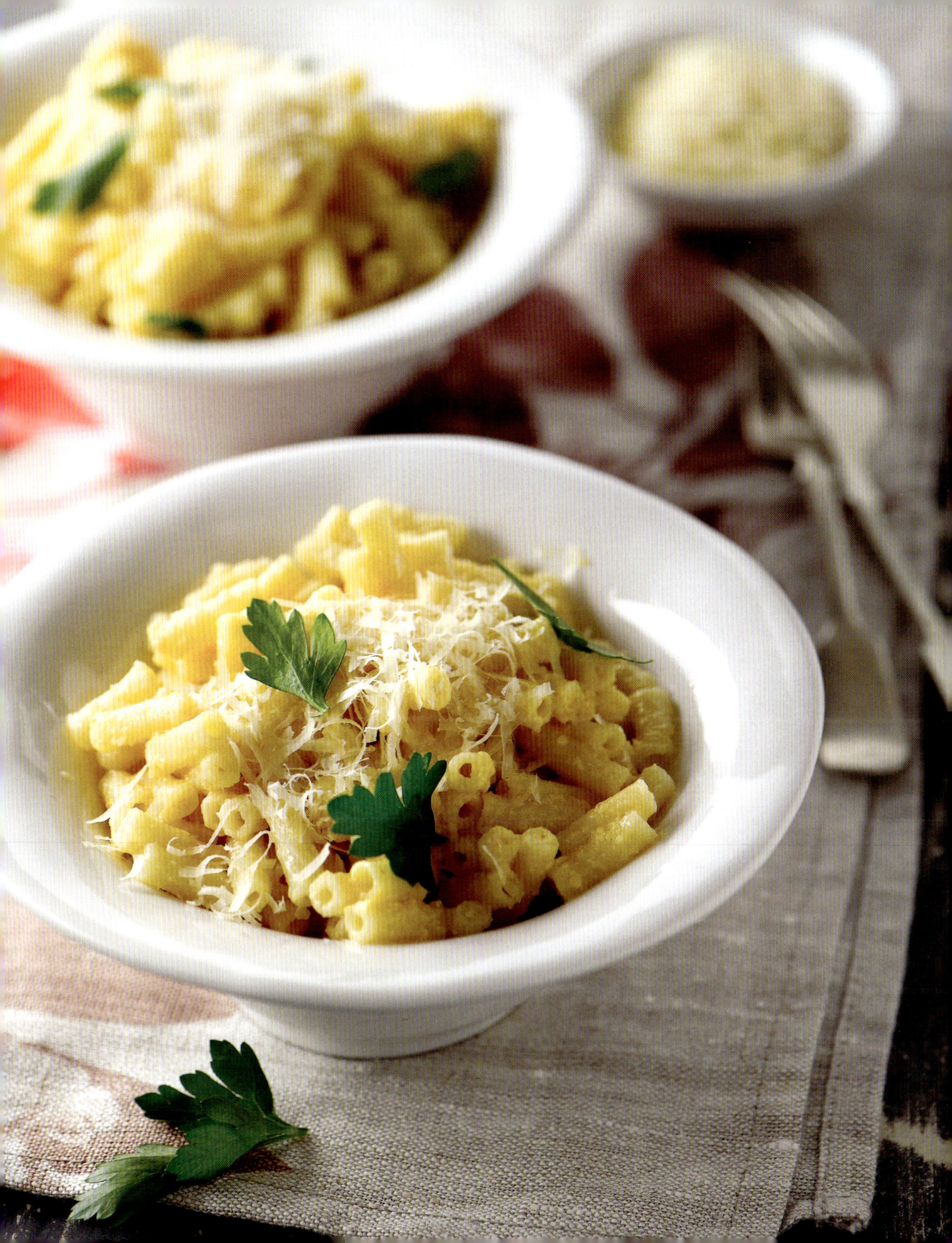

Pennes, tomates séchées
et haricots verts

Ajouter une poignée de grosses olives noires pour plus de saveur.

- 4-6 portions
- 10 minutes
- 15–20 minutes
- 1

60	ml (¼ tasse) d'huile d'olive extra vierge
3	gousses d'ail, hachées finement
100	g (1 tasse) de tomates séchées, trempées dans l'eau chaude 15 minutes, puis égouttées et hachées grossièrement
1	boîte (400 g/ 14 oz) de tomates, avec leur jus
500	g (1 lb) de pennes
350	g (12 oz) de haricots verts, coupés en petits morceaux
	Sel de mer et poivre noir, fraîchement moulus

1. **Porter** à ébullition une grande casserole d'eau salée à feu vif.
2. **Chauffer** l'huile dans une grande poêle à feu moyen. Ajouter l'ail et les tomates séchées, puis sauter jusqu'à ce que l'ail soit légèrement doré, environ 3 minutes.
3. **Ajouter** les tomates en conserve et laisser mijoter jusqu'à ce que la sauce ait réduit, environ 10 minutes.
4. **Cuire** les pâtes dans l'eau bouillante 5 minutes. Ajouter les haricots verts et cuire jusqu'à ce que les pâtes soient *al dente* et les haricots tendres.
5. **Bien** égoutter et ajouter dans la poêle avec la sauce. Saler et poivrer
6. **Brasser** délicatement à feu vif 1 minute. Servir chaud.

Si vous avez aimé cette recette, vous raffolerez aussi de celles-ci.

Macaronis, citron et fromage — 140

Spaghettis avec sauce aux tomates fraîches — 146

Spaghettis de blé entier, anchois et chapelure croustillante — 148

PÂTES, NOUILLES ET CÉRÉALES

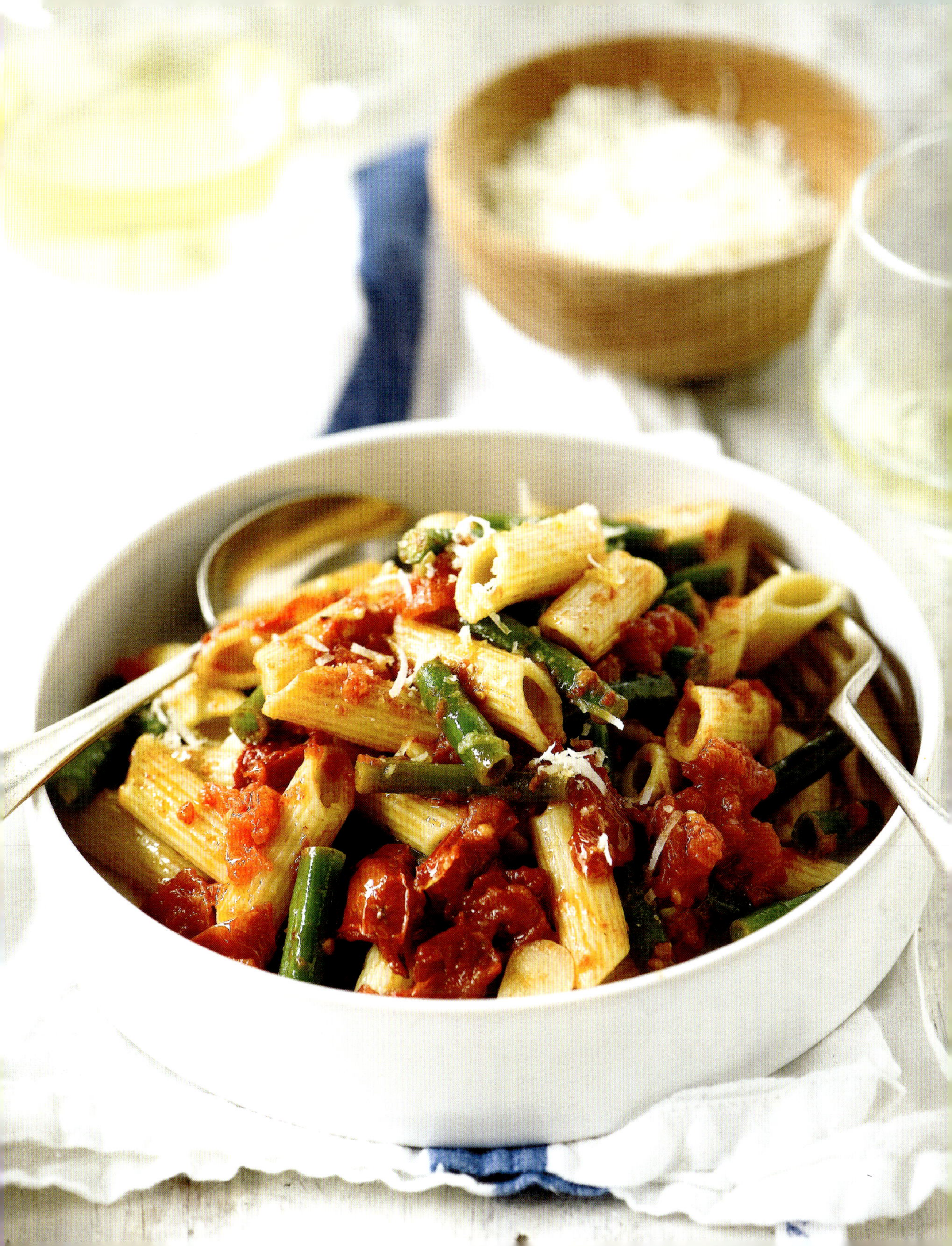

Spaghettis pesto aux herbes

Incorporer un bouquet de persil à cette recette classique de pesto au basilic crée une délicieuse variante.

- 4-6 portions
- 15 minutes
- 10–12 minutes

500 g (1 lb) de spaghettis	
1 gros bouquet de persil frais	
1 gros bouquet de basilic frais	
2 gousses d'ail	
120 g (1 tasse) de parmesan, fraîchement râpé	
50 g (8 c. à soupe) de pignons de pin	
125 ml (½ tasse) d'huile d'olive extra vierge	

1

1. **Porter** à ébullition une grande casserole d'eau salée à feu vif.
2. **Cuire** les pâtes dans l'eau bouillante jusqu'à ce qu'elles soient *al dente*.
3. **Pendant que les pâtes cuisent,** passer le persil, le basilic, l'ail, le parmesan et la moitié des pignons dans un robot culinaire jusqu'à ce que le mélange soit grossièrement haché. Ajouter graduellement l'huile et mixer pour obtenir un mélange homogène.
4. **Sauter** le reste de pignons dans une poêle antiadhésive jusqu'à ce qu'ils soient dorés, 2 à 3 minutes.
5. **Égoutter** les pâtes et verser dans un bol de service chaud. Ajouter le pesto aux herbes, parsemer des pignons sautés et bien brasser. Servir chaud.

Si vous avez aimé cette recette, vous raffolerez aussi de celles-ci.

Macaronis, citron et fromage — 140

Spaghettis de blé entier, anchois et chapelure croustillante — 148

Tagliatelles pesto amandes et basilic — 150

144 PÂTES, NOUILLES ET CÉRÉALES

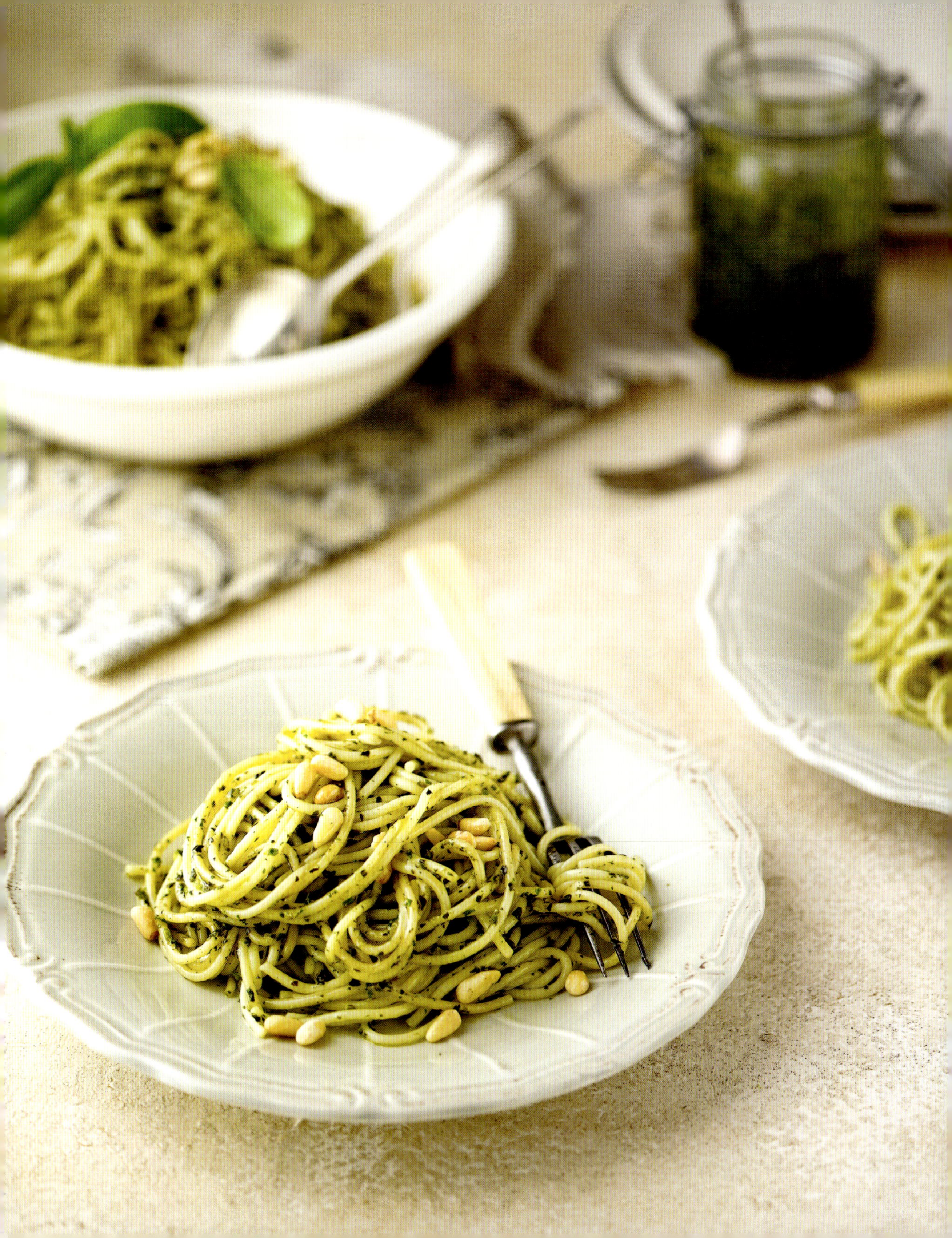

Spaghettis avec sauce
aux tomates fraîches

Cette sauce simple repose en grande mesure sur la qualité et la fraîcheur des tomates utilisées. Pour un résultat optimal, choisissez, au moment des récoltes, des tomates mûries sur vigne biologiques et cultivées localement.

- 4–6 portions
- 10 minutes
- 10–12 minutes
- 1

1	kg (2 lb) de tomates mûres
500	g (1 lb) de spaghettis
60	ml (4 c. à soupe) de basilic frais, haché finement + quelques feuilles de plus, pour garnir
90	ml (1/3 tasse) d'huile d'olive extra vierge
	Jus fraîchement pressé de ½ citron
2	gousses d'ail, hachées finement
	Sel de mer et poivre noir, fraîchement moulus

1. **Porter** à ébullition une grande casserole d'eau salée à feu vif.
2. **Blanchir** les tomates dans l'eau bouillante 2 minutes. Égoutter et peler. Hacher la chair grossièrement.
3. **Cuire** les pâtes dans l'eau bouillante jusqu'à ce qu'elles soient *al dente*.
4. **Bien égoutter** et transférer dans un grand plat de service. Ajouter les tomates, le basilic, l'huile, le jus de citron et l'ail. Saler et poivrer. Bien mêler.
5. **Garnir** du surplus de basilic, puis servir chaud.

Si vous avez aimé cette recette, vous raffolerez aussi de celles-ci.

Macaronis, citron et fromage — 140

Pennes, tomates séchées et haricots verts — 142

Spaghettis pesto aux herbes — 144

146 PÂTES, NOUILLES ET CÉRÉALES

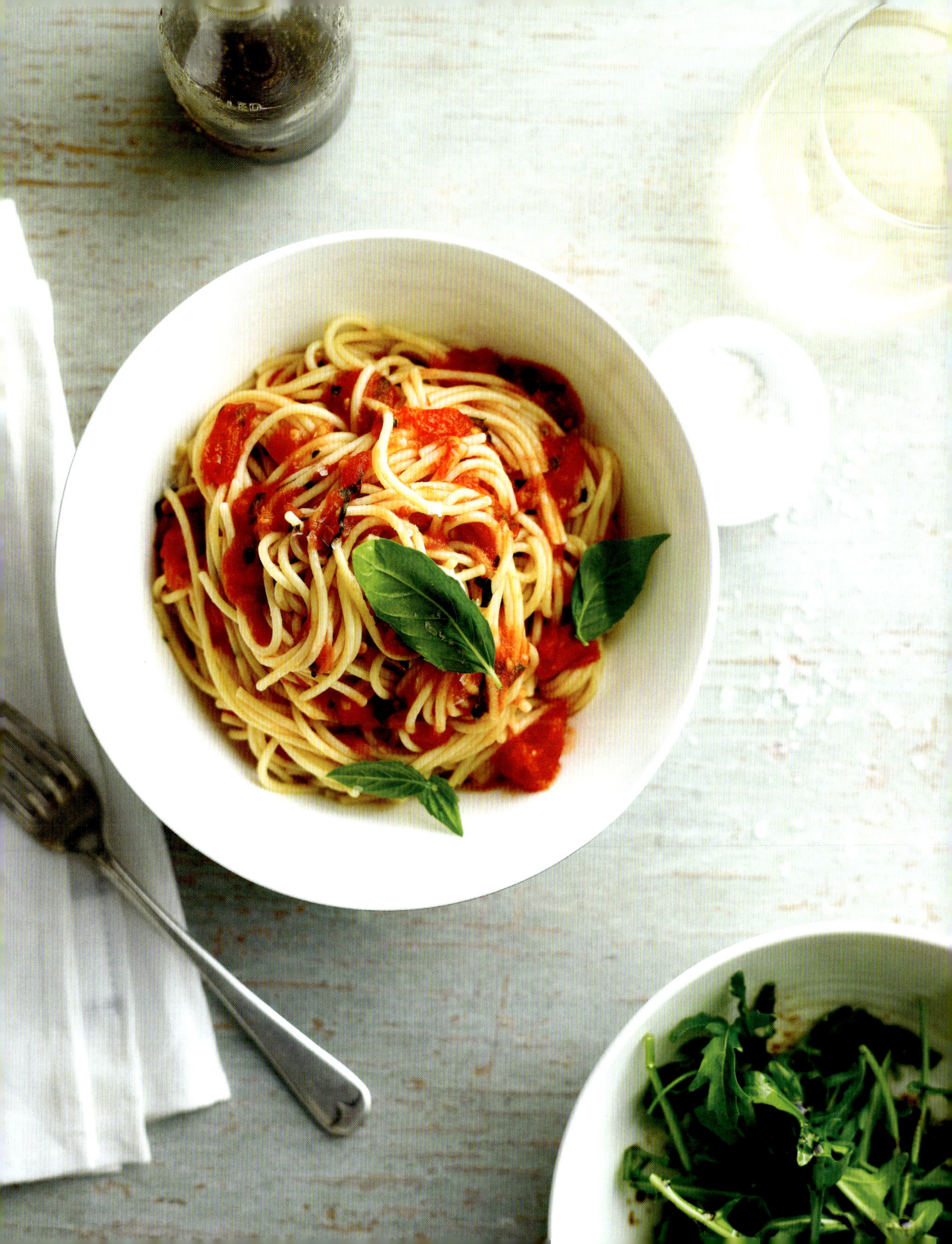

Spaghettis de blé entier, anchois et chapelure croustillante

La chapelure grillée ajoute une délicieuse texture croustillante au plat une fois complété.

- 4–6 portions
- 10 minutes
- 15–20 minutes
- 1

125 ml (½ tasse) d'huile d'olive extra vierge	
4 gousses d'ail, émincées	
12 filets d'anchois	
30 ml (2 c. à soupe) de persil haché finement + un surplus, pour garnir	
500 g (1 lb) de tomates fraîches, pelées et hachées ou en conserve	

Sel de mer en flocons
500 g (1 lb) de spaghettis de blé entier
75 g (½ tasse) de chapelure fine sèche, grillée au four
Copeaux de pecorino ou parmesan, pour servir

1. **Chauffer** l'huile dans une grande poêle à feu moyen. Ajouter l'ail et sauter jusqu'à ce qu'il commence à se colorer, puis le jeter.

2. **Ajouter** les anchois, en les écrasant à la fourchette afin qu'ils se dissolvent dans l'huile aromatisée à l'ail.

3. **Ajouter** le persil et les tomates. Laisser mijoter à feu doux 10 à 15 minutes. Saler.

4. **Cuire** les pâtes dans une grande casserole d'eau bouillante salée jusqu'à ce qu'elles soient *al dente*. Égoutter, remettre dans la casserole et ajouter la sauce. Bien mêler.

5. **Transférer** dans un plat de service chaud, parsemer de chapelure et de copeaux de fromage. Servir.

Si vous avez aimé cette recette, vous raffolerez aussi de celles-ci.

Pennes, tomates séchées et haricots verts — 142

Spaghettis avec sauce aux tomates fraîches — 146

Tagliatelles pesto amandes et basilic — 150

148 PÂTES, NOUILLES ET CÉRÉALES

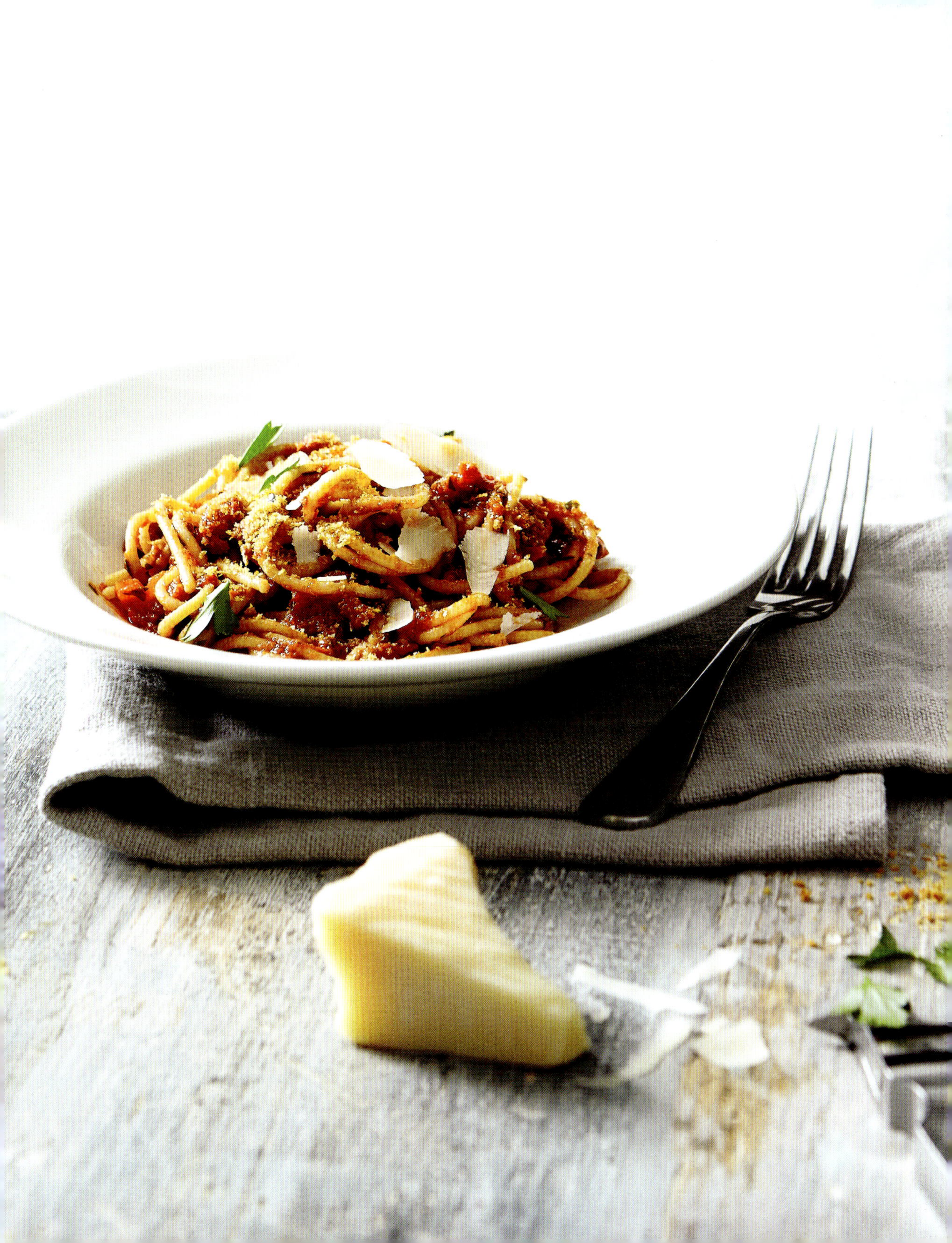

Tagliatelles pesto
amandes et basilic

Vous pourriez aussi servir cette sauce avec des spaghettis ou des pennes.

- 4 portions
- 15 minutes
- 3–4 minutes
- 1

400	g (14 oz) de tagliatelles fraîches
150	g (1 tasse) d'amandes émondées
1	gousse d'ail
	Sel de mer en flocons
1	gros bouquet de basilic frais
1	grosse tomate mûre, pelée, épépinée et hachée
1	piment séché, émietté ou 3 ml (½ c. à thé) de flocons de piment rouge
45	ml (3 c. à soupe) d'huile d'olive extra vierge

1. **Porter** à ébullition une grande casserole d'eau salée à feu vif.
2. **Hacher** les amandes, l'ail et une pincée de sel dans un robot culinaire jusqu'à ce que le mélange soit presque lisse. Ajouter le basilic et la tomate et hacher jusqu'à l'obtention d'un mélange moelleux. Assaisonner avec le sel, le piment et l'huile. Transférer dans un plat de service.
3. **Cuire** les pâtes dans l'eau bouillante jusqu'à ce qu'elles soient *al dente*, 3 à 4 minutes.
4. **Égoutter** et transférer dans le plat de service avec la sauce. Brasser délicatement et servir chaud.

Si vous avez aimé cette recette, vous raffolerez aussi de celles-ci.

Macaronis, citron et fromage — 140

Spaghettis pesto aux herbes — 144

Gnocchis épinards et ricotta — 152

PÂTES, NOUILLES ET CÉRÉALES

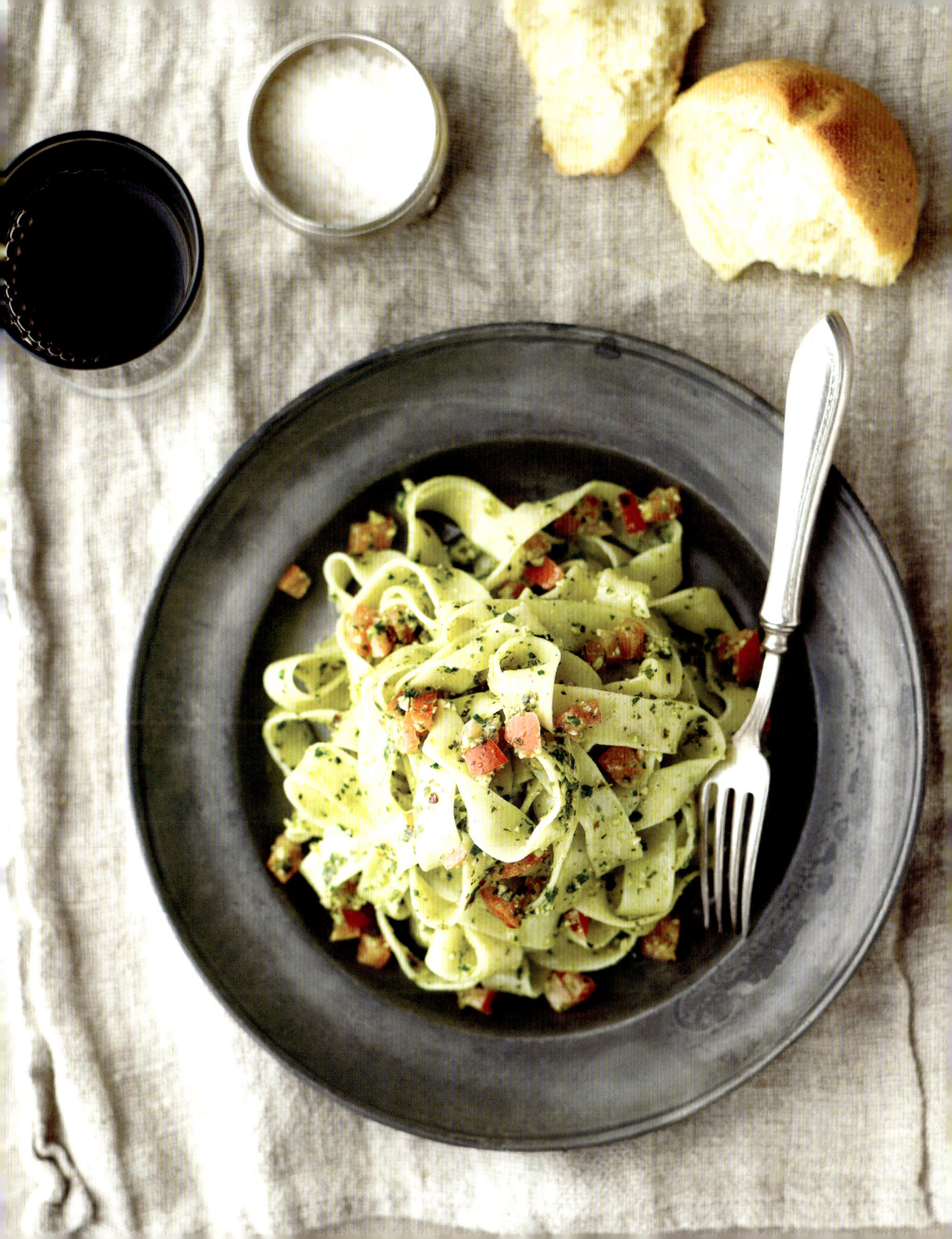

Gnocchis épinards et ricotta

Ces gnocchis sont appelés *ignudi* (nus) parce qu'ils sont préparés avec la garniture des raviolis aux épinards et au ricotta, mais sans l'enveloppe de pâte.

- 4 portions
- 15 minutes
- 15 minutes
- 2

SAUCE

- 30 ml (2 c. à soupe) de beurre
- 500 ml (2 tasses) de sauce tomate pour pâtes, commerciale ou maison

GNOCCHIS

- 500 g (2 tasses) de ricotta fraîche, égouttée dans un tamis fin
- 350 g (1 ½ tasse) d'épinards cuits, hachés finement et bien égouttés
- 2 gros œufs
- 120 g (1 tasse) + 30 ml (2 c. à soupe) de parmesan, fraîchement râpé
- 150 g (1 tasse) de farine tout usage
- Sel de mer et poivre noir, fraîchement moulus
- Zeste finement râpé de ½ citron

1. **Pour la sauce,** fondre le beurre dans une petite casserole et ajouter la sauce tomates. Laisser mijoter à feu doux 5 minutes. Retirer du feu et réserver.

2. **Pour les gnocchis,** mélanger la ricotta et les épinards dans un grand bol. Ajouter les œufs, 120 g (1 tasse) de parmesan et 75 g (½ tasse) de farine.

3. **Enfariner** vos mains avec le reste de farine et façonner le mélange en boules de 5 cm (2 po).

4. **Porter** à ébullition une grande casserole d'eau salée à feu vif. Cuire les gnocchis en trois lots, jusqu'à ce qu'ils montent à la surface, environ 5 minutes. Retirer avec une cuillère à égoutter et mettre dans un plat de service chaud.

5. **Couvrir** de sauce tomate et saupoudrer du reste de parmesan. Servir chaud.

Si vous avez aimé cette recette, vous raffolerez aussi de celles-ci.

Macaronis, citron et fromage — 140

Pennes, tomates séchées et haricots verts — 142

Spaghettis pesto aux herbes — 144

PÂTES, NOUILLES ET CÉRÉALES

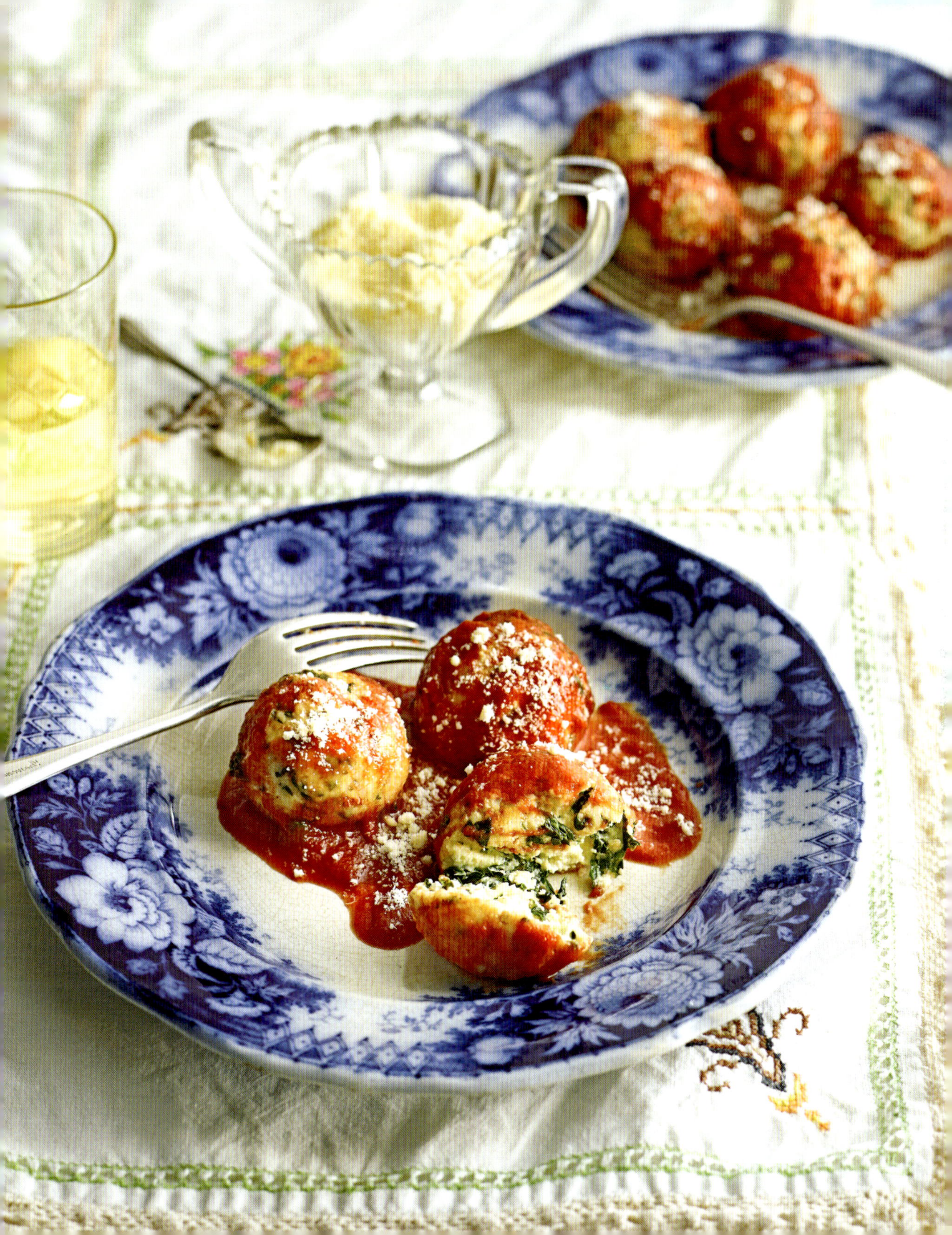

Pad thaï avec tofu

Le *pad* thaï est un plat de nouilles au riz sautées fréquemment servi dans la rue en Thaïlande. On le prépare avec des nouilles de riz sèches, trempées et sautées avec des œufs, du tofu et une variété d'autres ingrédients.

- 4 portions
- 10 minutes
- 10–12 minutes
- 1

SAUCE
- 45 ml (3 c. à soupe) de pâte de tamarin
- 45 ml (3 c. à soupe) de sauce d'huîtres
- 30 ml (2 c. à soupe) de sauce de poisson thaïe
- 30 ml (2 c. à soupe) de vinaigre de riz
- 30 ml (2 c. à soupe) de jagré (sucre de palme) râpé grossièrement, ou de cassonade
- 5 ml (1 c. à thé) de *sambal oelek* (pâte de piment) + un surplus pour servir

NOUILLES
- 350 g (12 oz) de nouilles de riz séchées

- 30 ml (2 c. à soupe) d'huile d'arachides
- 250 g (8 oz) de tofu soufflé, coupé en quatre
- 4 gros œufs, légèrement battus
- 1 petit oignon, haché finement
- 2 gousses d'ail, hachées finement
- 30 ml (2 c. à soupe) de crevettes séchées, hachées finement
- 50 g (1 tasse) de germes de soya
- 1 petit bouquet de ciboulette fraîche
- 125 ml (½ tasse) de feuilles de coriandre fraîches
- 40 g (¼ tasse) d'arachides grillées, hachées
- Tranches de concombre
- Quartiers de lime

1. **Pour la sauce,** combiner tous les ingrédients dans un bol et mettre en attente.

2. **Pour les nouilles,** mettre les nouilles de riz dans un bol et les faire tremper dans l'eau chaude jusqu'à ce qu'elles soient ramollies ou selon les indications du fabricant. Bien égoutter et mettre en attente.

3. **Chauffer** l'huile dans un grand wok à feu moyen-fort. Ajouter les nouilles et sauter 1 minute, en brassant pour les enrober. Ajouter le tofu et les œufs. Cuire 1 minute, en brassant souvent, jusqu'à ce que les œufs commencent à coaguler.

4. **Ajouter** l'oignon, l'ail et les crevettes, puis brasser pour combiner. Verser la sauce préparée et porter à ébullition. Ajouter les germes de soya et la ciboulette, puis brasser pour combiner.

5. **Parsemer** de coriandre et d'arachides. Garnir de concombre, de *sambal oelek* et de quartiers de lime. Servir chaud.

Si vous avez aimé cette recette, vous raffolerez aussi de celles-ci.

Sauté de nouilles ramen et tofu — 156

Sauté de crevettes et nouilles — 158

Tofu au cari avec épinards et tomates — 278

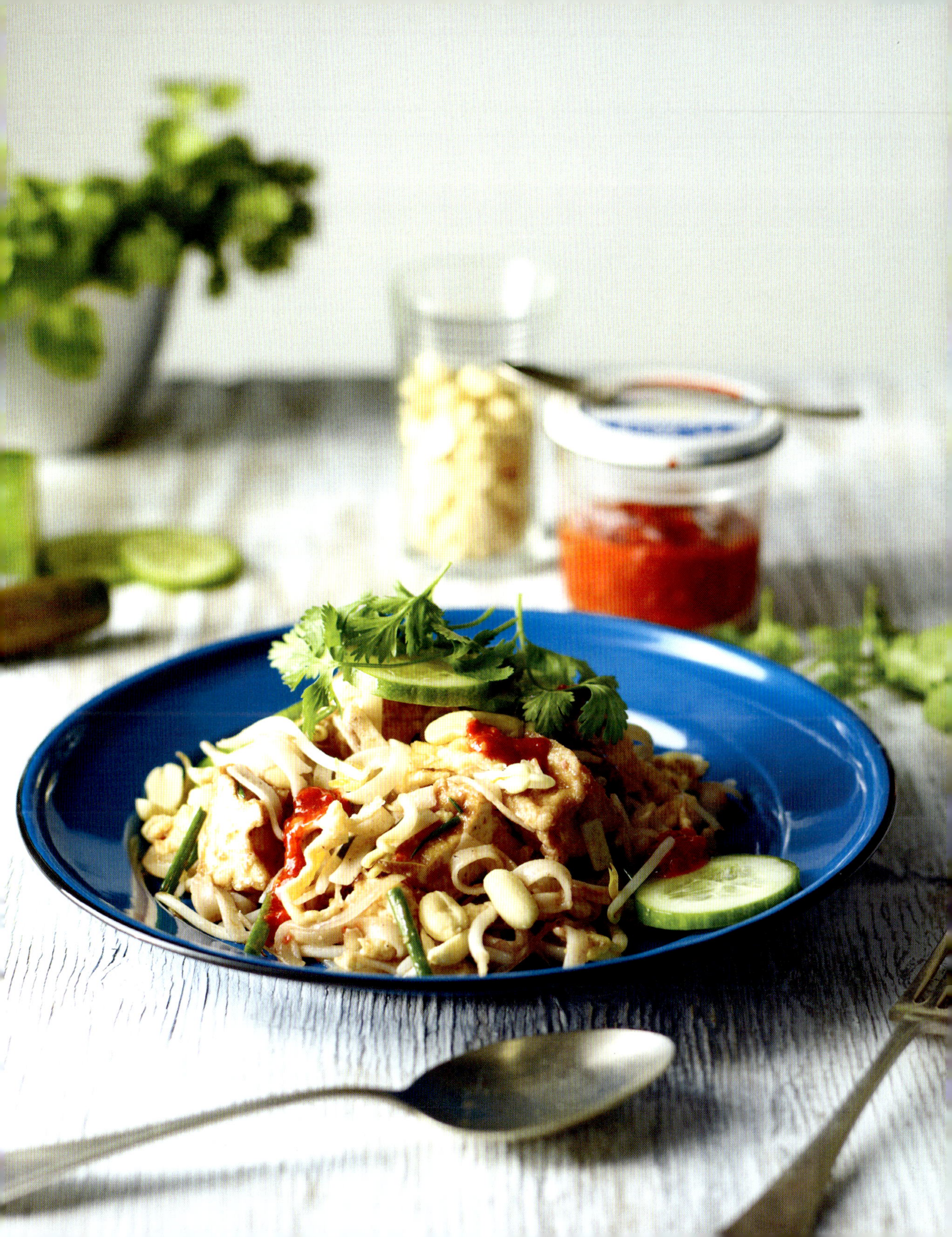

Sauté de nouilles
ramen et tofu

Vous pourriez aussi utiliser des nouilles *hokkien*, des nouilles aux œufs fraîches ou des tagliatelles dans ce plat.

- 4–6 portions
- 15 minutes
- 10–12 minutes
- 1

500	g (1 lb) de nouilles ramen	250	g (8 oz) de tofu, tranché
45	ml (3 c. à soupe) d'huile végétale	250	g (8 oz) de pois mange-tout, coupés en deux
3	échalotes, hachées finement	150	g (5 oz) de maïs miniatures, coupés en deux dans le sens de la longueur
2	piments rouges, tranchés finement		
1	morceau (2,5 cm/1 po) de gingembre frais, haché finement	250	g (8 oz) de brocoli chinois, tranché finement
3	gousses d'ail, tranchées finement	100	g (2 tasses) de germes de soya
5	ml (1 c. à thé) de grains de poivre du Sichuan, concassés	30	ml (2 c. à soupe) de sauce soya légère
		30	ml (2 c. à soupe) de vin de riz chinois (mirin)
	Sel de mer en flocons	30	ml (2 c. à soupe) d'huile de sésame, pour arroser

1. **Cuire** les nouilles selon les indications du fabricant. Bien égoutter et mettre en attente.

2. **Chauffer** 30 ml (2 c. à soupe) d'huile dans un wok ou une poêle profonde et ajouter les échalotes, les piments, le gingembre, l'ail, les grains de poivre du Sichuan et une pincée de sel. Sauter 1 minute, puis ajouter le tofu. Sauter 2 minutes de plus. Retirer du feu et transférer dans une assiette.

3. **Chauffer** 15 ml (1 c. à soupe) d'huile et sauter les mange-tout, le maïs, le brocoli et les germes de soya jusqu'à ce qu'elles commencent à ramollir, 3 à 5 minutes.

4. **Ajouter** la sauce soya et le vin de riz. En brassant, ajouter le mélange au tofu et les nouilles. Bien mêler jusqu'à ce que les nouilles soient chaudes de part en part.

5. **Arroser** avec l'huile de sésame et servir chaud.

Si vous avez aimé cette recette, vous raffolerez aussi de celles-ci.

Pad **thaï** avec tofu — 154

Sauté de crevettes et nouilles — 158

Nouilles épicées, poulet et citron — 160

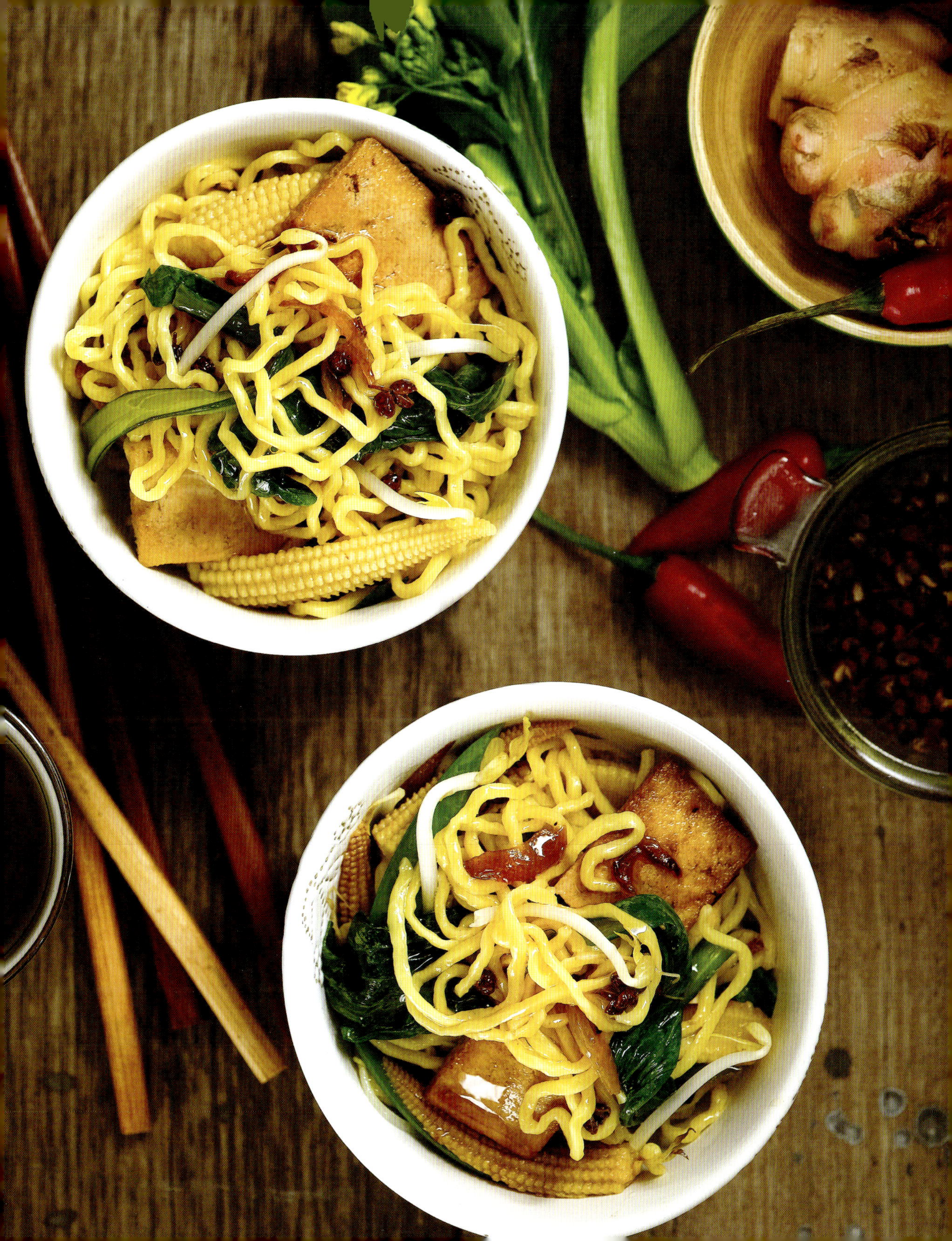

Sauté de crevettes et nouilles

Vous pourriez utiliser aussi des nouilles *hokkien* ou des nouilles de riz droites.

- 4 portions
- 15 minutes
- 10 minutes
- 1

350 g (12 oz)	de nouilles ramen
45 ml (3 c. à soupe)	d'huile d'arachides
500 g (1 lb)	de crevettes crues, décortiquées et déveinées
3 ml (½ c. à thé)	de curcuma moulu
2	gousses d'ail, hachées finement
1	piment rouge frais, épépiné et haché finement
	Sel
8	tomates cerises, en moitiés
120 g (4 oz)	de pois mange-tout
1	petit poivron rouge, épépiné et haché finement
1	petit poivron vert, épépiné et haché finement
50 g (1 tasse)	de germes de soya
60 g (⅓ tasse)	de châtaignes d'eau en boîte, en quartiers
60 ml (¼ tasse)	de sauce soya foncée
15 ml (1 c. à soupe)	de sauce d'huîtres
4	oignons verts, tranchés
	Feuilles de coriandre fraîche

1. **Préparer** les nouilles selon les iindications du fabricant. Bien égoutter et mettre en attente.
2. **Chauffer** l'huile dans un wok ou une grande poêle à feu vif. Ajouter les crevettes et sauter 3 minutes.
3. **Ajouter** le curcuma, l'ail et le piment, puis saler. Sauter jusqu'à ce que l'eau des crevettes soit évaporée, puis ajouter les tomates, les pois mange-tout et les poivrons. Sauter 2 minutes.
4. **Ajouter** les germes de soya, les châtaignes d'eau, la sauce soya et la sauce d'huîtres. Sauter 2 minutes.
5. **Ajouter** les nouilles et bien brasser. Ajouter les oignons verts, bien brasser, puis garnir de coriandre. Servir chaud.

Si vous avez aimé cette recette, vous raffolerez aussi de celles-ci.

Nouilles épicées, poulet et citron — 160

Nouilles épicées au poulet — 162

Riz à la noix de coco avec crevettes et lime — 164

PÂTES, NOUILLES ET CÉRÉALES

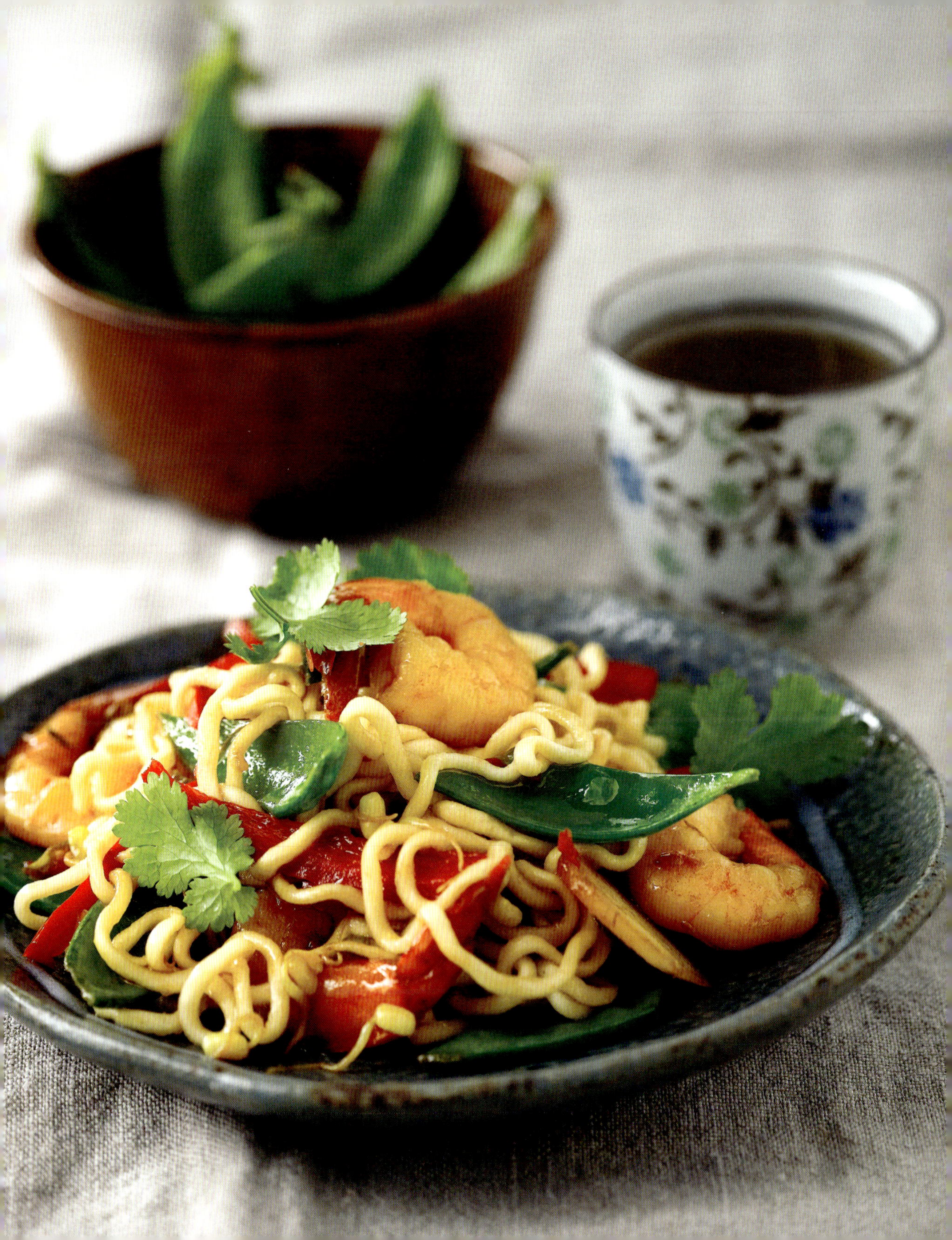

Nouilles épicées, poulet et citron

Pour une saveur légèrement différente, utilisez du jus de lime fraîchement pressé plutôt que du jus de citron.

- 4 portions
- 10 minutes
- 15 minutes
- 1

350	g (12 oz) de nouilles aux œufs minces
2	poitrines de poulet, désossées et sans la peau, coupées en petits morceaux
10	ml (2 c. à thé) de fécule de maïs
	Sel et poivre, fraîchement moulus
30	ml (2 c. à soupe) d'huile de sésame
8	oignons verts, râpés + un surplus pour garnir
150	g (1 tasse) de pois mange-tout, râpés
2	poivrons rouges, tranchés
60	ml (4 c. à soupe) de sauce soya foncée
	Jus fraîchement pressé de 2 citrons
15	ml (1 c. à soupe) de miel
30	ml (2 c. à soupe) de sauce chili thaïe douce

1. **Préparer** les nouilles selon indications du fabricant. Bien égoutter et réserver.
2. **Enrober** le poulet de fécule de maïs. Saler et poivrer généreusement.
3. **Mettre** un grand wok ou une grande poêle à feu vif. Une fois la poêle chaude, ajouter l'huile et le poulet. Sauter jusqu'à ce que le poulet soit doré et cuit de part en part, 7 à 8 minutes. Retirer le poulet et mettre en attente.
4. **Ajouter** les oignons verts, les pois mange-tout, les poivrons et la sauce soya dans la poêle et sauter 2 à 3 minutes.
5. **Remettre** le poulet dans la poêle, puis ajouter le jus de citron, le miel et la sauce chili. Sauter 1 à 2 minutes.
6. **Ajouter** les nouilles et brasser en mêlant jusqu'à ce que le mélange soit chaud de part en part. Garnir du surplus d'oignons verts et servir chaud.

Si vous avez aimé cette recette, vous raffolerez aussi de celles-ci.

Sauté de nouilles ramen et tofu — 156

Sauté de crevettes et nouilles — 158

Nouilles épicées au poulet — 162

160 PÂTES, NOUILLES ET CÉRÉALES

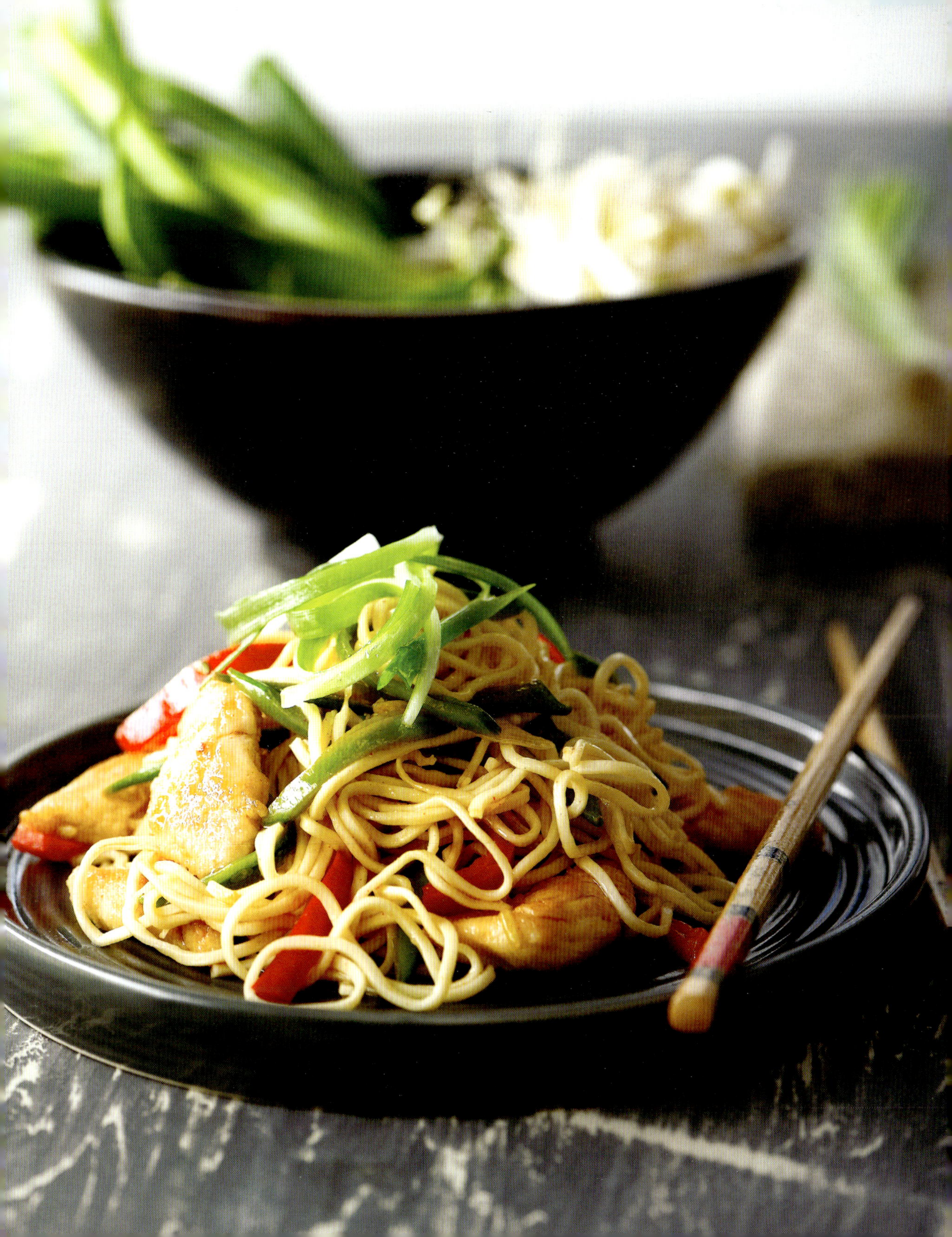

Nouilles épicées au poulet

Ce plat nourrissant, rapide et sain est un repas en soi.

- 4 portions
- 10 minutes
- 10–12 minutes
- 1

500 g (1 lb)	de nouilles *hokkien*
30 ml (2 c. à soupe)	d'huile végétale
60 ml (4 c. à soupe)	de sauce chili thaïe douce
60 ml (4 c. à soupe)	de sauce soya foncée
2	grosses poitrines de poulet, désossées et sans la peau, coupées en fines lanières
	Poivre noir, fraîchement moulu
2	carottes, tranchées finement
1	petite tête de brocoli, défaite en petits fleurons
1	petit chou de printemps, tranché finement
80 g (½ tasse)	d'arachides salées grillées, hachées grossièrement
	Sauce soya légère, pour servir

1. **Cuire** les nouilles *hokkien* dans beaucoup d'eau bouillante jusqu'à ce qu'elles soient tendres, selon les indications du fabricant. Bien égoutter et mettre en attente.

2. **Combiner** l'huile, la sauce chili et la sauce soya foncée dans un bol. Ajouter le poulet, poivrer et bien mêler.

3. **Chauffer** un wok ou une grande poêle à feu vif.

4. **Retirer** le poulet de la marinade (en réservant la marinade), le mettre dans le wok et sauter jusqu'à ce qu'il soit légèrement doré, 4 à 5 minutes.

5. **Ajouter** les carottes, le brocoli, le chou, les nouilles et la marinade réservée. Sauter jusqu'à ce que le mélange soit chaud de part en part, 2 à 3 minutes.

6. **Ajouter** en mêlant les arachides, arroser avec la sauce soya légère et servir chaud.

Si vous avez aimé cette recette, vous raffolerez aussi de celles-ci.

Pad thaï avec tofu — 154

Sauté de crevettes et nouilles — 158

Nouilles épicées, poulet et citron — 160

162 PÂTES, NOUILLES ET CÉRÉALES

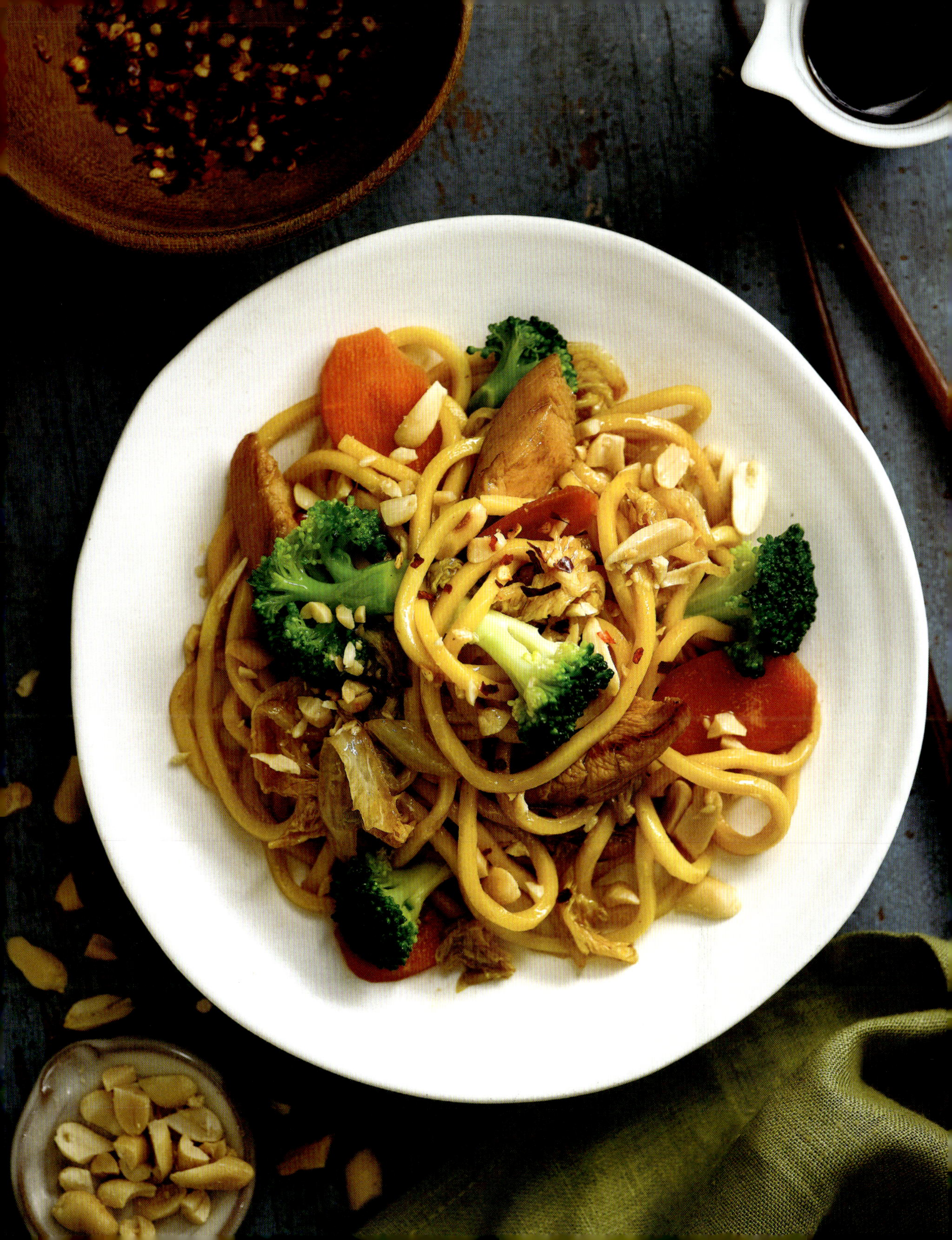

Riz à la noix de coco
avec crevettes et lime

Le riz à la noix de coco se marie merveilleusement à la garniture de crevettes et de lime.

- 4–6 portions
- 10 minutes
- 15–20 minutes
- 1

350 g (1½ tasse) de riz au jasmin	
30 ml (2 c. à soupe) d'huile végétale	
1 petit oignon, haché	
2 gousses d'ail, hachées finement	
1 gros piment rouge frais, épépiné et tranché	
625 ml (2½ tasses) de bouillon de légumes ou de poulet, chaud	
175 ml (¾ tasse) de lait de coco	
Sel de mer et poivre noir, fraîchement moulus	
½ concombre, coupé en deux dans le sens de la longueur et tranché	
400 g (14 oz) de crevettes crues, décortiquées	
5 ml (1 c. à thé) de cumin moulu	
Jus fraîchement pressé de 1 lime	
125 ml (½ tasse) de coriandre fraîche	
Quartiers de lime, pour servir	

1. **Rincer** le riz à l'eau courante jusqu'à ce que l'eau soit presque claire.

2. **Chauffer** 15 ml (1 c. à soupe) d'huile dans un wok ou une grande poêle à feu moyen. Ajouter l'oignon, l'ail et le piment, puis sauter jusqu'à ce qu'ils soient tendres, 3 à 4 minutes.

3. **Ajouter** en brassant le riz, le bouillon et le lait de coco. Saler et poivrer légèrement. Porter à ébullition. Brasser une fois, puis diminuer à feu très doux.

4. **Couvrir** le wok et laisser mijoter 10 minutes sans lever le couvercle. Après ce temps, tout le liquide devrait être absorbé et le riz, tendre. Sinon, couvrir le wok et cuire le mélange de riz 2 à 3 minutes de plus.

5. **Ajouter** les tranches de concombre, couvrir et cuire 1 minute.

6. **Retirer** du feu et laisser reposer 5 minutes.

7. **Chauffer** 15 ml (1 c. à soupe) d'huile dans un wok ou une grande poêle et sauter les crevettes jusqu'à ce qu'elles soient roses, 2 à 3 minutes. Ajouter en brassant le cumin et cuire quelques secondes, puis ajouter le jus de lime. Réserver quelques brins de coriandre, puis hacher grossièrement le reste (les tiges incluses). Ajouter aux crevettes en brassant.

8. **Répartir** le riz entre 4 à 6 assiettes de service, garnir des crevettes, de la coriandre réservée et des quartiers de lime. Servir chaud.

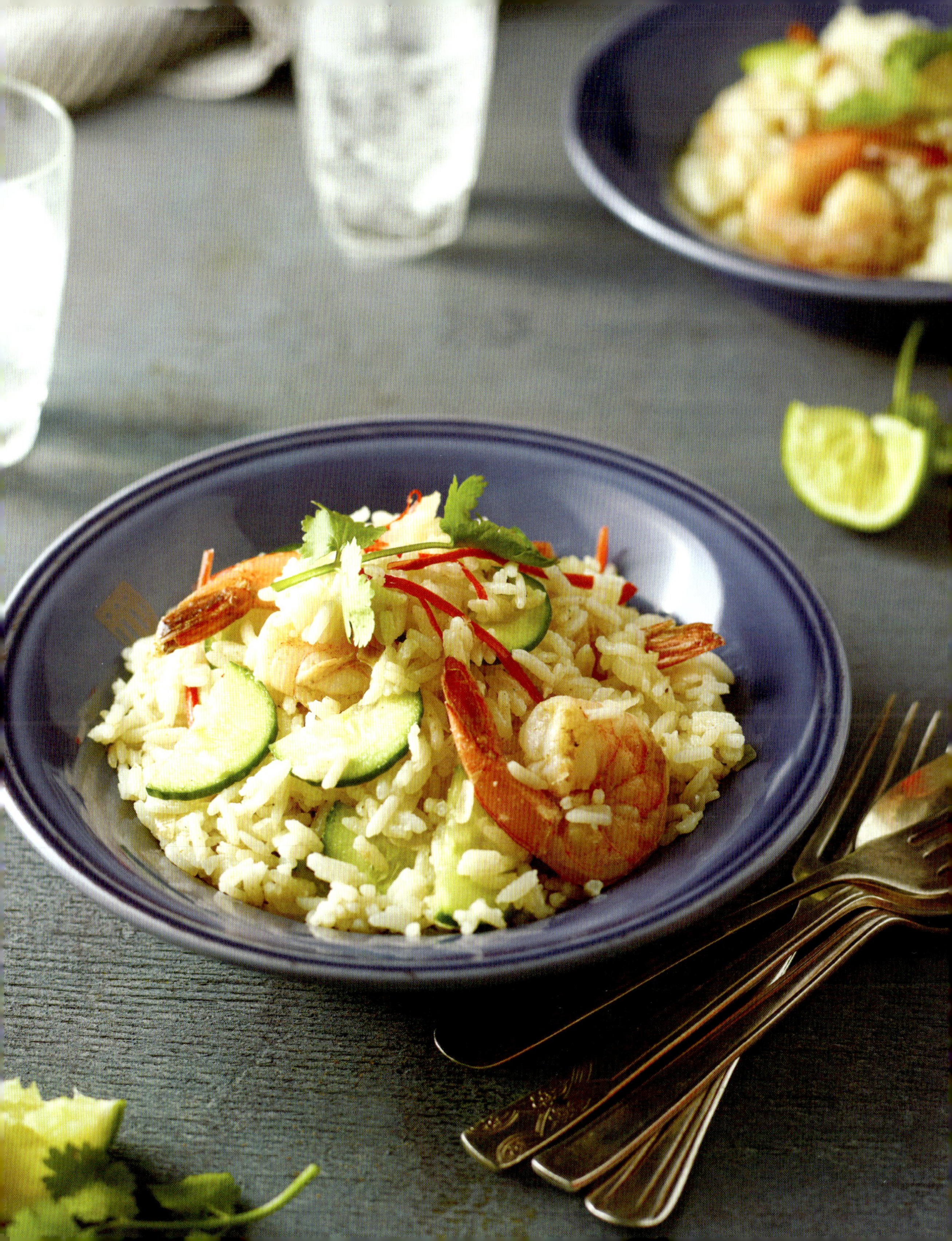

Risotto aux asperges

Le risotto est un plat de riz classique du nord de l'Italie. Il est préparé avec de gros grains de riz Arborio, Carnaroli ou Vialone Nano, des riz riches en fécule qui donnent au risotto sa texture crémeuse caractéristique. Ajoutez le bouillon graduellement, en cuisant et en brassant sans arrêt.

- 4–6 portions
- 5–10 minutes
- 20–25 minutes
- 2

1	petit oignon, haché finement
60 g	(4 c. à soupe) de beurre
400 g	(2 tasses) de riz italien pour risotto (Arborio, Carnaroli ou Vialone Nano)
90 ml	(⅓ tasse) de vin blanc sec
1,5 l	(6 tasses) de bouillon de légumes bouillant
600 g	(1 ¼ lb) d'asperges
60 ml	(¼ tasse) de crème fraîche
60 g	(½ tasse) de parmesan, fraîchement râpé + un surplus pour servir
	Poivre blanc, fraîchement moulu
	Feuilles de basilic frais, pour garnir

1. **Sauter** les oignons dans 30 ml (2 c. à soupe) de beurre dans une grande poêle à feu moyen, jusqu'à ce que tendres, 3 à 4 minutes. Ajouter le riz. Cuire 2 minutes en brassant sans arrêt.

2. **En brassant**, ajouter le vin. Une fois qu'il est absorbé, ajouter en brassant 1,25 l (5 tasses) de bouillon, une louche à la fois. Cuire et brasser jusqu'à ce que chaque addition ait été absorbée.

3. **Entre-temps**, couper les pointes tendres de la base coriace des asperges. Réserver les pointes. Hacher grossièrement les tiges.

4. **Sauter** les asperges hachées dans les 30 ml (2 c. à soupe) de beurre qui restent dans une grande poêle à feu doux 2 à 3 minutes. Verser le reste de bouillon et porter à ébullition. Laisser mijoter jusqu'à ce que les asperges soient très tendres, 5 à 10 minutes.

5. **Transférer** dans un robot culinaire et mixer jusqu'à ce que ce soit lisse. Réserver dans un bol.

6. **Quand le riz** est presque cuit, après environ 12 minutes, ajouter la purée d'asperges et les pointes. Poursuivre la cuisson et brasser jusqu'à ce que le riz soit crémeux et tendre.

7. **Ajouter** la crème et le parmesan. Poivrer. Servir chaud, parsemé de parmesan et de basilic.

Si vous avez aimé cette recette, vous raffolerez aussi de celles-ci.

Salade thon, haricots et asperges — 126

Riz à la noix de coco avec crevettes et lime — 164

Asperges grillées avec œufs et mayonnaise au yogourt — 258

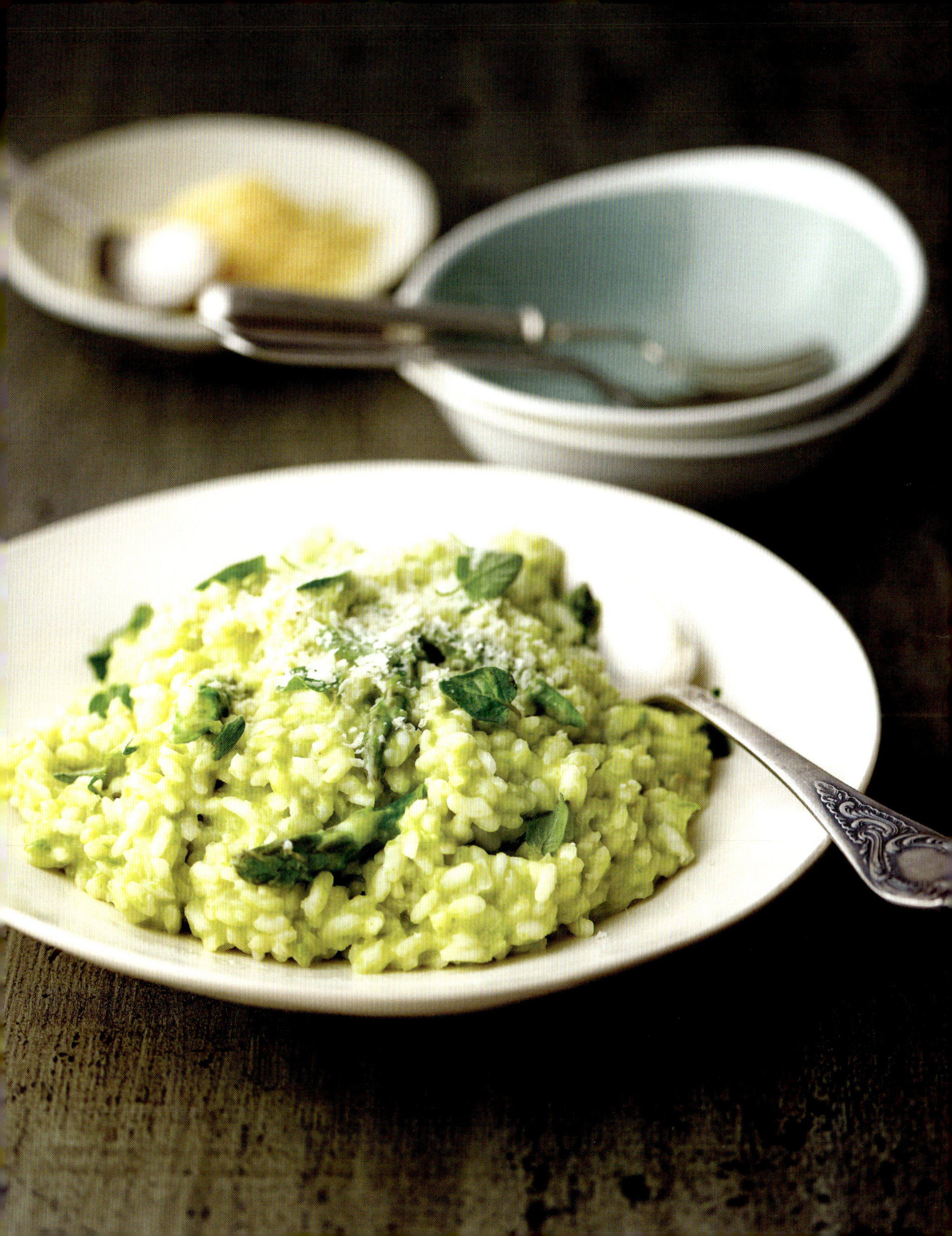

Couscous épicé aux légumes

Le couscous est un aliment de base en Afrique du Nord, où il est cuit longuement à la vapeur dans une couscoussière. En Europe et en Amérique du Nord, il est disponible sous forme précuite pratique qu'on prépare en ajoutant de l'eau bouillante, de l'huile ou du beurre, et du sel.

- 6 portions
- 15 minutes
- 15 minutes
- 1

340	ml (1 ⅓ tasse) d'eau	12	tomates cerises, en moitiés
75	ml (5 c. à soupe) d'huile d'olive extra vierge	1	concombre, en petits dés
	Sel et poivre noir fraîchement moulu	120	g (4 oz) de parmesan, en copeaux
400	g (2 ⅔ tasses) de couscous précuit	100	g (1 tasse) de tomates séchées, grossièrement hachées
15	ml (1 c. à soupe) de graines de cumin	100	g (1 tasse) d'olives noires
2	gousses d'ail, hachées finement	30	ml (2 c. à soupe) de marjolaine, fraîchement hachée
250	g (8 oz) de champignons de Paris, tranchés finement	50	g (¼ tasse) de pignons de pin, grillés

1. **Porter** l'eau à ébullition dans une grande casserole à feu moyen. Ajouter 15 ml (1 c. à soupe) d'huile d'olive et 3 ml (½ c. à thé) de sel. Ajouter en brassant bien le couscous et le cumin. Retirer du feu, couvrir et laisser reposer 2 minutes.

2. **Ajouter** 60 ml (4 c. à soupe) d'huile et remettre sur le feu. Laisser cuire 3 minutes, en brassant sans arrêt à la fourchette pour séparer les grains.

3. **Retirer** du feu, puis ajouter l'ail, les champignons, les tomates cerises, le concombre, le parmesan, les tomates séchées, les olives et la marjolaine. Saler et poivrer.

4. **Parsemer** des pignons. Servir chaud ou à la température de la pièce.

Si vous avez aimé cette recette, vous raffolerez aussi de celles-ci.

Kasha épicée aux légumes — 170

Quinoa pomme et fromage — 172

Orge perlé pesto tomates séchées — 174

168 PÂTES, NOUILLES ET CÉRÉALES

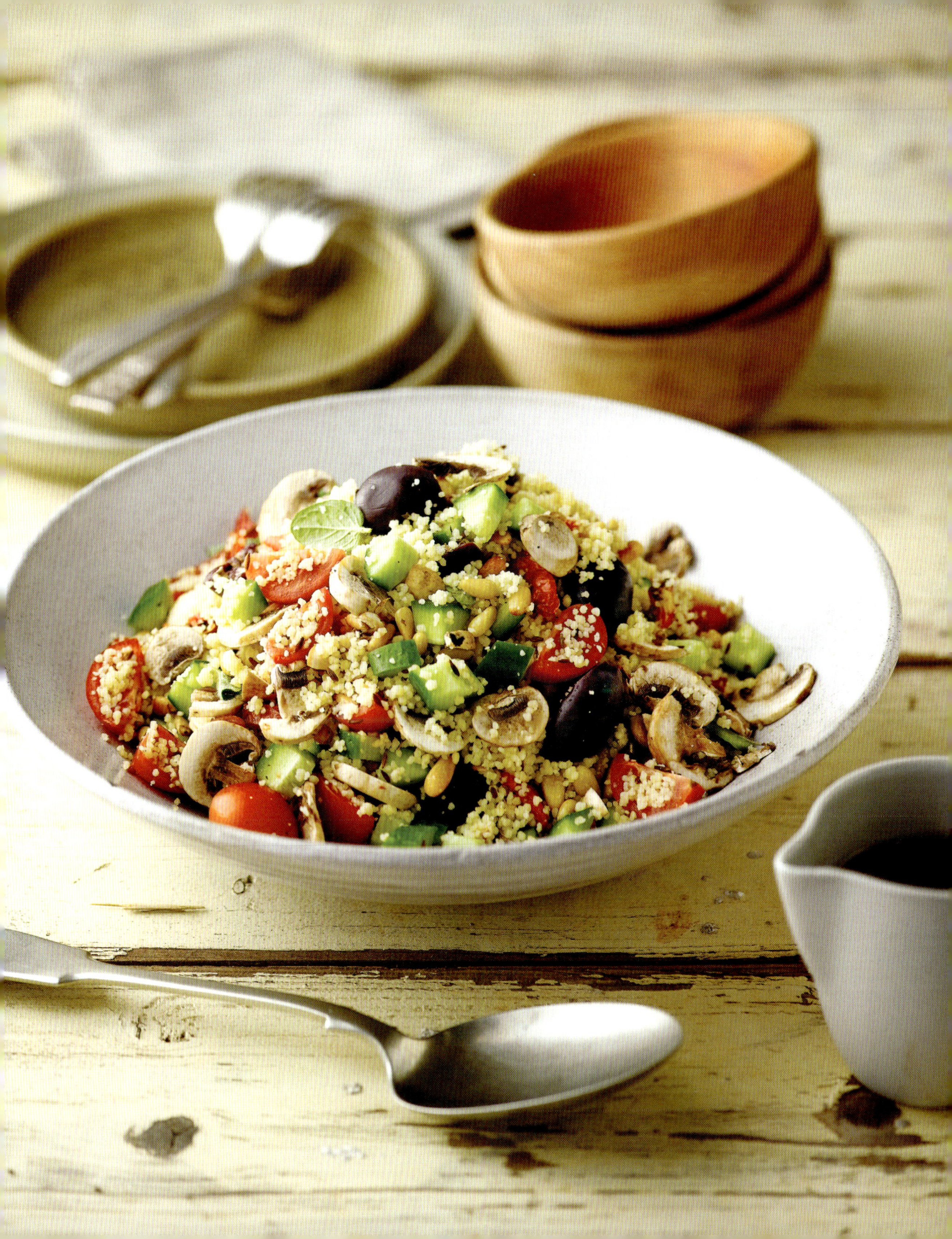

Kasha épicée aux légumes

Ce plat est nourrissant et sain à l'heure du lunch. Servez-le avec beaucoup de pain de blé entier ou multigrain fraîchement cuit pour un repas complet.

- 4 portions
- 10 minutes
- 20 minutes
- 1

200	g (1 ⅓ tasse) de kasha (gruau de sarrasin)	
500	ml (2 tasses) de bouillon de légumes bouillant	
2	tomates moyennes, hachées finement	
4	oignons verts, tranchés finement	
125	ml (½ tasse) de persil frais, haché	
125	ml (½ tasse) de menthe fraîche, hachée	
1	poivron jaune, épépiné et haché	
½	gros concombre, pelé et épépiné, en petits dés	
1	boîte (400 g/14 oz) de pois chiches, rincés et égouttés	
60	ml (¼ tasse) de jus de citron, fraîchement pressé	
30	ml (2 c. à soupe) d'huile d'olive extra vierge	
15	ml (1 c. à soupe) de miel	
10	à 15 ml (2 à 3 c. à thé) de sauce chili douce	
	Sel de mer et poivre noir, fraîchement moulus	

1. **Griller** la kasha à sec, dans une grande casserole à feu moyen, jusqu'à ce qu'elle dégage un parfum de noisette, 2 à 3 minutes.
2. **Ajouter** le bouillon très chaud, couvrir, puis laisser mijoter à feu doux jusqu'à ce que la kasha soit tendre et tout le liquide absorbé, 5 à 10 minutes. Retirer du feu et alléger un peu à la fourchette.
3. **Ajouter** les tomates, les oignons verts, le persil, la menthe, le poivron, le concombre et les pois chiches à la kasha. Mêler.
4. **Fouetter** le jus de citron, l'huile, le miel, la sauce chili douce, le sel et le poivre dans un petit bol. Verser en filet sur le mélange de kasha, puis bien mêler. Servir chaud.

Si vous avez aimé cette recette, vous raffolerez aussi de celles-ci.

Couscous épicé aux légumes — 168

Quinoa pomme et fromage — 172

Orge perlé pesto tomates séchées — 174

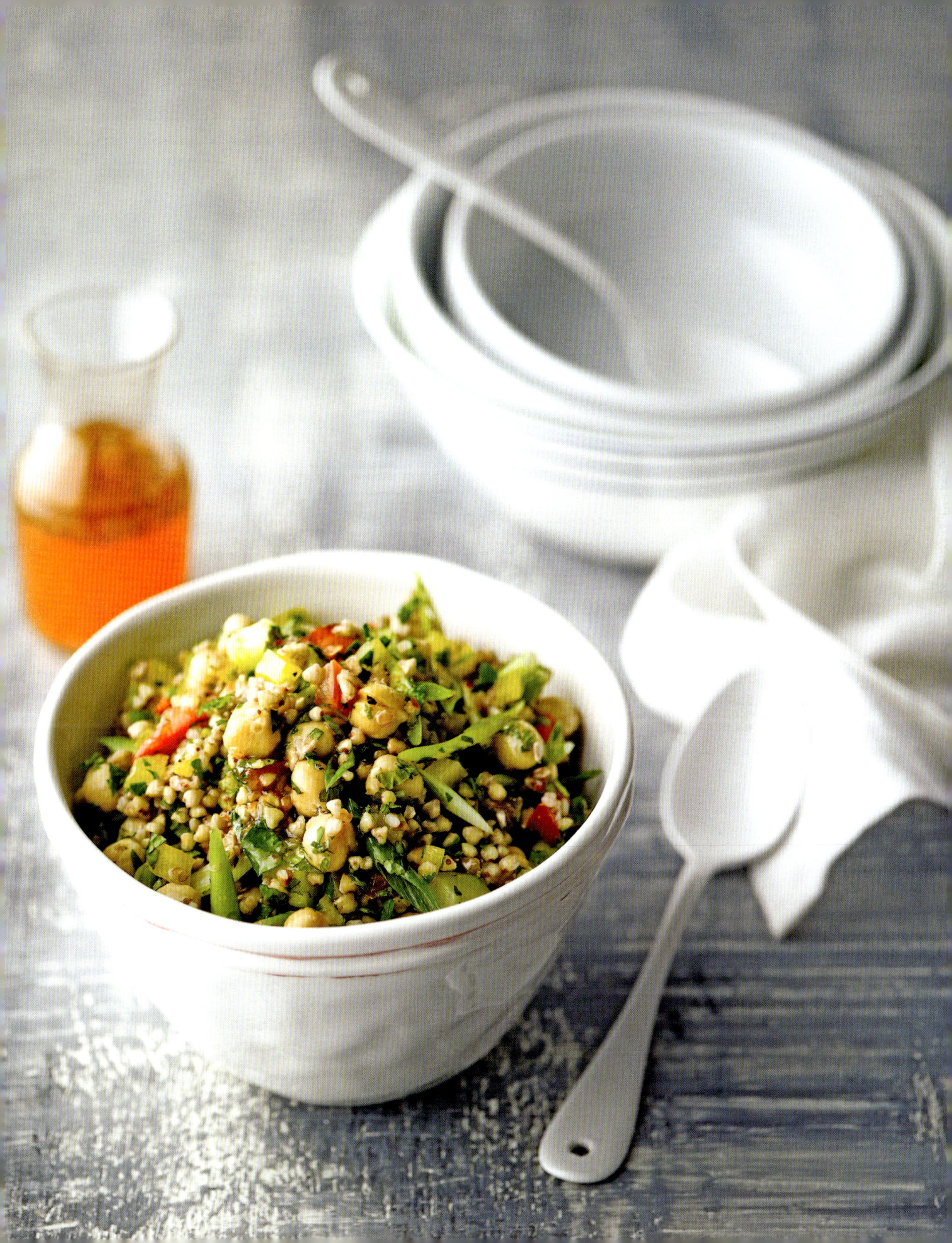

Quinoa pomme et fromage

Le quinoa contient un vaste éventail de nutriments, depuis des minéraux, des vitamines, des protéines jusqu'à des flavonoïdes et des composés anti-inflammatoires.

- 2–4 portions
- 10 minutes
- 20 minutes
- 1

45	ml (3 c. à soupe) d'huile d'olive extra vierge
1	gousse d'ail, émincée
½	oignon doux, en dés
	Pincée de romarin frais
180	g (1 tasse) de quinoa
15	ml (1 c. à soupe) de jus de citron, fraîchement pressé
15	ml (1 c. à soupe) de vin blanc sec
500	ml (2 tasses) d'eau
1	pomme sucrée, croquante, le cœur enlevé et en dés
50	g (1 tasse) de feuilles de bébés épinards
120	g (1 tasse) de cheddar fort, en cubes
30	ml (2 c. à soupe) de vinaigre balsamique

1. **Chauffer** l'huile dans une casserole moyenne à feu moyen. Ajouter l'ail, les oignons et le romarin. Sauter jusqu'à ce qu'ils soient tendres, 3 à 4 minutes.

2. **Ajouter** le quinoa et le jus de citron dans la poêle. Sauter 2 à 3 minutes, en brassant à l'occasion, pour griller le quinoa.

3. **Ajouter** le vin et laisser mijoter jusqu'à ce qu'il soit évaporé. Ajouter les 500 ml (2 tasses) d'eau et porter à ébullition.

Couvrir et laisser mijoter à feu doux jusqu'à ce que le quinoa semble léger et que l'eau ait été absorbée, environ 15 minutes.

4. **Ajouter** la pomme, les épinards, le fromage et le vinaigre balsamique et mêler jusqu'à ce que le fromage ait fondu et que la verdure soit fanée.

5. **Retirer** du feu et servir.

Si vous avez aimé cette recette, vous raffolerez aussi de celles-ci.

Couscous épicé aux légumes
168

Kasha épicée aux légumes
170

Orge perlé pesto tomates séchées
174

PÂTES, NOUILLES ET CÉRÉALES

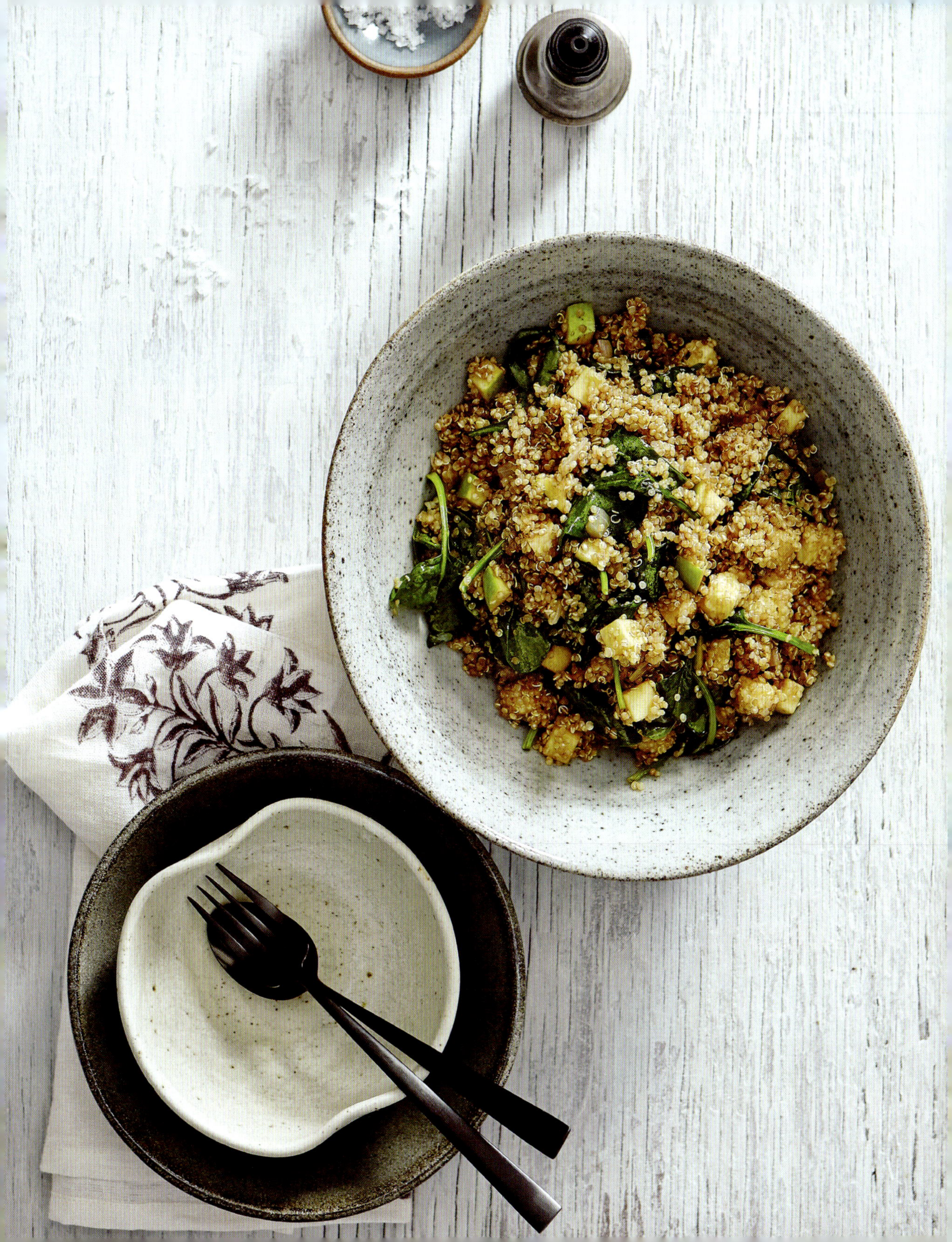

Orge perlé pesto tomates séchées

L'orge perlé est une bonne source de fibres alimentaires et de manganèse. Très faible en gras saturé, cholestérol et sodium, c'est un aliment de choix pour la santé. La durée de cuisson varie de 20 à 30 minutes. Certains types d'orges précuits et prêts en 10 minutes sont disponibles désormais.

- 4–6 portions
- 10 minutes
- 20 minutes
- 1

300 g (1½ tasse) d'orge perlé à cuisson rapide

PESTO

75 g (½ tasse) d'amandes blanchies, grillées

12 tomates séchées dans l'huile, égouttées

15 ml (1 c. à soupe) de câpres en saumure

90 ml (⅓ tasse) d'huile d'olive extra vierge

Jus fraîchement pressé de ½ citron

250 g (8 oz) de mozzarella fraîche, en petits cubes

100 g (2 tasses) de roquette

50 g (½ tasse) de parmesan, en copeaux

1. **Cuire** l'orge perlé dans une grande casserole d'eau bouillante salée jusqu'à ce qu'il soit tendre, environ 10 minutes. Bien égoutter.

2. **Pour le pesto,** mettre les amandes, les tomates séchées, les câpres, l'huile et le jus de citron dans un robot culinaire et hacher jusqu'à ce que le mélange soit lisse.

3. **Ajouter** en brassant le pesto aux tomates séchées et la mozzarella à l'orge perlé chaud. La mozzarella commencera à fondre.

4. **Disposer** la roquette dans 4 ou 6 assiettes de service. Couvrir du mélange d'orge perlé et parsemer de parmesan. Servir chaud.

Si vous avez aimé cette recette, vous raffolerez aussi de celles-ci.

Risotto aux asperges — 166

Couscous épicé aux légumes — 168

Quinoa pomme et fromage — 172

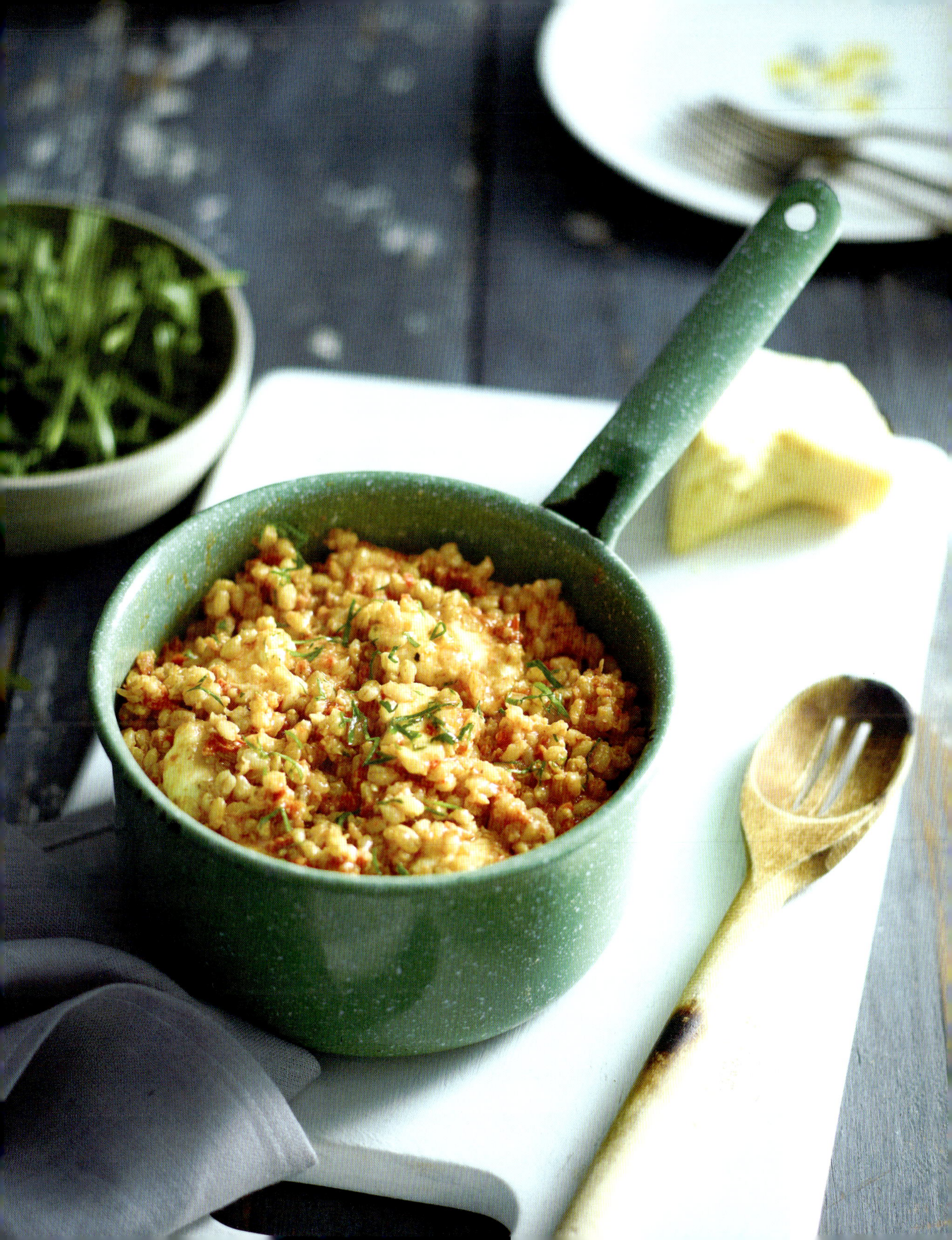

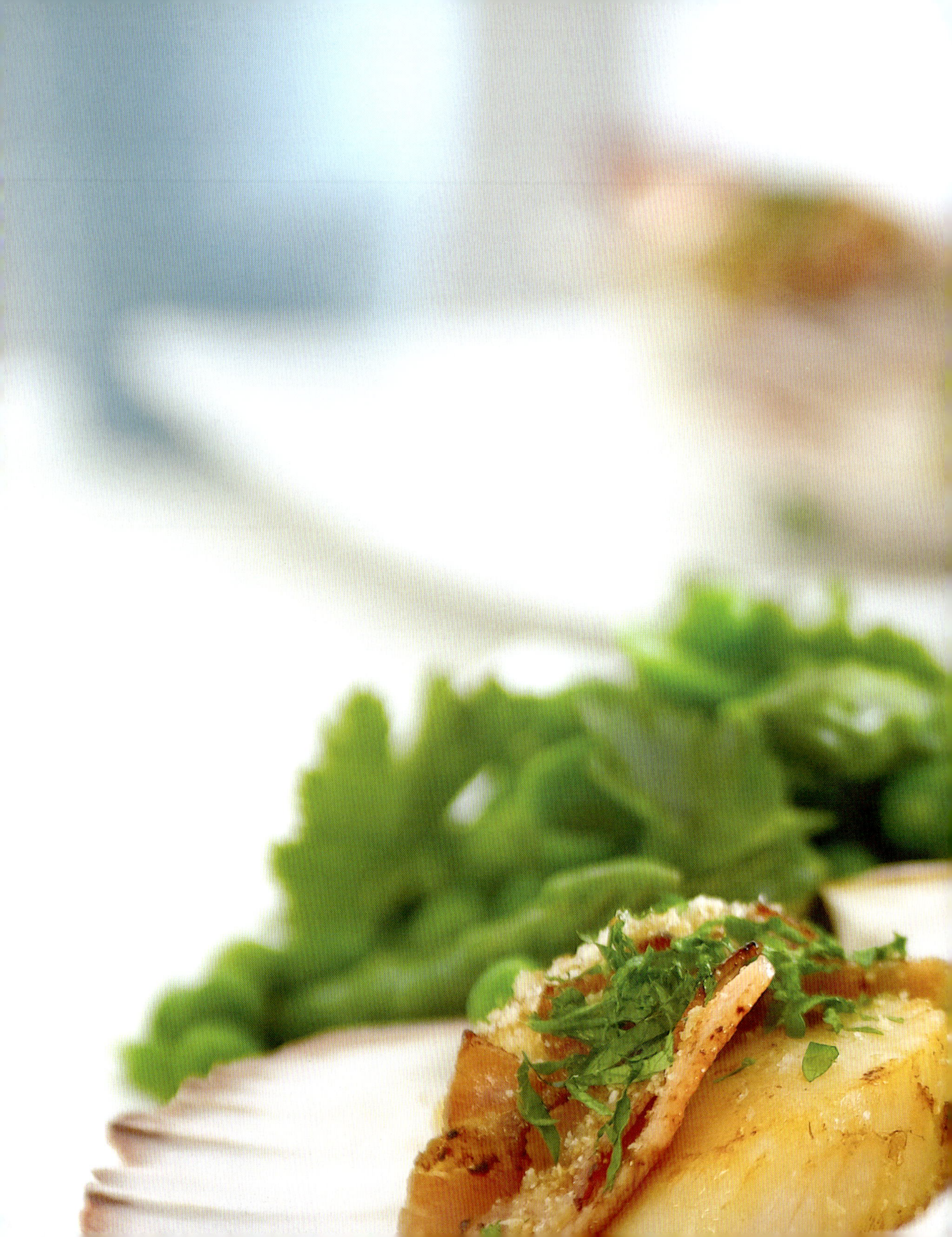

Poissons
et fruits de mer

Carpaccio de saumon fumé

Cette recette permet de préparer rapidement et facilement une entrée pour six à huit personnes, ou un plat principal pour quatre. Servez avec une salade mixte et beaucoup de pain fraîchement cuit pour éponger l'huile.

- 4 portions
- 15 minutes
- 1

60	ml (¼ tasse) d'huile d'olive extra vierge	
45	ml (3 c. à soupe) de jus de citron, fraîchement pressé	
10	ml (2 c. à thé) de petites câpres entières	
350	g (12 oz) de saumon fumé, environ 2 tranches par personne	
1	petit oignon rouge doux, tranché finement	
15	ml (1 c. à soupe) de persil frais, haché grossièrement	
	Poivre noir, fraîchement moulu (facultatif)	

1. **Combiner** l'huile, le jus de citron et les câpres dans un bol. Bien fouetter.
2. **Disposer** le saumon fumé et l'oignon dans quatre assiettes de service.
3. **Verser** en filet la vinaigrette sur le saumon fumé, parsemer de persil et poivrer, si désiré.

Si vous avez aimé cette recette, vous raffolerez aussi de celles-ci.

Carpaccio de thon avec endives — 180

Céviché — 182

Darnes de saumon et sauce hollandaise à l'aneth — 202

178 POISSONS ET FRUITS DE MER

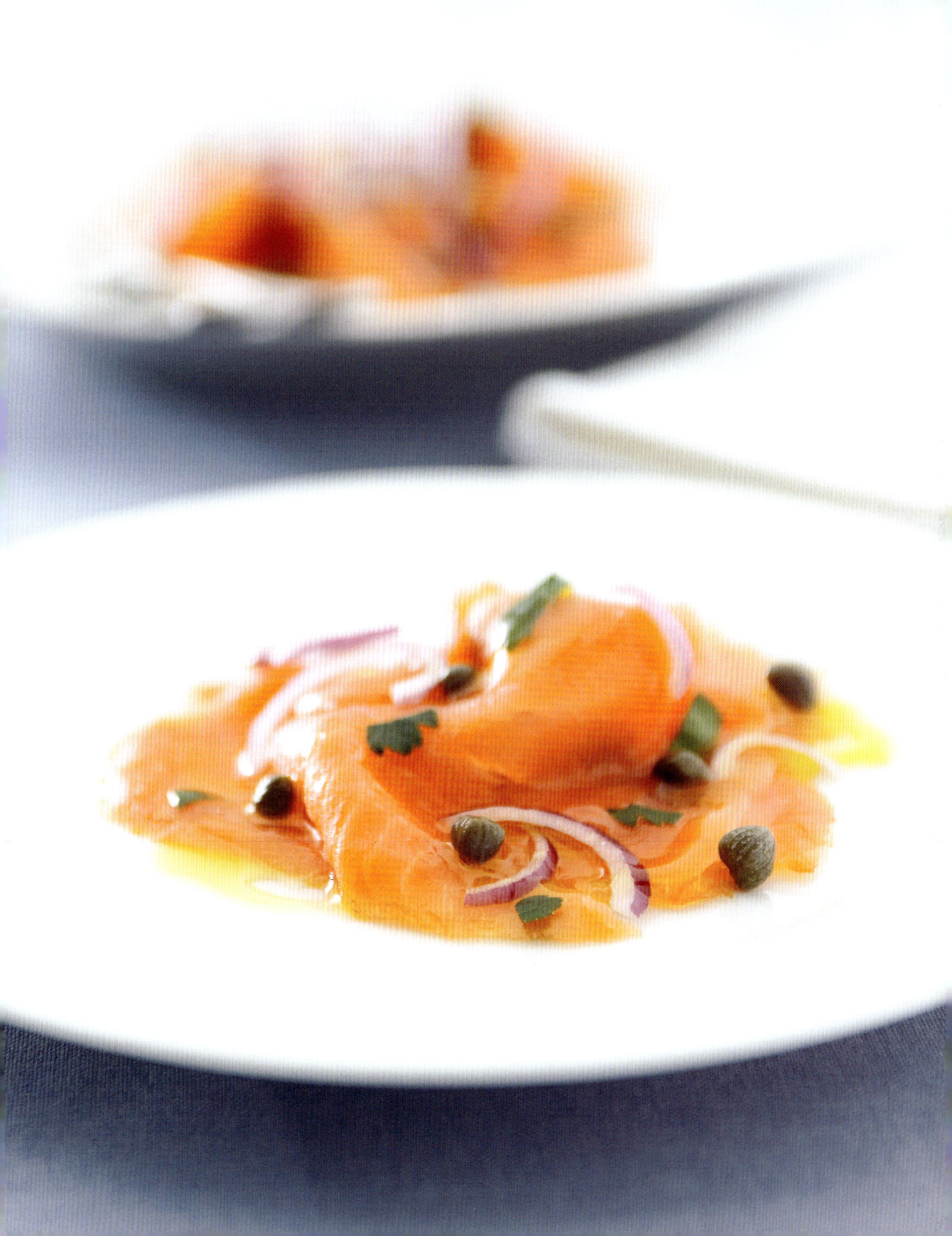

Carpaccio de thon
avec endives

Si vous préférez, remplacez le thon par la même quantité de filets d'espadon ou de marquereau... ou, mieux encore, utilisez une combinaison des trois !

- 4 portions
- 10 minutes
- 10 minutes
- 1

CARPACCIO

250	g (8 oz) de thon très frais, en un seul gros morceau
4	endives, les feuilles séparées
1	tête de radicchio, les feuilles séparées
15	ml (1 c. à soupe) de câpres, égouttées
1	oignon rouge doux, en dés

VINAIGRETTE À LA LIME ET AU RAIFORT

30	ml (2 c. à soupe) d'huile d'olive extra vierge
30	ml (2 c. à soupe) de jus de lime, fraîchement pressé
15	ml (1 c. à soupe) de vinaigre de xérès ou de vin rouge
5	ml (1 c. à thé) de relish au raifort

1. **Pour le** *carpaccio*, utiliser un couteau très affûté pour couper le poisson en tranches minces comme du papier. La tâche sera plus facile si le poisson est mis au congélateur 10 minutes avant la coupe.
2. **Disposer** les minces tranches de thon dans quatre assiettes de service. Parsemer d'endive, de radicchio, de câpres et d'oignon.
3. **Pour la vinaigrette,** fouetter tous les ingrédients dans un petit bol.
4. **Verser** en filet la vinaigrette sur le poisson. Servir aussitôt.

Si vous avez aimé cette recette, vous raffolerez aussi de celles-ci.

Carpaccio de saumon fumé — 178

Céviché — 182

Steaks de thon avec sauce au yogourt et au concombre — 198

180 POISSONS ET FRUITS DE MER

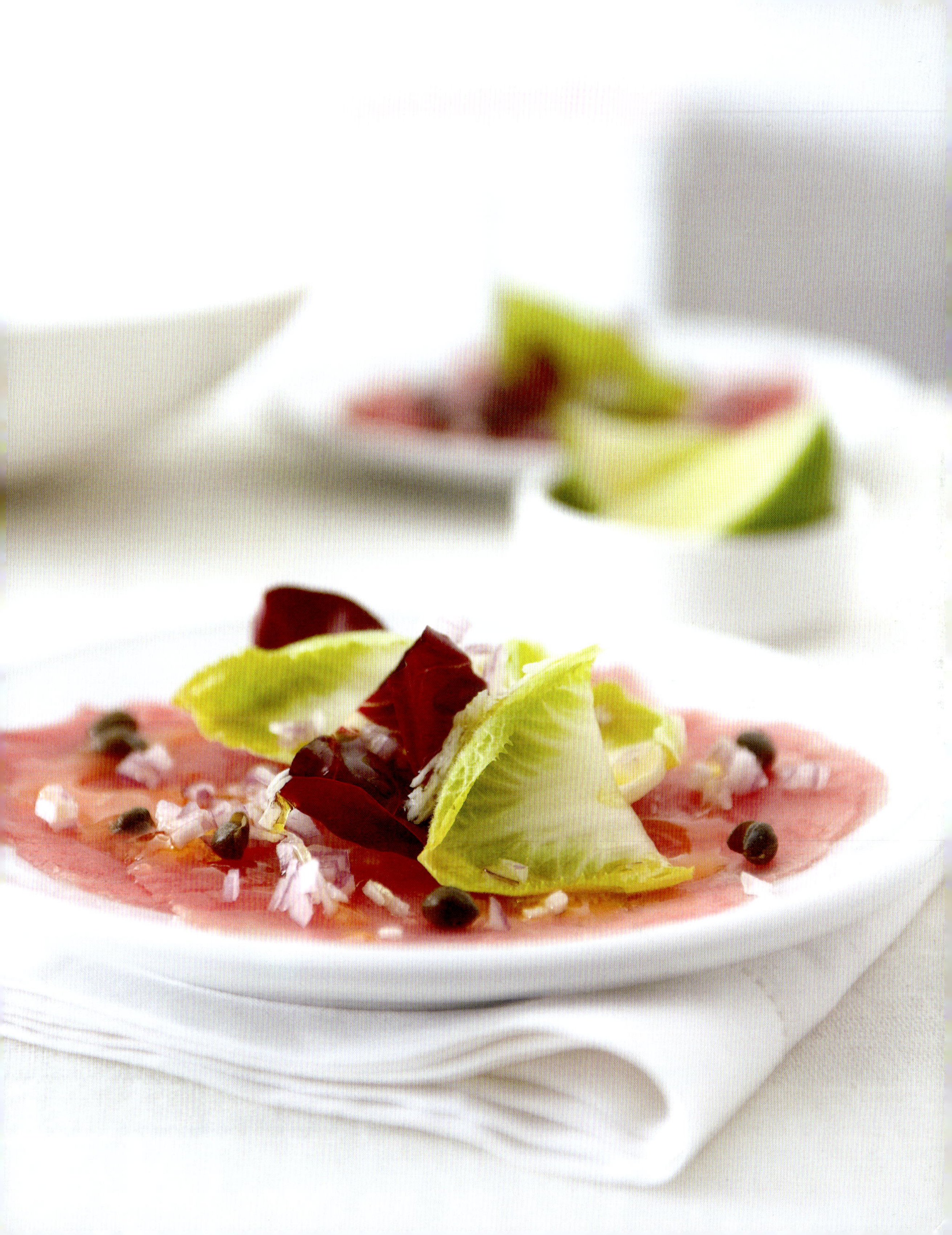

Céviché

Le céviché est un plat traditionnel d'Amérique centrale et d'Amérique du Sud, en particulier au Mexique, en Équateur et au Pérou. Le poisson cru est mariné dans un mélange de jus d'agrumes jusqu'à ce devienne au blanc. La réaction chimique est semblable à celle de la cuisson, quoique le poisson ne soit pas du tout exposé à la chaleur.

- 8 portions
- 15 minutes
- 4 heures
- 1

750 g (1 ½ lb)	de filets de poisson à chair ferme (maquereau, flétan, thon, bar commun), sans la peau, ni arêtes et tranchés finement
	Jus fraîchement pressé de 6 limes
	Jus fraîchement pressé de 2 citrons
2	tomates moyennes, en dés
1	petit oignon rouge, coupé en deux et tranché finement
1	avocat, pelé, dénoyauté et en dés
125 ml (½ tasse)	de coriandre fraîche, hachée grossièrement + une quantité additionnelle pour garnir
2	petits piments verts frais, épépinés et tranchés finement
30 ml (2 c. à soupe)	d'huile d'olive extra vierge
	Sel de mer et poivre noir, fraîchement moulus

1. **Combiner** le poisson et les jus de lime et de citron dans un bol moyen en verre. Couvrir et réfrigérer, en brassant à l'occasion, jusqu'à ce que le poisson passe de l'opaque au blanc, environ 4 heures.
2. **Égoutter** le poisson, en réservant 45 ml (3 c. à soupe) de marinade.
3. **Combiner** le poisson, les tomates, l'oignon, l'avocat, la coriandre et les piments dans un plat de service.
4. **Fouetter** la marinade réservée et l'huile dans un petit bol. Saler et poivrer. Verser en filet sur le poisson et mêler délicatement pour enrober.
5. **Garnir** de coriandre et servir.

Si vous avez aimé cette recette, vous raffolerez aussi de celles-ci.

Carpaccio de saumon fumé — 178

Carpaccio de thon avec endives — 180

Morue, pommes de terre et romarin — 206

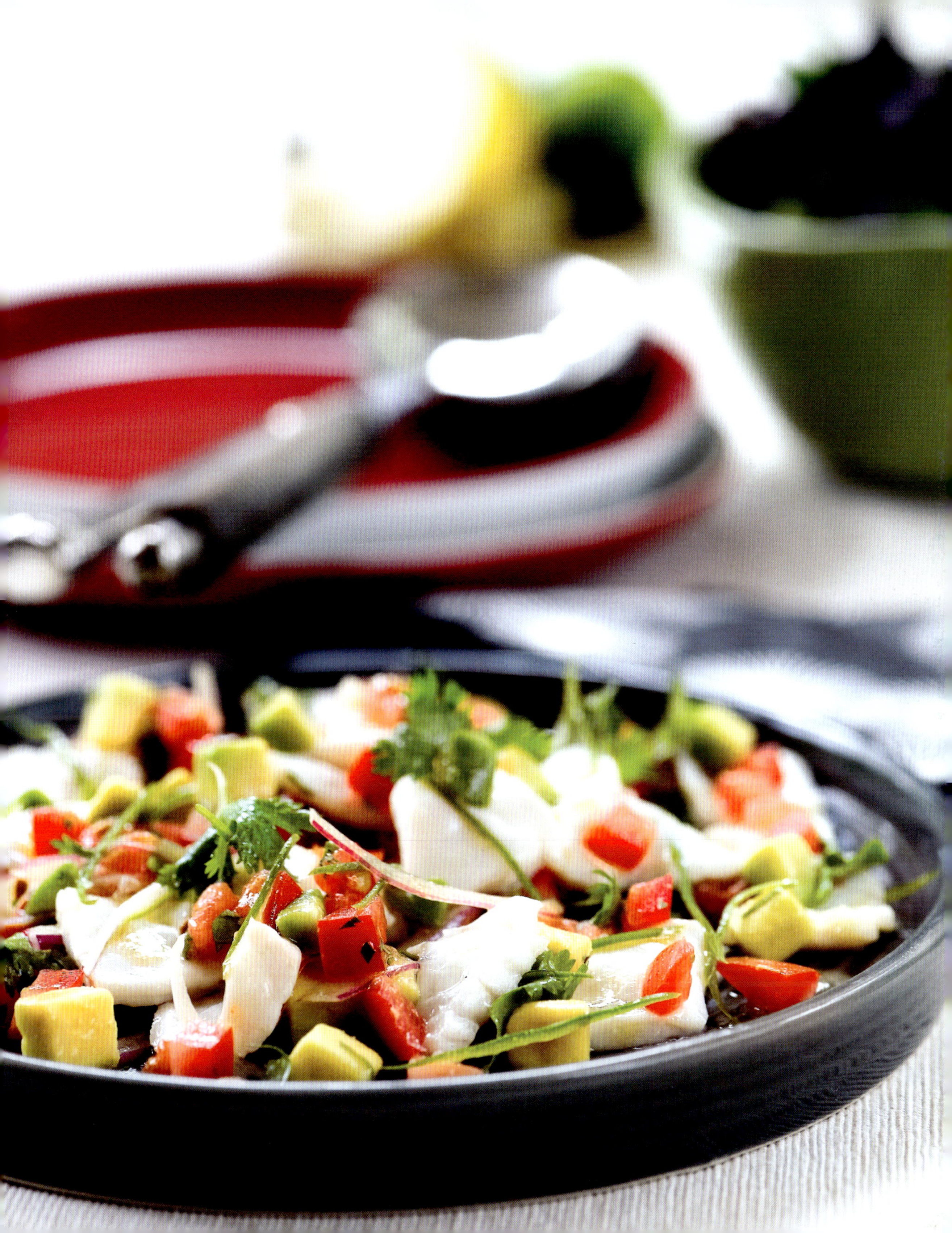

Palourdes au vin blanc

Ce plat simple est la façon idéale de servir des palourdes (myes) fraîches. Servez-le avec beaucoup de pain frais pour éponger les délicieux jus à saveur d'oignon. Si les palourdes n'ont pas été nettoyées, trempez-les dans l'eau froide une heure avant de les cuire.

- 4 portions
- 15 minutes
- 18–24 minutes
- 1

180 ml (¾ tasse) d'huile d'olive extra vierge	
2	oignons moyens, hachés finement
2	kg (4 lb) de palourdes fraîches, dans leurs coques
250	ml (1 tasse) de vin blanc sec
60	ml (¼ tasse) d'eau bouillante
	Sel de mer et poivre noir, fraîchement moulus
60	ml (¼ tasse) de persil frais, haché finement
2	gousses d'ail, hachées finement

1. **Chauffer** l'huile dans une grande poêle à feu moyen. Ajouter les oignons et sauter jusqu'à ce qu'ils soient légèrement dorés, 4 à 5 minutes.
2. **Ajouter** les palourdes, le vin, puis l'eau bouillante. Saler et poivrer. Couvrir hermétiquement et laisser mijoter à feu doux jusqu'à ce que toutes les palourdes soient ouvertes, 5 à 7 minutes.
3. **Parsemer** de persil et d'ail. Servir chaud.

Si vous avez aimé cette recette, vous raffolerez aussi de celles-ci.

186 Moules espagnoles

188 Bébés pieuvres grillés

190 Pétoncles grillés avec salsa à l'orange

184 POISSONS ET FRUITS DE MER

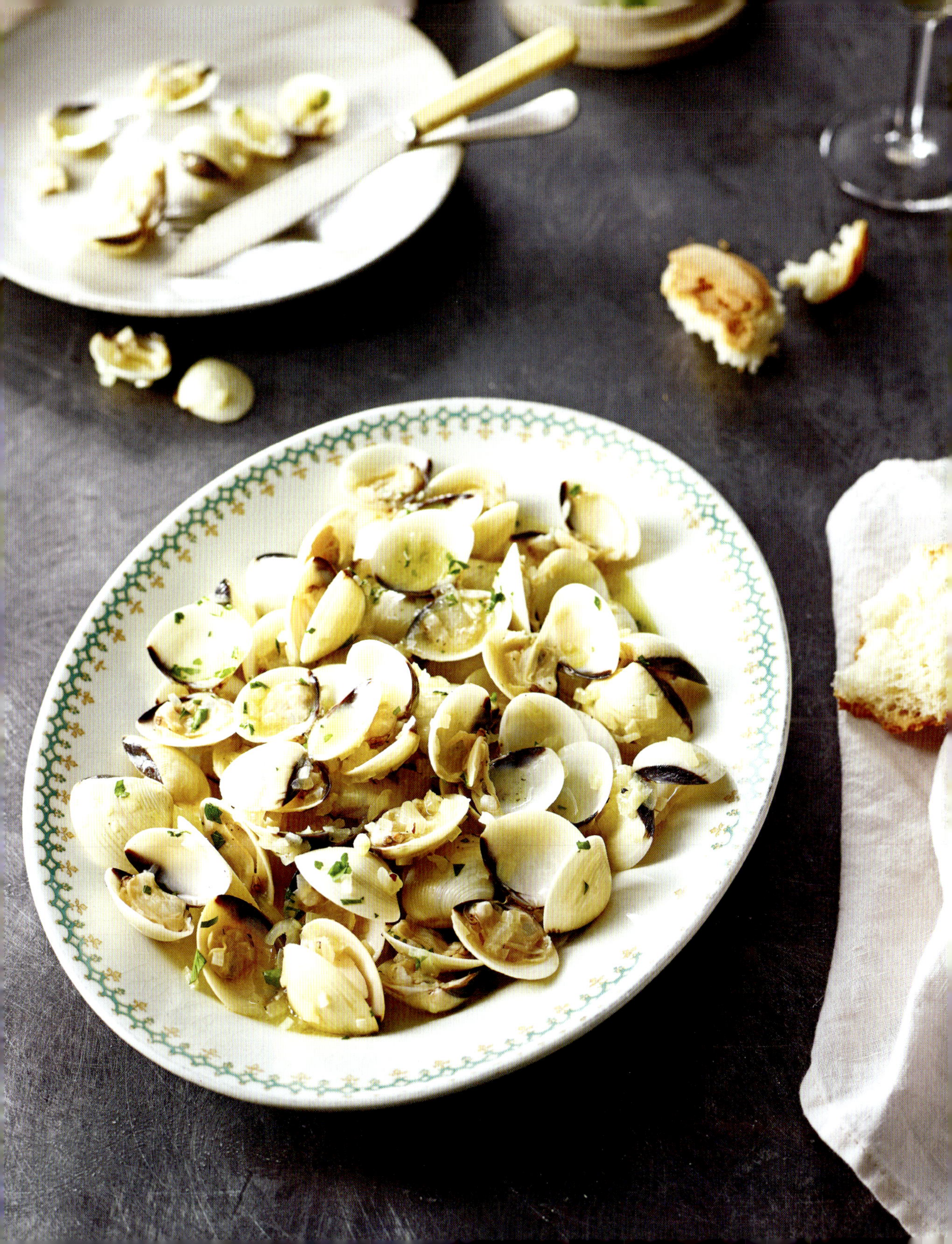

Moules espagnoles

Quand vous achetez des moules dans leur coquille, rappelez-vous que le mollusque à l'intérieur doit être toujours vivant. Les moules fraîches saines sont fermées hermétiquement et dégagent très peu d'odeur. Écartez toute moule fissurée ou brisée. Si elles sont boueuses ou sablonneuses, trempez-les 1 à 2 heures dans l'eau froide salée, en changeant l'eau plusieurs fois. Les moules de culture n'exigent pas de trempage.

- 4–6 portions
- 15 minutes
- 10–15 minutes
- 1

30	ml (2 c. à soupe) d'huile d'olive extra vierge
1	petit oignon, haché grossièrement
1	chorizo (saucisse espagnole) épicé, tranché finement en rondelles
3	piments rouges longs, épépinés et hachés finement
2	gousses d'ail, hachées finement
10	ml (2 c. à thé) de paprika fumé
1,5	kg (3 lb) de moules, dans leur coquille
175	ml (¾ tasse) de vin blanc sec
400	g (2 tasses) de tomates en boîte, avec leur jus
125	ml (½ tasse) de persil frais, haché grossièrement
	Sel de mer et poivre noir, fraîchement moulus
	Quartiers de citron, pour servir

1. **Chauffer** l'huile dans une grande poêle à fond épais à feu moyen-doux. Ajouter l'oignon, le chorizo, les piments, l'ail et le paprika. Sauter jusqu'à ce que l'oignon soit ramolli et que le chorizo soit légèrement doré, environ 5 minutes.

2. **Ajouter** les moules et les mêler pour les enrober. Augmenter le feu à moyen-fort. Verser le vin et les tomates. Porter à ébullition. Couvrir et laisser mijoter jusqu'à ce que les moules soient ouvertes, 5 à 10 minutes. Jeter toutes les moules qui ne sont pas ouvertes.

3. **Ajouter** le persil en brassant. Saler et poivrer.

4. **Servir** chaud, accompagné des quartiers de citron.

Si vous avez aimé cette recette, vous raffolerez aussi de celles-ci.

Palourdes au vin blanc — 184

Pétoncles grillés avec salsa à l'orange — 190

Pétoncles au four et prosciutto — 192

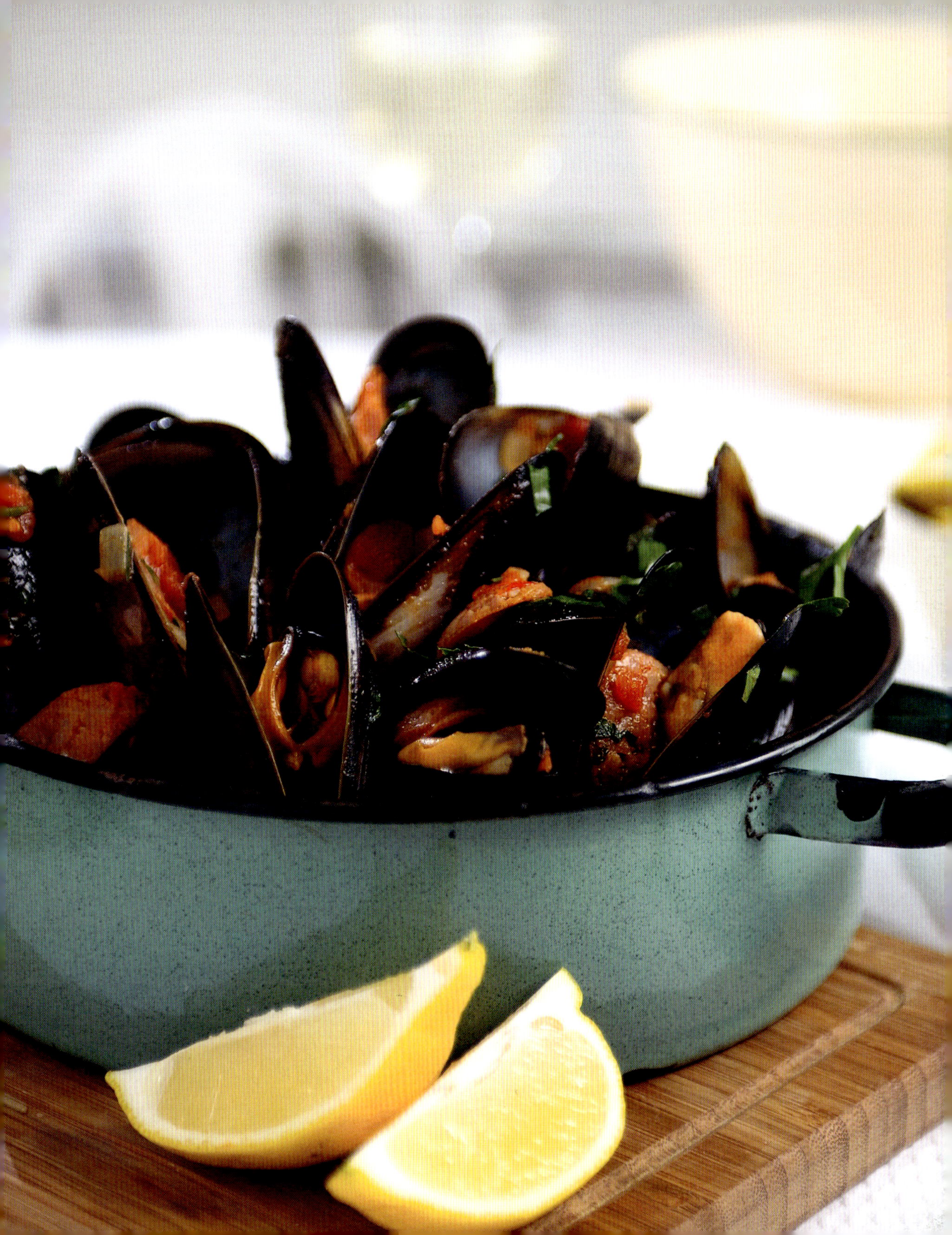

Bébés pieuvres grillés

Assurez-vous de cuire les bébés pieuvres sur une plaque de cuisson ou un barbecue très chaud, mais pas plus de 3 à 4 minutes. Si cuits plus longtemps, la chair deviendra coriace et caoutchouteuse.

- 4 portions
- 20 minutes
- 4–12 heures
- 2–3 minutes
- 2

- 350 g (12 oz) de bébés pieuvres frais, nettoyés
- 90 ml (⅓ tasse) de sauce chili thaïe douce
- 30 ml (2 c. à soupe) de jus de lime, fraîchement pressé
- 15 ml (1 c. à soupe) de sauce de poisson thaïe
- 15 ml (1 c. à soupe) d'huile de sésame
- 100 g (2 tasses) de verdures en mélange
- 50 g (1 tasse) de germes de soya
- 1 concombre, avec la pelure, tranché finement
- 250 g (8 oz) de tomates cerises, en moitiés
- 125 ml (½ tasse) de feuilles de coriandre fraîche
- Quartiers de lime, pour servir

1. **Mettre** les bébés pieuvres dans un bol peu profond en verre ou en céramique.
2. **Fouetter** la sauce chili douce, le jus de lime, la sauce de poisson et l'huile de sésame dans un petit bol.
3. **Verser** la marinade sur les pieuvres. Couvrir d'une pellicule plastique. Mariner au réfrigérateur 4 heures, ou toute la nuit. Égoutter et réserver la marinade.
4. **Répartir** uniformément les verdures en mélange dans quatre assiettes de service. Garnir des germes de soya, du concombre et des tomates.
5. **Préchauffer** une plaque de cuisson à barbecue ou à gril intérieur à intensité très élevée. Ajouter tous les bébés pieuvres à la fois et brasser jusqu'à ce que la chair soit cuite de part en part, 3 à 4 minutes. Retirer et réserver. Ne pas trop cuire.
6. **Verser** la marinade réservée dans une petite casserole et porter à ébullition.
7. **Disposer** les bébés pieuvres sur la salade. Verser en filet la marinade chaude. Garnir de coriandre et des quartiers de lime. Servir aussitôt.

Si vous avez aimé cette recette, vous raffolerez aussi de celles-ci.

Carpaccio de saumon fumé
178

Carpaccio de thon avec endives
180

Céviché
182

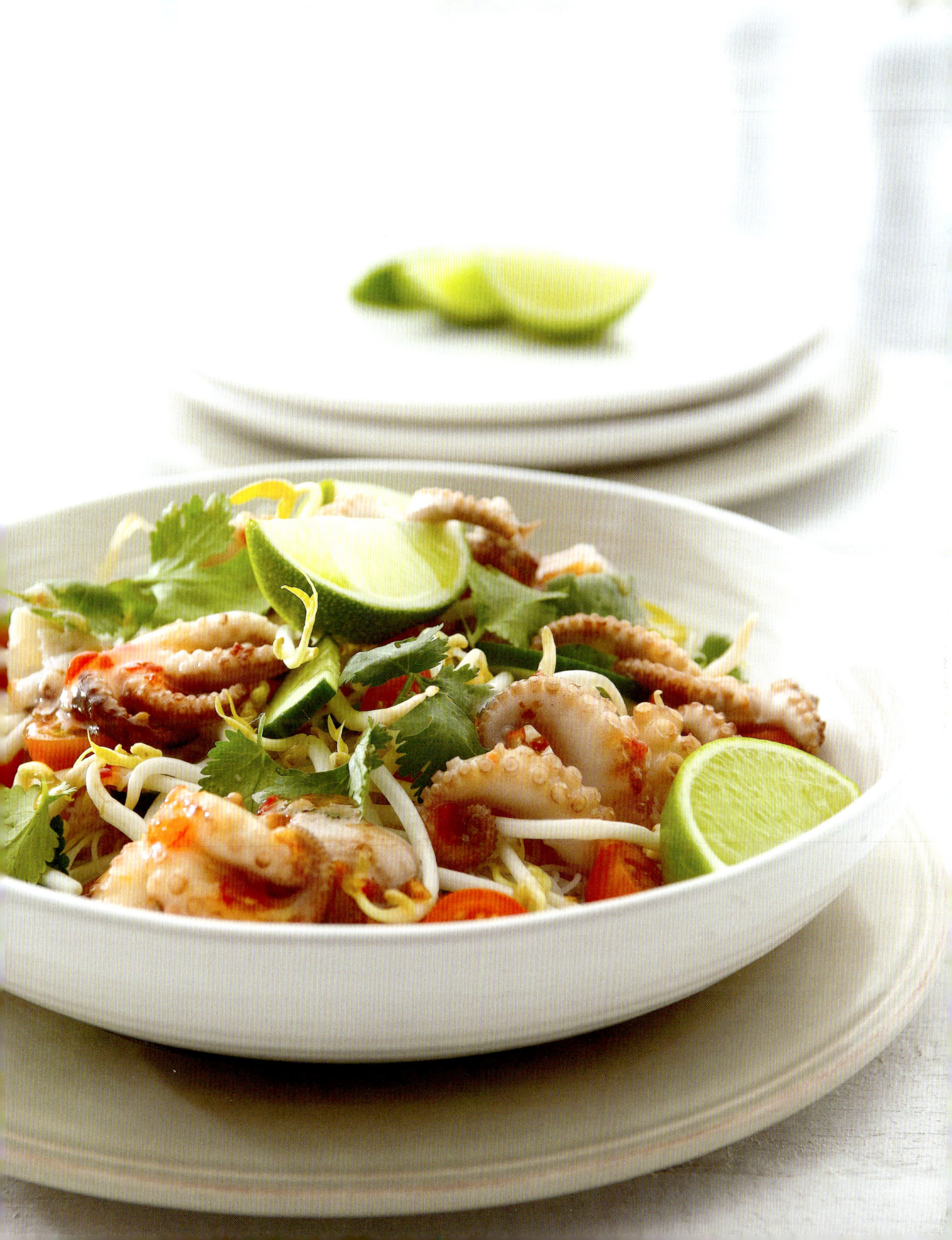

Pétoncles grillés
avec salsa à l'orange

Les pétoncles sont très riches en vitamine B12, un nutriment essentiel pour une santé cardiovasculaire optimale. Ils sont aussi de bonnes sources de magnésium, de potassium et d'acides gras oméga-3.

- 4 portions
- 15 minutes
- 10 minutes
- 2

2	petites oranges
4	tomates séchées dans l'huile, égouttées et hachées
1	gousse d'ail, hachée finement
15	ml (1 c. à soupe) de vinaigre balsamique
	Sel de mer et poivre noir, fraîchement moulus
1	gros bulbe de fenouil, en quartiers et tranché finement
75	ml (5 c. à soupe) d'huile d'olive extra vierge
12	gros pétoncles frais
60	ml (¼ tasse) de crème fraîche ou de crème sure
1	poignée de feuilles de roquette, pour garnir

1. **Trancher** le haut et la base de 1 orange, puis détacher la pelure et l'albédo (peau blanche) en suivant la courbure du fruit. Couper entre les membranes pour libérer les segments, puis les hacher grossièrement.

2. **Presser** le jus de l'autre orange dans un bol. Ajouter l'orange hachée, les tomates, l'ail, le vinaigre et 45 ml (3 c. à soupe) d'huile. Saler et poivrer. Réserver.

3. **Chauffer** une plaque de cuisson à intensité moyenne-élevée. Badigeonner les deux côtés de chaque tranche de fenouil avec la moitié du reste d'huile. Griller jusqu'à ce qu'elles soient tendres et noircies, 2 à 3 minutes de chaque côté. Transférer dans quatre assiettes de services. Garder au chaud.

4. **Badigeonner** les pétoncles avec le reste d'huile. Cuire 1 minute, puis les retourner et les griller jusqu'à ce qu'ils soient cuits de part en part, environ 30 secondes.

5. **Garnir** chaque portion de fenouil avec 15 ml (1 c. à soupe) de crème fraîche, 3 pétoncles et la salsa. Parsemer de roquette. Servir chaud.

Si vous avez aimé cette recette, vous raffolerez aussi de celles-ci.

Palourdes au vin blanc — 184

Moules espagnoles — 186

Pétoncles au four et prosciutto — 192

POISSONS ET FRUITS DE MER

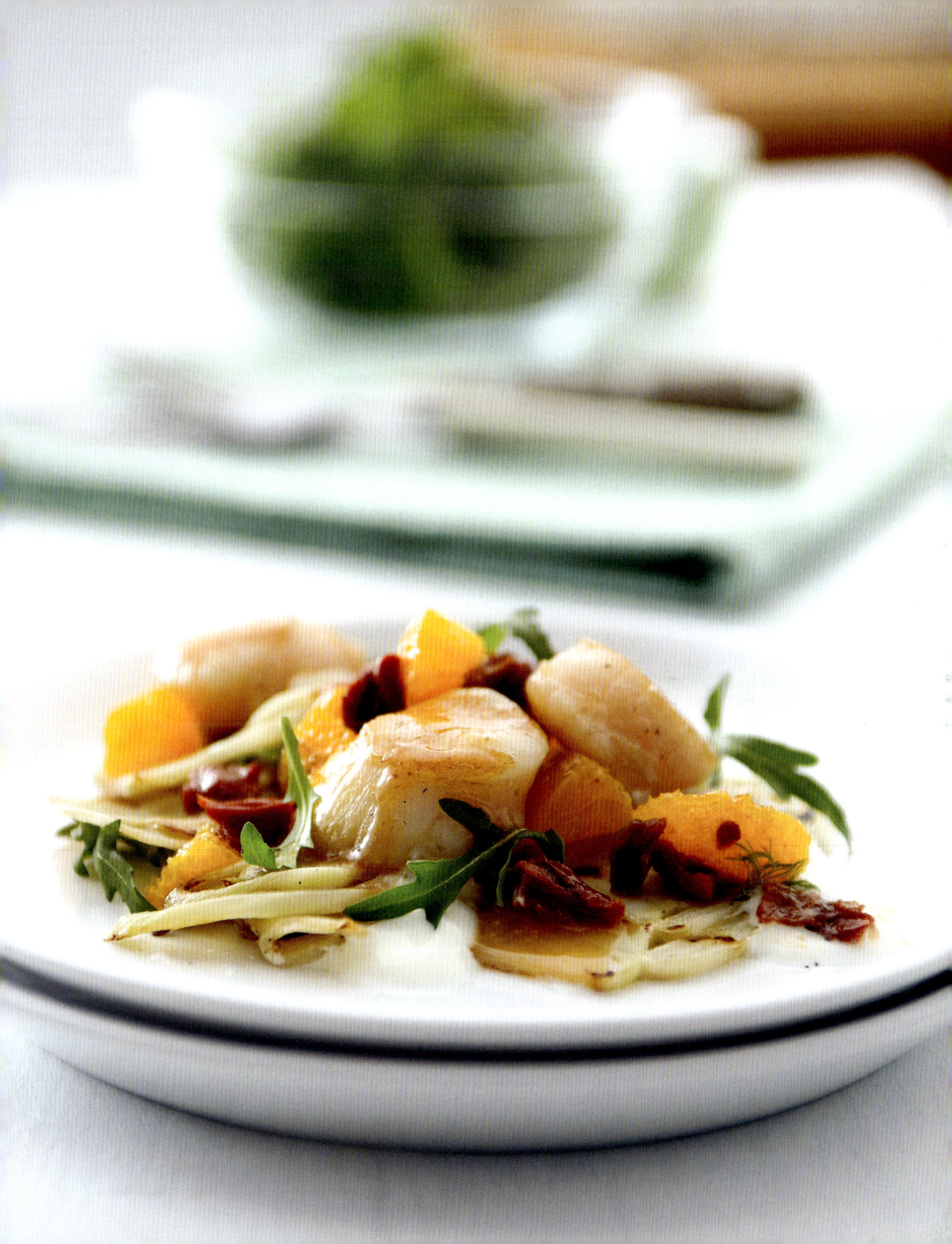

Pétoncles au four et prosciutto

Il n'est pas toujours facile de trouver des pétoncles frais dans leurs coquilles. Si vous en trouvez, rincez bien les coquilles et servez les pétoncles ainsi.

- 4 portions
- 10 minutes
- 5–10 minutes
- 1

60	ml (¼ tasse) d'huile d'olive extra vierge	
500	g (1 lb) de pétoncles	
	Sel de mer et poivre noir, fraîchement moulus	
4	tranches de prosciutto, coupées en carrés de la taille des pétoncles	
60	g (½ tasse) de chapelure fine sèche	
15	ml (1 c. à soupe) de persil frais, haché finement	
5	ml (1 c. à thé) de jus de citron, fraîchement pressé	

1. **Préchauffer** le four à 230 °C (450 °F).
2. **Chauffer** 15 ml (1 c. à soupe) d'huile dans une grande poêle. Sauter les pétoncles à feu vif 1 minute.
3. **Disposer** chaque pétoncle dans un petit ramequin ou dans sa coquille. Saler et poivrer. Couvrir chacun d'un carré de prosciutto.
4. **Combiner** la chapelure, le persil, le jus de citron et les 45 ml (3 c. à soupe) restants d'huile dans un petit bol. Parsemer sur les pétoncles.
5. **Mettre** les ramequins ou les coquilles sur une plaque à pâtisserie. Cuire jusqu'à ce que ce soit tout juste tendre, environ 5 minutes. Servir chaud.

Si vous avez aimé cette recette, vous raffolerez aussi de celles-ci.

Palourdes au vin blanc — 184

Moules espagnoles — 186

Pétoncles grillés avec salsa à l'orange — 190

192 POISSONS ET FRUITS DE MER

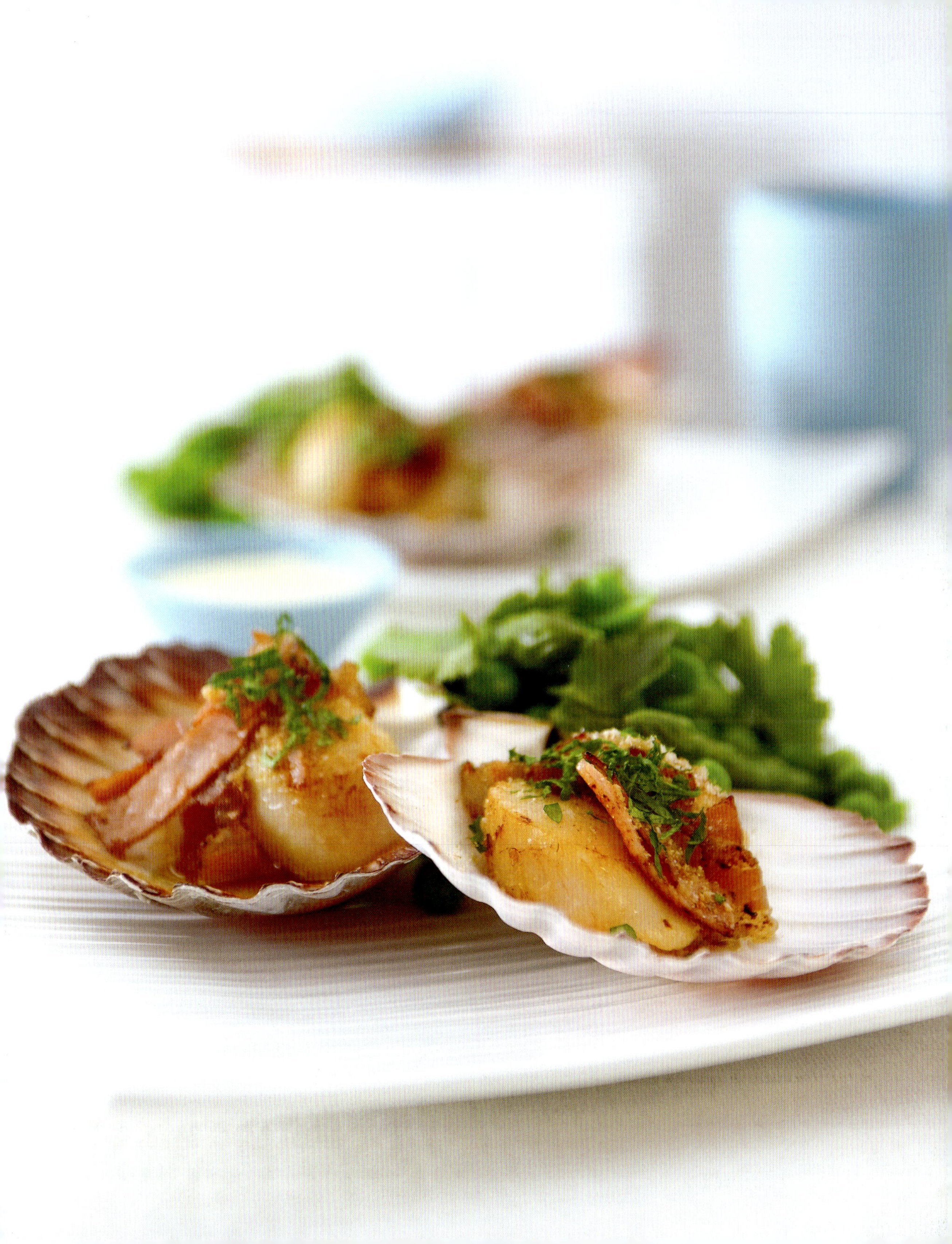

Crevettes sauce verte

Cette sauce traditionnelle française accompagne très bien les crevettes et la plupart des autres fruits de mer d'ailleurs.

- 4 portions
- 15 minutes
- 10 minutes
- 2

SAUCE VERTE

12	feuilles d'épinards, sans la tige
175	ml (¾ tasse) de mayonnaise
60	ml (¼ tasse) de persil frais, haché finement
30	ml (2 c. à soupe) de ciboulette fraîche, ciselée
15	ml (1 c. à soupe) d'aneth frais, haché finement

CREVETTES

175	ml (¾ tasse) de vermouth sec
6	oignons verts, hachés grossièrement
1	brin de persil frais
1	feuille de laurier
	Sel de mer et poivre noir, fraîchement moulus
750	g (1 ½ lb) de crevettes crues, sans la tête, décortiquées et déveinées
	Verdures en mélange, pour servir

1. **Pour la sauce,** cuire à la vapeur les épinards jusqu'à ce qu'ils soient tout juste tendres, environ 1 minute. Rafraîchir aussitôt dans l'eau froide, égoutter et assécher. Hacher grossièrement avec un couteau.

2. **Mettre** la mayonnaise dans un bol. Ajouter les épinards, le persil, la ciboulette et l'aneth. Mêler pour combiner.

3. **Pour les crevettes,** combiner le vermouth, les oignons verts, le brin de persil et la feuille de laurier dans une casserole à feu moyen. Saler et poivrer. Porter à légère ébullition.

4. **Ajouter** les crevettes et laisser mijoter jusqu'à ce qu'elles soient roses, 2 à 3 minutes. Égoutter. Jeter le liquide.

5. **Pour** servir, faire un cercle de sauce dans quatre assiettes de service. Disposer les crevettes dans la sauce, puis garnir de verdures en mélange. Servir chaud

Si vous avez aimé cette recette, vous raffolerez aussi de celles-ci.

Crevettes grillées épicées — 86

Bébés pieuvres grillés — 188

Crevettes épicées à l'orange — 196

194 POISSONS ET FRUITS DE MER

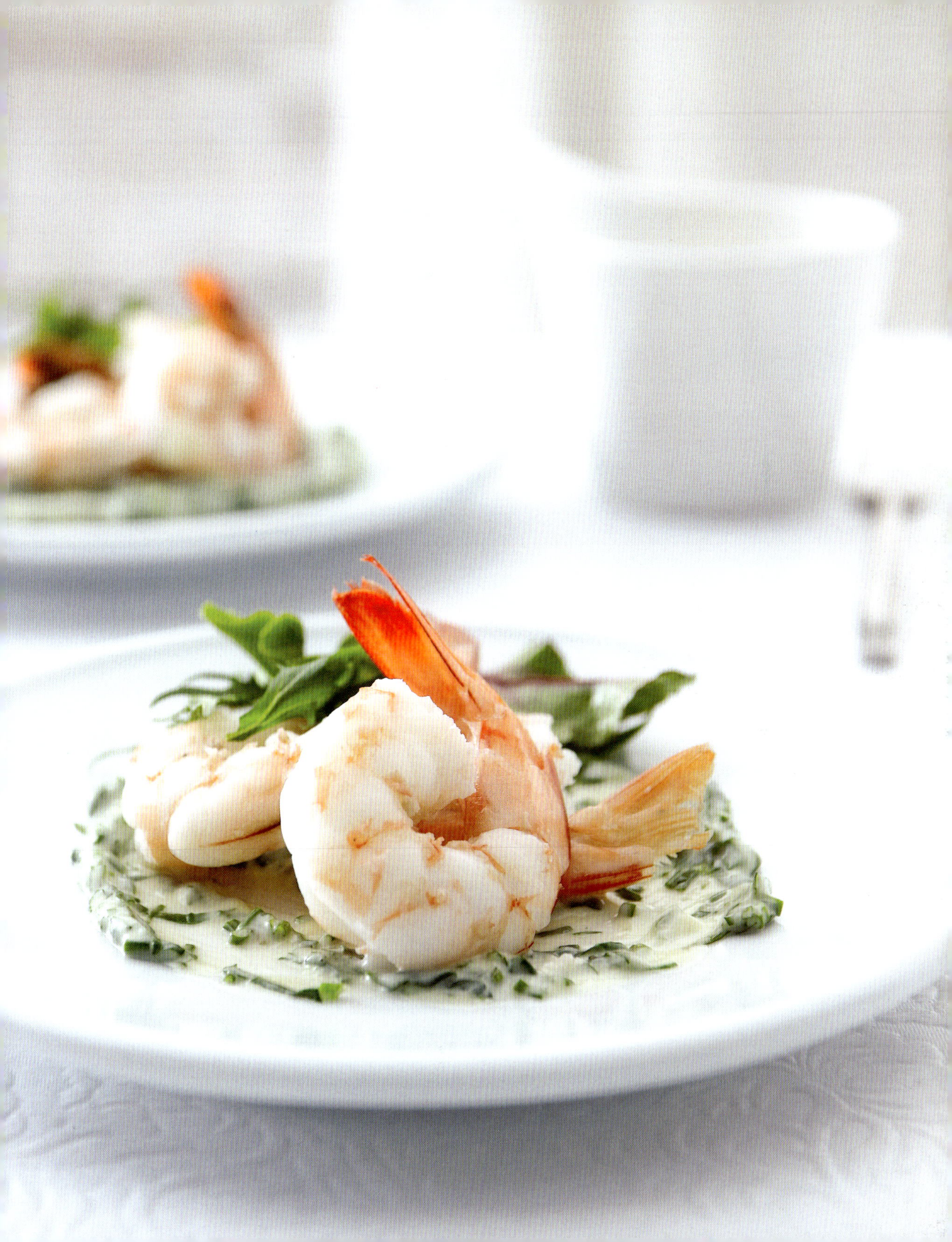

Crevettes épicées à l'orange

Servez ces délicieuses crevettes avec du riz ou des pommes de terre bouillies, ou avec du pain frais pour éponger les savoureux jus de cuisson.

- 6 portions
- 15 minutes
- 8–10 minutes
- 1

125 ml (½ tasse) d'huile d'olive extra vierge
6 gousses d'ail, hachées finement
Zeste finement râpé de 1 orange (partie orangée seulement)
1 à 2 petits piments rouges, épépinés et hachés finement
1 kg (2 lb) de grosses crevettes crues, sans la tête, décortiquées et déveinées
Sel de mer et poivre noir, fraîchement moulus
30 ml (2 c. à soupe) de persil frais, haché finement

1. **Chauffer** l'huile dans une grande poêle. Ajouter 3 gousses d'ail, le zeste d'orange et les piments. Sauter sur feu moyen-fort, jusqu'à ce que l'ail soit légèrement doré, 4 à 5 minutes.

2. **Ajouter** les crevettes. Sauter 3 à 4 minutes, jusqu'à ce qu'elles soient roses et cuites de part en part. Saler et poivrer. Ajouter le persil et les autres gousses d'ail.

3. **Retirer** du feu et servir aussitôt.

Si vous avez aimé cette recette, vous raffolerez aussi de celles-ci.

Crevettes grillées épicées — 86

Pétoncles grillés avec salsa à l'orange — 190

Crevettes sauce verte — 194

POISSONS ET FRUITS DE MER

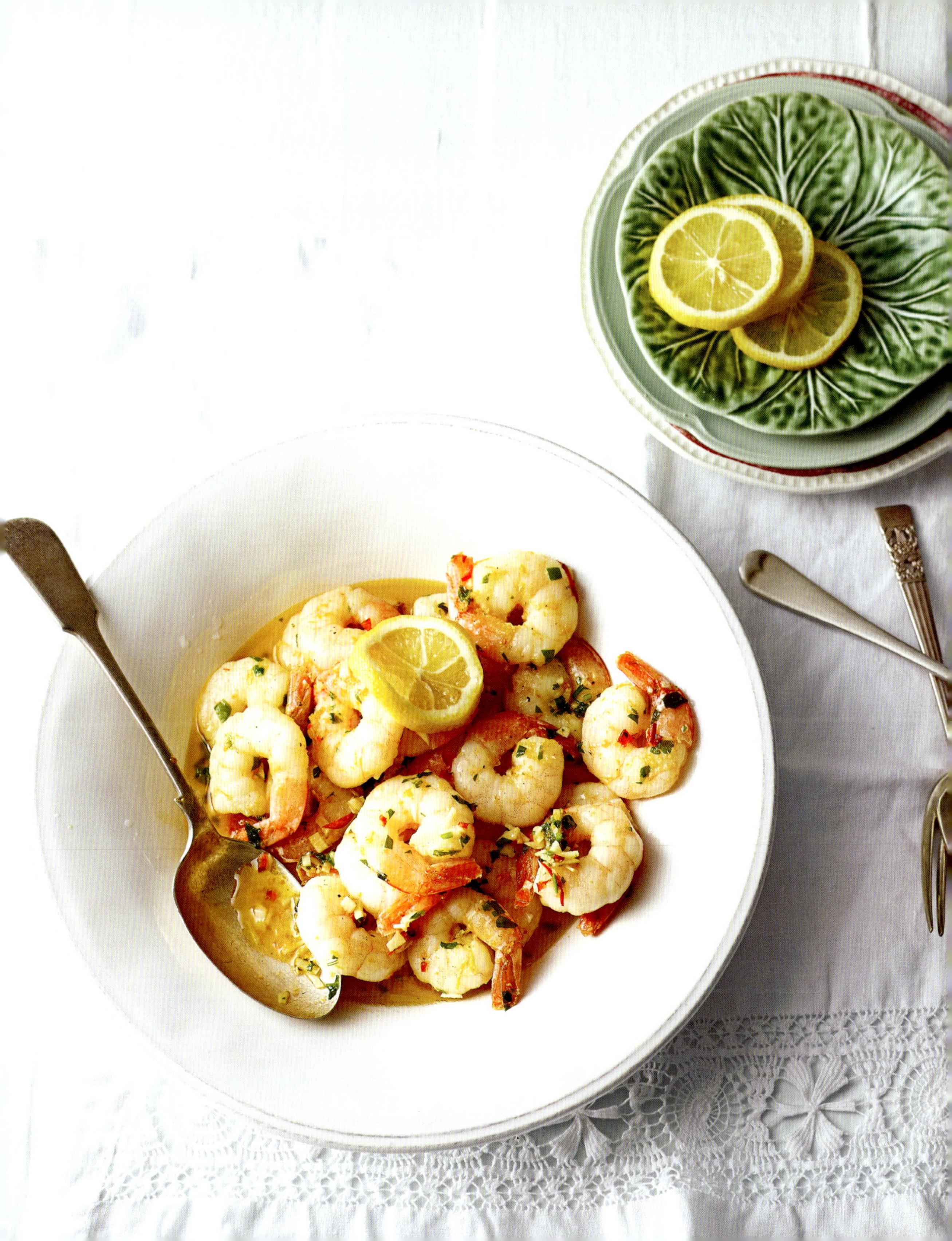

Steaks de thon avec sauce au yogourt et au concombre

Le thon est une source très riche de sélénium, de vitamines B3 et B12, de même que d'acides gras oméga-3. Il est excellent pour une santé cardiovasculaire optimale.

- 4 portions
- 10 minutes
- 20 minutes
- 1

- 125 ml (½ tasse) de yogourt nature à faible teneur en gras
- 45 ml (3 c. à soupe) de mayonnaise
- 15 ml (1 c. à soupe) de jus de lime, fraîchement pressé
- 30 ml (2 c. à soupe) de concombre, râpé
- 120 g (4 oz) de raisins verts sans pépins, hachés
- 30 ml (2 c. à soupe) de beurre, fondu
- 60 ml (¼ tasse) de jus de citron, fraîchement pressé
- 4 steaks de thon, d'environ 180 g (6 oz) chacun
- Verdures en mélange, pour servir
- Tomates cerises, en moitiés pour servir

1. **Combiner** le yogourt, la mayonnaise, le jus de lime, le concombre et les raisins dans un petit bol. Réserver.
2. **Mêler** le beurre et le jus de citron. Badigeonner les steaks.
3. **Préchauffer** une plaque de cuisson à intensité moyenne. Ajouter les steaks et griller jusqu'à ce qu'ils soient cuits de part en part, environ 4 minutes de chaque côté.
4. **Transférer** le thon dans des assiettes de service. Garnir de sauce au yogourt et concombre, de verdures en mélange et de tomates. Servir chaud.

Si vous avez aimé cette recette, vous raffolerez aussi de celles-ci.

200 — Thon grillé, œufs, tomates et olives

202 — Darnes de saumon et sauce hollandaise à l'aneth

204 — Saumon au four avec chapelure au parmesan

POISSONS ET FRUITS DE MER

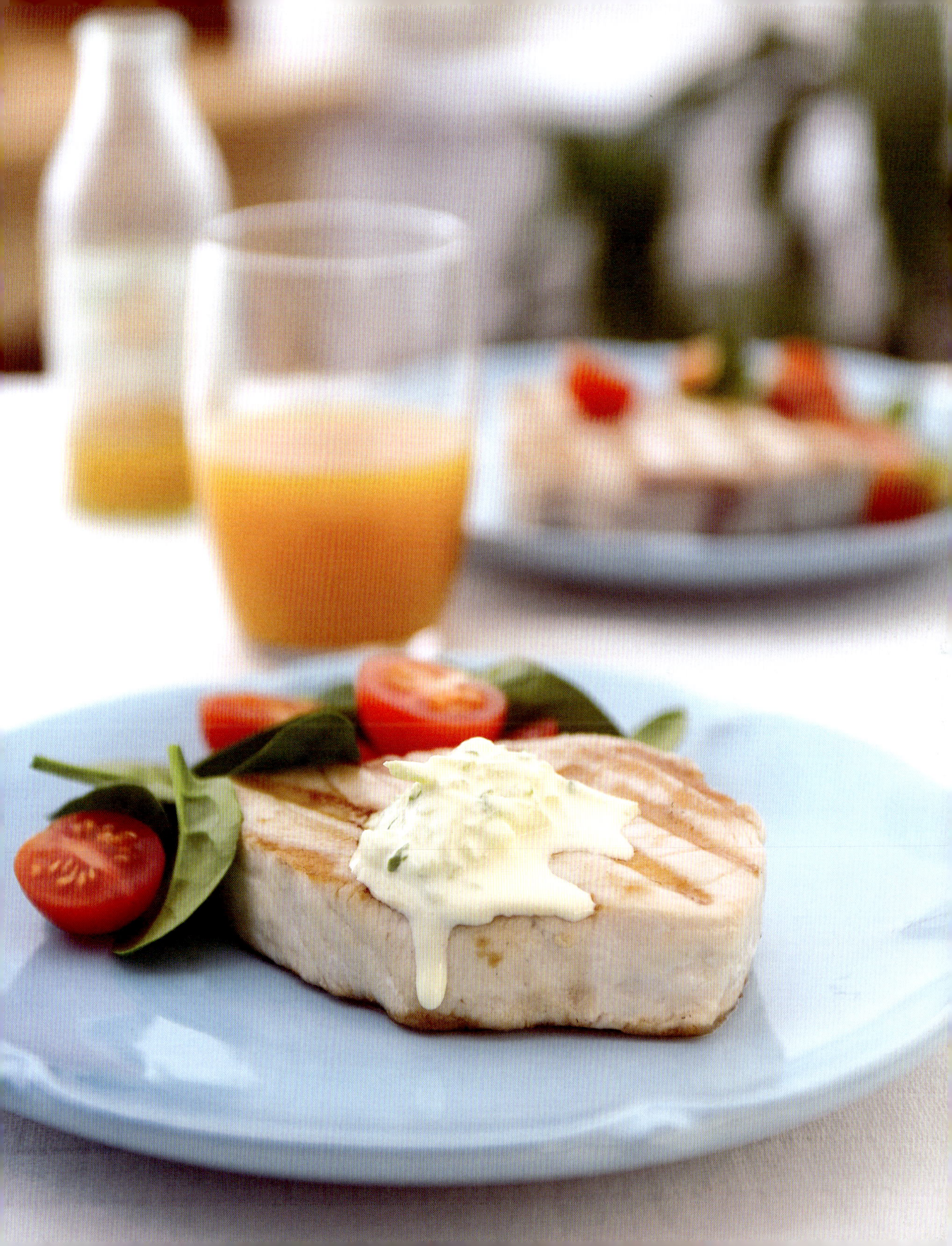

Thon grillé, œufs, tomates et olives

Les acides gras oméga-3, présents dans le thon, le saumon et nombre d'autres espèces de poissons et fruits de mer, aident à régulariser la pression sanguine et à réduire le risque «d'encrassement» des vaisseaux sanguins. Pour bénéficier de tels effets, vous devriez en consommer au moins 2 à 3 portions par semaine.

- 4 portions
- 20 minutes
- 10 minutes
- 1

125 ml (½ tasse) d'olives Kalamata
60 ml (¼ tasse) d'huile d'olive extra vierge + un surplus, pour verser en filet
15 ml (1 c. à soupe) de vinaigre de vin blanc
3 gros œufs
20 tomates cerises, en quartiers
30 ml (2 c. à soupe) de persil frais, haché finement
15 ml (1 c. à soupe) de câpres miniatures
Sel de mer et poivre noir, fraîchement moulus
4 steaks de thon (200 g/7 oz chacun)

1. **Hacher** finement les olives. Ajouter l'huile et le vinaigre. Mêler pour combiner. Transférer dans un petit bol.

2. **Bouillir** les œufs 6 minutes. Les égoutter, puis les rafraîchir sous l'eau froide. Écaler et râper grossièrement.

3. **Combiner** les tomates, le persil et les câpres dans un petit bol. Saler et poivrer.

4. **Préchauffer** une plaque de cuisson à intensité élevée. Asperger d'huile les steaks, puis saler et poivrer. Griller jusqu'à ce qu'il y ait des rayures de gril, mais que les steaks soient encore roses à l'intérieur, 2 à 3 minutes de chaque côté.

5. **Servir** le thon chaud, garni du mélange aux tomates, d'œufs râpés et du mélange aux olives.

Si vous avez aimé cette recette, vous raffolerez aussi de celles-ci.

Carpaccio de thon avec endives — 180

Steaks de thon avec sauce au yogourt et au concombre — 198

Darnes de saumon et sauce hollandaise à l'aneth — 202

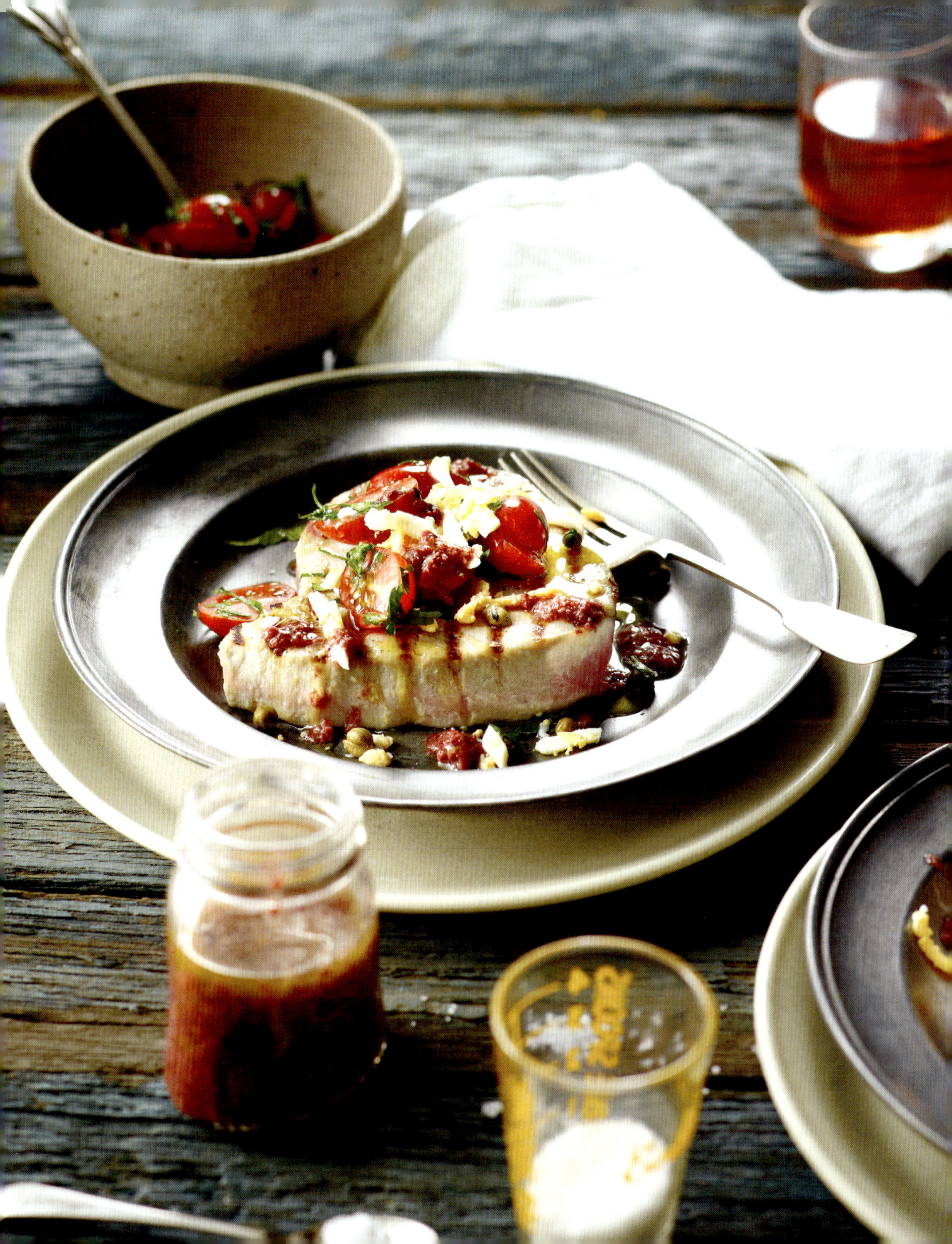

Darnes de saumon et sauce hollandaise à l'aneth

Le saumon est une très bonne source d'acides gras oméga-3 bons pour le cœur. Si possible, consommez du saumon sauvage, qui est moins sujet à la contamination par les antibiotiques et autres contaminants souvent utilisés dans les piscicultures.

- 4 portions
- 20 minutes
- 10 minutes
- 1

DARNES DE SAUMON

45	ml (3 c. à soupe) d'huile d'olive extra vierge + surplus, pour le gril
15	ml (1 c. à soupe) de jus de citron, fraîchement pressé
	Sel de mer et poivre noir, fraîchement moulus
4	darnes de saumon (250 g/8 oz chacune)
1	botte d'asperges, pour servir

SAUCE HOLLANDAISE À L'ANETH

90	ml (⅓ tasse) de vinaigre de vin blanc
	Poivre noir, fraîchement moulu
60	ml (¼ tasse) d'eau
4	gros jaunes d'œufs
180	g (¾ tasse) de beurre, fondu
45	ml (3 c. à soupe) de jus de citron, fraîchement pressé
45	ml (3 c. à soupe) d'aneth frais, haché finement

1. **Pour les darnes de saumon,** combiner l'huile, le jus de citron, le sel et le poivre dans un plat en céramique. Ajouter les darnes, en les retournant dans le mélange pour les enrober. Réserver tandis que vous préparez la sauce.

2. **Pour la sauce hollandaise à l'aneth,** mêler le vinaigre, le poivre et l'eau dans une petite casserole. Porter à ébullition, puis laisser mijoter jusqu'à ce qu'il ne reste plus que 15 ml (1 c. à soupe) de liquide.

3. **Combiner** les jaunes d'œufs et le mélange au vinaigre dans un robot culinaire et mixer 1 minute. En laissant le moteur tourner, ajouter graduellement le beurre fondu chaud et mixer jusqu'à ce que ce soit épais.

4. **Ajouter** le jus de citron et l'aneth. Saler et poivrer. Garder chaud.

5. **Huiler** légèrement une plaque de cuisson, puis la chauffer, ou allumer le gril. Griller les darnes jusqu'à ce qu'elles soient cuites de part en part, 2 à 3 minutes de chaque côté.

6. **Blanchir** les asperges dans l'eau bouillante salée jusqu'à ce qu'elles soient tendres, 2 à 3 minutes. Bien égoutter. Servir le saumon chaud avec la sauce, accompagné des asperges.

Si vous avez aimé cette recette, vous raffolerez aussi de celles-ci.

Carpaccio de saumon fumé — 178

Thon grillé, œufs, tomates et olives — 200

Saumon au four avec chapelure au parmesan — 204

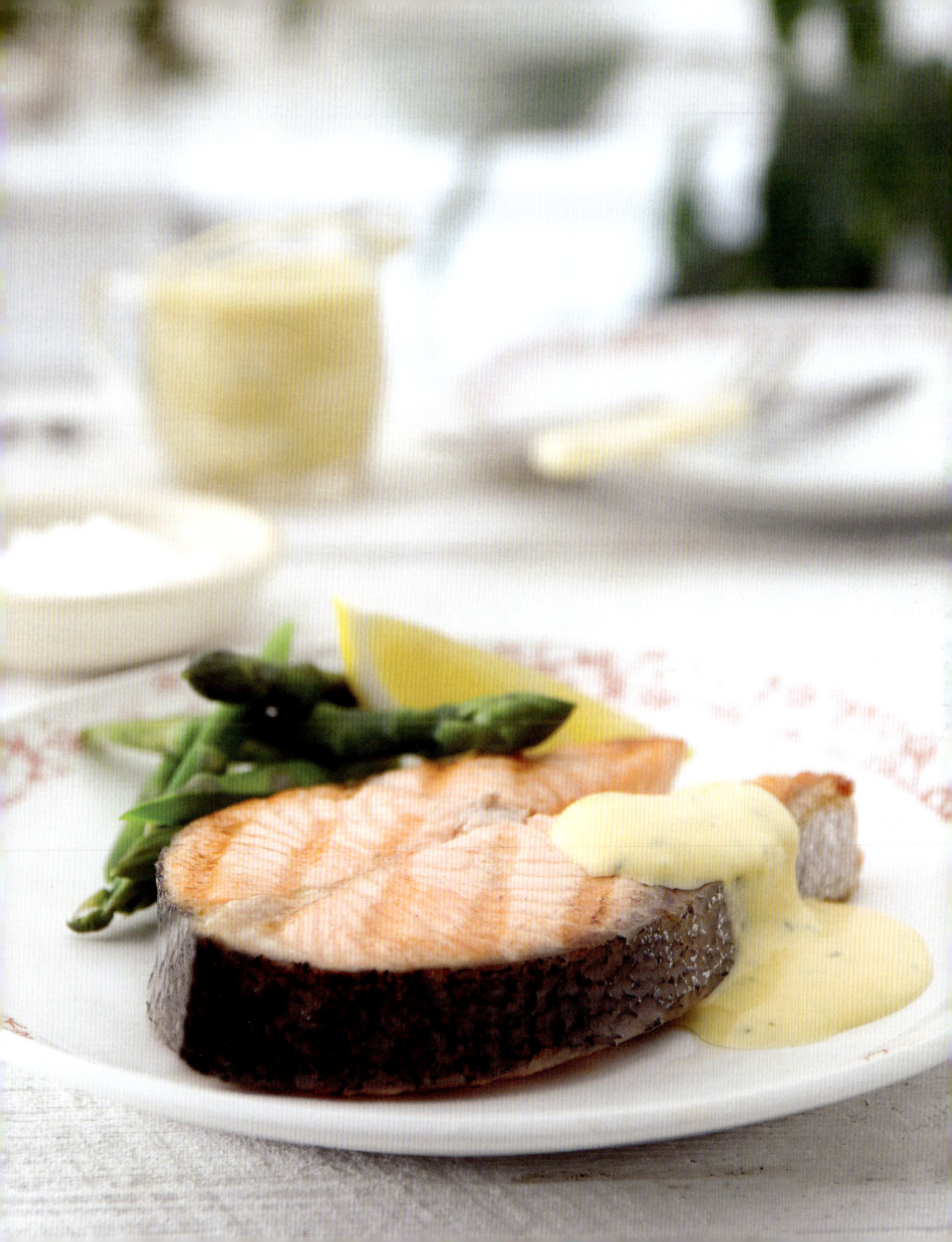

Saumon au four avec chapelure au parmesan

Les effets bénéfiques pour la santé sont meilleurs quand le poisson est grillé, braisé ou cuit au four. Ne faites pas frire le poisson, car cela élimine beaucoup de nutriments bons pour la santé.

- 6 portions
- 15 minutes
- 12–15 minutes
- 1

30	g (½ tasse) de chapelure fraîche multigrain
60	ml (¼ tasse) de persil plat, haché
60	g (2 oz) de parmesan, fraîchement râpé
5	ml (1 c. à thé) de zeste de citron, finement râpé
	Sel de mer et poivre noir, fraîchement moulus
30	ml (2 c. à soupe) d'huile d'olive extra vierge
4	filets de saumon ou de truite arc-en-ciel (250 g/8 oz chacun) Enduit à cuisson à l'huile d'olive
	Verdures en mélange, pour servir
	Quartiers de citron, pour servir

1. **Préchauffer** le four à 200 °C (400 °F). Doubler une plaque à pâtisserie de papier parchemin.
2. **Combiner** la chapelure, le persil, le parmesan, le zeste de citron, le sel et le poivre dans un bol. Asperger d'huile. Mêler jusqu'à ce que la chapelure soit légèrement enrobée d'huile.
3. **Presser** la chapelure sur le côté « chair » du poisson pour former un revêtement uniforme. Mettre le poisson, côté « peau » dessous sur la plaque à pâtisserie préparée. Arroser généreusement d'huile.
4. **Cuire** le poisson environ 12 à 15 minutes, jusqu'à ce que la chapelure soit légèrement dorée et que le poisson soit tout juste cuit de part en part.
5. **Servir** chaud, avec une salade de verdures et les quartiers de citron.

Si vous avez aimé cette recette, vous raffolerez aussi de celles-ci.

Thon grillé, œufs, tomates et olives — 200

Darnes de saumon et sauce hollandaise à l'aneth — 202

Morue, pommes de terre et romarin — 206

POISSONS ET FRUITS DE MER

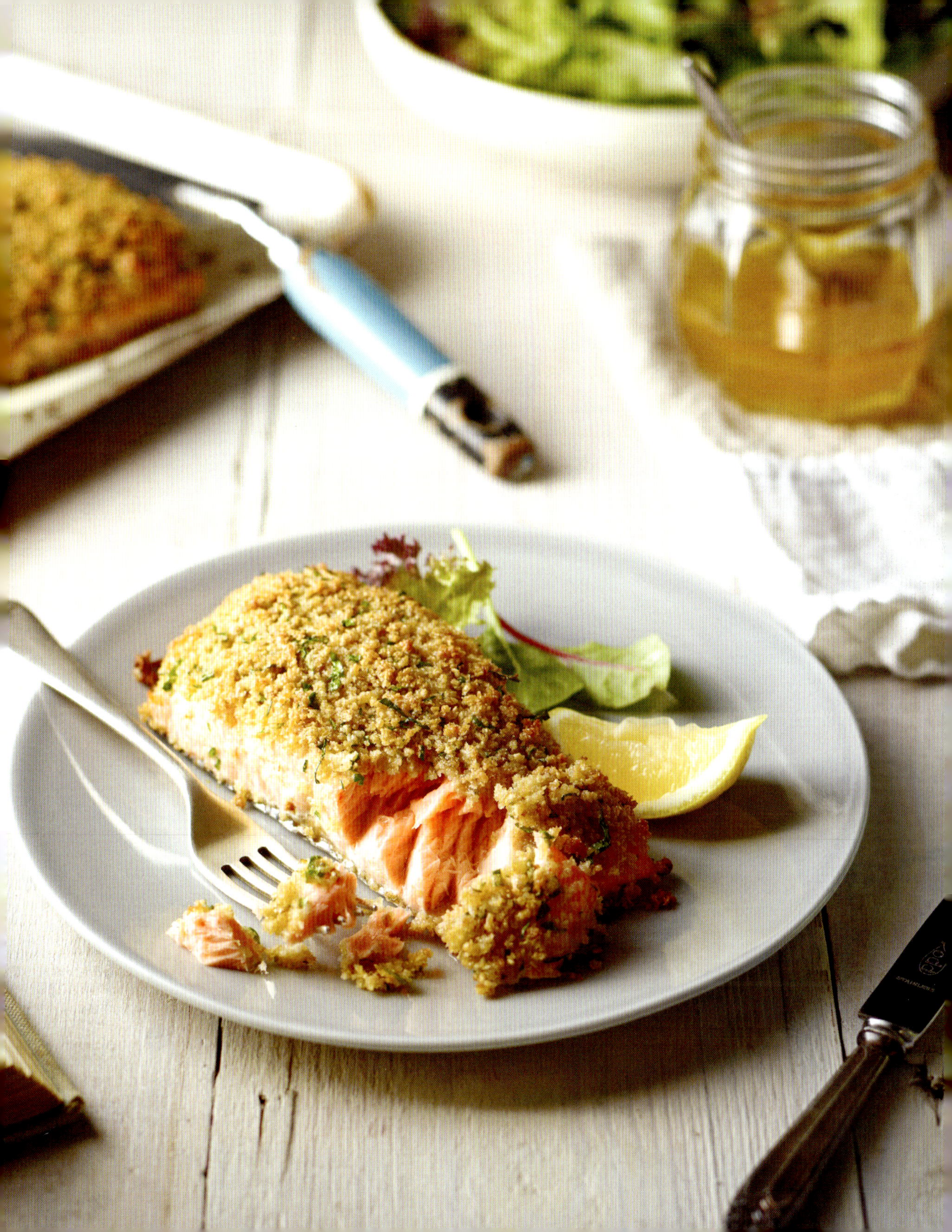

Morue, pommes de terre
et romarin

La délicieuse morue est une très bonne source de vitamine B12 et d'iode, de même que d'une foule d'autres nutriments.

- 4–6 portions
- 10 minutes
- 13–19 minutes
- 1

30	ml (2 c. à soupe) d'huile d'olive extra vierge
15	ml (1 c. à soupe) de beurre
1	gros oignon, coupé en rondelles
1	kg (2 lb) de pommes de terre, pelées et coupées en minces quartiers
600	g (1 ¼ lb) de filets de morue, merlu (colin) ou autre poisson blanc à chair ferme
15	ml (1 c. à soupe) de romarin frais, haché finement + brins additionnels, pour garnir
	Zeste de ½ citron, tranché très finement
60	ml (¼ tasse) de lait
125	ml (½ tasse) d'eau
	Sel de mer et poivre noir, fraîchement moulus
15	ml (1 c. à soupe) de persil frais, haché finement

1. **Chauffer** l'huile et le beurre dans une grande poêle à feu moyen. Ajouter l'oignon. Sauter jusqu'à ce qu'il soit ramolli, 3 à 4 minutes.
2. **Ajouter** les pommes de terre. Sauter 5 minutes.
3. **Ajouter** le poisson, le romarin et le zeste de citron. Verser le lait et assez d'eau pour couvrir les ingrédients. Saler et poivrer.
4. **Laisser** mijoter jusqu'à ce que le poisson et les pommes de terre soient tendres et que la sauce ait réduit à la moitié de son volume initial, 5 à 10 minutes.
5. **Parsemer** de persil et garnir de brins de romarin. Servir chaud.

Si vous avez aimé cette recette, vous raffolerez aussi de celles-ci.

Thon grillé, œufs, tomates et olives — 200

Saumon au four avec chapelure au parmesan — 204

Poisson à la sauce chermoula avec couscous — 208

POISSONS ET FRUITS DE MER

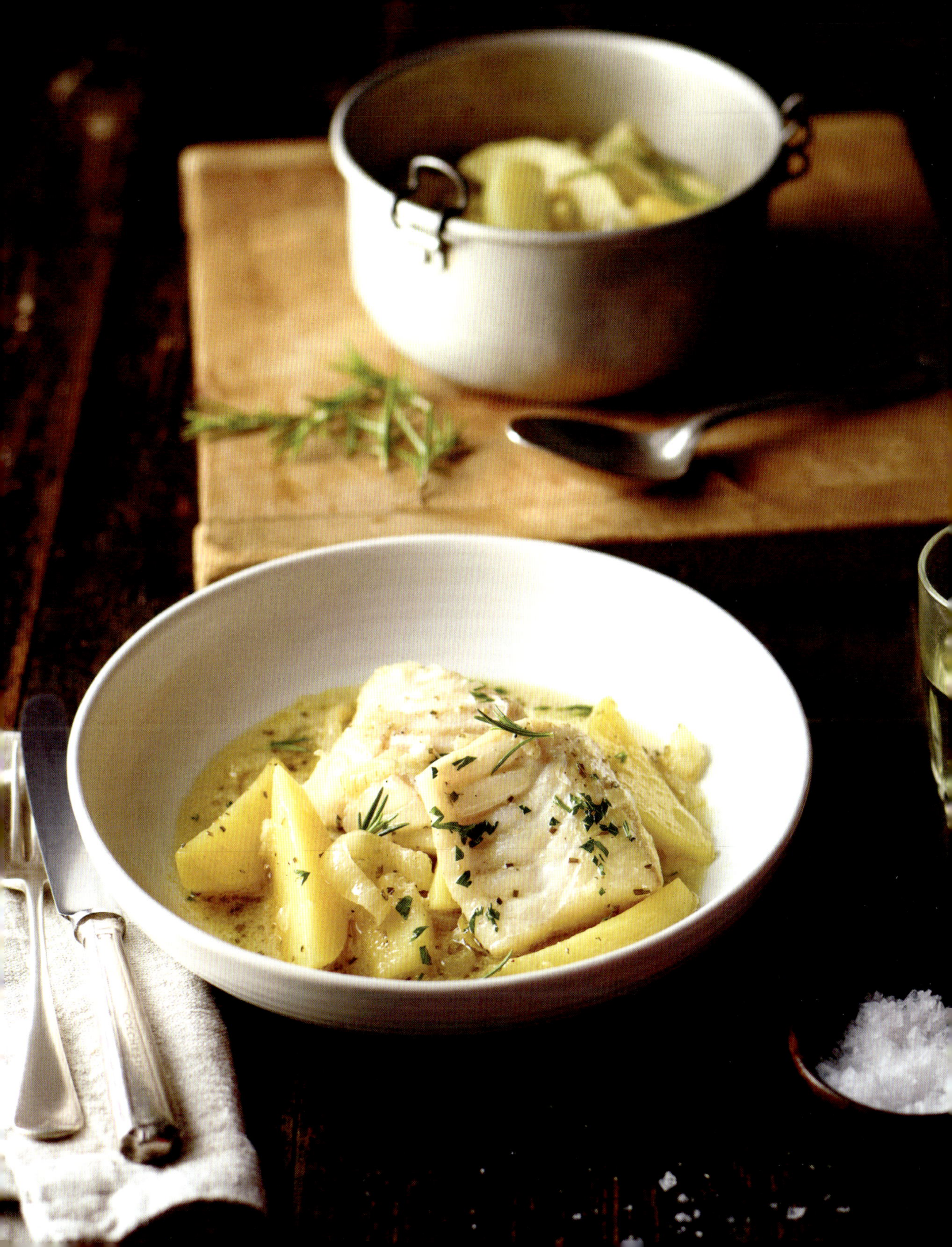

Poisson à la sauce chermoula
avec couscous

Chermoula est le nom arabe d'une marinade typique des cuisines d'Algérie, du Maroc et de Tunisie, en Afrique du Nord.

- 4 portions
- 20 minutes
- 10 minutes
- 1

250 ml (1 tasse)	de coriandre fraîche
5 ml (1 c. à thé)	de cumin moulu
1 ml (¼ c. à thé)	de poivre de Cayenne
5 ml (1 c. à thé)	de paprika
2	gousses d'ail, broyées
105 ml (7 c. à soupe)	d'huile d'olive extra vierge
45 ml (3 c. à soupe)	de jus de citron, fraîchement pressé
	Sel de mer et poivre noir, fraîchement moulus
4	steaks de poisson blanc à chair ferme (morue, vivaneau, lotte, warehou commun), de 180 g/6 oz chacun
350 g (1¾ tasse)	de couscous à cuisson rapide
500 ml (2 tasses)	d'eau bouillante
250 g (8 oz)	de tomates cerises, hachées
	Quartiers de citron, pour servir

1. **Combiner** la coriandre, le cumin, le poivre de Cayenne, le paprika, l'ail, 60 ml (4 c. à soupe) d'huile, le jus de citron, le sel et le poivre dans un robot culinaire. Mixer jusqu'à ce que le mélange soit homogène.

2. **Verser** la sauce chermoula dans un plat peu profond. Ajouter le poisson et le retourner pour bien l'enrober. Laisser en attente 10 minutes.

3. **Mettre** le couscous dans un bol résistant à la chaleur. Verser l'eau bouillante sur le couscous. Couvrir et laisser en attente jusqu'à ce que l'eau soit absorbée, environ 5 minutes.

4. **Brasser** à la fourchette pour séparer les grains. Ajouter les 45 ml (3 c. à soupe) restants d'huile en brassant. Saler et poivrer. Ajouter les tomates. Réserver.

5. **Préchauffer** une poêle huilée à feu moyen-fort. Cuire le poisson jusqu'à ce qu'il soit tendre, 3 à 5 minutes de chaque côté.

6. **Servir** chaud avec le couscous et les quartiers de citron.

Si vous avez aimé cette recette, vous raffolerez aussi de celles-ci.

Morue, pommes de terre et romarin — 206

Sardines grillées fourrées aux raisins — 210

Sole meunière — 212

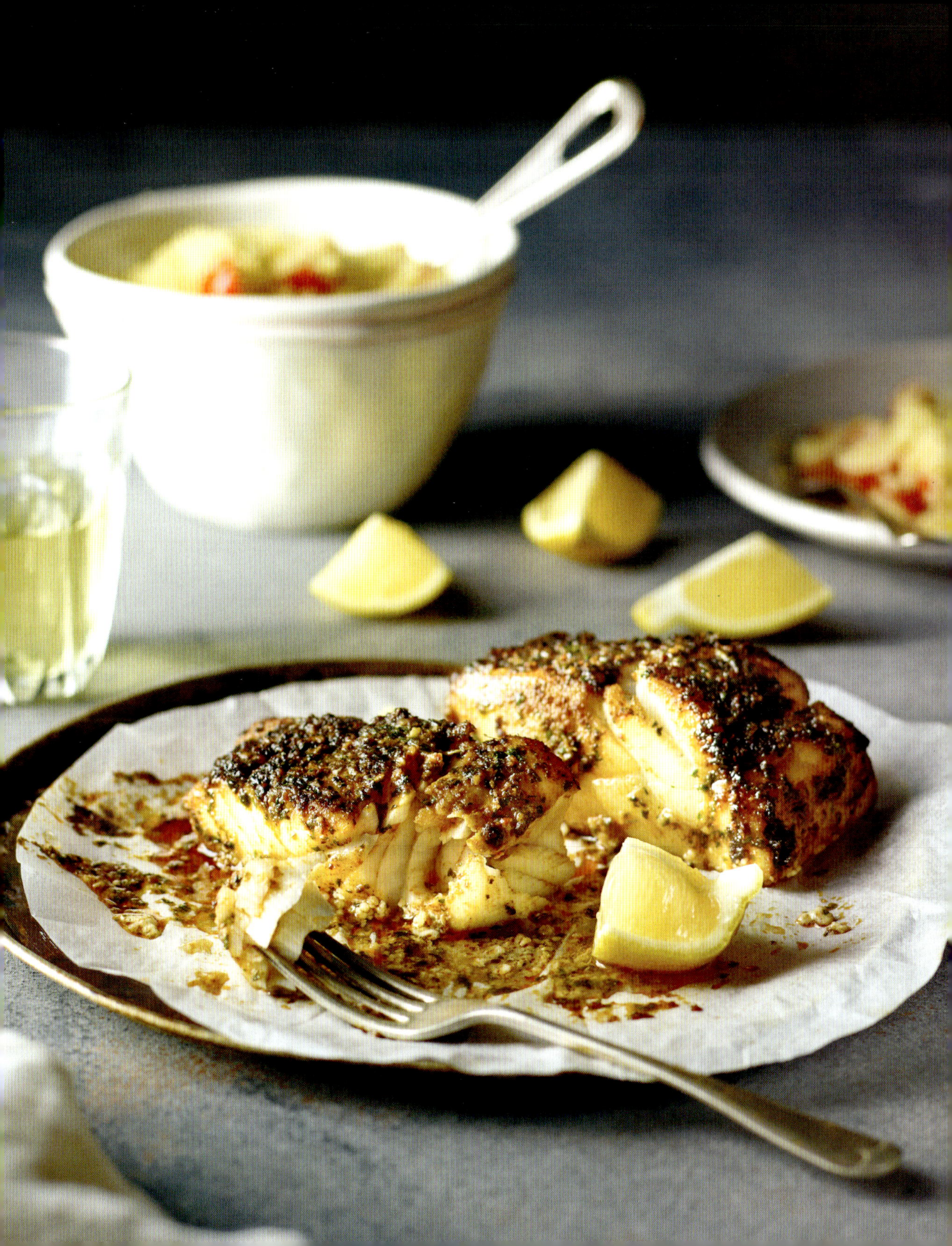

Sardines grillées fourrées aux raisins de Corinthe et aux pignons

La sardine est une espèce de petit poisson gras qui fait partie de la famille du hareng. Excellente source d'acides gras oméga-3, la sardine est riche aussi de beaucoup de vitamines et minéraux, dont la vitamine B12, le phosphore, le calcium et le potassium.

- 4 portions
- 20 minutes
- 6 minutes

- 1

12	grosses sardines fraîches entières, évidées
40	g (½ tasse) de chapelure fraîche
45	ml (3 c. à soupe) de pignons de pin, légèrement grillés
30	ml (2 c. à soupe) de persil frais, haché finement
15	ml (1 c. à soupe) de raisins de Corinthe secs
1	ml (¼ c. à thé) d'assaisonnement au chili
	Sel de mer et poivre noir, fraîchement moulus
	Huile d'olive extra vierge, pour arroser

1. **Laver** les sardines à l'eau courante froide. Assécher en tapotant avec des essuie-tout.
2. **Combiner** la chapelure, les pignons, le persil, les raisins de Corinthe et l'assaisonnement au chili dans un petit bol. Saler et poivrer.
3. **Fourrer** la cavité des poissons avec le mélange de chapelure et fermer avec des cure-dents.
4. **Préparer** un feu intense dans un barbecue ou préchauffer un gril intérieur à intensité élevée. Si votre gril ne possède pas une surface de cuisson solide, mettre une plaque de cuisson sur le gril pour la préchauffer.
5. **Asperger** les sardines d'huile et les griller jusqu'à ce qu'elles soient légèrement noircies et tout juste cuites de part en part, environ 3 minutes de chaque côté. Servir chaud.

Si vous avez aimé cette recette, vous raffolerez aussi de celles-ci.

Thon grillé, œufs, tomates et olives — 200

Morue, pommes de terre et romarin — 206

Sole meunière — 212

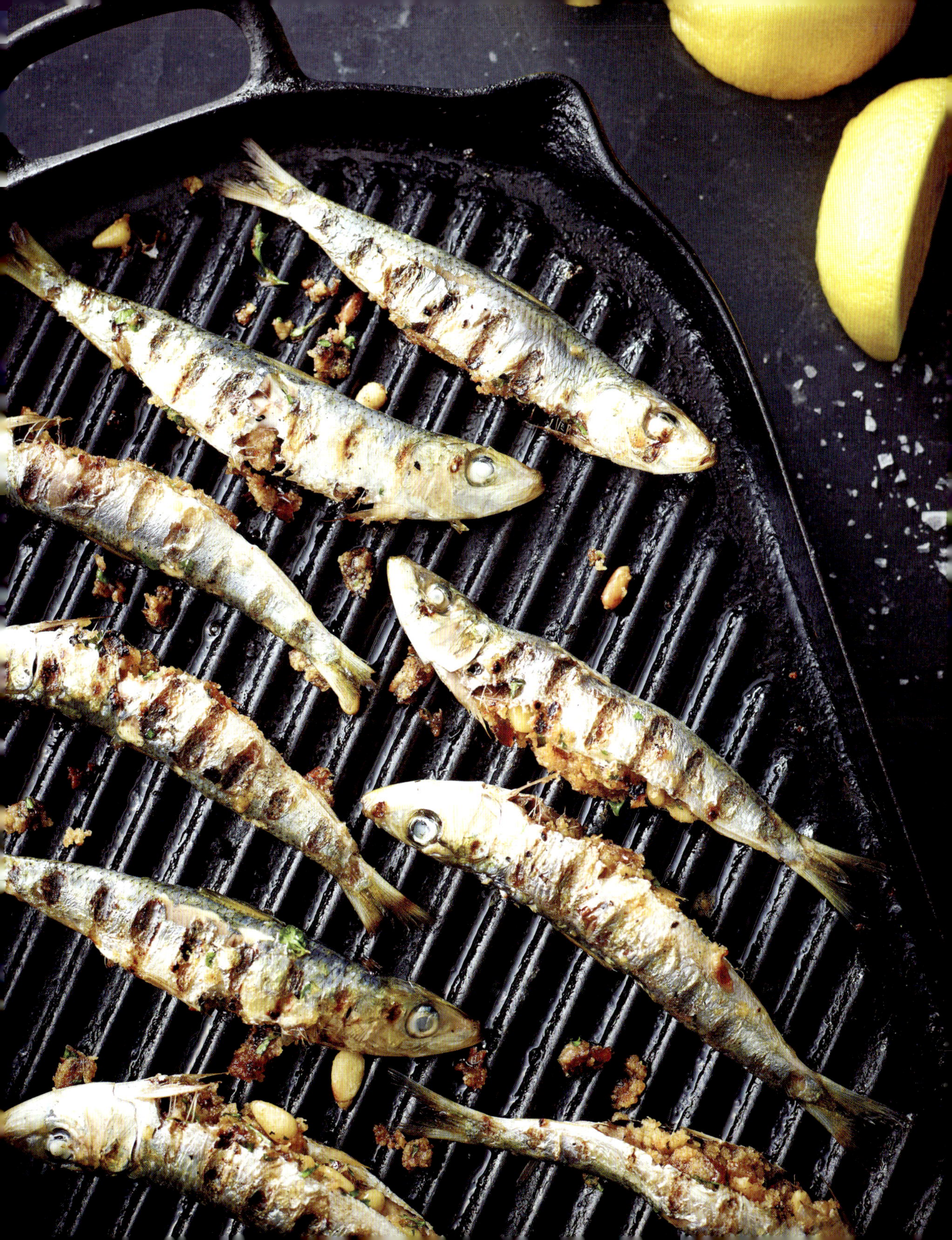

Sole meunière

Ce plat d'une grande simplicité est un classique de la gastronomie française. Normalement, on devrait utiliser une authentique sole de Douvres. On dit que ce plat a été une révélation pour l'Américaine Julia Child (chef, auteure et animatrice célèbre), lui inspirant un amour impérissable pour la cuisine française.

- 4 portions
- 15 minutes
- 15 minutes

75	g (½ tasse) de farine tout usage
4	soles (200 à 250 g/6 à 8 oz chacune), évidées
120	g (½ tasse) de beurre
	Jus de 1 citron, fraîchement pressé
	Sel de mer en flocons
30	ml (2 c. à soupe) de persil frais, haché finement

1

1. **Mettre** la farine dans une assiette et en saupoudrer le poisson jusqu'à ce qu'il soit bien enrobé. Secouer tout surplus.

2. **Fondre** la moitié du beurre dans une grande poêle à feu moyen. Ajouter la sole en une seule couche (ou cuire en deux lots). Sauter jusqu'à ce qu'un côté soit doré, environ 3 minutes. Saler.

3. **À l'aide d'une spatule,** retourner le poisson et le cuire jusqu'à ce qu'il soit doré sur l'autre côté, environ 2 minutes.

4. **Retirer** délicatement les poissons de la poêle à l'aide de la spatule, en vous assurant de ne pas les briser. Disposer dans des assiettes de services. Garder chaud.

5. **Fondre** le reste de beurre dans la même poêle à feu moyen. Laisser chauffer jusqu'à ce que le beurre devienne doré. Ajouter le jus de citron et le persil. Laisser mijoter 30 secondes.

6. **À la cuillère,** arroser de sauce les soles et servir aussitôt.

Si vous avez aimé cette recette, vous raffolerez aussi de celles-ci.

- 206 — Morue, pommes de terre et romarin
- 208 — Poisson à la sauce chermoula avec couscous
- 210 — Sardines grillées fourrées aux raisins

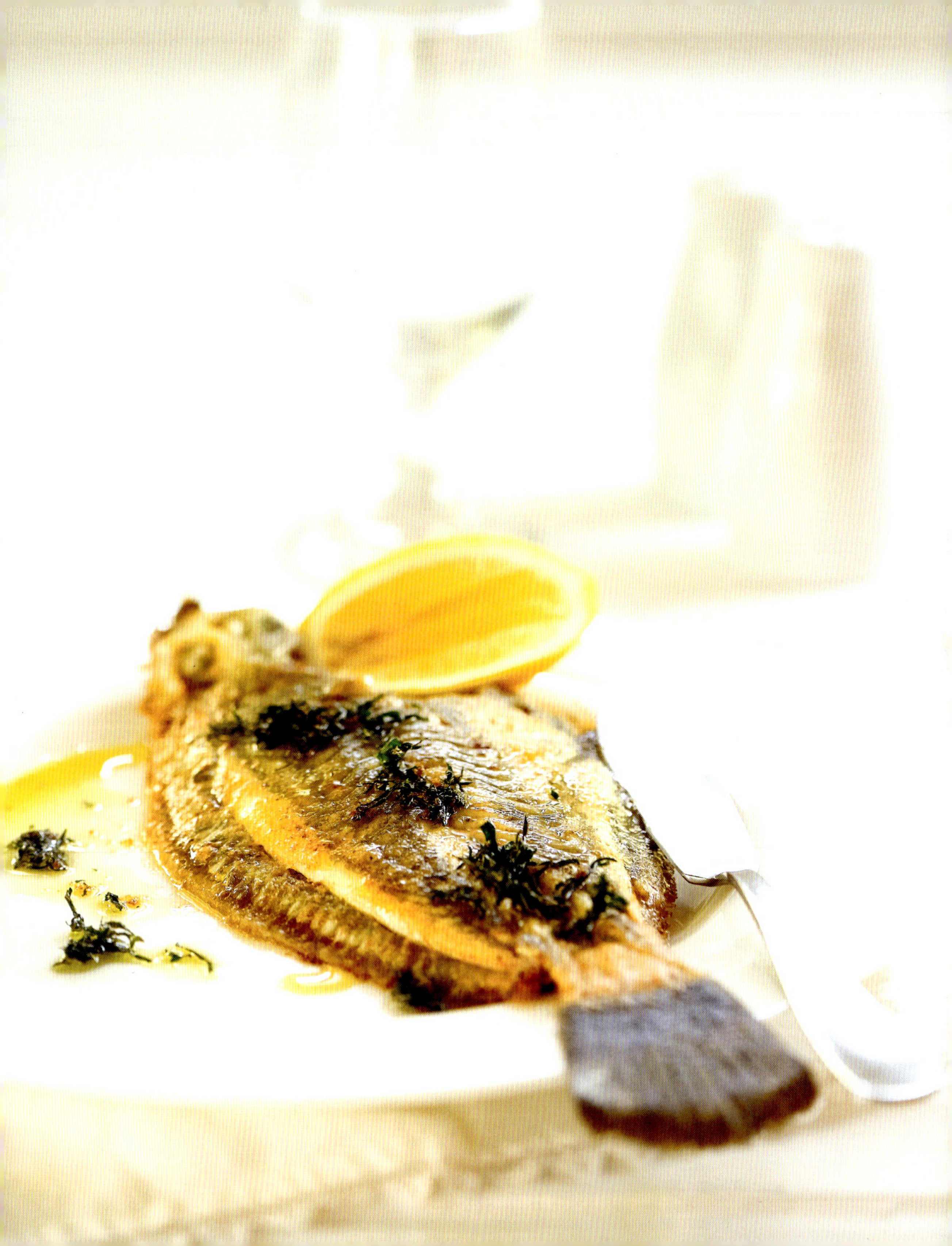

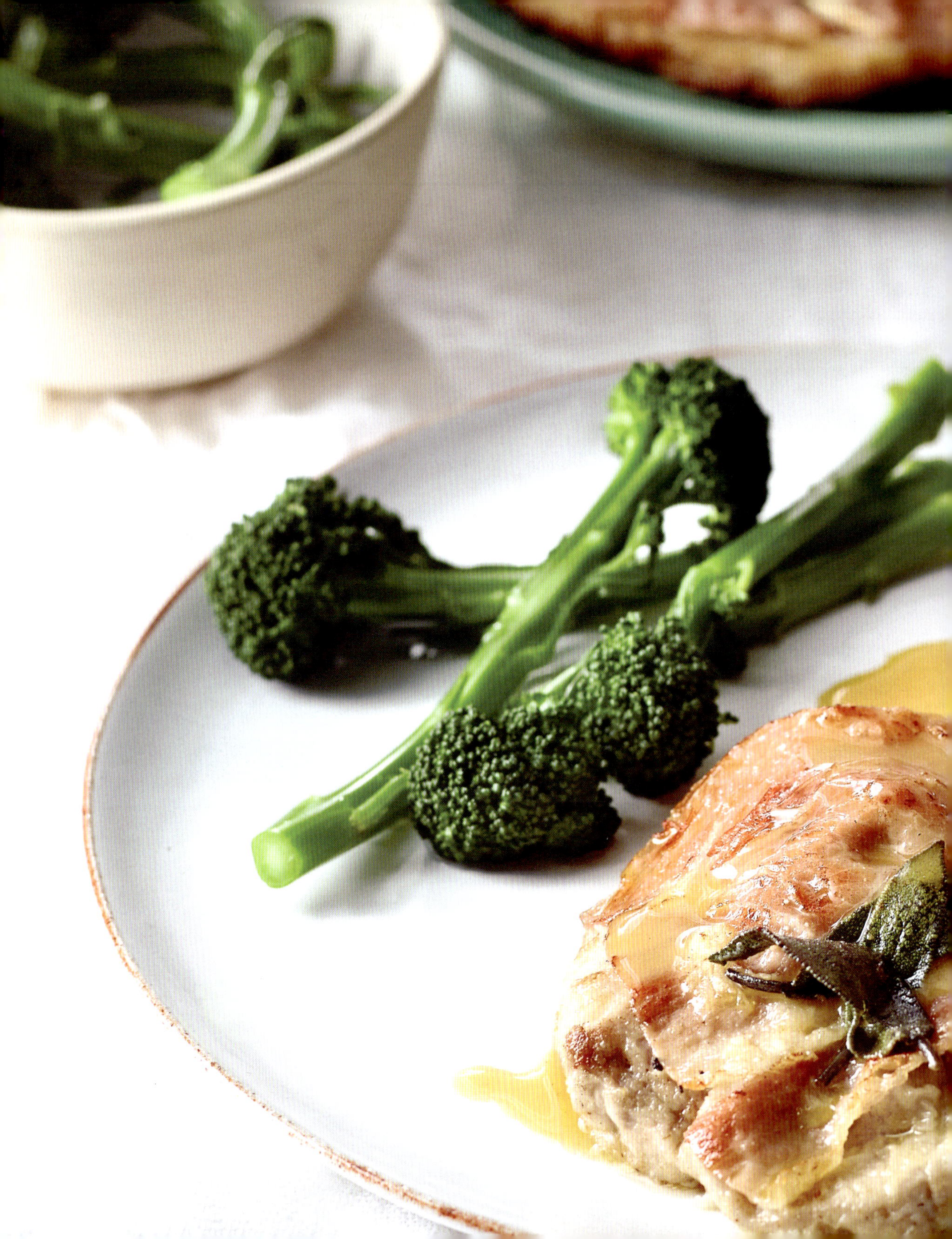

Viandes

Salade grecque au poulet
avec bruschettas

Cette salade constitue un repas sain en soi. Servez-la lors de dîners familiaux ou quand, en fin de semaine, vous recevez des amis sans cérémonie.

- 4 portions
- 15 minutes
- 8–10 minutes
- 1

SALADE

2	poitrines de poulet, désossées et sans la peau
	Sel de mer et poivre noir, fraîchement moulus
90	ml (6 c. à soupe) d'huile d'olive extra vierge
4	à 6 tomates en grappe, hachées grossièrement
1	concombre, en petits cubes
200	g (7 oz) de feta, en dés
100	g (1 tasse) d'olives Kalamata ou de grosses olives noires de style grec
125	ml (½ tasse) de basilic frais, haché
125	ml (½ tasse) de menthe fraîche, hachée grossièrement
1	oignon rouge doux, tranché
300	g (6 tasses) de laitue romaine, hachée
30	ml (2 c. à soupe) de vinaigre de vin rouge
30	ml (2 c. à soupe) de vinaigre balsamique
2	gousses d'ail, émincées
5	ml (1 c. à thé) d'origan séché

BRUSCHETTAS

4	grandes tranches de pain de blé entier ou multigrain, grillées
1	à 2 gousses d'ail
	Huile d'olive extra vierge, de la meilleure qualité

1. **Pour la salade**, préchauffer une plaque de cuisson à feu moyen-fort.
2. **Saler** et poivrer le poulet et le frotter avec 30 ml (2 c. à soupe) d'huile.
3. **Griller** le poulet jusqu'à ce qu'il soit tendre, rayé brun par la grille et cuit de part en part, 8 à 10 minutes. Transférer sur une planche à découper et trancher grossièrement.
4. **Mettre** les tomates, le concombre, la feta, les olives, le basilic, la menthe, l'oignon et la laitue dans un grand bol, et mêler délicatement pour combiner.
5. **Fouetter** 60 ml (4 c. à soupe) d'huile avec les deux sortes de vinaigre, l'ail et l'origan. Saler et poivrer, puis fouetter jusqu'à ce que le mélange soit émulsifié.
6. **Verser** en filet la moitié de la vinaigrette sur la salade. Bien brasser.
7. **Pour les bruschettas**, griller le pain, puis frotter un des côtés d'ail. Arroser d'un peu d'huile.
8. **Répartir** uniformément la salade entre 4 assiettes de service et garnir chacune de poulet. Arroser du reste de vinaigrette. Ajouter une bruschetta dans chaque assiette et servir.

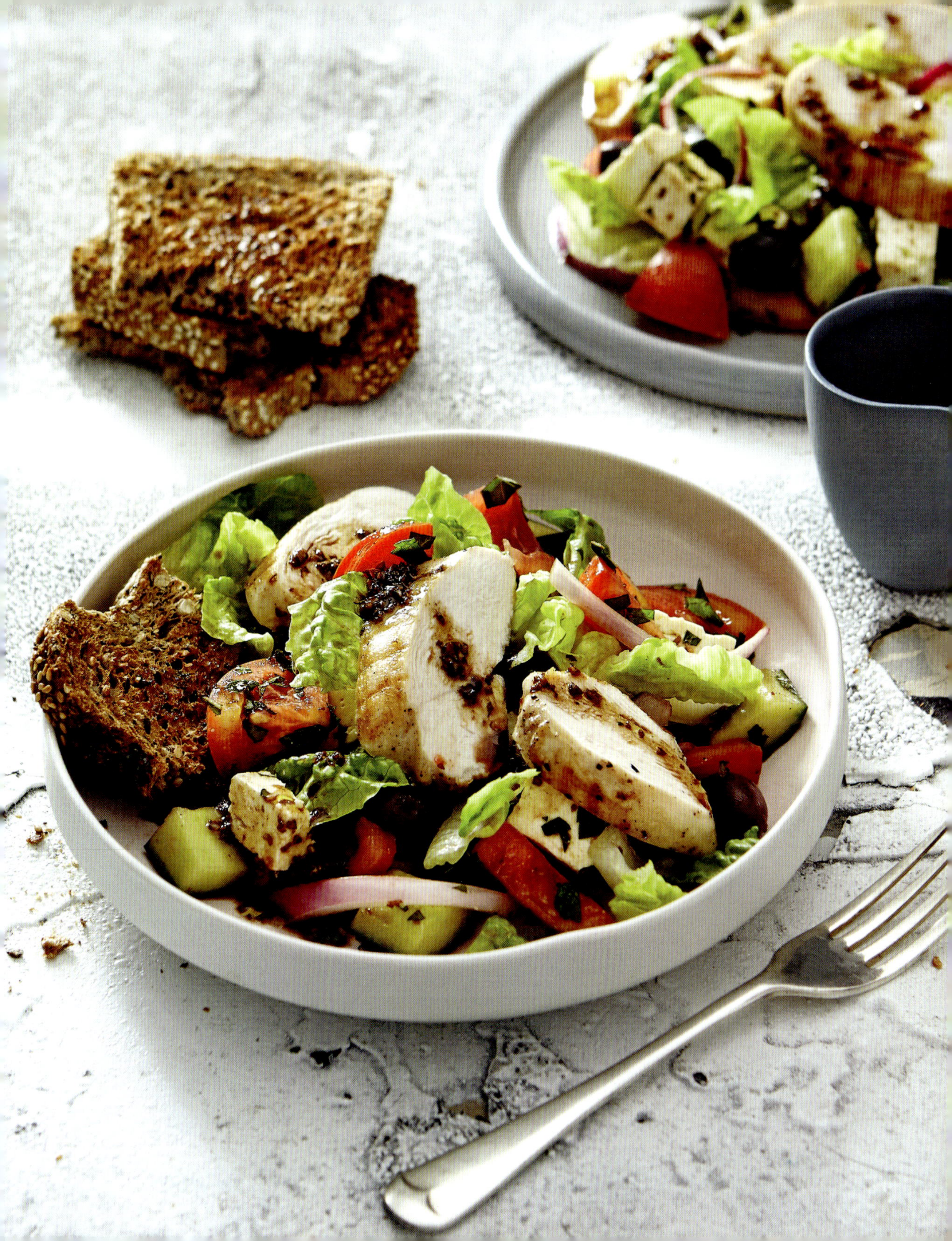

Poulet grillé, roquette et haricots blancs

Léger et sain, ce plat est fantastique au dîner comme au souper.

- 4 portions
- 15 minutes
- 10–12 minutes
- 1

90	ml (⅓ tasse) de jus de citron, fraîchement pressé
3	gousses d'ail, hachées finement
30	ml (2 c. à soupe) de coriandre fraîche hachée + un surplus de feuilles pour garnir
15	ml (1 c. à soupe) de cassonade
125	ml (½ tasse) d'huile d'olive extra vierge
	Sel de mer et poivre noir, fraîchement moulus
2	poitrines de poulet, désossées et sans la peau, tranchées
1	boîte (400 g/14 oz) de haricots blancs ou de haricots cannellini, rincés et égouttées
100	g (2 tasses) de feuilles de bébé roquette

1. **Préparer** un feu très chaud dans un barbecue ou préchauffer un gril intérieur ou une plaque de cuisson à intensité élevée.

2. **Fouetter** le jus de citron, l'ail, la coriandre hachée, la cassonade et l'huile dans un petit bol. Saler et poivrer.

3. **Griller** le poulet jusqu'à ce qu'il soit tendre et cuit de part en part, 5 à 7 minutes de chaque côté. Durant la cuisson, tourner, puis badigeonner le poulet avec la moitié du mélange au citron et à l'huile.

4. **Mêler** les haricots, la roquette et le reste du mélange citron et huile dans un bol. Ajouter le poulet et mêler délicatement. Servir chaud.

Si vous avez aimé cette recette, vous raffolerez aussi de celles-ci.

Salade grecque au poulet avec bruschettas — 216

Poulet épicé avec haricots cannellini — 220

Poulet avec sauce citron et câpres — 222

218 VIANDES

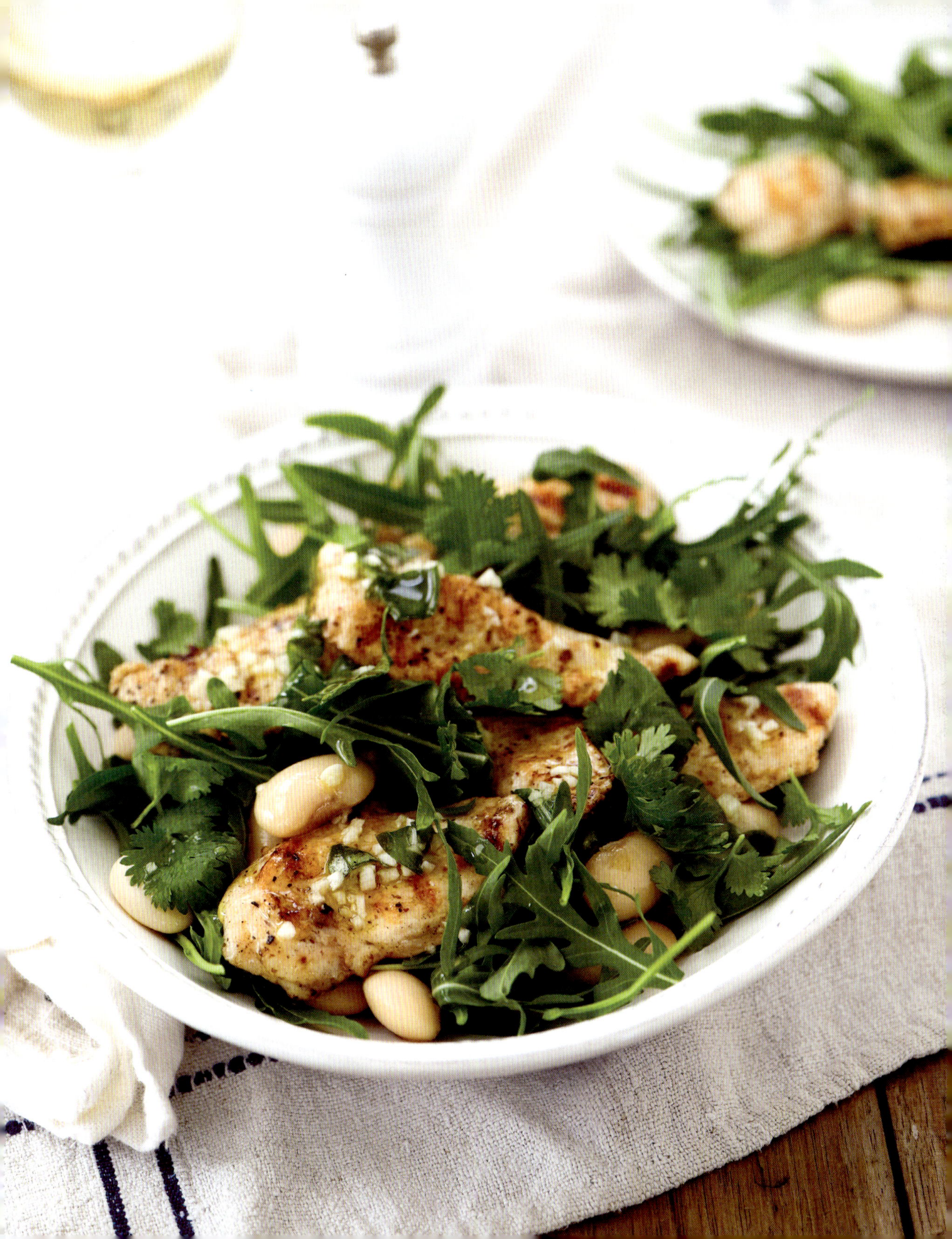

Poulet épicé avec haricots cannellini

Le poulet, les haricots cannellini et les tomates cerises font de ce plat un repas complet et sain.

- 4 portions
- 15 minutes
- 10–14 minutes
- 1

500	g (1 lb) de tomates cerises, en moitiés
1	petit oignon rouge, haché
2	boîtes (400 g/14 oz) de haricots cannellini, rincés et égouttés
250	ml (1 tasse) de persil frais, haché grossièrement
	Jus fraîchement pressé de 2 petits citrons
	Sel de mer et poivre noir, fraîchement moulus
4	poitrines de poulet, désossées et sans la peau, coupées en deux au centre, dans le sens de la longueur
30	à 45 ml (2 à 3 c. à soupe) de harissa ou autre pâte de piments
	Yogourt nature grec, à faible teneur en gras, pour servir
	Pain focaccia de blé entier ou multigrain grillé, pour servir

1. **Préparer** un feu très chaud dans un barbecue ou préchauffer un gril intérieur ou une plaque de cuisson à intensité élevée.

2. **Mêler** les tomates, l'oignon et les haricots dans un bol. Ajouter en brassant le persil et le jus de citron. Saler et poivrer, puis réserver.

3. **Enrober** le poulet de harissa ou de pâte de piments.

4. **Griller** le poulet jusqu'à ce qu'il soit tendre, cuit de part en part et rayé de lignes noires, 5 à 7 minutes de chaque côté.

5. **Répartir** la salade entre 4 assiettes de service, garnir de poulet et servir avec une cuillérée de yogourt et la foccacia ou le pain grillé.

Si vous avez aimé cette recette, vous raffolerez aussi de celles-ci.

Salade grecque au poulet avec bruschettas — 216

Poulet grillé, roquette et haricots blancs — 218

Poulet grillé ail et citron — 228

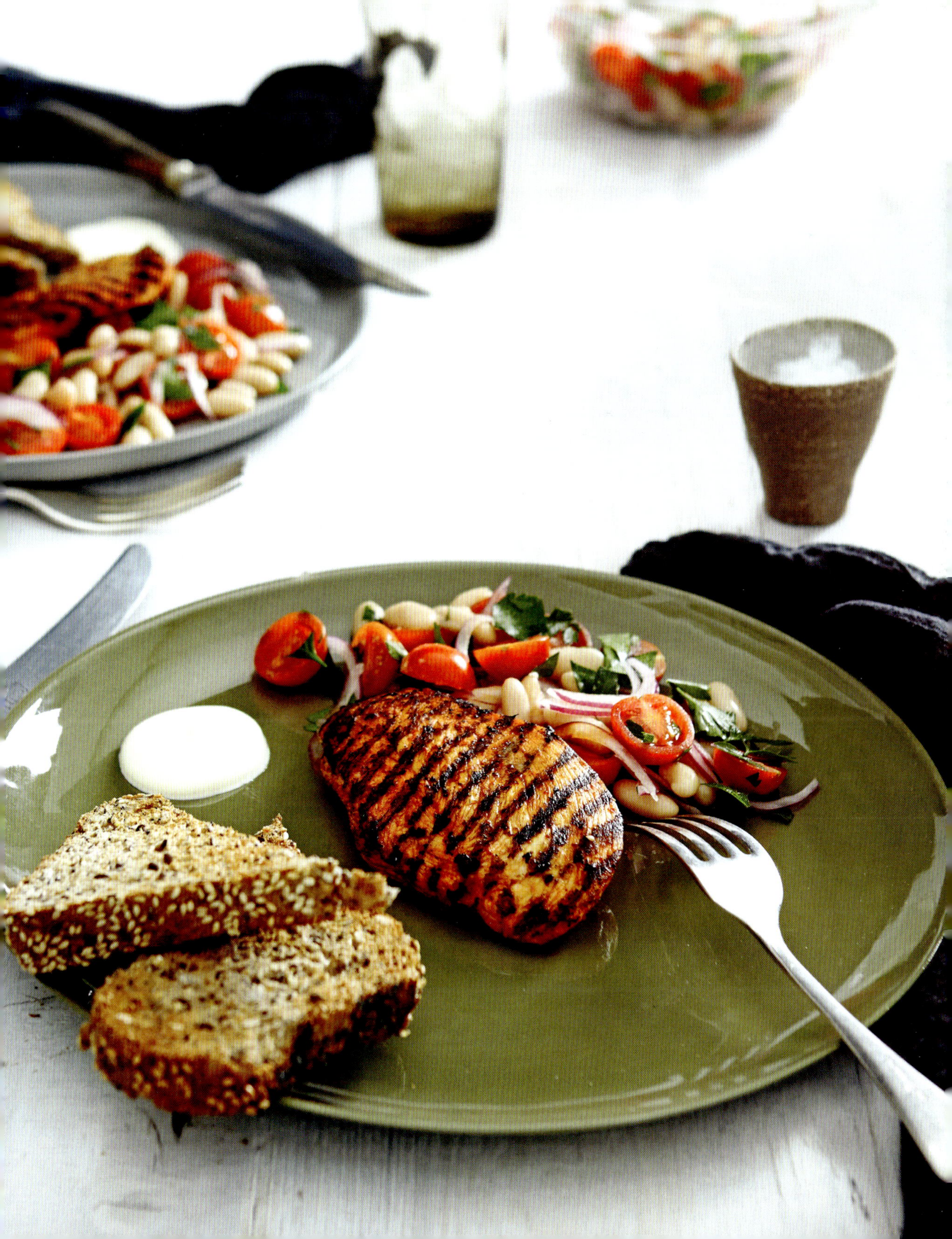

Poulet avec sauce
citron et câpres

Remplacez le jus de citron par la même quantité de jus de lime pour un goût légèrement différent, mais tout aussi délicieux.

- 4 portions
- 10 minutes
- 15–20 minutes
- 1

4	demi-poitrines de poulet, désossées et sans la peau
150	g (1 tasse) de farine tout usage, salée et poivrée
90	g (6 c. à soupe) de beurre
15	ml (1 c. à soupe) de câpres, égouttées
15	ml (1 c. à soupe) de zeste de citron non ciré, râpé finement
75	ml (5 c. à soupe) de jus de citron, fraîchement pressé
	Sel de mer et poivre noir, fraîchement moulus
	Pommes de terre nouvelles bouillies et salade verte, pour servir

1. **Saupoudrer** le poulet de farine assaisonnée jusqu'à ce qu'il soit bien enrobé. Secouer tout surplus de farine.

2. **Chauffer** 30 ml (2 c. à soupe) de beurre dans une grande poêle à feu moyen. Ajouter le poulet et sauter jusqu'à ce qu'il soit tendre et doré, 6 à 8 minutes de chaque côté. Transférer dans des assiettes de service et garder chaud.

3. **Ajouter** dans la poêle, 60 ml (4 c. à soupe) de beurre, les câpres, le zeste et le jus de citron. Laisser mijoter à feu doux, en brassant souvent, jusqu'à ce que le mélange ait épaissi, environ 5 minutes. Saler et poivrer.

4. **À la cuillère,** arroser le poulet de sauce. Servir chaud avec les pommes de terre et la salade verte.

Si vous avez aimé cette recette, vous raffolerez aussi de celles-ci.

Brochettes de poulet soya et coriandre avec riz au jasmin
224

Brochettes de poulet citron et herbes fraîches
226

Poulet grillé ail et citron
228

222 VIANDES

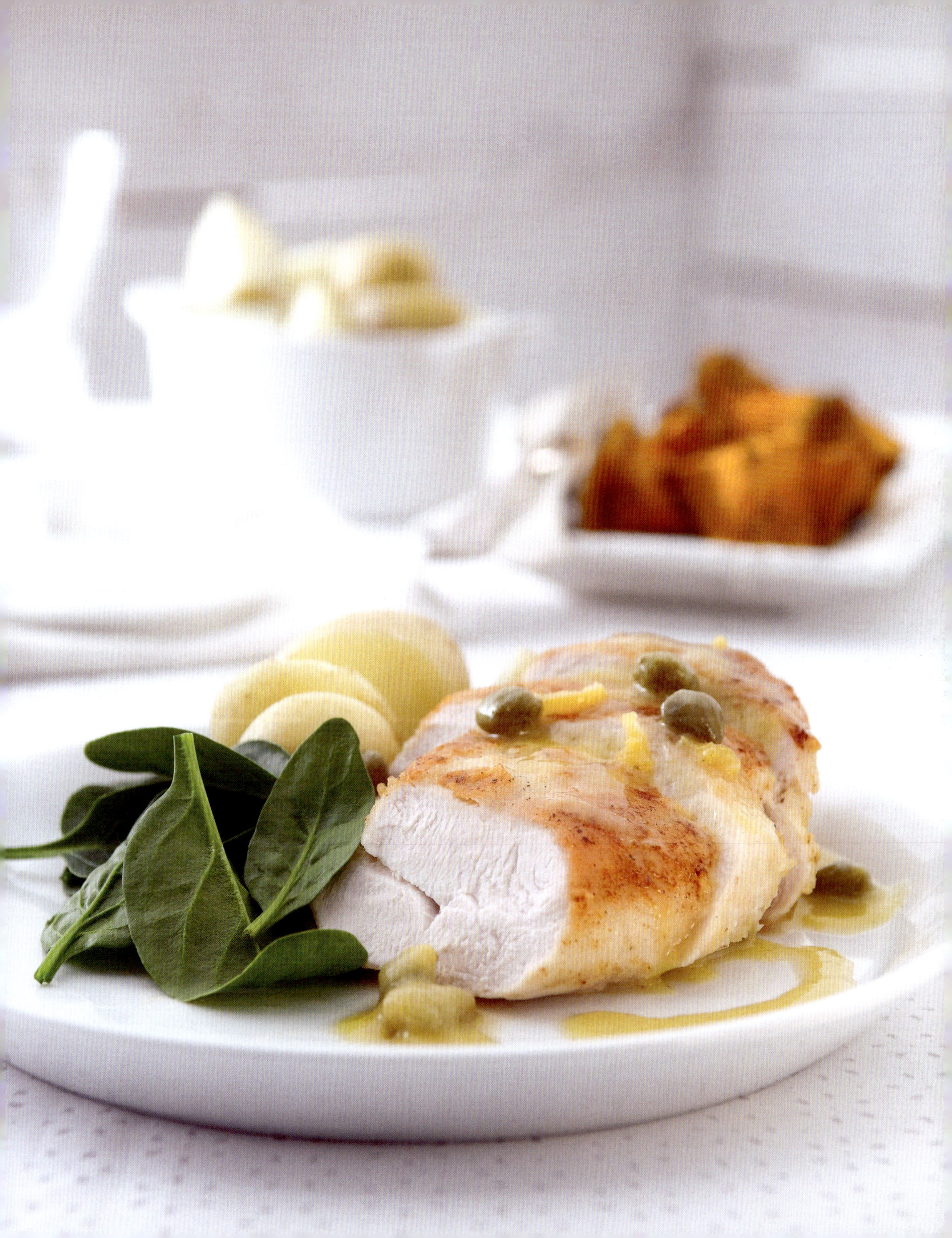

Brochettes de poulet soya et coriandre avec riz au jasmin

Le mélange de sauce chili douce, de jus de lime et de sauce soya ajoute une note exotique à ce plat simple.

- 4 portions
- 10 minutes
- 10–15 minutes
- 1

400 g (2 tasses)	de riz au jasmin
30 ml (2 c. à soupe)	de sauce chili thaïe douce
30 ml (2 c. à soupe)	de jus de lime, fraîchement pressé
15 ml (1 c. à soupe)	de sauce soya légère
15 ml (1 c. à soupe)	de coriandre fraîche, hachée finement
3	poitrines de poulet, désossées et sans la peau, tranchées

1. **Porter** à ébullition une grande casserole d'eau salée. Ajouter le riz et cuire à feu moyen jusqu'à ce qu'il soit tendre, 10 à 15 minutes. Bien égoutter.

2. **Pendant ce temps**, mêler la sauce chili douce, le jus de lime, la sauce soya et la coriandre dans un bol moyen. Ajouter le poulet en le tournant pour bien l'enrober.

3. **Préparer** un feu très chaud dans un barbecue ou préchauffer un gril intérieur ou une plaque de cuisson à intensité élevée.

4. **Enfiler** le poulet sur des brochettes en bambou ou en métal, prêtes pour le gril.

5. **Griller** le poulet jusqu'à ce qu'il soit tendre, cuit de part en part et rayé de lignes noires, 5 à 7 minutes de chaque côté.

6. **Servir** les brochettes chaudes avec le riz.

Si vous avez aimé cette recette, vous raffolerez aussi de celles-ci.

Brochettes de poulet citron et herbes fraîches — 226

Poulet grillé ail et citron — 228

Boulettes poulet et lait de coco — 232

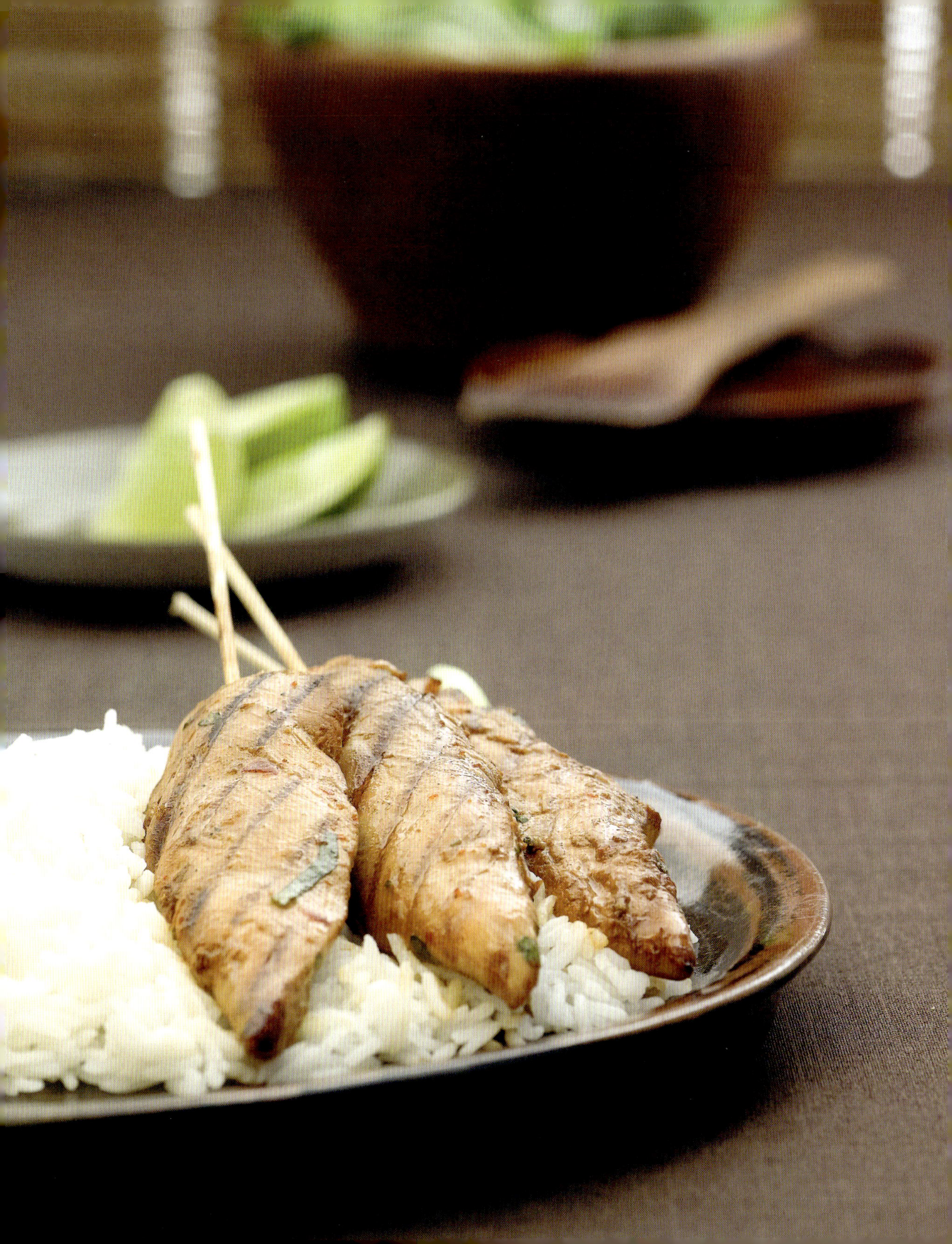

Brochettes de poulet
citron et herbes fraîches

Arroser le poulet et le tourner pendant qu'il grille aidera à le garder tendre et savoureux.

- 4 portions
- 10 minutes
- 10 minutes
- 10–12 minutes
- 1

15	ml (1 c. à soupe) de persil frais, haché finement	5	ml (1 c. à thé) de pâte de piments rouges
15	ml (1 c. à soupe) de romarin frais, haché finement	60	ml (4 c. à soupe) d'huile d'olive extra vierge
10	ml (2 c. à thé) de thym frais, haché finement	4	demi-poitrines de poulet, désossées et sans la peau, en petits cubes
1	gousse d'ail, hachée finement		Quartiers de citron, pour servir
5	ml (1 c. à thé) de grains de poivre noir, concassés		
	Jus fraîchement pressé et zeste râpé finement, de 1 citron		

1. **Mêler** le persil, le romarin, le thym, l'ail, le poivre noir, le zeste et le jus de citron, la pâte de piments et 30 ml (2 c. à soupe) d'huile dans un bol moyen.

2. **Ajouter** le poulet et bien brasser. Laisser mariner au moins 10 minutes.

3. **Préparer** un feu très chaud dans un barbecue ou préchauffer un gril intérieur ou une plaque de cuisson à intensité élevée.

4. **Enfiler** le poulet sur des brochettes. Cuire sur le gril, en le tournant et le badigeonnant souvent avec 30 ml (2 c. à soupe) d'huile, jusqu'à ce qu'il soit tendre et doré, 5 à 7 minutes de chaque côté.

5. **Servir** chaud avec des quartiers de citron.

Si vous avez aimé cette recette, vous raffolerez aussi de celles-ci.

Poulet avec sauce citron et câpres 
222

Brochettes de poulet soya et coriandre avec riz au jasmin 
224

Poulet grillé ail et citron 
228

226 VIANDES

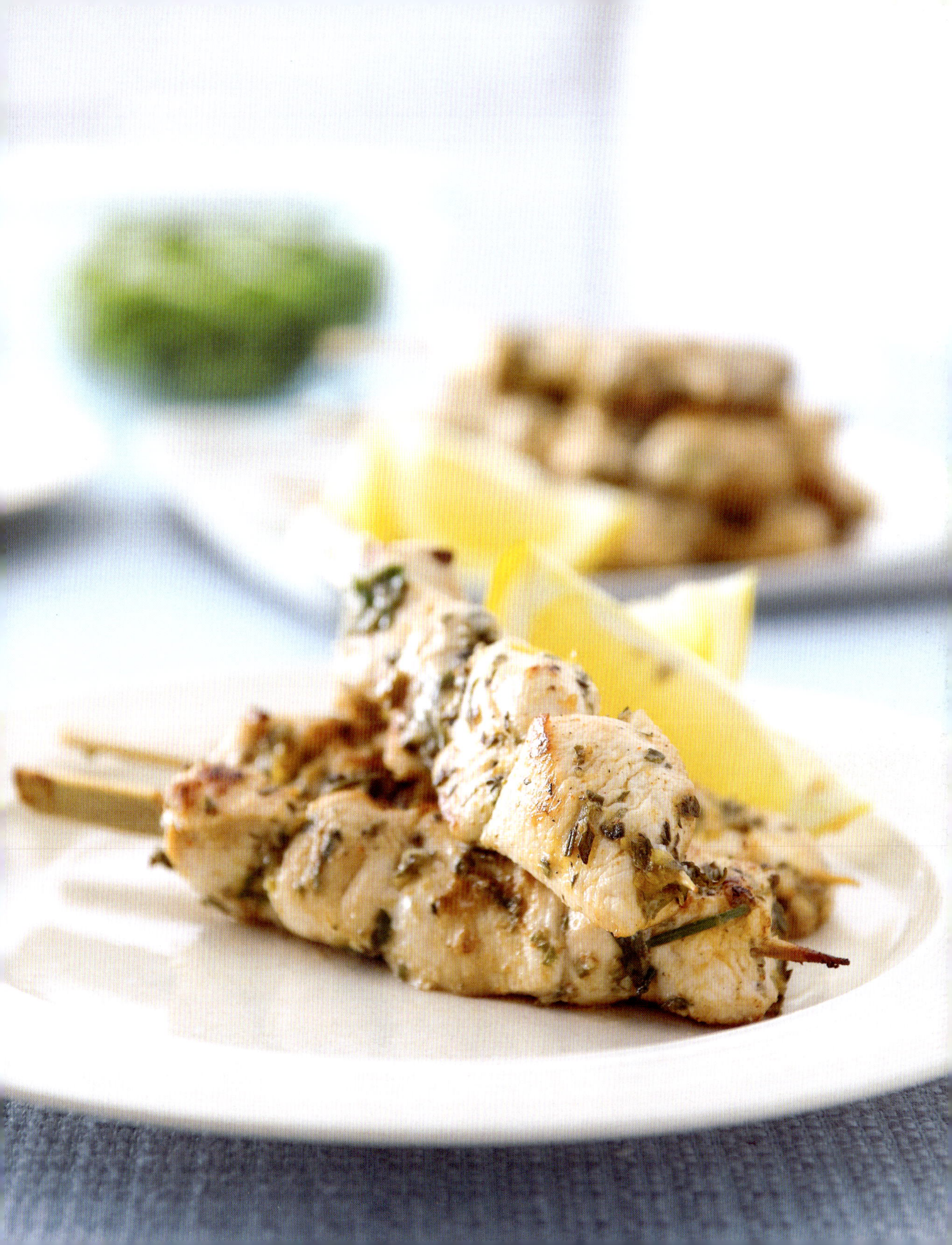

Poulet grillé ail et citron

Vous pouvez préparer ce plat plusieurs heures à l'avance. Couvrir le bol et laisser mariner au réfrigérateur jusqu'au moment de cuire.

- 4 portions
- 10 minutes
- 10–14 minutes
- 1

- 60 ml (¼ tasse) d'huile d'olive extra vierge
- Zeste râpé finement et jus de 1 citron
- 2 gousses d'ail, hachées finement
- 30 ml (2 c. à soupe) de persil frais, haché finement
- 4 demi-poitrines de poulet, désossées et sans la peau, coupées en deux dans le sens de la longueur
- Sel de mer et poivre noir, fraîchement moulus
- 100 g (2 tasses) de feuilles de roquette
- 4 tomates, coupées en quartiers

1. **Mêler** l'huile, le zeste et le jus de citron, l'ail et le persil dans un bol moyen.
2. **Ajouter** le poulet, en le tournant pour bien l'enrober. Saler et poivrer.
3. **Préparer** un feu très chaud dans un barbecue ou préchauffer un gril intérieur ou une plaque de cuisson à intensité élevée.
4. **Griller** le poulet jusqu'à ce qu'il soit tendre, cuit de part en part et rayé de lignes noires, 5 à 7 minutes de chaque côté.
5. **Servir** chaud avec la roquette et les tomates.

Si vous avez aimé cette recette, vous raffolerez aussi de celles-ci.

Poulet grillé, roquette et haricots blancs
218

Poulet avec sauce citron et câpres
222

Brochettes de poulet citron et herbes fraîches
226

228 VIANDES

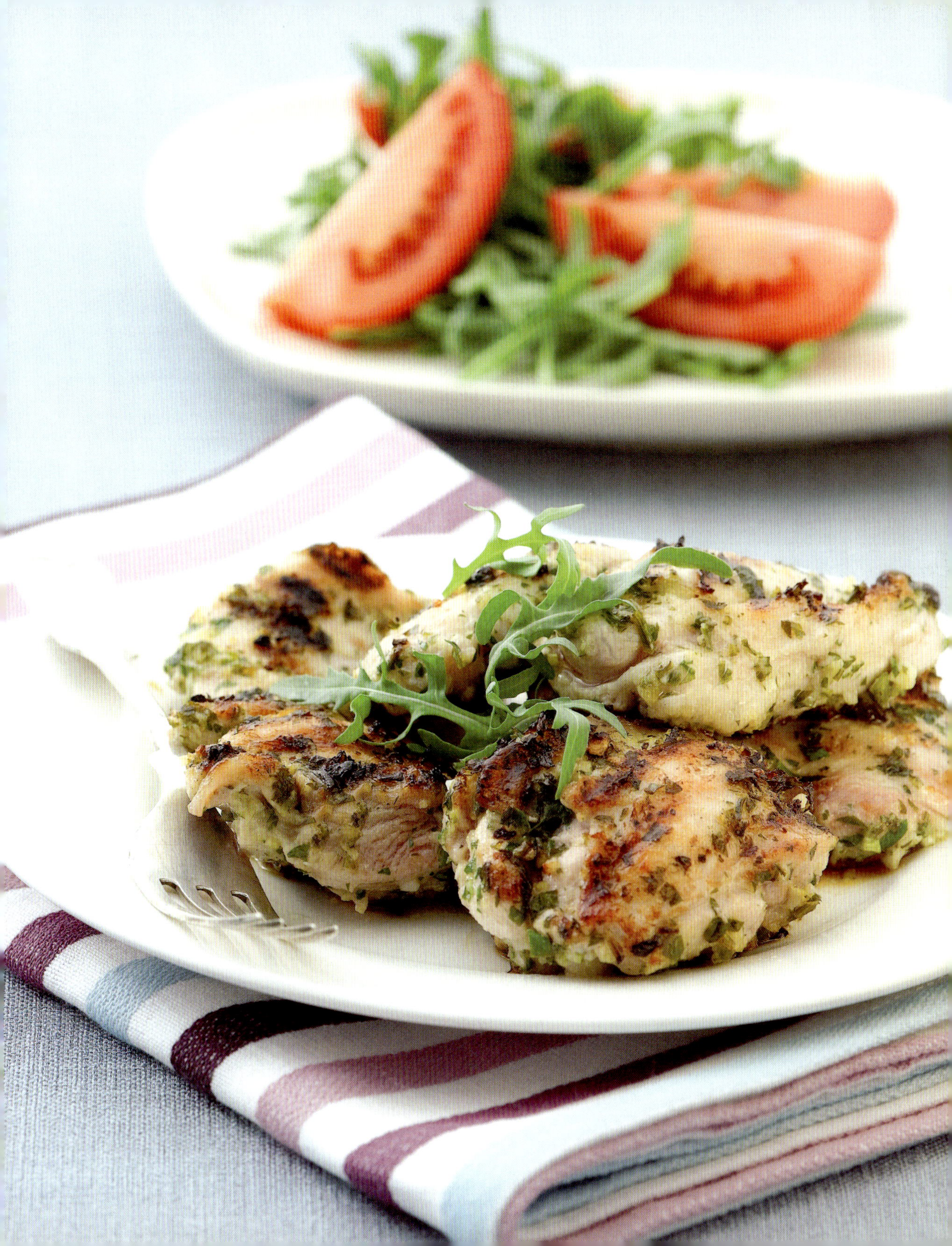

Rouleaux de poulet, pancetta, sauge et parmesan

Servez ces délicieux rouleaux de poulet au dîner comme au souper.

- 4 portions
- 10 minutes
- 15–20 minutes
- 2

400	g (2 tasses) de riz à grain court
2	poitrines de poulet, désossées et sans la peau, coupées en 8 filets
8	tranches de pancetta ou de bacon
90	g (3 oz) de parmesan, coupé en petits cubes
16	feuilles de sauge fraîche
1	ml (¼ de c. à thé) de muscade, fraîchement moulue
60	ml (¼ tasse) d'huile d'olive extra vierge
90	ml (⅓ tasse) de vin blanc sec

1. **Cuire** le riz dans une grande casserole d'eau bouillante salée jusqu'à ce que tendre, environ 15 minutes. Égoutter et garder au chaud.
2. **Pendant ce temps**, étendre le poulet sur une surface de travail propre. Mettre une tranche de pancetta, du parmesan et deux feuilles de sauge sur chaque filet de poulet. Saupoudrer de muscade.
3. **Rouler** les tranches et sceller avec des cure-dents.
4. **Chauffer** l'huile dans une grande poêle à feu vif.
5. **Ajouter** le poulet et sauter jusqu'à ce qu'il soit légèrement doré, environ 3 minutes.
6. **Arroser** de vin. Cuire à feu moyen-fort, en le tournant souvent, jusqu'à ce qu'il soit cuit et doré, 10 à 12 minutes.
7. **Servir** chaud avec le riz.

Si vous avez aimé cette recette, vous raffolerez aussi de celles-ci.

Salade grecque au poulet avec bruschettas — 216

Boulettes poulet et lait de coco — 232

Escalopes de veau à la romaine — 236

VIANDES

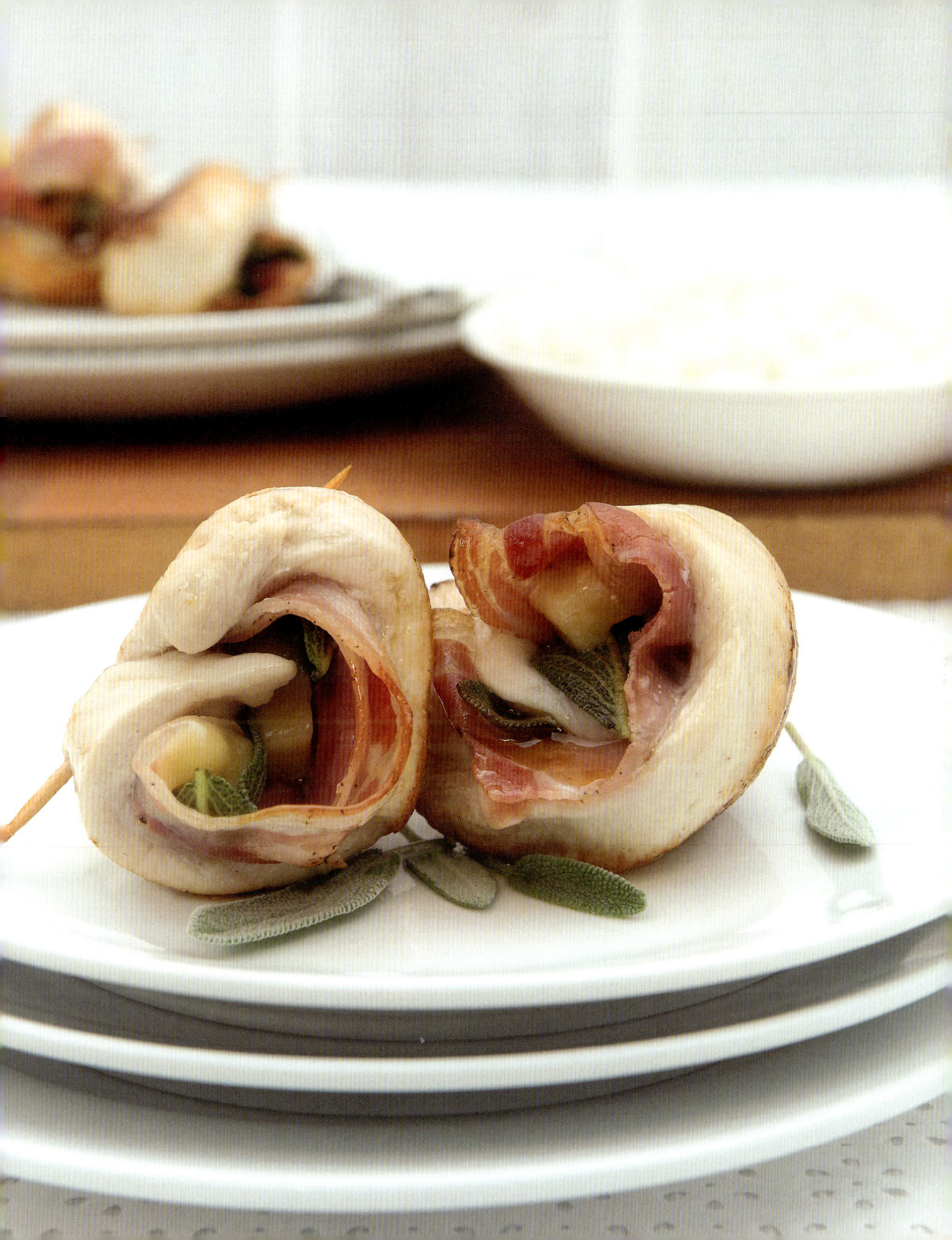

Boulettes de poulet
et lait de coco

Utilisez une sauce chili plus ou moins douce dans ces boulettes selon que vous aimez vos aliments plus ou moins épicés. Parfaites comme entrée ou plat de fête, ces boulettes peuvent aussi constituer un plat principal.

- 4-6 portions
- 15 minutes
- 15 minutes
- 2

- 500 g (1 lb) de poulet haché
- 60 ml (¼ tasse) de sauce chili douce + un surplus, pour servir
- 2 gousses d'ail, hachées finement
- 5 ml (1 c. à thé) de gingembre frais, haché finement
- 5 ml (1 c. à soupe) de sauce de poisson thaïe
- 125 ml (½ tasse) de coriandre fraîche, hachée finement
- 150 ml (⅔ tasse) de lait de coco
- Sel de mer et poivre noir, fraîchement moulus

1. **Préchauffer** le four à 200 °C (400 °F). Huiler légèrement deux moules à mini-muffins de 12 coupelles.
2. **Combiner** le poulet, la sauce chili, l'ail, le gingembre, la sauce de poisson, la coriandre et le lait de coco dans un bol moyen. Saler et poivrer, puis bien mélanger.
3. **À la cuillère**, répartir uniformément le mélange dans les coupelles des moules préparés.
4. **Cuire** au four jusqu'à ce que les boulettes soient dorées et cuites de part en part, environ 15 minutes.
5. **Servir** chaud, avec un surplus de sauce chili douce.

Si vous avez aimé cette recette, vous raffolerez aussi de celles-ci.

Brochettes de poulet soya et coriandre avec riz au jasmin — 224

Brochettes de poulet citron et herbes fraîches — 226

Poulet grillé ail et citron — 228

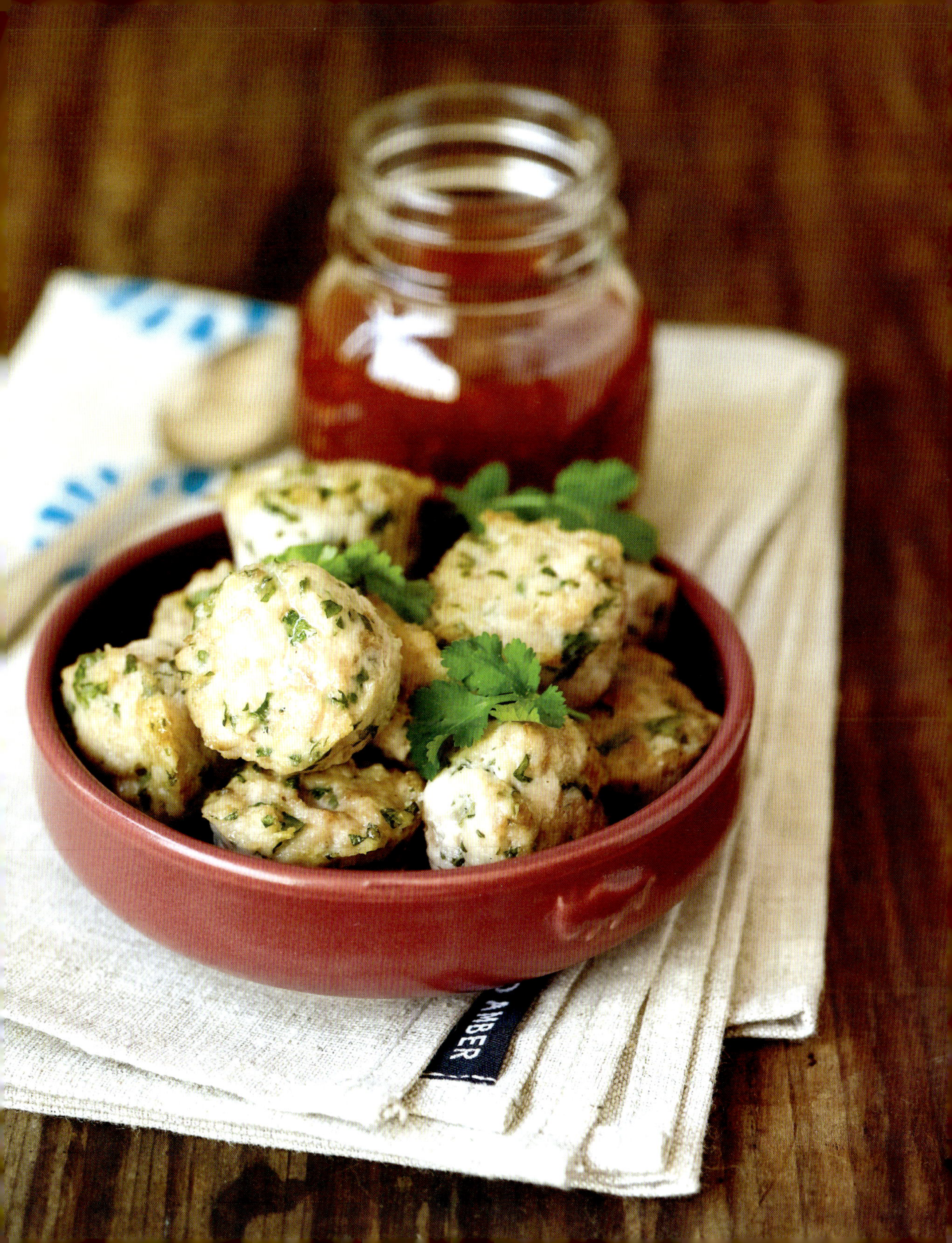
AMBER

Escalopes de veau *sauce aux tomates fraîches*

Les escalopes devraient être coupées dans le sens contraire des fibres d'un morceau d'intérieur de ronde de veau. Demandez à votre boucher de les préparer pour vous, ou achetez une morceau d'intérieur de ronde de veau d'excellente qualité et tranchez-les vous-même à la maison.

- 4 portions
- 15 minutes
- 10–12 minutes
- 2

8	escalopes de veau, pesant 500 g (1 lb) au total
50	g (⅓ tasse) de farine tout usage
60	ml (¼ tasse) d'huile d'olive extra vierge
30	ml (2 c. à soupe) de beurre
	Sel de mer et poivre noir, fraîchement moulus
125	ml (½ tasse) de vin blanc sec
2	échalotes, hachées grossièrement
500	g (1 lb) de tomates, pelées et en dés
120	g (1 tasse) de copeaux de parmesan
30	ml (2 c. à soupe) de basilic frais, haché grossièrement

1. **Retirer** le moindre petit morceau de gras des escalopes. Les mettre sur une surface de travail propre, les couvrir de pellicule plastique et les rouler délicatement avec un rouleau à pâtisserie pour les étirer et les aplatir uniformément. Jeter la pellicule.

2. **Les saupoudrer** de farine, puis les secouer pour éliminer tout surplus.

3. **Chauffer** l'huile et le beurre dans une grande poêle à feu moyen.

4. **Ajouter** les escalopes, puis saler et poivrer. Cuire jusqu'à ce qu'elles soient dorées, environ 1 minute de chaque côté.

5. **Ajouter** le vin et laisser mijoter jusqu'à ce qu'il soit évaporé, 2 à 3 minutes. Retirer les escalopes et les garder au chaud.

6. **Ajouter** les échalotes dans la poêle et dorer légèrement, 2 à 3 minutes. Ajouter les tomates, saler et poivrer, puis laisser mijoter jusqu'à ce que les tomates commencent à amollir, environ 5 minutes.

7. **Remettre** les escalopes dans la poêle. Parsemer de parmesan et de basilic.

8. **Éteindre** le feu, couvrir et laisser reposer 5 minutes. Servir chaud.

Si vous avez aimé cette recette, vous raffolerez aussi de celles-ci.

- Escalopes de veau à la romaine — 236
- Escalopes de veau, citron et carottes — 238
- Lanières de steak avec pesto, roquette et tomates cerises — 240

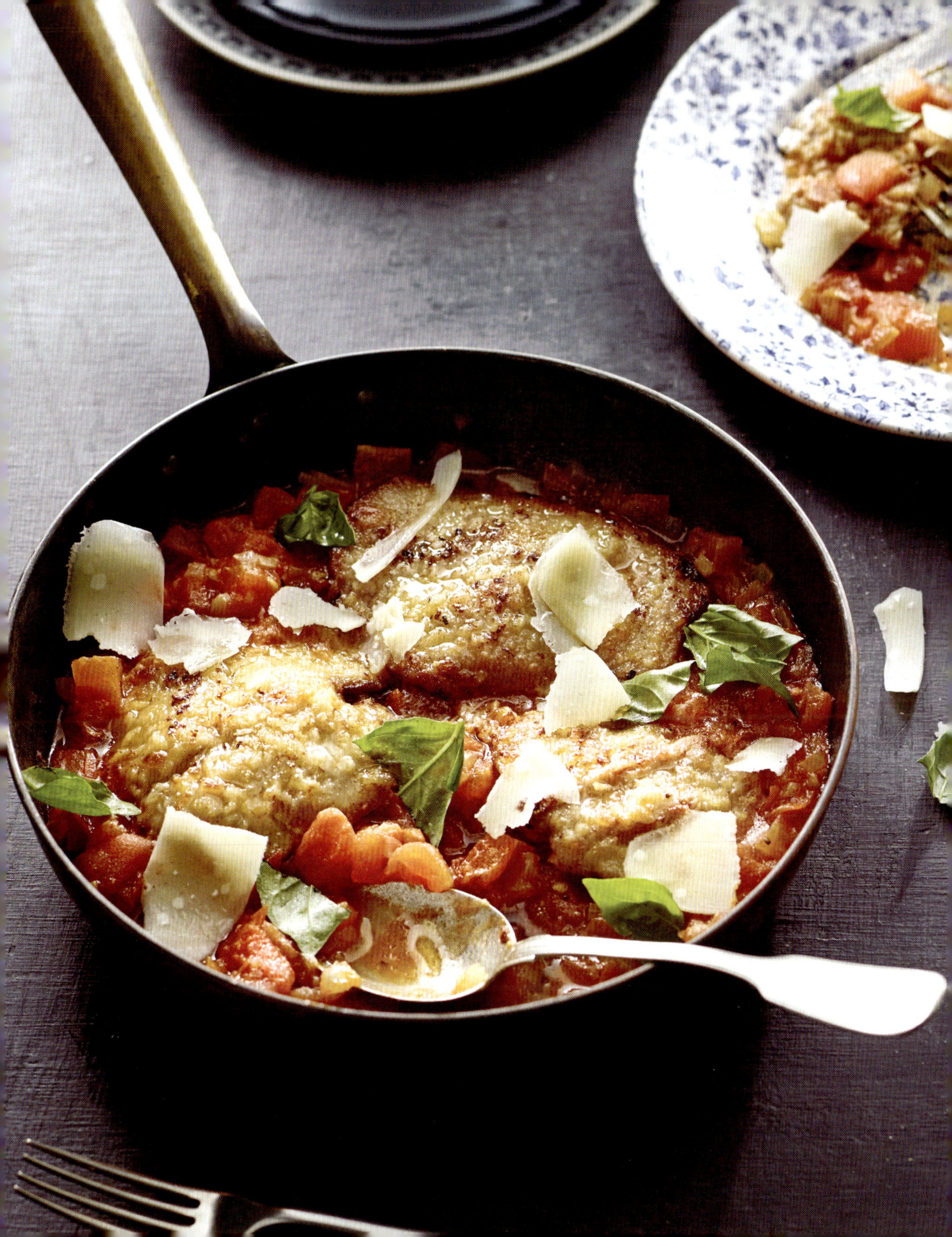

Escalopes de veau à la romaine

Ces escalopes sont une spécialité de Rome où on les appelle *saltimbocca alla romana*. Servez-les avec des légumes vapeur ou du riz.

- 4 portions
- 15 minutes
- 7–10 minutes
- 1

8	escalopes de veau, pesant 500 g (1 lb) au total
50	g (⅓ tasse) de farine tout usage
4	grandes tranches minces de prosciutto de première qualité
8	feuilles de sauge fraîches
30	ml (2 c. à soupe) de beurre
45	ml (3 c. à soupe) d'huile d'olive extra vierge
	Sel de mer et poivre noir, fraîchement moulus
125	ml (½ tasse) de vin blanc sec
	Brocoli vapeur, pour servir

1. **Retirer** le moindre petit morceau de gras des escalopes. Les mettre sur une surface de travail propre, les couvrir de pellicule plastique et les rouler délicatement avec un rouleau à pâtisserie pour les étirer et les aplatir uniformément. Jeter la pellicule.

2. **Les saupoudrer** de farine, puis les secouer pour éliminer tout surplus.

3. **Mettre** la moitié d'une tranche de prosciutto sur chaque escalope et couvrir d'une feuille de sauge. Utiliser un cure-dent pour fixer le prosciutto et la sauge au veau.

4. **Fondre** le beurre et l'huile dans une grande poêle à feu moyen. Ajouter les escalopes, le prosciutto au-dessous. Dorer 1 minute, puis tourner et dorer l'autre côté, 1 à 2 minutes. Saler et poivrer.

5. **Ajouter** le vin et laisser mijoter 5 à 6 minutes de plus.

6. **Servir** chaud avec le brocoli.

Si vous avez aimé cette recette, vous raffolerez aussi de celles-ci.

Escalopes de veau sauce aux tomates cerises — 234

Escalopes de veau, citron et carottes — 238

Lanières de steak avec pesto, roquette et tomates cerises — 240

236 VIANDES

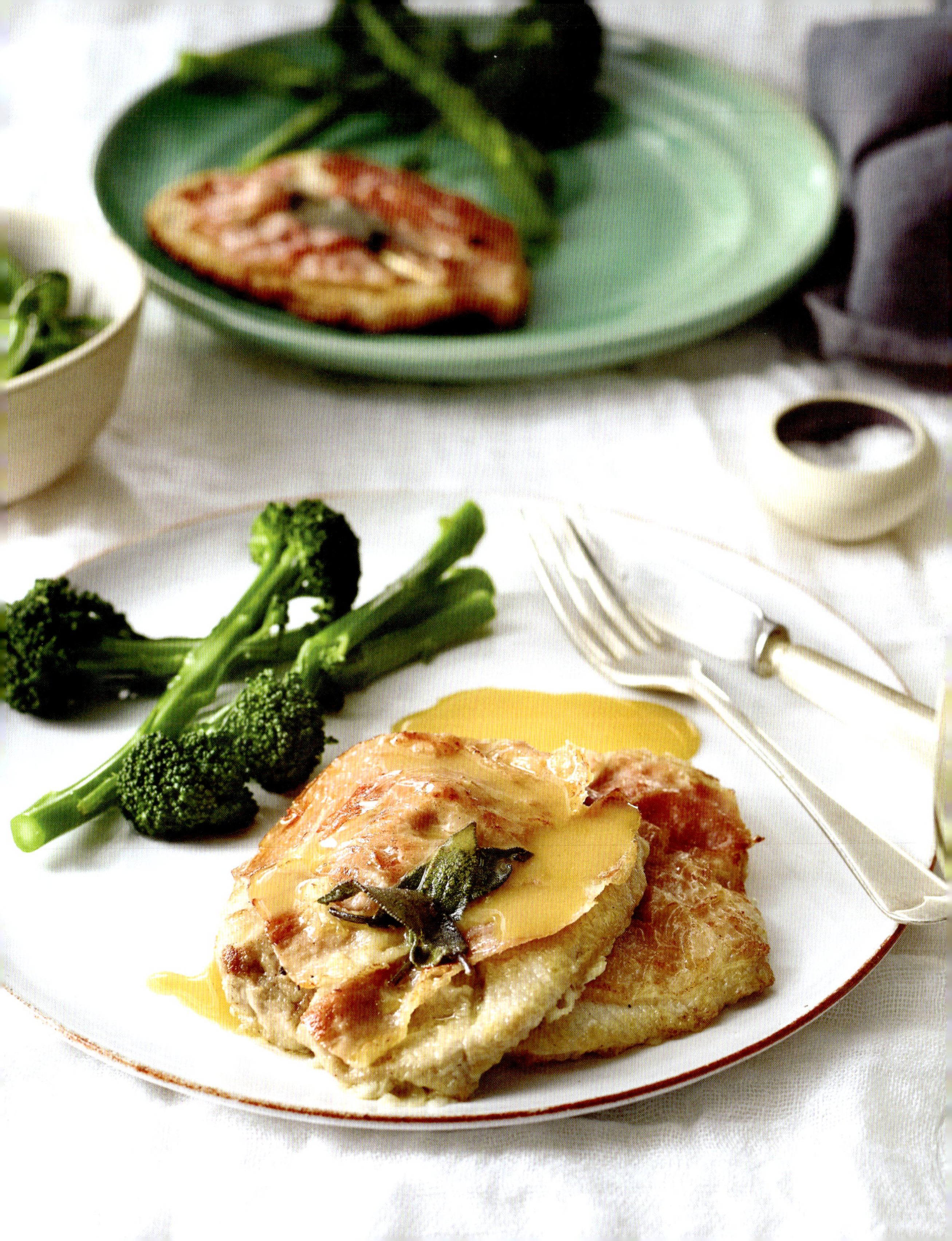

Escalopes de veau,
citron et carottes

On peut cuire les escalopes de veau de tant de façons différentes. Pour une variante délicieuse de cette recette, omettez le jus de citron. Transférez les escalopes dans un plat de service chaud. Ajouter 125 ml (½ tasse) de marsala demi-sec (vin de Sicile) aux jus de cuisson dans la poêle et laisser mijoter 1 à 2 minutes. Versez sur la viande et servez chaud.

- 4 portions
- 15 minutes
- 12–15 minutes
- 2

ESCALOPES

- 8 escalopes de veau, pesant 500 g (1 lb) au total
- 50 g (⅓ tasse) de farine tout usage
- 45 ml (3 c. à soupe) de beurre
- 30 ml (2 c. à soupe) d'huile d'olive extra vierge
- Sel de mer et poivre noir, fraîchement moulus
- 125 ml (½ tasse) de bouillon de bœuf
- Jus fraîchement pressé de 1 citron
- 30 ml (2 c. à soupe) de persil frais, haché finement

CAROTTES

- 8 carottes nouvelles
- 500 ml (2 tasses) de bouillon de bœuf
- 30 ml (2 c. à soupe) de beurre
- 30 ml (2 c. à soupe) de persil frais, haché finement
- 5 ml (1 c. à thé) de sucre
- Sel de mer et poivre noir, fraîchement moulus

1. **Pour les escalopes,** retirer le moindre petit morceau de gras des escalopes. Les mettre sur une surface de travail propre, les couvrir de pellicule plastique et les rouler délicatement avec un rouleau à pâtisserie pour les étirer et les aplatir uniformément. Jeter la pellicule.

2. **Les saupoudrer** de farine, puis les secouer pour éliminer tout surplus.

3. **Fondre** le beurre et l'huile dans une poêle à fond épais, à feu moyen-fort. Ajouter les escalopes et dorer des deux côtés, environ 1 minute chaque côté. Saler et poivrer.

4. **Baisser** le feu à moyen-doux et continuer la cuisson, en ajoutant un peu de bouillon pour humidifier, jusqu'à ce que les escalopes soient tendres, 5 à 6 minutes.

5. **Pour les carottes,** les mettre dans une casserole avec le bouillon de bœuf et laisser mijoter jusqu'à ce qu'elles soient tendres, environ 10 minutes, selon la taille.

6. **Égoutter** légèrement, puis ajouter le beurre, le persil et le sucre. Saler et poivrer. Brasser délicatement à feu moyen jusqu'à ce qu'elles soient bien glacées.

7. **Une fois le veau cuit,** éteindre le feu et arroser de jus de citron. Parsemer de persil.

8. **Servir** chaud avec les carottes glacées.

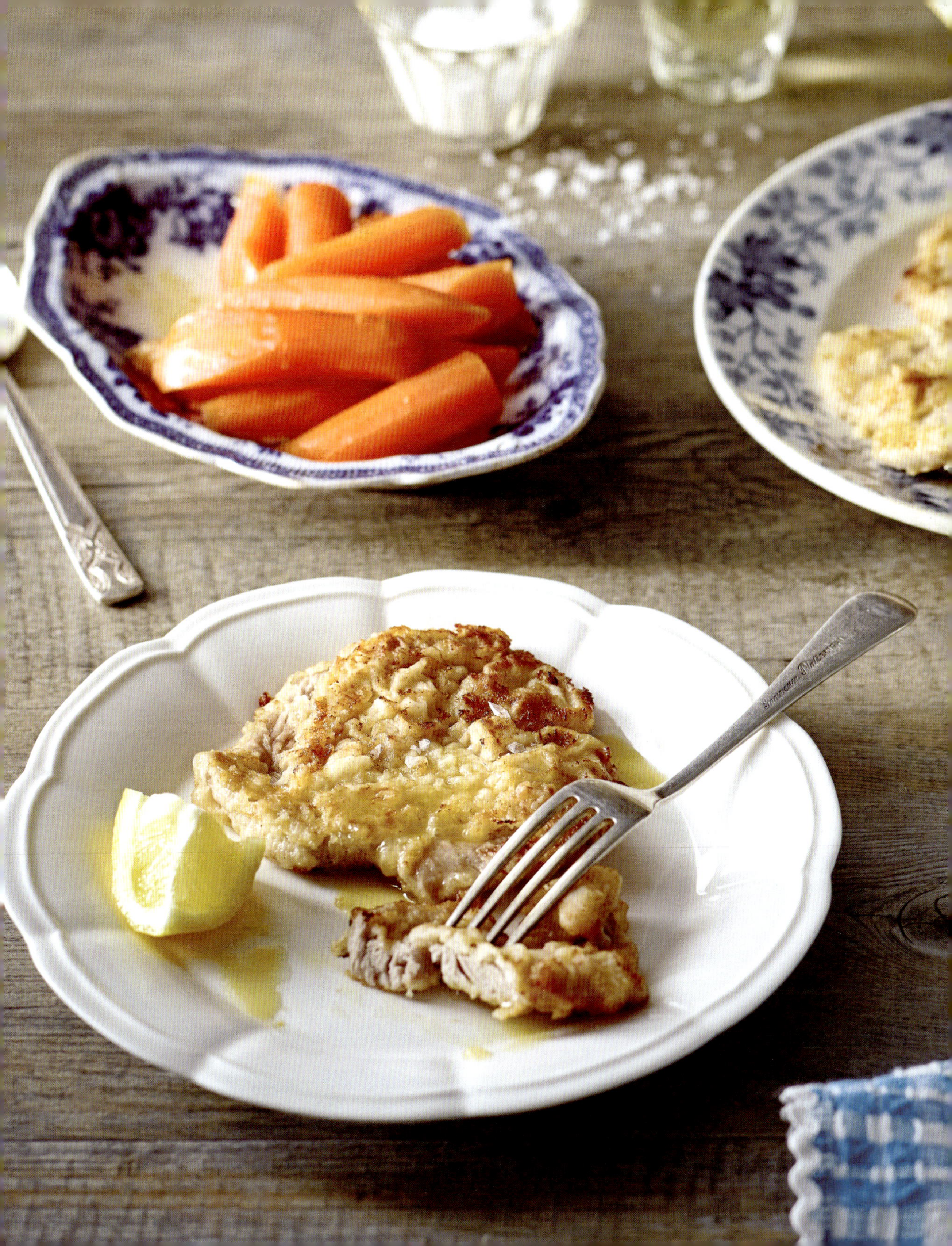

Lanières de steak avec pesto,
roquette et tomates cerises

Cette recette est devenue un classique moderne des restaurants italiens et des trattorias. Elle est facile à préparer à la maison. Le succès de ce plat dépend de la qualité du steak ; choisissez le meilleur que vous puissiez vous permettre. Vous aurez besoin d'environ 750 g (1½ lb) de filet mignon pour quatre personnes. Augmenter le poids si vous utilisez des steaks avec os.

- 4 portions
- 15 minutes
- 8–10 minutes
- 2

750 g (1½ lb)	de filet mignon ou de T-bone, surlonge ou faux-filet (poids sans les os)
45 ml (3 c. à soupe)	d'huile d'olive extra vierge + un surplus, pour arroser
15 à 30 ml (1 à 2 c. à soupe)	d'eau bouillante
250 g (5 tasses)	de feuilles de roquette fraîches
24	tomates cerises, en moitiés
125 ml (½ tasse)	de pesto commercial ou maison
	Sel de mer et poivre noir, fraîchement moulus
60 g (½ tasse)	de parmesan, en copeaux

1. **Préchauffer** une plaque de cuisson à feu moyen-fort.

2. **Huiler** légèrement et assaisonner les steaks. Mettre sur la plaque de cuisson et cuire 4 à 5 minutes de chaque côté pour une viande à point.

3. **Retirer** du feu et mettre sur une planche à découper en bois. Couvrir de papier d'aluminium et laisser reposer pendant que vous préparez la salade.

4. **Ajouter** en brassant assez d'eau bouillante au pesto pour qu'il soit vraiment liquide.

5. **Combiner** la roquette et les tomates cerises dans un bol et verser la moitié du mélange de pesto. Saler et poivre. Bien mêler.

6. **Répartir** la salade entre 4 assiettes de service.

7. **Retirer** le papier d'aluminium et couper le steak en lanières de 1 cm (½ po) d'épaisseur.

8. **Répartir** uniformément les lanières de steak dans chaque assiette. Garnir de copeaux de parmesan et arroser du reste de mélange au pesto. Servir chaud.

Si vous avez aimé cette recette, vous raffolerez aussi de celles-ci.

Salade grecque au poulet avec bruschettas — 216

Poulet grillé, roquette et haricots blancs — 218

Boulettes de bœuf et pommes — 242

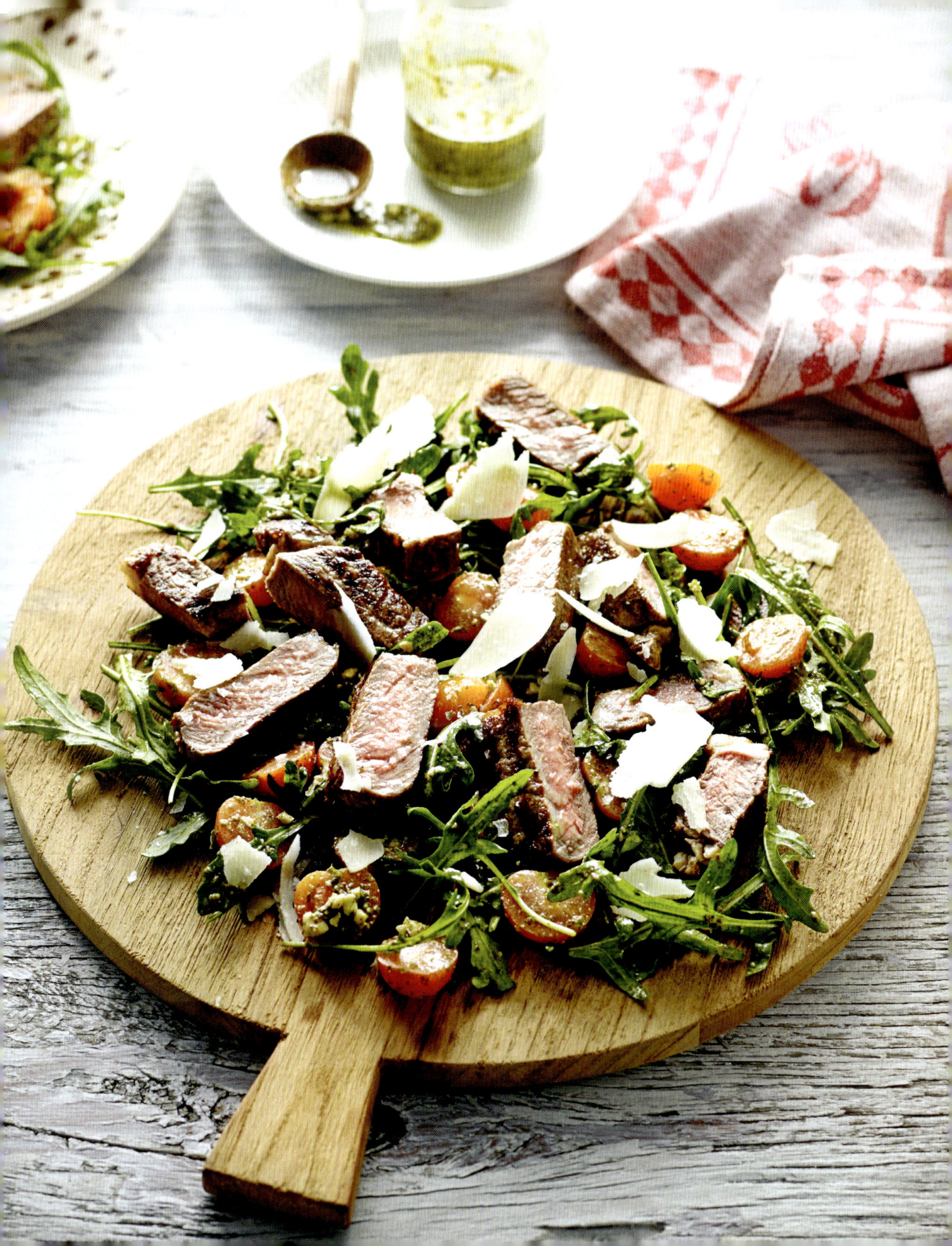

Boulettes de bœuf et pommes

Les pommes ajoutent une texture moelleuse et une saveur fraîche et sucrée à ces boulettes.

- 4 portions
- 10 minutes
- 15–20 minutes
- 2

2	pommes moyennes (les Granny Smith sont idéales), râpées
600 g (1 ¼ lb)	de bœuf haché
2	gros œufs, battus
60 g (½ tasse)	de parmesan, fraîchement râpé
2	gousses d'ail, hachées finement
	Sel de mer et poivre noir, fraîchement moulus
150 g (1 tasse)	de farine tout usage
120 g (½ tasse)	de beurre
60 ml (¼ tasse)	de vin blanc sec
30 ml (2 c. à soupe)	de sucre

1. **Mettre** les pommes dans un bol moyen avec le bœuf, les œufs, le parmesan, l'ail, le sel et le poivre. Bien mélanger.

2. **Façonner** environ 15 ml (1 c. à soupe) de mélange pour chaque croquette ovale, puis les saupoudrer de farine en secouant tout surplus.

3. **Chauffer** le beurre dans une grande poêle à feu moyen-fort et frire les croquettes jusqu'à ce qu'elles soient dorées sur toutes leurs surfaces, 8 à 10 minutes.

4. **Chauffer** le vin dans une petite casserole à feu doux. Ajouter le sucre et brasser jusqu'à ce qu'il soit dissous.

5. **À la cuillère,** arroser les croquettes avec le mélange de vin. Laisser mijoter jusqu'à ce que le mélange ait légèrement réduit.

6. **Servir** chaud, ou à la température de la pièce.

Si vous avez aimé cette recette, vous raffolerez aussi de celles-ci.

Boulettes poulet et lait de coco
232

Lanières de steak avec pesto, roquette et tomates cerises
240

Foie de veau à la vénitienne avec purée de pommes de terre à l'ail
244

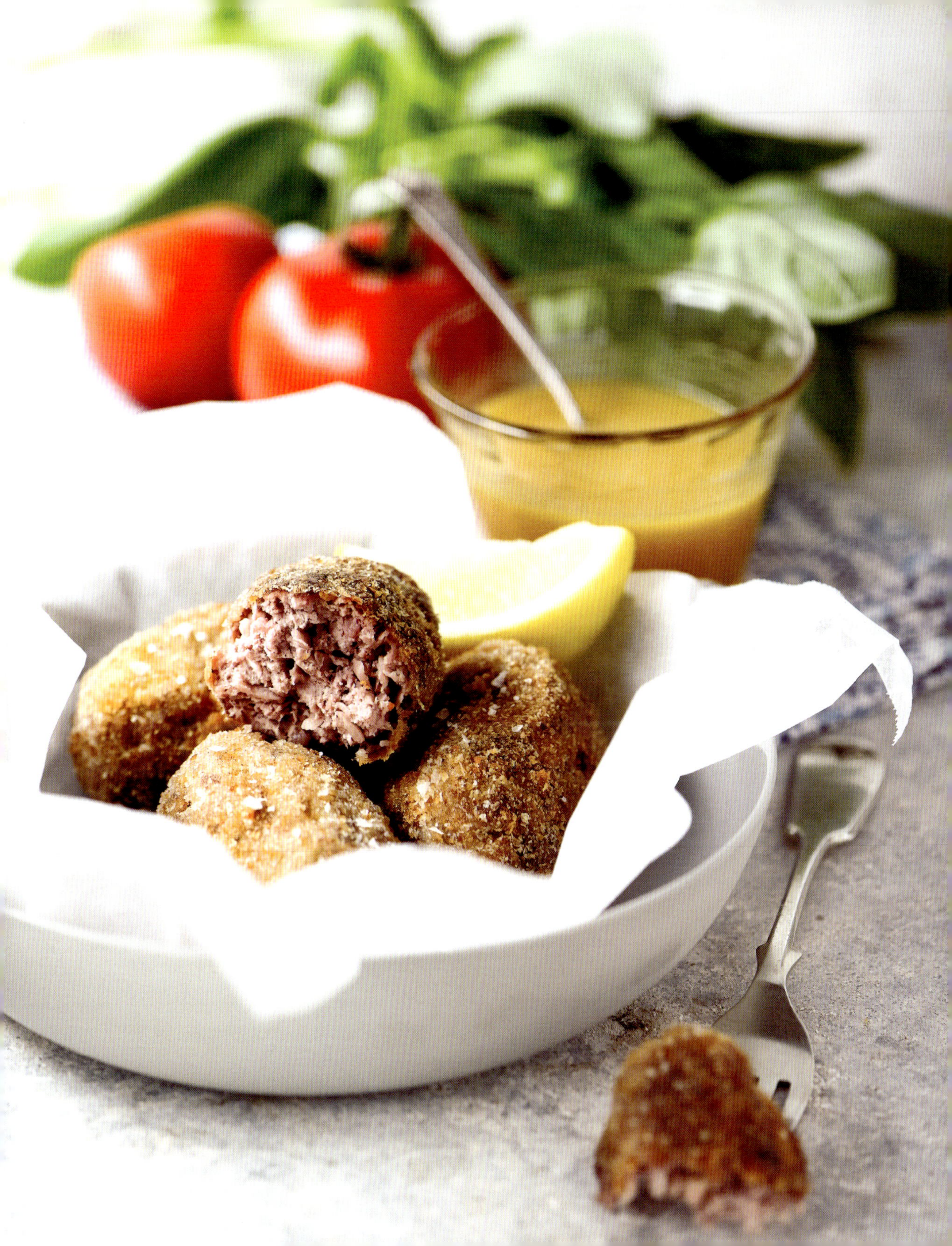

Foie de veau à la vénitienne avec purée de pommes de terre à l'ail

Le foie de veau est un aliment très nutritif. Une seule portion contient environ 1600 % de vos besoins quotidiens en vitamines A et B12. Il est riche aussi en cuivre, zinc, sélénium et fer.

- 6 portions
- 5 minutes
- 20–25 minutes
- 1

- 750 g (1 ½ lb) d'oignons blancs, tranchés finement
- 60 g (¼ tasse) de beurre
- 30 ml (2 c. à soupe) d'huile d'olive extra vierge
- 750 g (1 ½ lb) de foie de veau, coupé en minces lanières
- Sel de mer et poivre noir, fraîchement moulus
- 30 ml (2 c. à soupe) de persil, haché finement
- Purée de pommes de terre à l'ail (voir page 254), pour servir

1. **Combiner** les oignons, le beurre et l'huile dans une grande poêle à feu moyen. Laisser suer doucement 20 minutes.
2. **Ajouter** le foie dans la poêle et cuire à feu fort, en brassant et tournant sans arrêt jusqu'à ce qu'il soit cuit de part en part, 4 à 5 minutes. Ne pas le cuire plus longtemps, sinon il deviendra coriace.
3. **Saler** et poivrer tout juste avant de retirer la viande du feu.
4. **Parsemer** de persil, puis servir chaud avec la purée de pommes de terre à l'ail.

Si vous avez aimé cette recette, vous raffolerez aussi de celles-ci.

Escalopes de veau à la romaine — 236

Lanières de steak avec pesto, roquette et tomates cerises — 240

Boulettes de bœuf et pommes — 242

244 VIANDES

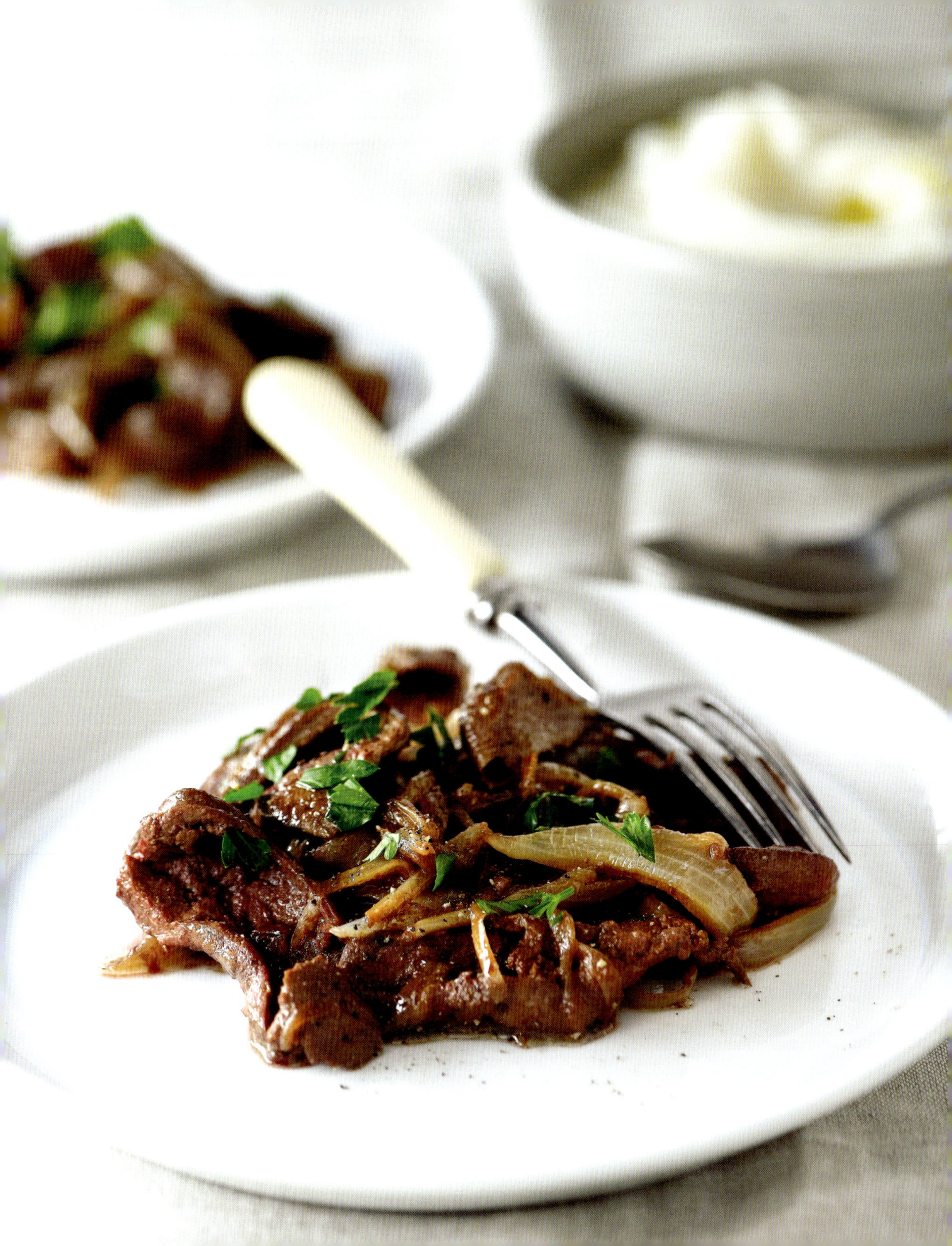

Côtelettes d'agneau
aux herbes de Provence

Une grande variété de fines herbes poussent sous le climat méditerranéen chaud de la Provence, dans le sud de la France. Elles sont les ingrédients essentiels de nombreux plats classiques provençaux. De nos jours, des mélanges d'herbes, appelés «herbes de Provence», sont vendus dans le commerce, mais vous pouvez aisément faire les vôtres à la maison.

- 4 portions
- 10 minutes
- 10 minutes
- 2–4 minutes
- 1

HERBES DE PROVENCE

- 10 ml (2 c. à thé) de marjolaine séchée
- 10 ml (2 c. à thé) de thym séché
- 10 ml (2 c. à thé) de sariette séchée
- 5 ml (1 c. à thé) de romarin séché
- 5 ml (1 c. à thé) de lavande séchée
- 1 ml (¼ c. à thé) de sauge séchée
- 1 ml (¼ c. à thé) de graines de fenouil séchées, légèrement écrasées

CÔTELETTES D'AGNEAU

- 30 ml (2 c. à soupe) d'huile d'olive extra vierge + un surplus pour badigeonner
- 1 gousse d'ail, hachée finement
- Sel de mer et poivre noir, fraîchement moulus
- 12 côtelettes d'agneau, parées
- Asperges fraîchement cuites, pour servir (facultatif)

1. **Pour les herbes de Provence,** combiner toutes les herbes dans un petit bol. Bien mêler et réserver.

2. **Pour les côtelettes,** combiner l'huile et l'ail dans un petit bol, puis badigeonner les côtelettes. Saupoudrer du mélange d'herbes de Provence, puis saler et poivrer.

3. **Préparer** un feu chaud dans un barbecue, ou préchauffer un gril intérieur ou une plaque de cuisson à intensité élevée. Badigeonner les grilles avec un morceau d'essuie-tout huilé.

4. **Griller** les côtelettes jusqu'à ce qu'elles soient à votre goût, 1 à 2 minutes de chaque côté pour une viande rosée.

5. **Tranférer** sur une planche ou dans une assiette de service, couvrir lâchement de papier d'aluminium et laisser reposer 10 minutes.

6. **Servir** chaud, avec les asperges, si désiré.

Si vous avez aimé cette recette, vous raffolerez aussi de celles-ci.

Poulet grillé ail et citron — 228

Boulettes poulet et lait de coco — 232

Steaks d'agneau et pesto aux graines de citrouille — 248

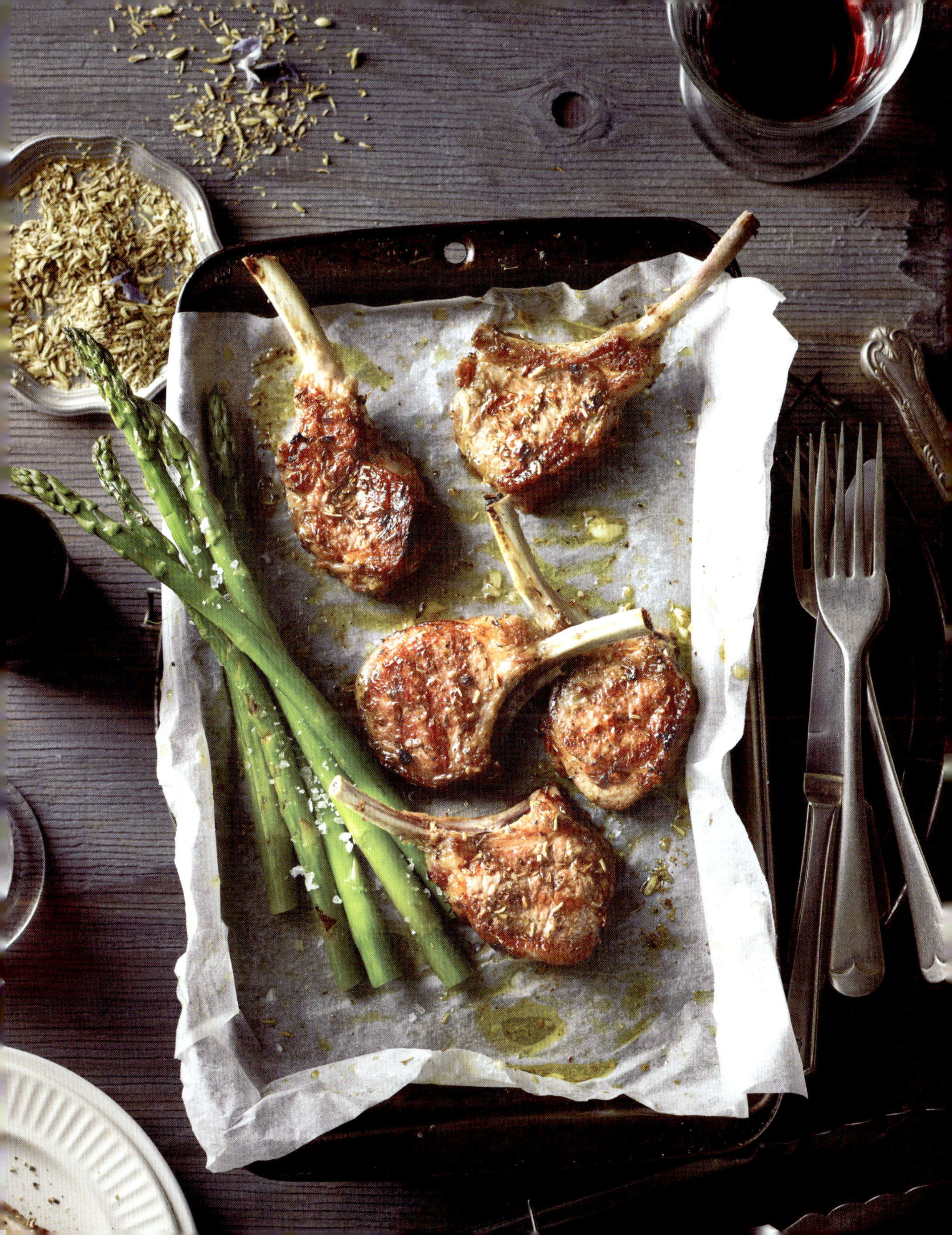

Steaks d'agneau et pesto aux graines de citrouille

Vous pourriez aussi servir ce délicieux pesto santé aux graines de citrouille avec des côtelettes d'agneau.

- 4 portions
- 10 minutes
- 10 minutes
- 6–9 minutes
- 1

PESTO AUX GRAINES DE CITROUILLE

- 90 g (½ tasse) de graines de citrouille
- 2 gousses d'ail, hachées grossièrement
- 1 petit piment vert, épépiné et haché grossièrement
- 50 g (1 tasse) de persil italien frais
- 125 ml (½ tasse) de coriandre fraîche
- 90 ml (⅓ tasse) d'huile d'olive extra vierge + un surplus, pour arroser
- 30 ml (2 c. à soupe) de jus de lime, fraîchement pressé
- Sel et poivre noir, fraîchement moulus

STEAKS D'AGNEAU

- 4 steaks de gigot d'agneau (200 g/7 oz)

1. **Pour le pesto aux graines de citrouille,** faire griller légèrement les graines de citrouille dans une poêle à feu moyen-doux jusqu'à ce qu'elles commencent à éclater et qu'elles soient bien dorées, 2 à 3 minutes.

2. **Combiner** les graines de citrouille grillées, l'ail et le piment dans un petit robot culinaire et mélanger par pulsion jusqu'à ce que le mélange soit haché finement.

3. **Ajouter** le persil, la coriandre, puis mélanger, en ajoutant graduellement l'huile, jusqu'à l'obtention d'une pâte grossière. Gratter les parois, ajouter le jus de lime et mélanger de nouveau pour combiner. Transférer dans un bol, saler et poivrer.

4. **Pour les steaks d'agneau,** préparer un feu chaud dans un barbecue, ou préchauffer un gril intérieur ou une plaque de cuisson à intensité élevée. Badigeonner les grilles avec un morceau d'essuie-tout huilé.

5. **Griller** les steaks jusqu'à ce qu'ils soient cuits à votre goût, 2 à 3 minute de chaque côté pour une viande rosée. Transférer sur une planche ou dans un plat de service, couvrir de papier d'aluminium et laisser reposer 10 minutes.

6. **Pour servir,** étaler le pesto aux graines de citrouille sur les steaks, et servir chauds.

Si vous avez aimé cette recette, vous raffolerez aussi de celles-ci.

Escalopes de veau sauce aux tomates délicate — 234

Boulettes de bœuf et pommes — 242

Côtelettes d'agneau aux herbes de Provence — 246

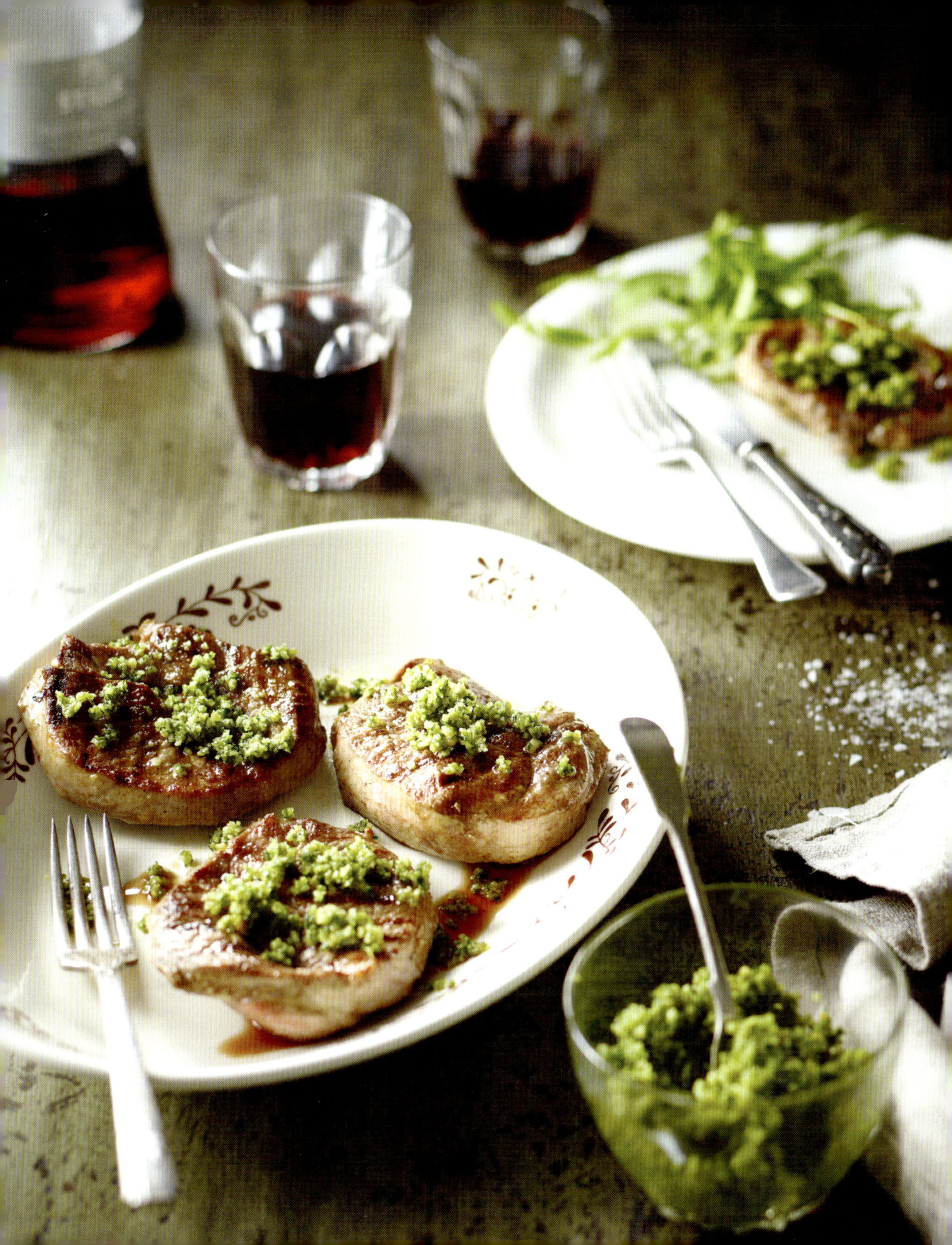

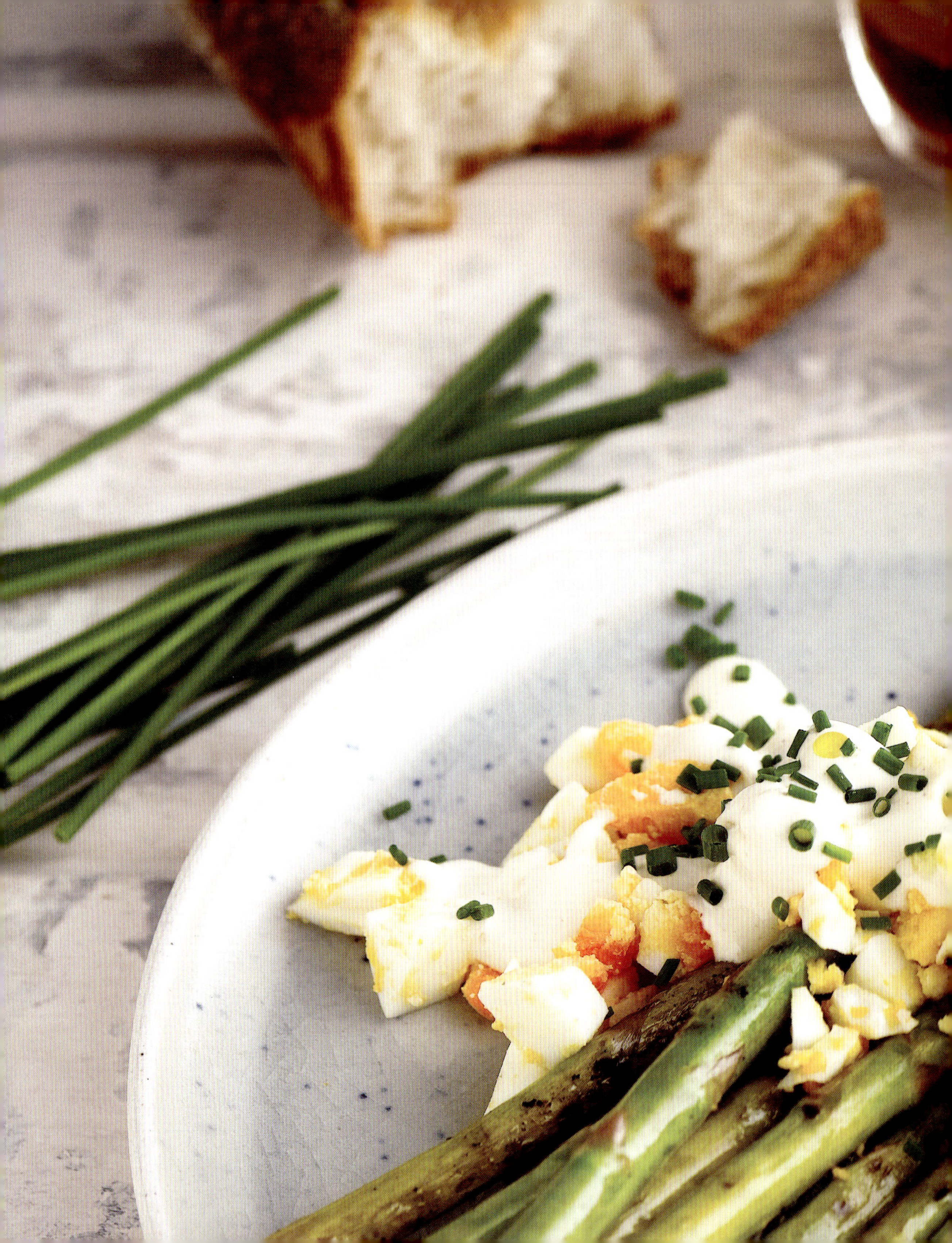

Légumes et tofu

Courgettes et tomates

Cette recette simple permet de préparer un excellent plat d'accompagnement pour le poisson ou la viande, mais on peut aussi le servir avec des fromages frais ou du riz brun et des haricots.

- 6 portions
- 5–10 minutes
- 10 minutes
- 10–15 minutes
- 1

1	kg (2 lb) de tomates fermes et mûres, en quartiers et épépinées
	Sel de mer en flocons
60	ml (¼ tasse) d'huile d'olive extra vierge
1	gousse d'ail, hachée finement
6	courgettes moyennes, en tranches épaisses
	Poivre noir, fraîchement moulu
15	ml (1 c. à soupe) de thym frais, haché finement

1. **Mettre** les tomates dans un tamis et les saupoudrer de sel. Laisser reposer 10 minutes pour faire dégorger.
2. **Chauffer** l'huile dans une grande poêle à feu moyen. Ajouter l'ail, les tomates et les courgettes. Sauter jusqu'à ce qu'ils soient tendres, environ 10 minutes.
3. **Saler** et poivrer, puis parsemer de thym. Servir chaud.

Si vous avez aimé cette recette, vous raffolerez aussi de celles-ci.

Haricots au four à la toscane — 262

Brochettes de légumes et halloumi grillés — 264

Ragoût aux légumes épicé — 270

252 LÉGUMES ET TOFU

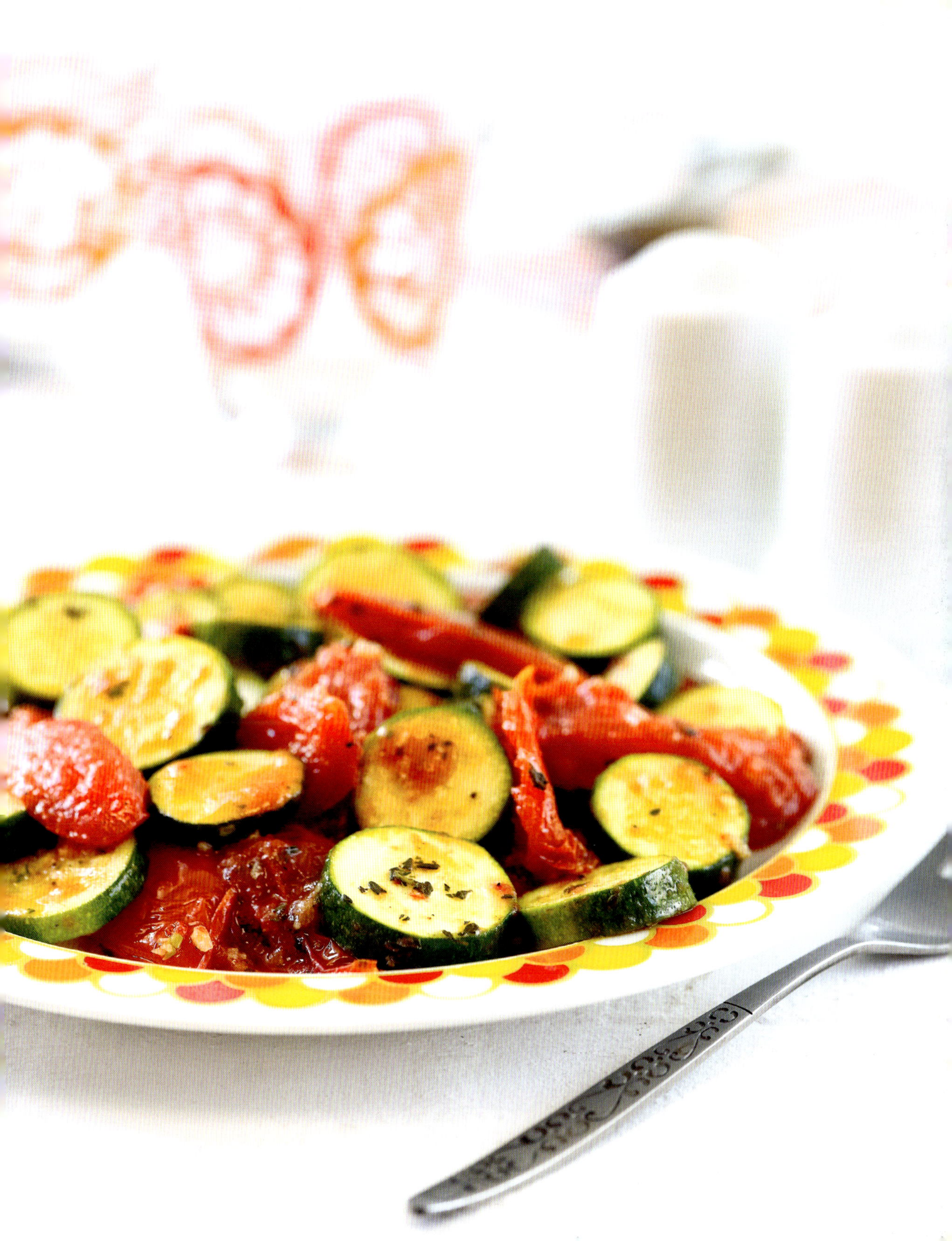

Purée de pommes de terre à l'ail

Ces pommes de terre sont particulièrement bonnes avec du poisson ou de l'agneau rôtis, grillés ou braisés.

- 4 portions
- 15 minutes
- 15–20 minutes

1	kg (2 lb) de pommes de terre, pelées et en quartiers	3	gousses d'ail, hachées finement
90	ml (1/3 tasse) d'huile d'olive extra vierge		Sel
90	ml (1/3 tasse) de jus de citron, fraîchement pressé	45	ml (3 c. à soupe) de menthe fraîche, hachée finement

1

1. **Cuire** les pommes de terre dans une grande casserole d'eau bouillante salée jusqu'à ce qu'elles soient tendres, 15 à 20 minutes.
2. **Bien égoutter,** puis transférer dans un grand bol et réduire en purée lisse.
3. **Ajouter** l'huile, le citron, l'ail et le sel. Brasser jusqu'à ce que tout soit bien mêlé.
4. **Parsemer** de menthe et servir chaud.

Si vous avez aimé cette recette, vous raffolerez aussi de celles-ci.

Brochettes de poulet citron et herbes fraîches
226

Boulettes poulet et lait de coco
232

Foie de veau à la vénitienne avec purée de pommes de terre à l'ail
244

254 LÉGUMES ET TOFU

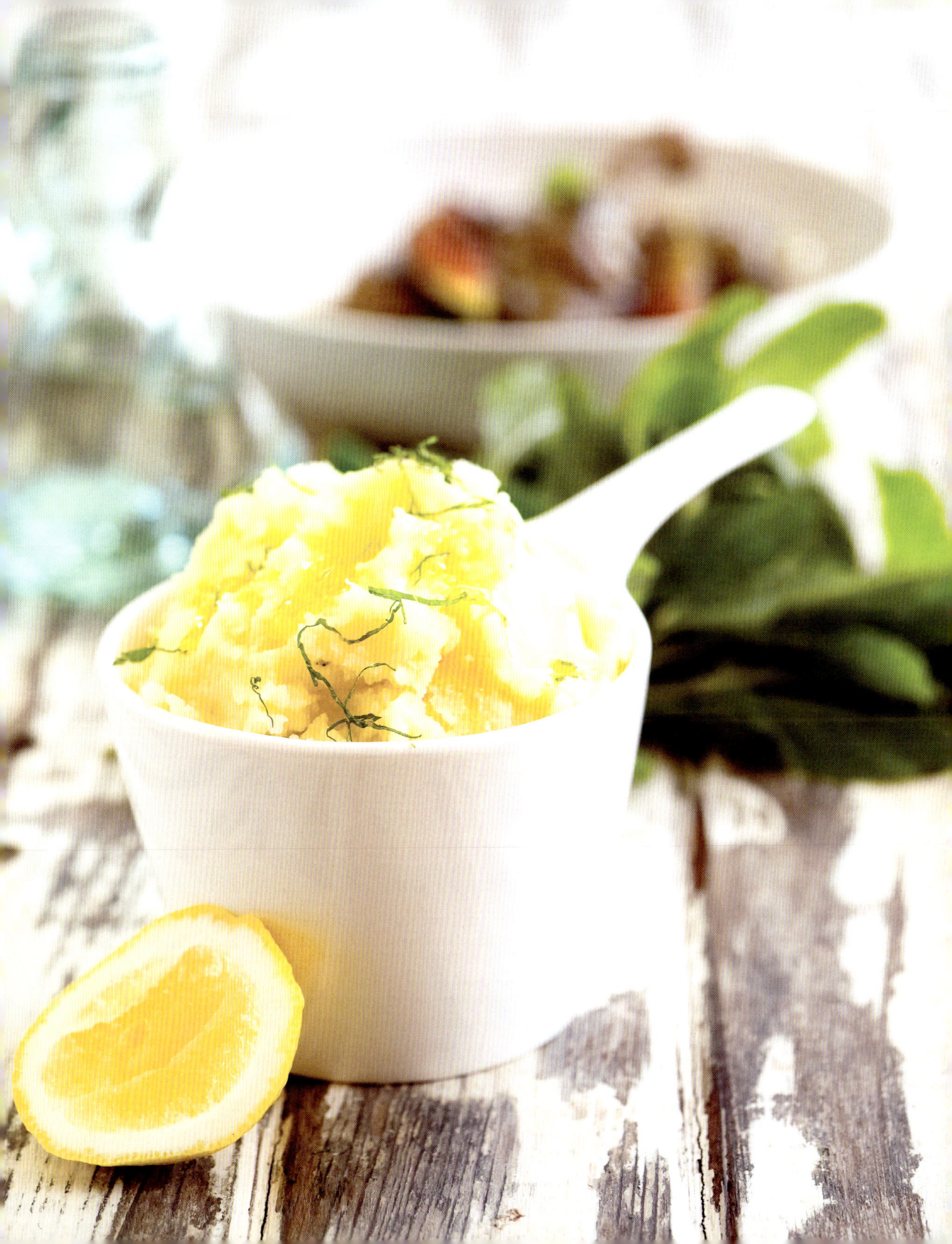

Pommes de terre
et épinards épicés

Cette recette s'inspire d'un plat classique indien appelé *saag aloo*.

- 6 portions
- 10 minutes
- 20 minutes
- 2

15	ml (1 c. à soupe) de graines de cumin
60	ml (4 c. à soupe) d'huile de canola ou de tournesol
1	gros oignon, haché finement
1	morceau (2,5 cm/1 po) de gingembre, pelé et râpé finement
2	gousses d'ail, pelées et hachées finement
5	ml (1 c. à thé) de curcuma
3	ml (½ c. à thé) de sel
1	piment rouge, épépiné et haché finement
1	piment vert, épépiné et haché finement
8	pommes de terre à salade moyennes, pelées et en cubes de 2 cm (¾ po)
450	g (9 tasses) de feuilles de bébé épinard
8	ml (1 ½ c. à thé) de garam masala
30	ml (2 c. à soupe) de feuilles de coriandre fraîche

1. **Sauter** à sec les graines de cumin dans une casserole moyenne à feu moyen jusqu'à ce qu'elles soient parfumées, environ 1 minute.

2. **Ajouter** l'huile et l'oignon. Sauter jusqu'à ce qu'il soit tendre, 3 à 4 minutes. Ajouter le gingembre et l'ail et sauter 2 minutes de plus. Ajouter en brassant le curcuma, le sel et les piments. Ajouter les pommes de terre et cuire 5 minutes, en brassant souvent.

3. **Ajouter** les épinards et bien mêler. Couvrir et laisser mijoter à feu doux 5 minutes.

4. **Retirer** le couvercle et augmenter le feu. Ajouter en brassant le garam masala et cuire jusqu'à ce que toute l'eau des épinards ait été absorbée et les pommes de terre soient tendres, 3 à 5 minutes.

5. **Retirer** du feu et ajouter la coriandre. Brasser, puis servir chaud.

Si vous avez aimé cette recette, vous raffolerez aussi de celles-ci.

Courgettes et tomates
252

Purée de pommes de terre à l'ail
254

Succédané de panir au tofu
276

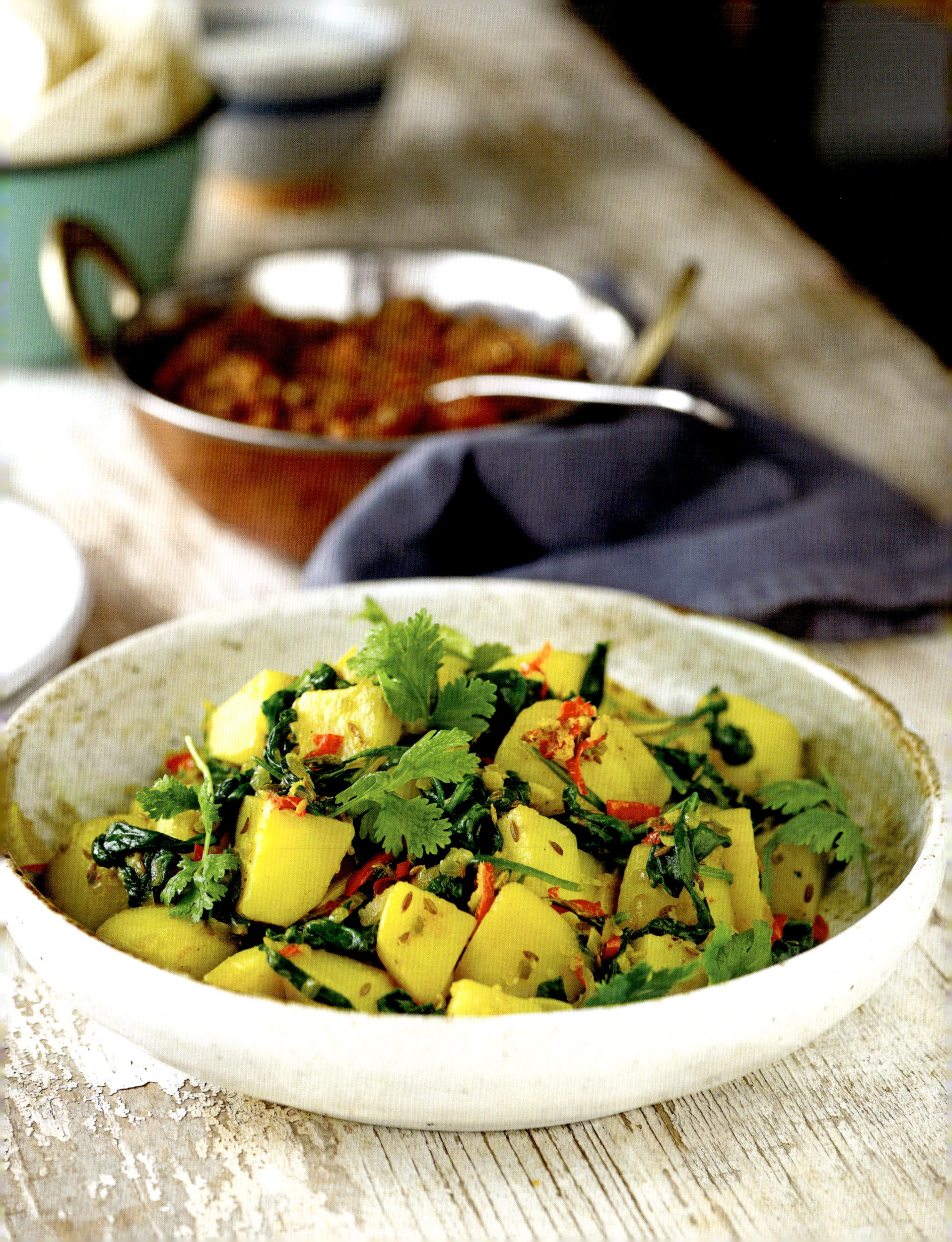

Asperges grillées avec œufs
et mayonnaise au yogourt

Ce plat peut servir de collation rapide et délicieuse ou de dîner léger. La mayonnaise ne contient pas d'œuf cru. Les œufs sont à la coque et ajoutés séparément.

- 4–6 portions
- 15 minutes
- 10 minutes
- 1

ASPERGES

750 g (1 ½ lb) d'asperges
23 ml (1 ½ c. à soupe) de vinaigre de vin rouge
60 ml (¼ tasse) d'huile d'olive extra vierge
2 gousses d'ail, hachées finement
3 gros œufs
Bouquet de ciboulette fraîche

MAYONNAISE

45 ml (3 c. à soupe) d'huile de tournesol
5 ml (1 c. à thé) de moutarde de Dijon
15 ml (1 c. à soupe) de vinaigre de vin blanc
½ gousse d'ail, hachée finement
Pincée de sucre
Sel de mer et poivre noir, fraîchement moulus
45 ml (3 c. à soupe) de yogourt nature ou de crème fraîche
Pain frais, pour servir

1. **Pour les asperges,** couper l'extrémité ligneuse des tiges.

2. **Fouetter le vinaigre,** l'huile et l'ail dans un bol assez grand pour contenir les asperges. Mettre les asperges dans le bol, couvrir d'une pellicule plastique ou glisser le bol dans un sac en plastique réutilisable et réserver.

3. **Déposer** les œufs dans une casserole d'eau froide, porter à ébullition et laisser mijoter 6 minutes. Rafraîchir brièvement sous l'eau froide et réserver.

4. **Pour la mayonnaise,** mêler l'huile à la moutarde une goutte à la fois. Éclaircir avec le vinaigre. Assaisonner avec l'ail, le sucre, le sel et le poivre, puis ajouter le yogourt en brassant. Réserver pendant que vous cuisez les asperges.

5. **Chauffer** une plaque de cuisson à feu moyen-fort.

6. **Égoutter** les asperges, en réservant la marinade. Griller les asperges jusqu'à ce qu'elles soient tendres, 7 à 10 minutes, en les tournant une ou deux fois pour les cuire uniformément.

7. **Disposer** les asperges dans le sens de la longueur, dans une assiette de service.

8. **Écaler** et hacher les œufs. Empiler sur les asperges. Arroser de mayonnaise et parsemer de ciboulette.

9. **Servir** avec beaucoup de pain frais pour éponger le surplus de marinade.

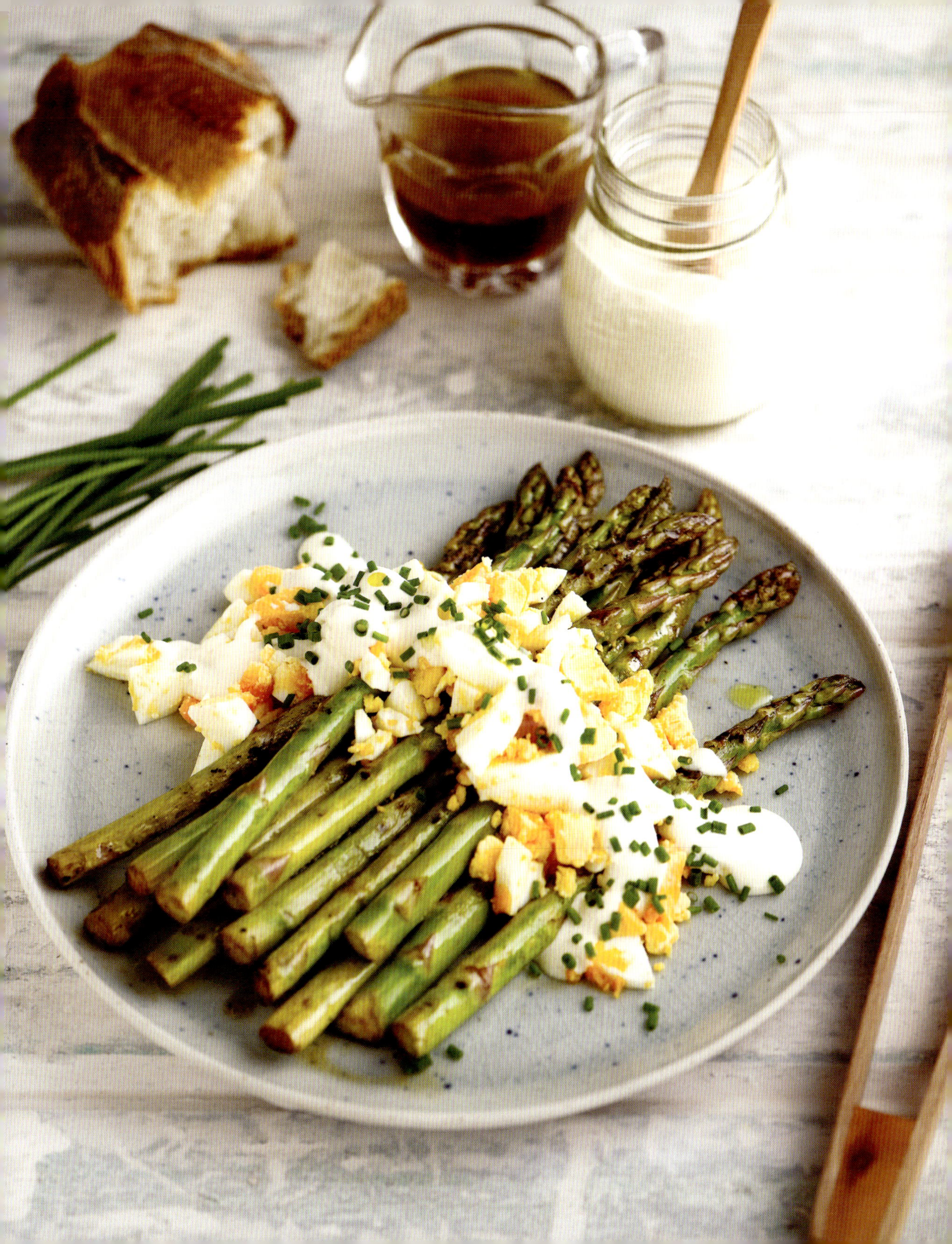

Pois, jambon et persil

Les pois sont tellement, tellement savoureux. Servez-les avec une omelette ou une frittata, avec du poisson rôti ou des plats de viande.

- 4–6 portions
- 15 minutes
- 20 minutes
- 1

60	ml (¼ tasse) d'huile d'olive extra vierge
250	g (8 oz) de pancetta, en dés
2	grosses gousses d'ail, hachées finement
1	oignon moyen, haché finement
45	ml (3 c. à soupe) de persil, haché finement + un surplus, pour garnir
500	g (1 lb) de pois frais ou surgelés
125	ml (½ tasse) d'eau
	Sel de mer et poivre noir, fraîchement moulus

1. **Chauffer** l'huile dans une grande poêle à feu moyen. Ajouter la pancetta et sauter jusqu'à ce qu'elle soit dorée, environ 5 minutes. Avec une cuillère trouée, retirer la pancetta et réserver.

2. **Ajouter** l'ail, l'oignon et le persil à l'huile dans la poêle et sauter jusqu'à ce qu'ils soient tendres, 3 à 4 minutes.

3. **Ajouter** les pois et l'eau, puis saler et poivrer. Couvrir partiellement et laisser mijoter jusqu'à ce qu'ils soient tendres et savoureux, environ 10 minutes. Ajouter la pancetta en brassant, en laissant mijoter jusqu'à ce qu'elle soit bien réchauffée.

4. **Servir** chaud, garni du surplus de persil.

Si vous avez aimé cette recette, vous raffolerez aussi de celles-ci.

Courgettes et tomates — 252

Pommes de terre et épinards épicés — 256

Haricots au four à la toscane — 262

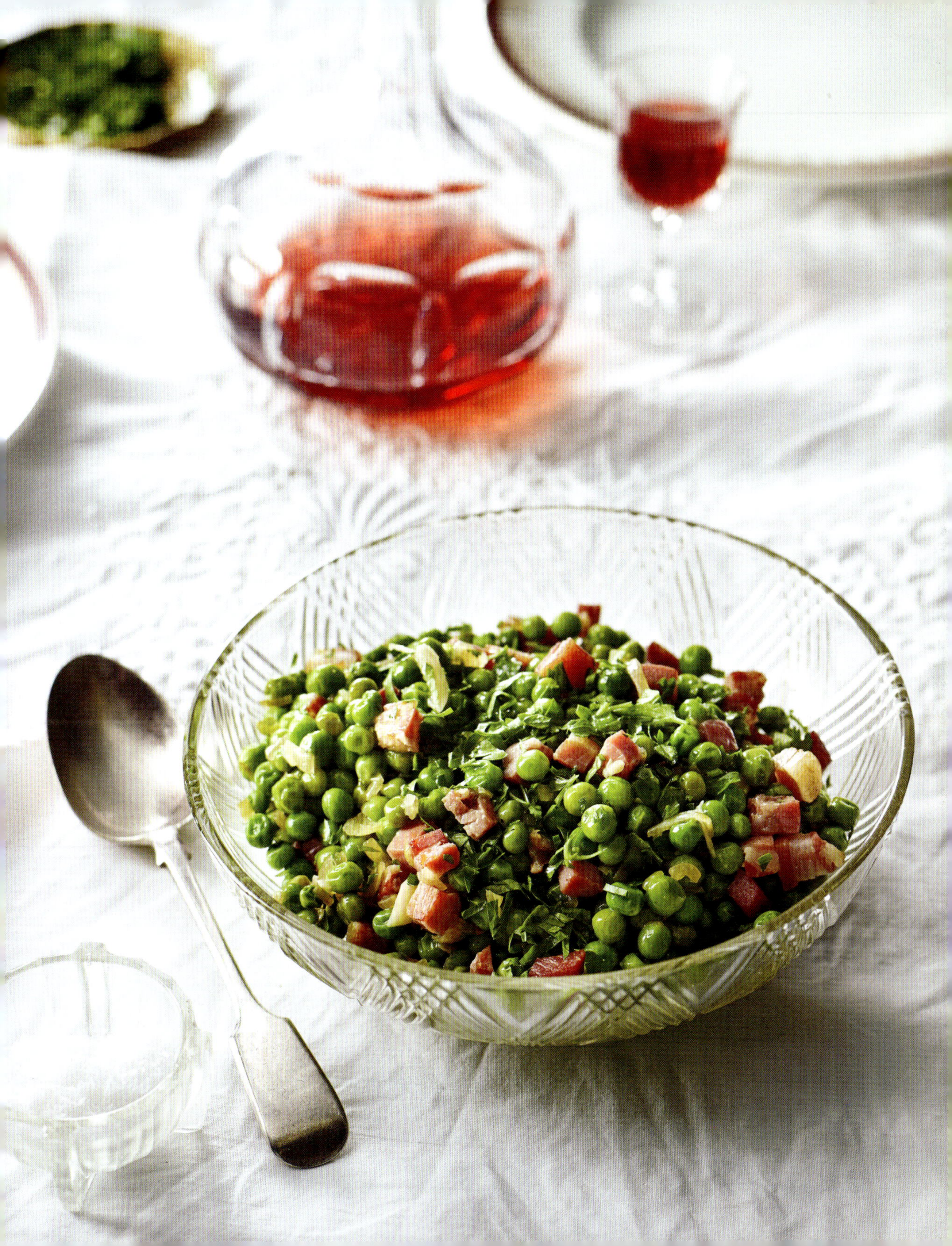

Haricots au four à la toscane

Ce plat est un vieux classique florentin. Il est délicieux cuit dans un pot de terre cuite, mais ce n'est pas essentiel. Comme toutes les légumineuses, les haricots cannellini sont une bonne source de protéines végétales et de fibres alimentaires de qualité supérieure.

- 4 portions
- 10 minutes
- 20 minutes

1

90	ml (⅓ tasse) d'huile d'olive extra vierge		Sel de mer et poivre noir, fraîchement moulus
4	gousse d'ail, hachées finement	2	boîtes (400 g/12 oz) de haricots cannellini, rincés et égouttés
1	kg (2 lb) de tomates, pelées et hachées		
12	feuilles de sauge fraîche		

1. **Chauffer** l'huile dans une grande poêle à feu moyen. Ajouter l'ail et sauter jusqu'à ce qu'il soit tendre, 3 à 4 minutes.

2. **Ajouter** les tomates, la sauge, le sel et le poivre. Laisser mijoter à feu moyen 10 à 15 minutes.

3. **Au moment où la sauce** commence à épaissir, ajouter les haricots et cuire jusqu'à ce qu'ils soient chauds de part en part, 2 à 3 minutes.

4. **Servir** chaud, directement de la poêle.

Si vous avez aimé cette recette, vous raffolerez aussi de celles-ci.

Courgettes et tomates
252

Pois, jambon et persil
260

Brochettes de légumes et halloumi grillés
264

262 LÉGUMES ET TOFU

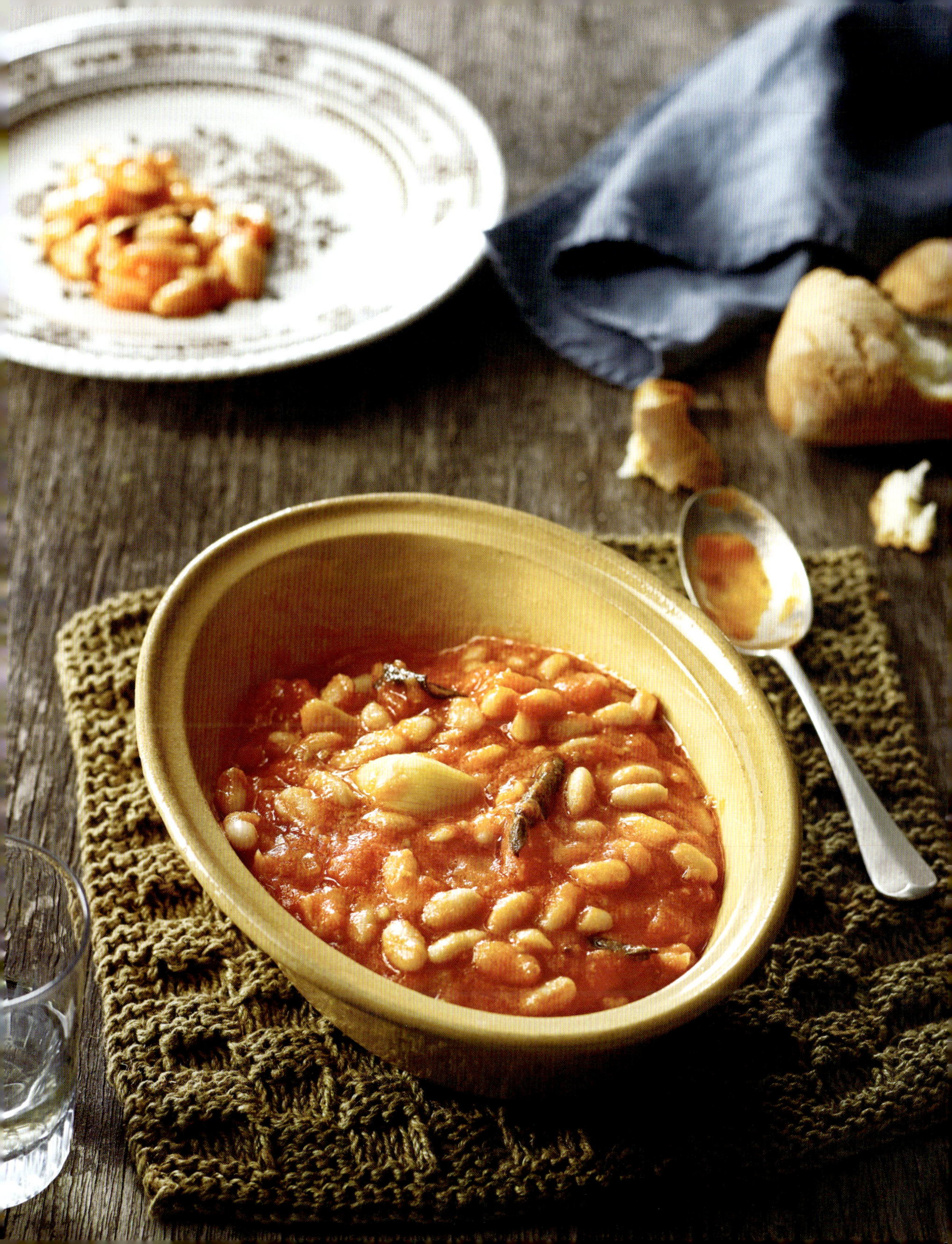

Brochettes de légumes
et halloumi grillés

Vous pouvez adapter cette recette selon la saison. Préparez des brochettes d'hiver avec des pommes de terre, des courges et des champignons et cuisez-les dans le four ou sous le gril. En été, elles sont délicieuses cuites sur le barbecue.

- 4–6 portions
- 15 minutes
- 10–15 minutes
- 1

500 g (1 lb)	de fromage halloumi
1	gros poivron rouge, épépiné
1	poivron vert ou jaune, épépiné
2	courgettes moyennes, parées
1	gros oignon rouge, pelé
12	tomates cerises
60 ml (4 c. à soupe)	d'huile d'olive extra vierge
30 ml (2 c. à soupe)	de romarin frais, haché finement
15 ml (1 c. à soupe)	de menthe fraîche, hachée finement
2	citrons, en quartiers

Yogourt nature, hoummos ou salsa, pour servir

Pitas, pour servir

1. **Couper** le halloumi, les poivrons et les courgettes en cubes et en morceaux de 4 cm (1½ po). Couper l'oignon en quartiers et garder les tomates cerises entières. Mêler l'huile avec le romarin, puis mélanger avec les légumes.

2. **Enfiler**, en alternant, l'oignon, les tomates, les cubes de halloumi, les courgettes et les poivrons sur des brochettes.

3. **Préchauffer** une plaque de cuisson à feu moyen-fort.

4. **Griller** les brochettes jusqu'à ce que le fromage et les légumes soient légèrement noircis sur les bords et qu'ils cloquent, 5 à 8 minutes de chaque côté.

5. **Arroser** du jus de citron et servir chaud avec le yogourt, l'hoummos ou la salsa, et beaucoup de pitas chauds.

Si vous avez aimé cette recette, vous raffolerez aussi de celles-ci.

Courgettes et tomates — 252

Ragoût aux légumes épicé — 270

Brochettes panir et légumes — 274

264 LÉGUMES ET TOFU

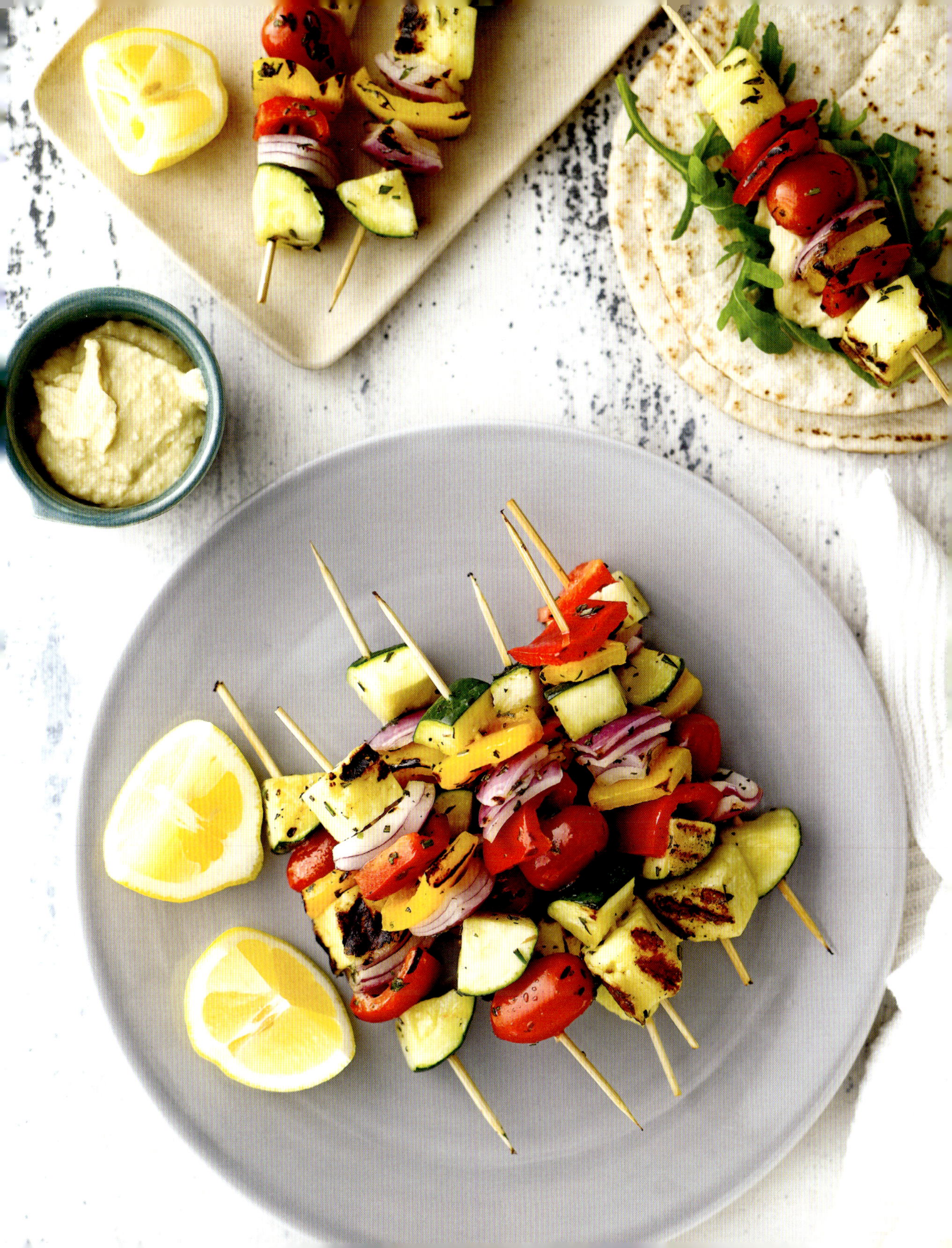

Champignons au four
farcis au parmesan

Servez ces savoureux champignons comme entrée ou plat principal. Si vous les servez en entrée, comptez 1 à 2 champignons par personne. Si vous les servez comme plat principal, il faudra au moins 4 champignons par personne.

- 4 portions
- 10 minutes
- 20 minutes
- 2

12	champignons moyens	180 g	(1 ⅓ tasse) de parmesan, fraîchement râpé
1	petite gousse d'ail, hachée finement	3 ml	(½ c. à thé) d'origan sec
2	tranches de pain blanc épaisses, sans la croûte, trempées dans du lait chaud et légèrement essorées	15 ml	(1 c. à soupe) de persil frais, haché finement
	Sel de mer et poivre noir, fraîchement moulus	15 ml	(1 c. à soupe) de marjolaine fraîche, hachée finement
1	œuf +1 jaune d'œuf	60 ml	(4 c. à soupe) d'huile d'olive extra vierge

1. **Préchauffer** le four à 180°C (350°F).
2. **Détacher** les pieds des champignons. Essuyer les chapeaux avec un linge à vaisselle humide. Enlevez toute partie sale des pieds. Conserver les chapeaux entiers. Hacher finement les pieds.
3. **Mettre** les pieds hachés dans un bol avec l'ail, le pain, le sel et le poivre, puis bien mêler. Ajouter l'œuf, le jaune d'œuf, le parmesan, l'origan, le persil, la marjolaine et 15 ml (1 c. à soupe) d'huile. Bien mêler.
4. **Utiliser** ce mélange pour farcir les champignons, en pressant délicatement la farce dans les chapeaux avec les doigts.
5. **Huiler** un plat allant au four tout juste assez grand pour que les champignons se touchent. Disposer les champignons et les arroser avec 45 ml (3 c. à soupe) d'huile.
6. **Cuire** au four 20 minutes, jusqu'à ce que les champignons soient tendres. Servir chaud ou à la température de la pièce.

Si vous avez aimé cette recette, vous raffolerez aussi de celles-ci.

Frittata pois et fromage de chèvre — 268

Brochettes panir et légumes — 274

Burgers épicés au tofu et aux légumes — 280

LÉGUMES ET TOFU

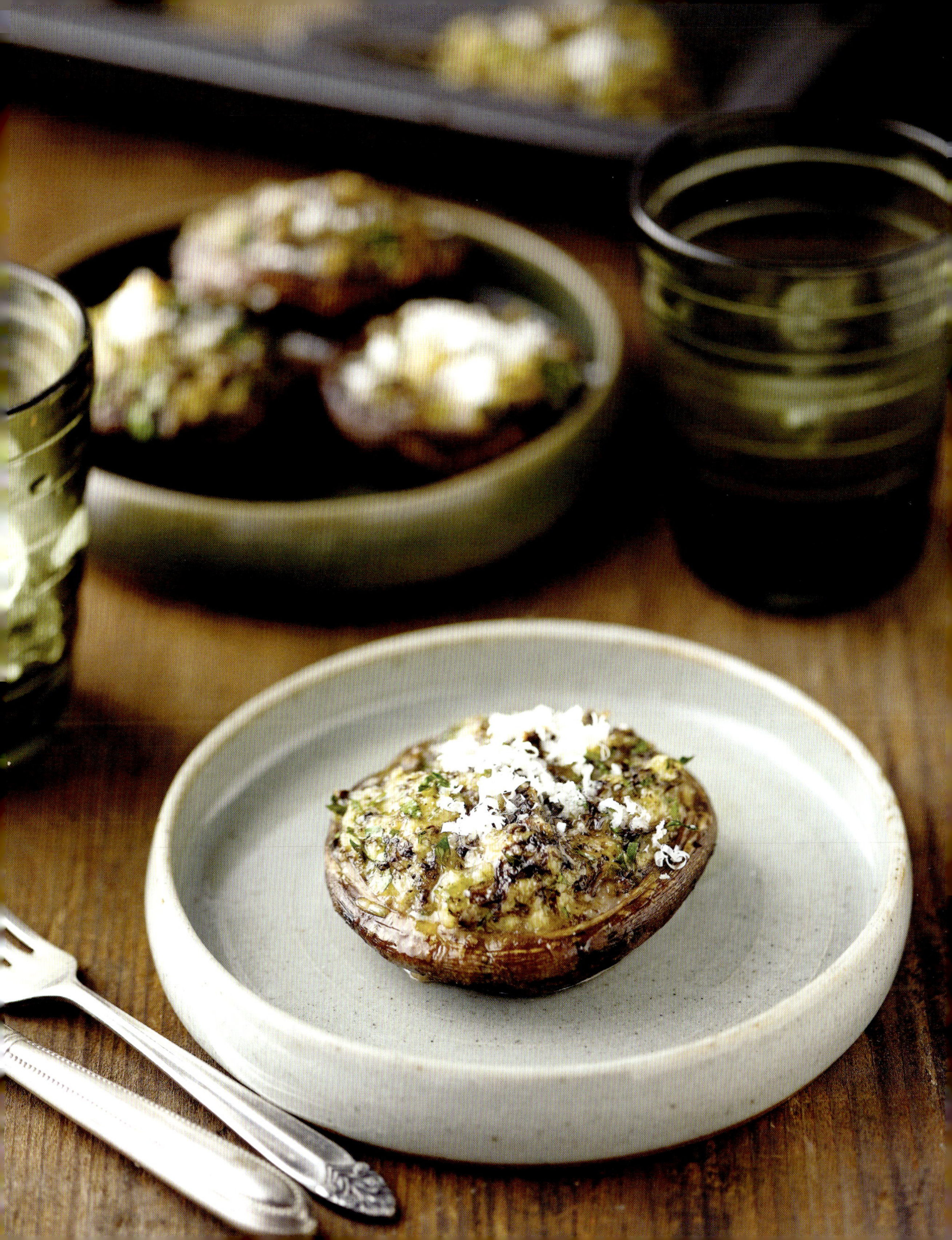

Frittata pois et fromage de chèvre

Pour une frittata plus épaisse et plus légère, à l'étape 4, battez les blancs d'œufs séparément et ajoutez-les en pliant aux fromages.

- 4 portions
- 10 minutes
- 15–20 minutes
- 1

300	g (2 tasses) de pois surgelés	
1	petit brocoli, coupé en fleurons	
6	œufs	
30	ml (2 c. à soupe) de crème fraîche	
45	ml (3 c. à soupe) de persil frais, haché finement	
15	ml (1 c. à soupe) de menthe fraîche, hachée finement	
150	g (5 oz) de fromage de chèvre, émietté ou râpé	
	Sel de mer et poivre noir, fraîchement moulus	
15	ml (1 c. à soupe) de parmesan, fraîchement râpé	
15	ml (1 c. à soupe) d'huile d'olive extra vierge	
5	ml (1 c. à thé) de beurre	
4	oignons verts, hachés finement	
	Salade de verdures fraîches, pour servir	

1. **Cuire** les pois dans une casserole d'eau bouillante 2 minutes. Égoutter et sécher en tapotant.

2. **Trancher** les fleurons de brocoli en deux dans le sens de la longueur, et en quatre s'ils sont gros. Laisser mijoter dans l'eau bouillante salée jusqu'à mi-cuisson, 1 à 2 minutes. Égoutter, rafraîchir sous l'eau courante et sécher en tapotant.

3. **Allumer** le gril du four.

4. **Casser** les œufs dans un grand bol et les mêler à la crème fraîche. Ajouter en brassant le persil et la menthe, puis les ¾ des fromages. Saler et poivrer.

5. **Chauffer** l'huile et le beurre dans un poêle de 25 cm (10 po) à poignée allant au four. Sauter les oignons verts et le brocoli jusqu'à ce qu'ils soient tendres, 3 à 4 minutes.

6. **Ajouter** les pois, puis ajouter le mélange d'œufs. Brasser délicatement, en agitant le mélange et répartissant uniformément le brocoli. Cuire à feu moyen sans brasser, jusqu'à ce que les œufs aient commencé à coaguler, tout en étant encore humides dessus et légèrement dorés dessous, 3 à 4 minutes.

7. **Parsemer** les restes de fromages sur le dessus et mettre la poêle sous le gril. Cuire 4 à 5 minutes, jusqu'à ce que la frittata soit coagulée. Elle aura légèrement levé et une croûte dorée se sera formée. Laisser refroidir quelques minutes.

8. **Retirer** la frittata de la poêle pendant qu'elle est encore chaude et couper en pointes. Servir chaude avec une salade de verdures fraîches.

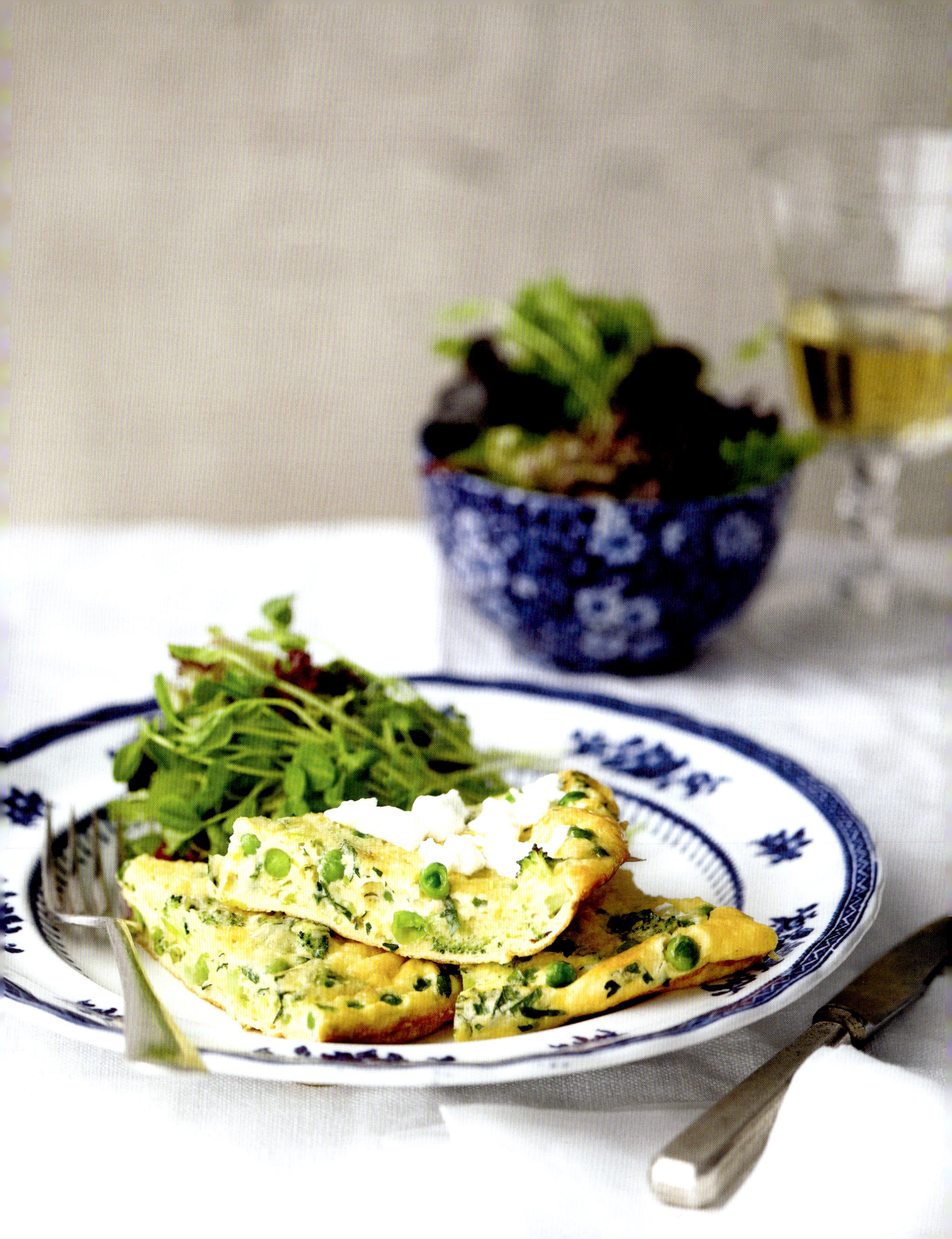

Ragoût aux légumes épicé

Ce délicieux ragoût épicé est un excellent repas végétarien. Vous pouvez varier les légumes à votre goût ou selon ce que vous avez dans le réfrigérateur.

- 4 portions
- 10 minutes
- 20 minutes
- 2

30	ml (2 c. à soupe) d'huile d'arachides
5	ml (1 c. à thé) de graines de cumin
1	gros oignon, haché finement
2	branches de céleri, hachées
2	gousses d'ail, hachées finement
5	ml (1 c. à thé) de pâte au cari vert
½	poivron rouge, tranché
½	poivron vert, tranché
2	courgettes, tranchées
1	aubergine, hachée avec la pelure
250	g (8 oz) de champignons, en quartiers
2	boîtes (400 g/14 oz) de tomates, avec leur jus
15	ml (1 c. à soupe) de purée de tomates
15	ml (1 c. à soupe) de sauce chili, douce
5	ml (1 c. à thé) d'assaisonnement au chili
10	ml (2 c. à thé) de coriandre moulue
3	ml (½ c. à thé) de sel de mer en flocons
1	boîte (400 g/14 oz) de haricots rouges, rincés et égouttés
15	ml (1 c. à soupe) de yogourt nature
	Jus fraîchement pressé de 1 citron
	Bouquet de coriandre fraîche, hachée
	Riz blanc ou basmati fraîchement cuit, pour servir

1. **Chauffer** l'huile dans une grande poêle à feu moyen. Ajouter les graines de cumin et griller jusqu'à ce qu'elles soient parfumées, environ 2 minutes.

2. **Ajouter** l'oignon, le céleri, l'ail et la pâte de cari vert et cuire jusqu'à ce que les oignons soient tendres, environ 5 minutes.

3. **Ajouter** en brassant les poivrons, les courgettes, l'aubergine, les champignons et les tomates. Couvrir et laisser mijoter à feu moyen jusqu'à ce que les légumes aient commencé à ramollir, environ 5 minutes.

4. **Ajouter** la purée de tomates, la sauce chili, l'assaisonnement au chili, la coriandre et le sel. Bien mêler, puis ajouter les haricots rouges. Couvrir et cuire jusqu'à ce que les légumes soient tendres, environ 10 minutes. Brasser de temps à autre durant la cuisson.

5. **Ajouter** en brassant le yogourt, le jus de citron et la coriandre. Servir chaud sur le riz.

Si vous avez aimé cette recette, vous raffolerez aussi de celles-ci.

Frittata pois et fromage de chèvre
268

Brochettes panir et légumes
274

Burgers épicés au tofu et aux légumes
280

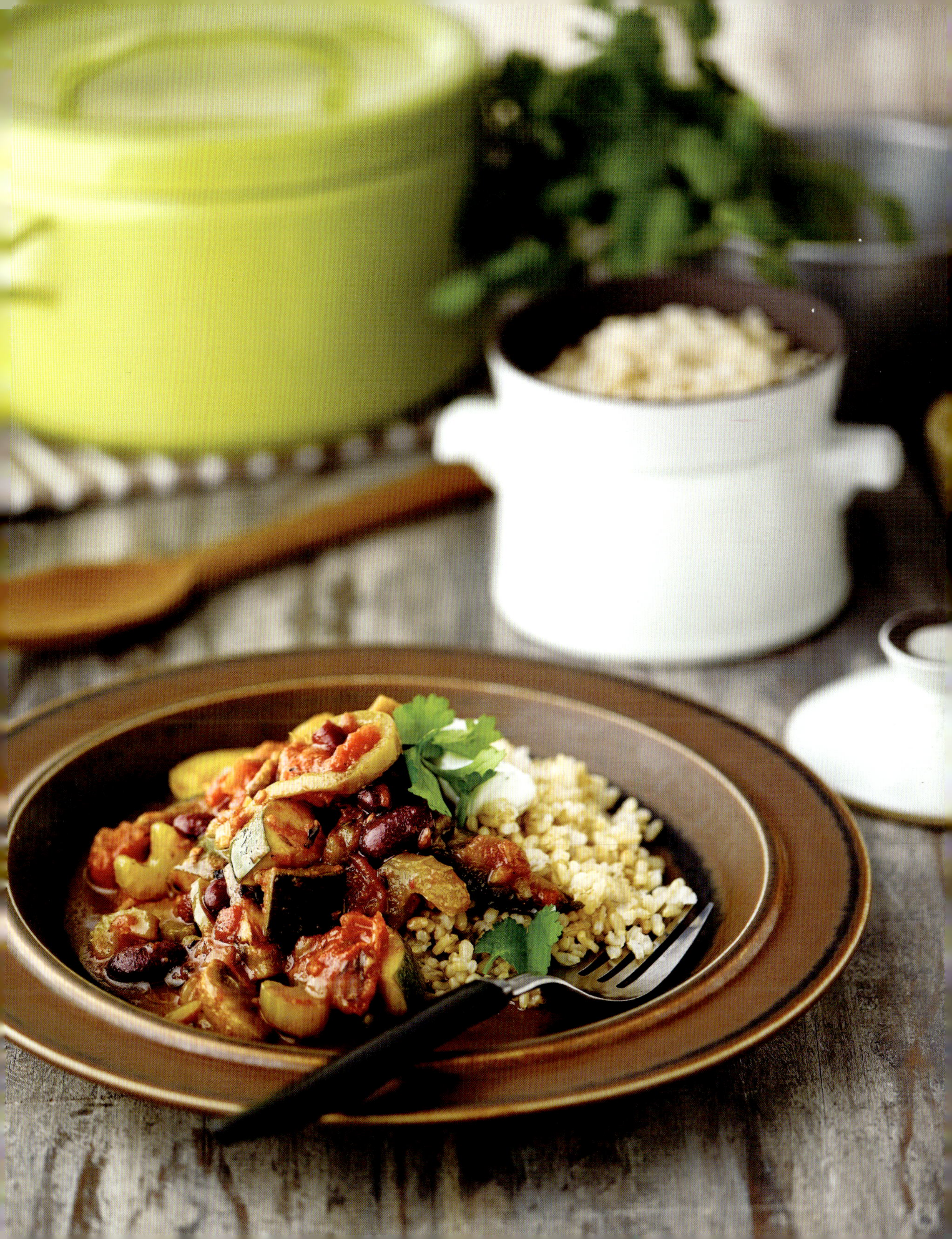

Légumes au cari vert thaï

Les pâtes épicées thaïes sont largement disponibles dans les supermarchés et les magasins d'alimentation asiatiques mais, lorsqu'on les prépare à la maison, elles sont toujours plus saines et plus savoureuses.

- 4 portions
- 10 minutes
- 20 minutes

2

PÂTE ÉPICÉE

4	feuilles de combava (lime de Kaffir)
5	ml (1 c. à thé) de coriandre
5	ml (1 c. à thé) de graines de cumin
2	tiges de citronnelle, hachées
4	gousses d'ail, pelées
1	échalote, hachée
10	ml (2 c. à thé) de gingembre râpé
2	piments verts, tranchés
	Zeste finement râpé et jus de 1 ½ lime
	Petit bouquet de coriandre fraîche
	Petit bouquet de basilic thaï
	Sel de mer et poivre noir, fraîchement moulus

CARI

45	ml (3 c. à soupe) d'huile d'arachides
1	échalote, hachée finement
5	petites aubergines pourpre thaïes, coupées en quartiers
1	petite tête de chou-fleur, coupée en petits fleurons
2	carottes, tranchées
2	courgettes, en moitiés et tranchées
150	g (5 oz) de champignons, tranchés
400	ml (1 ⅔ tasse) de lait de coco
150	ml (⅔ tasse) de bouillon de légumes
100	g (3 ½ oz) de pois mange-tout
	Sel de mer et poivre noir, fraîchement moulus
	Riz au jasmin fraîchement cuit, pour servir

1. **Pour la pâte épicée,** rouler serré les feuilles de combava et les trancher en lanières.

2. **Rôtir** à sec la coriandre et les graines de cumin dans une petite poêle à feu moyen jusqu'à ce que le mélange soit parfumé, 1 à 2 minutes.

3. **Combiner** les feuilles de combava et les épices dans un robot culinaire et hacher, avec le reste des ingrédients, jusqu'à l'obtention d'une pâte. Ajouter 15 à 30 ml (1 à 2 c. à soupe) d'eau si nécessaire.

4. **Pour le cari,** chauffer l'huile dans une poêle à fond épais à feu moyen. Ajouter l'échalote et sauter jusqu'à ce qu'elle soit tendre, 2 à 3 minutes.

5. **Ajouter** les aubergines et sauter jusqu'à ce qu'elles soient tendres et commencent à dorer, environ 5 minutes. Ajouter en brassant le chou-fleur, les carottes, les courgettes et les champignons. Cuire 2 minutes.

6. **Ajouter** le lait de coco, la moitié du bouillon et 75 ml (5 c. à soupe) de pâte épicée. Continuer la cuisson jusqu'à ce que le mélange soit bien chaud, environ 3 minutes.

7. **Réduire** le feu et ajouter en brassant les pois mange-tout et le reste de bouillon. Laisser mijoter 4 à 5 minutes pour que toutes les saveurs s'imprègnent. Saler et poivrer.

8. **Servir** chaud avec le riz.

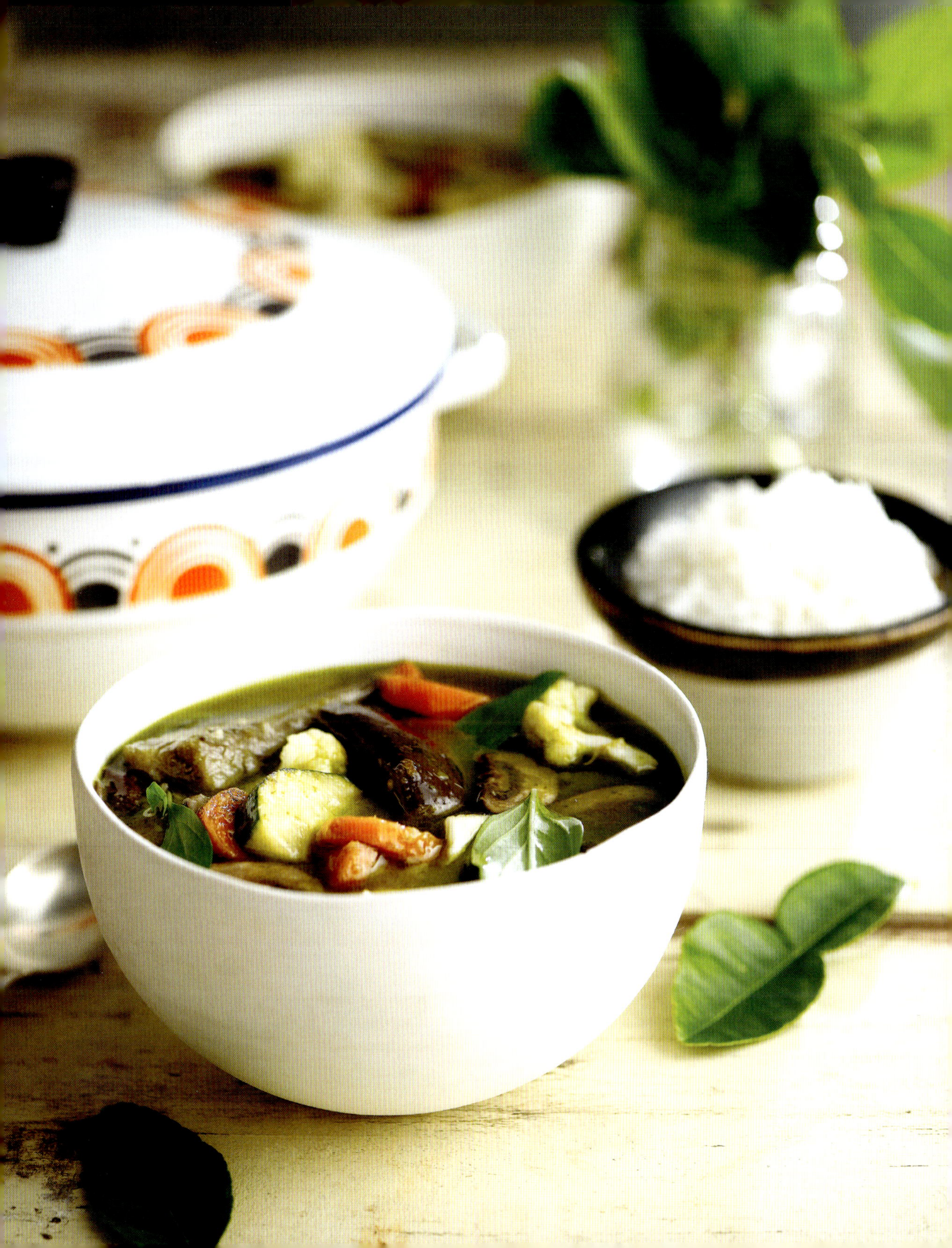

Brochettes panir et légumes

Le panir est un fromage en grains (caillebotte) frais qui est fabriqué en Inde depuis des milliers d'années. Il est disponible dans les supermarchés asiatiques mais, si vous n'arrivez pas à en trouver, vous pouvez le remplacer dans cette recette par du tofu ferme.

- 4–6 portions
- 10 minutes
- 1 heure
- 15–20 minutes
- 1

MARINADE

125	ml (½ tasse) de yogourt à faible teneur en gras
10	ml (2 c. à thé) de gingembre frais, haché finement
3	gousses d'ail, hachées finement
	Sel de mer en flocons
5	ml (1 c. à thé) d'assaisonnement au chili
5	ml (1 c. à thé) de garam masala
30	ml (2 c. à soupe) de jus de citron, fraîchement pressé
30	ml (2 c. à soupe) d'huile d'arachides
5	ml (1 c. à thé) de cumin en poudre
6	graines de cardamome verte, moulues

BROCHETTES

350	g (12 oz) de panir, en cubes de 2,5 cm (1 po)
1	gros oignon blanc, divisé en couches et en cubes de 2,5 cm (1 po)
1	gros poivron rouge charnu, épépiné et en cubes de 2,5 cm (1 po)
6	brochettes en bois, trempées dans l'eau froide 1 heure
	Pain naan, pour servir

1. **Pour la marinade,** mêler tous les ingrédients dans un bol, puis ajouter le panir, l'oignon et le poivron.
2. **Pour les brochettes,** préchauffer le four à 200 °C (400 °F). Huiler une plaque à pâtisserie.
3. **Enfiler** alternativement les légumes et le panir sur les brochettes. Badigeonner de marinade.
4. **Cuire** au four 15 à 20 minutes, jusqu'à ce que les légumes soient légèrement noircis et qu'ils soient tendres. Badigeonner de marinade tout au long de la cuisson.
5. **Servir** chaud, avec le pain naan.

Si vous avez aimé cette recette, vous raffolerez aussi de celles-ci.

Succédané de panir au tofu
276

Tofu au cari avec épinards et tomates
278

Burgers épicés au tofu et aux légumes
280

LÉGUMES ET TOFU

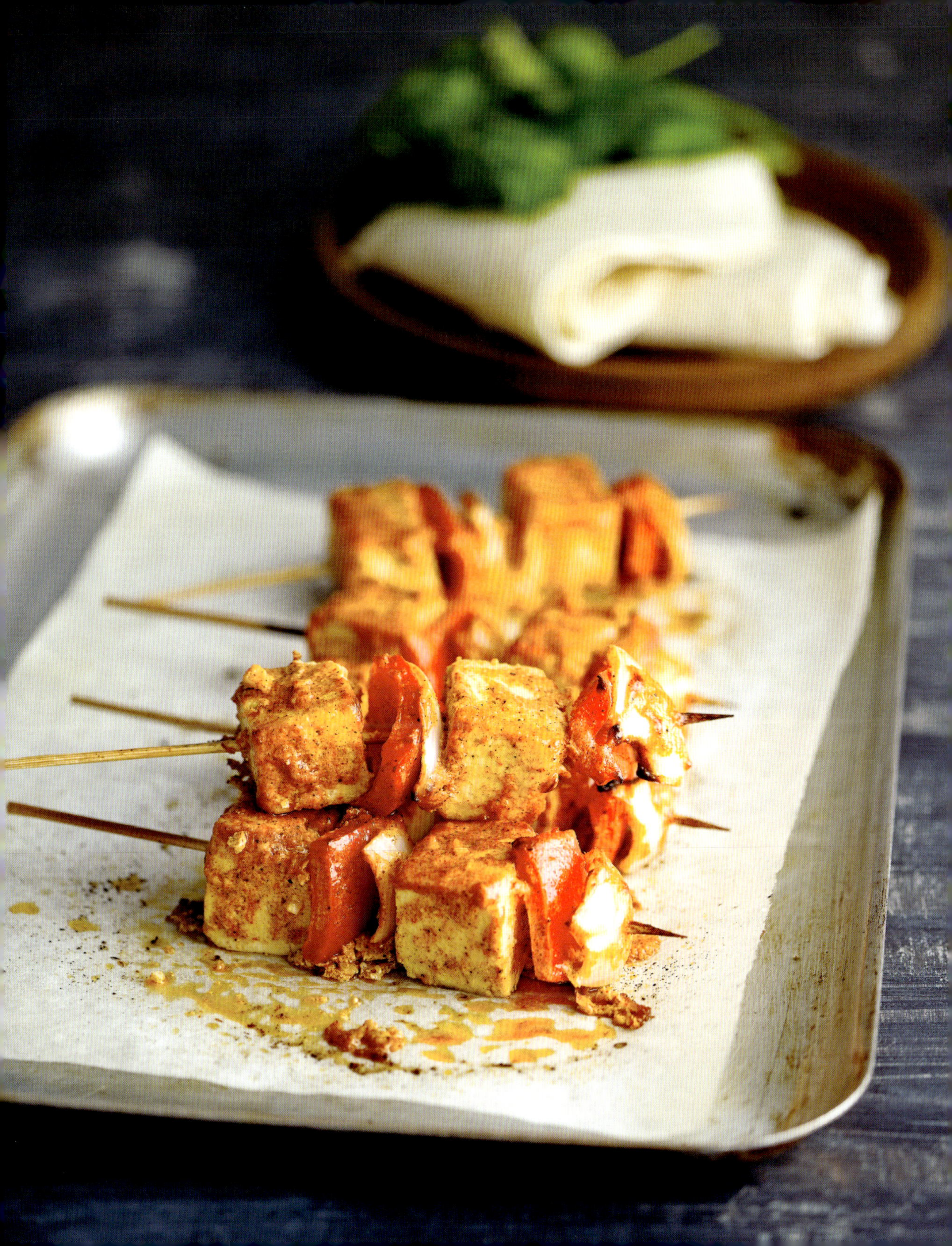

Succédané de panir au tofu

Le tofu est un aliment naturel, peu cher et nourrissant, préparé à partir de fèves de soya. Il est obtenu par le caillage de la boisson de soya afin de coaguler ses protéines qui sont ensuite pressées en un pain que l'on peut trancher.

- 4–6 portions
- 10 minutes
- 15 minutes
- 1

30	ml (2 c. à soupe) d'huile d'arachides
3	ml (½ c. à thé) de graines de cumin
3	ml (½ c. à thé) de graines de moutarde
1	oignon haché
3	tomates moyennes, hachées
5	ml (1 c. à thé) de cumin moulu
5	ml (1 c. à thé) de coriandre moulue
5	ml (1 c. à thé) de garam masala
30	ml (2 c. à soupe) de coriandre fraîche, hachée grossièrement + un surplus, pour garnir
3	ml (½ c. à thé) d'assaisonnement au chili, piquant
3	ml (½ c. à thé) de curcuma moulu
	Sel de mer et poivre noir, fraîchement moulus
350	g (12 oz) de tofu ferme, en petits cubes
90	ml (⅓ tasse) d'eau
450	g (3 tasses) de pois surgelés
	Riz brun ou basmati, fraîchement cuit

1. **Chauffer** l'huile dans une poêle et ajouter les graines de cumin et de moutarde. Quand elles commencent à éclater, ajouter l'oignon et sauter jusqu'à ce qu'il soit tendre, 4 à 5 minutes.

2. **Ajouter** les tomates, le cumin, la coriandre, le garam masala, la coriandre fraîche, l'assaisonnement au chili et le curcuma. Saler et poivrer et laisser mijoter 5 minutes.

3. **Ajouter** le tofu et l'eau. Porter à ébullition, puis ajouter les pois. Réduire le feu et laisser mijoter 10 minutes.

4. **Servir** chaud, avec le riz basmati.

Si vous avez aimé cette recette, vous raffolerez aussi de celles-ci.

Brochettes panir et légumes — 274

Tofu au cari avec épinards et tomates — 278

Burgers épicés au tofu et aux légumes — 280

LÉGUMES ET TOFU

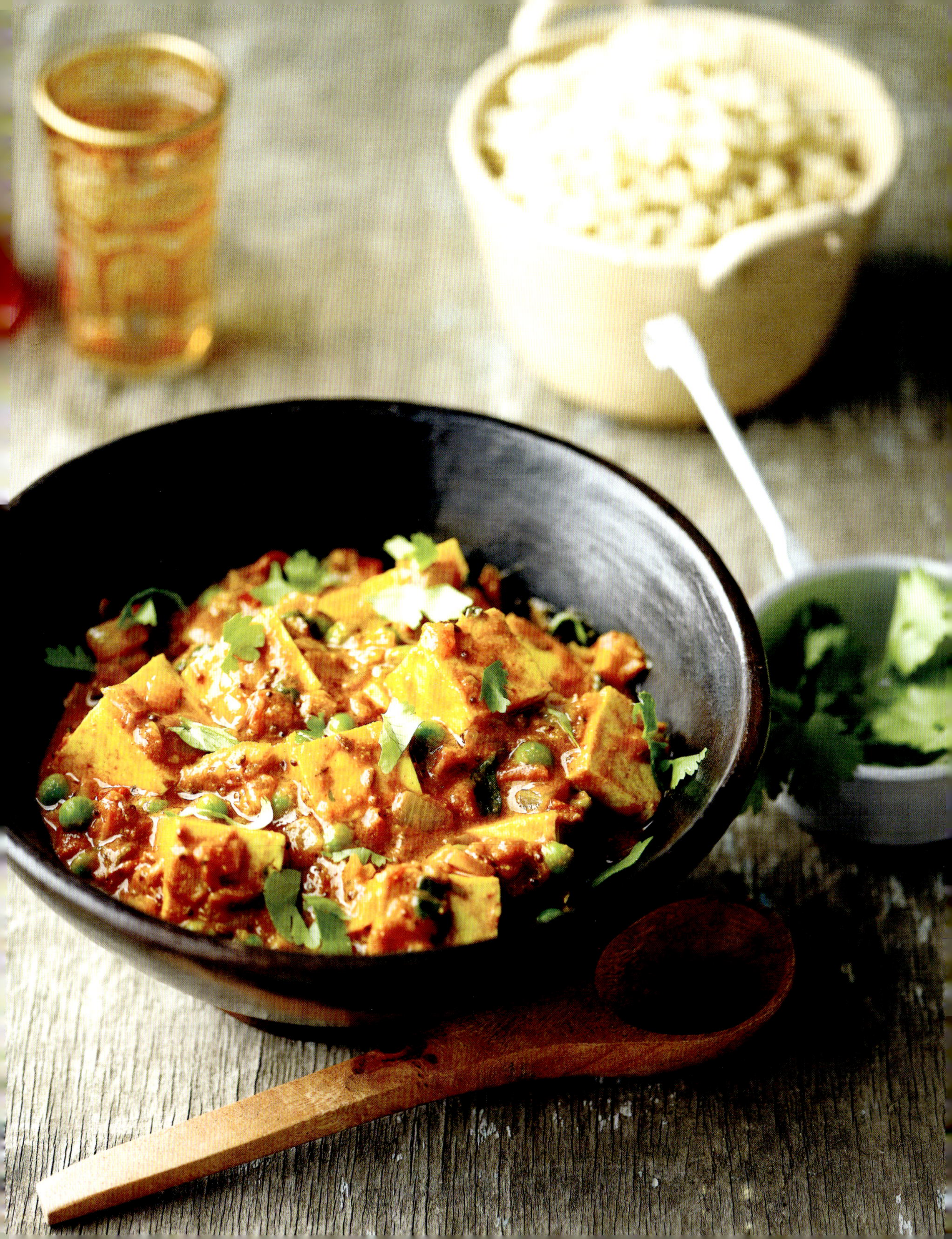

Tofu au cari avec épinards et tomates

Contrairement à la plupart des aliments d'origine végétale, le tofu est une protéine complète, possédant tous les acides aminés essentiels. Le contenu en protéines est plus élevé dans le tofu ferme que dans le tofu velouté.

- 4–6 portions
- 10 minutes
- 15 minutes
- 1

30	ml (2 c. à soupe) d'huile d'olive extra vierge
2	oignons, en dés
5	gousses d'ail, hachées finement
400	g (14 oz) de tofu ferme, en petits cubes
5	ml (1 c. à thé) de garam masala
3	ml (½ c. à thé) de curcuma
3	ml (½ c. à thé) de cumin moulu
	Sel de mer et poivre noir, fraîchement moulus
4	tomates, en dés
200	g (4 tasses) d'épinards frais

1. **Chauffer** l'huile dans une grande poêle à feu moyen. Ajouter les oignons et l'ail et sauter jusqu'à ce qu'ils soient tendres, 3 à 4 minutes.
2. **Ajouter** le tofu, le garam masala, le curcuma et le cumin. Saler et poivrer. Cuire en brassant souvent, environ 5 minutes, jusqu'à ce que le tofu soit cuit de part en part.
3. **Ajouter** les épinards et cuire, en brassant bien, jusqu'à ce qu'ils soient fanés, 1 à 2 minutes.
4. **Servir** chaud.

Brochettes panir et légumes 274

Succédané de panir au tofu 276

Burgers épicés au tofu et aux légumes 280

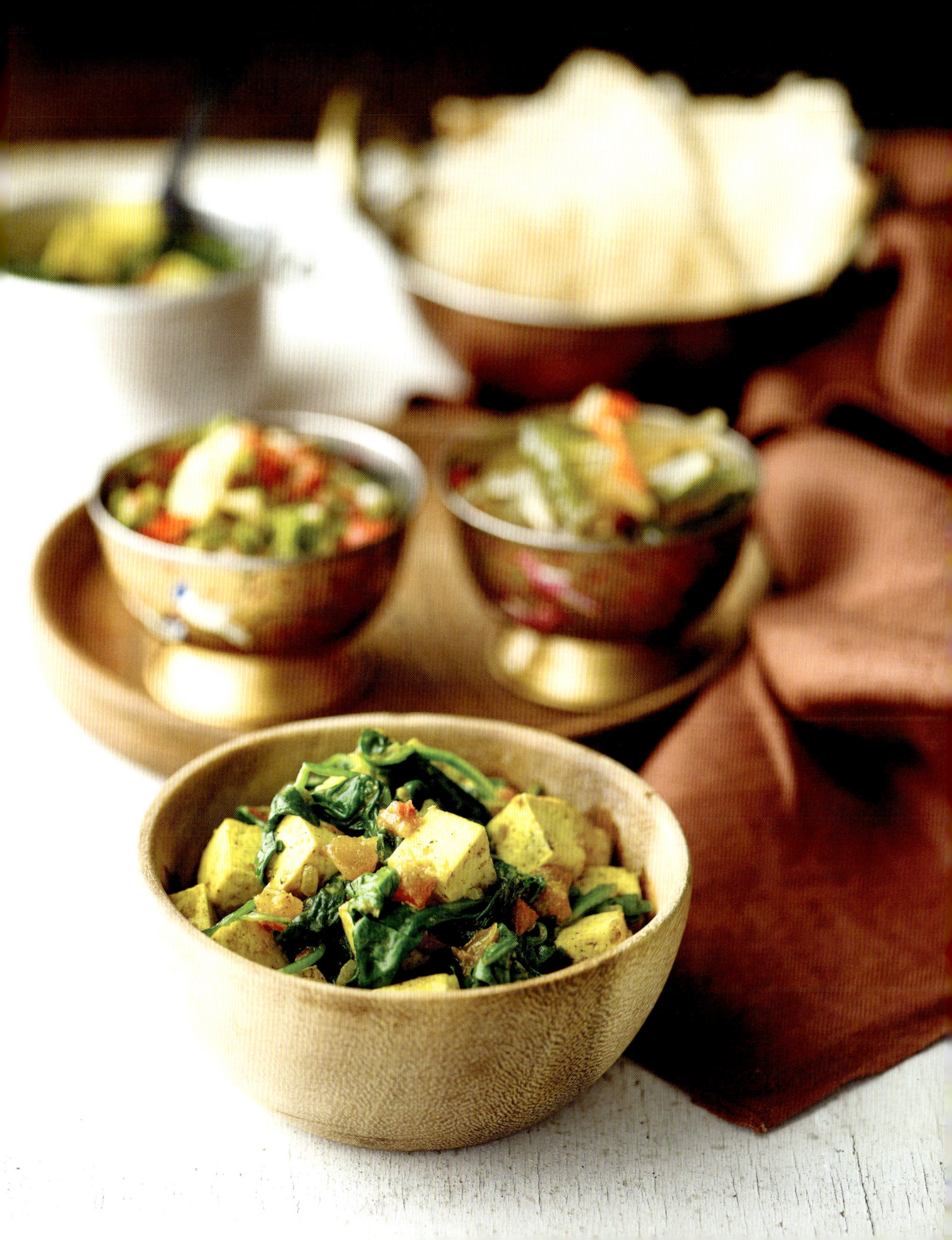

Burgers épicés au tofu et aux légumes

Choisir le tofu comme aliment est très sain et on pense que sa consommation régulière aide à prévenir les maladies cardiovasculaires et plusieurs types de cancers.

- 4–6 portions
- 10 minutes
- 15 minutes
- 1

1	carotte, râpée
6	oignons verts, tranchés finement
2	gousses d'ail, hachées finement
15	ml (1 c. à soupe) de gingembre, fraîchement râpé
400	g (14 oz) de tofu ferme, égoutté et émietté
2	œufs légèrement battus
	Sel de mer et poivre noir, fraîchement moulus
30	ml (2 c. à soupe) d'huile de sésame
30	ml (2 c. à soupe) d'huile d'olive extra vierge
	Sauce chili douce, pour servir
	Verdures en mélange, pour servir

1. **Combiner** la carotte, les oignons verts, l'ail, le gingembre, le tofu et les œufs dans un grand bol. Saler et poivrer.
2. **Chauffer** les deux types d'huile dans une poêle à feu moyen-fort. Huiler un cercle à pâtisserie ou un emporte-pièce en métal de 8 cm (3 po) et le mettre dans la poêle.
3. **Une fois chaud,** verser 75 ml (5 c. à soupe) de pâte dans le cercle, puis réduire à feu moyen. Cuire jusqu'à ce que le burger soit doré, 4 à 5 minutes, puis enlever le cercle et tourner le burger pour cuire l'autre côté. Travailler en lots, en gardant les burgers qui sont prêts dans un four à température basse.
4. **Servir** chaud, avec la sauce chili et les verdures.

Si vous avez aimé cette recette, vous raffolerez aussi de celles-ci.

- **Brochettes panir** et légumes — 274
- **Succédané de panir** au tofu — 276
- **Tofu au cari** avec épinards et tomates — 278

280 LÉGUMES ET TOFU

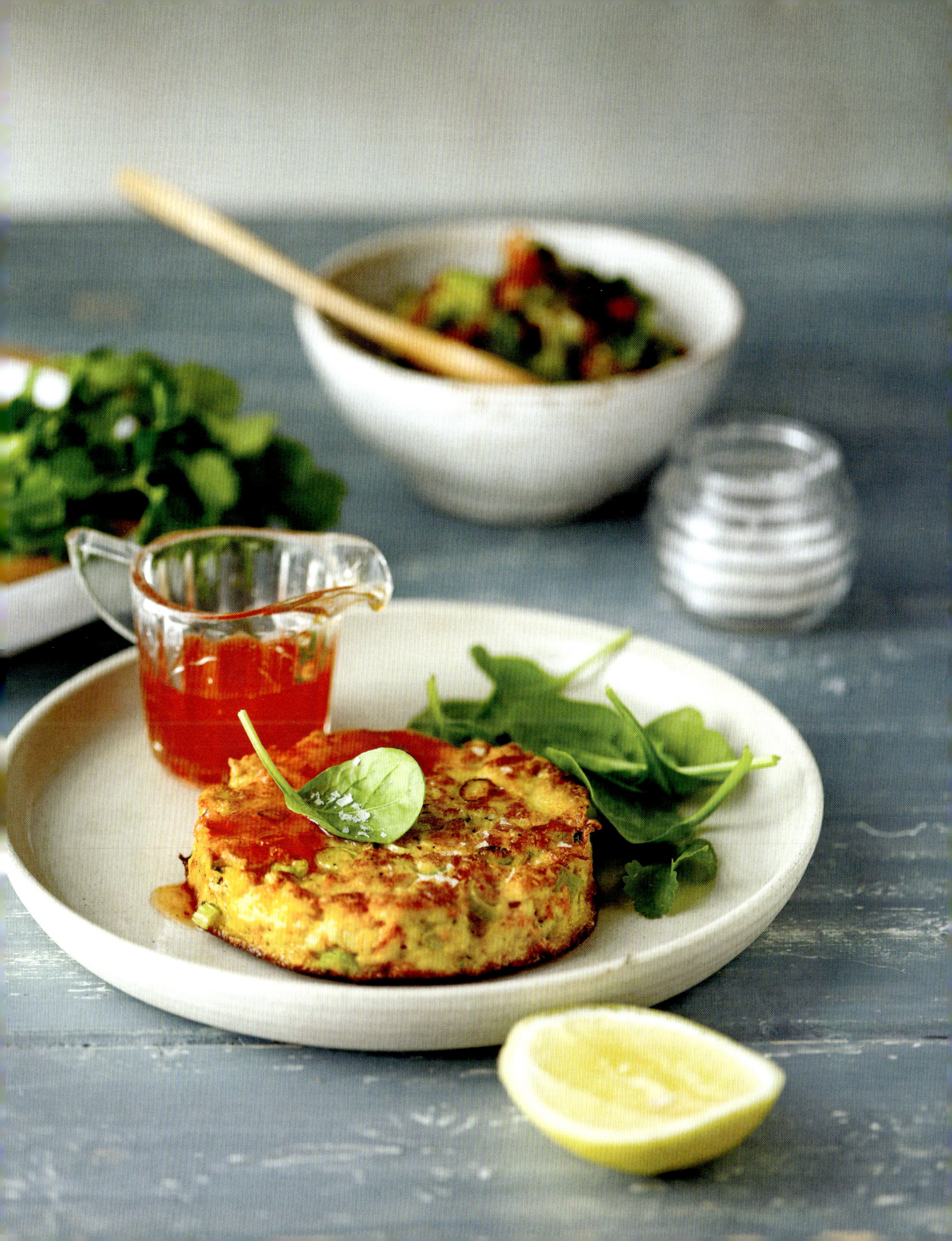

Sauté épicé au tofu

Ajoutez plus ou moins de piments à ce plat selon votre tolérance à la nourriture épicée.

- 4–6 portions
- 15 minutes
- 15 minutes

- 1

PÂTE ÉPICÉE

30	g (1 oz) de gingembre frais, pelé
2	tiges de citronnelle
2	piments rouges
3	échalotes, hachées
1	gousse d'ail
5	ml (1 c. à thé) de curcuma
1	ml (¼ c. à thé) de sel
30	ml (2 c. à soupe) d'huile d'arachides

SAUCE

1	boîte (400 ml/14 oz) de lait de coco
250	ml (1 tasse) de bouillon de légumes

CARI

	Huile végétale pour la friture + 15 ml (1 c. à soupe) pour frire
250	g (8 oz) de tofu ferme coupé en cube de 2.5 cm (1 po)
20	pleurotes, tranchés
12	pois mange-tout, en moitiés
400	g (14 oz) de nouilles udon, cuites selon les indications du fabricant
	Coriandre fraîche, pour servir
	Quartiers de lime, pour servir
	Arachides grossièrement hachées, pour servir

1. **Pour la pâte épicée,** mettre tous les ingrédients de la pâte (sauf l'huile d'arachides) dans un robot culinaire et mêler jusqu'à l'obtention d'une purée. En gardant le moteur en marche, ajouter graduellement l'huile et mêler jusqu'à l'obtention d'une pâte.

2. **Pour la sauce,** chauffer une poêle à feu moyen. Sauter la pâte d'épices 2 à 3 minutes. Ajouter le lait de coco et le bouillon de légumes, puis porter à ébullition. Laisser mijoter 5 minutes.

3. **Pour le cari,** remplir à moitié d'huile végétale une poêle à fond épais, puis la mettre sur feu moyen. Tester l'huile en y laissant tomber un petit morceau de pain. S'il grille très vite en faisant des bulles à la surface, l'huile est prête.

4. **Ajouter** le tofu et frire jusqu'à ce qu'il soit croustillant et doré, 2 à 3 minutes. Retirer avec une cuillère trouée et égoutter sur un essuie-tout.

5. **Chauffer** 15 ml (1 c. à soupe) d'huile dans une poêle à feu moyen. Ajouter les champignons et sauter jusqu'à ce qu'ils soient tendres, 3 à 4 minutes. Ajouter les champignons à la sauce. Ajouter les pois mange-tout, le tofu et les nouilles à la sauce. Bien brasser.

6. **Garnir** avec la coriandre fraîche, les quartiers de lime et les arachides. Servir chaud.

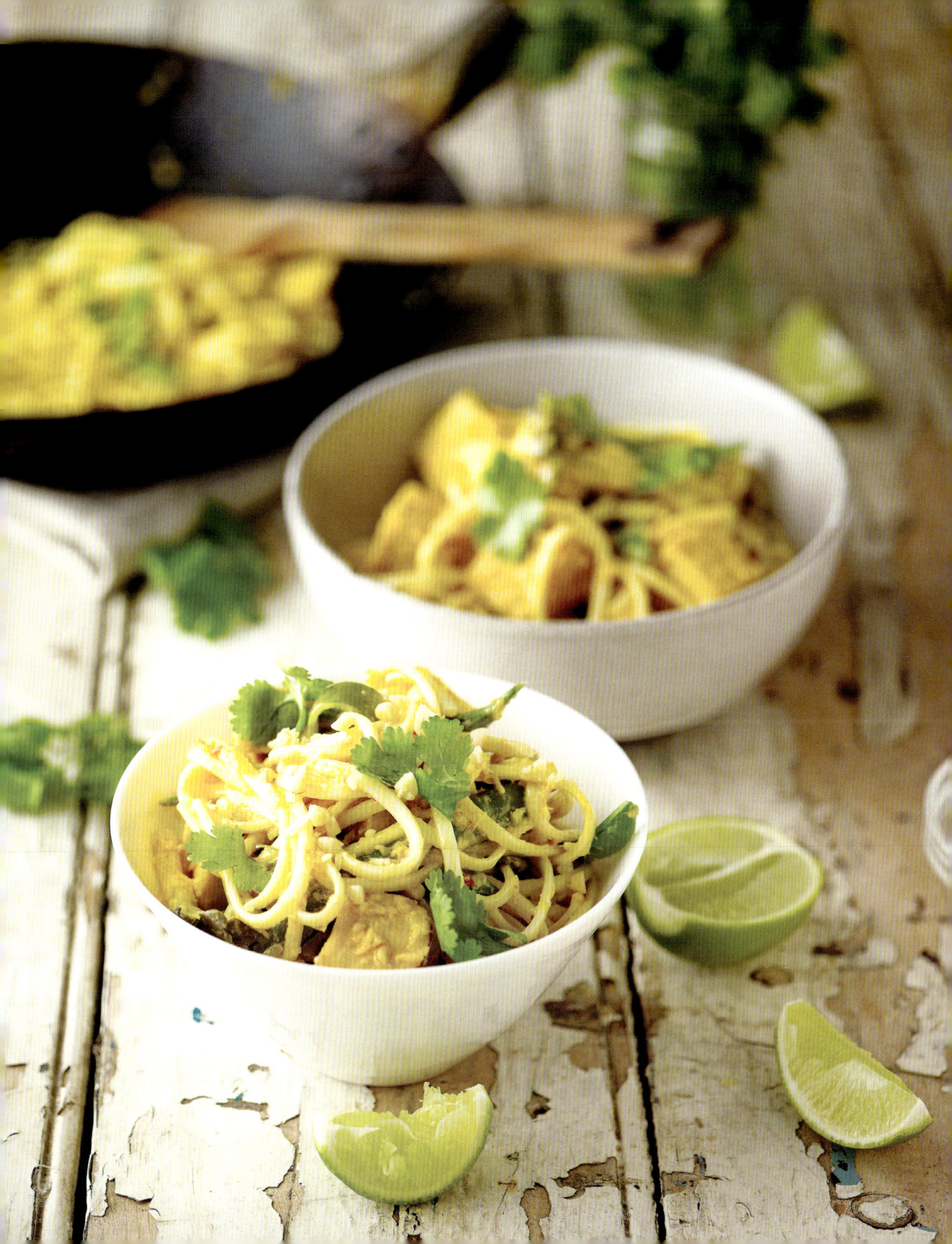

Crêpes ricotta et courgettes

Ces crêpes sont un véritable délice. Vous pouvez les préparer de la fin du printemps jusqu'à tard en été quand les fleurs de courgette sont encore disponibles au marché. Ces fleurs sont tellement belles que vous pouvez en réserver quelques-unes pour garnir le plat une fois terminé. Quand les fleurs ne sont plus disponibles, ajouter une courgette de plus.

- 6 portions
- 15 minutes
- 30 minutes
- 3

CRÊPES

- 250 g (1 ⅔ tasse) de farine tout usage
- 500 ml (2 tasses) de lait
- 4 œufs
- 15 ml (1 c. à soupe) de thym frais, haché
- 15 ml (1 c. à soupe) de marjolaine fraîche, hachée finement
- 15 ml (1 c. à soupe) de persil frais, haché finement
- 3 ml (½ c. à thé) de sel
- 15 ml (1 c. à soupe) de beurre

FARCE À LA RICOTTA

- 350 g (12 oz) de courgettes, coupées en rondelles
- 30 ml (2 c. à soupe) de beurre
- 24 fleurs de courgettes
- 400 g (14 oz) de ricotta
- 60 g (½ tasse) de pignons de pin
- 3 ml (½ c. à thé) de muscade, fraîchement moulue
- 300 ml (1 ¼ tasse) de crème 35 % m.g.
- 15 ml (1 c. à soupe) de parmesan, fraîchement râpé

1. **Pour les crêpes,** mêler la farine et le lait dans un grand bol. Ajouter les œufs et battre jusqu'à ce que le mélange soit homogène. Ajouter en brassant le thym, la marjolaine et le persil. Saler.

2. **Fondre** le beurre dans une petite poêle à feu moyen. Verser juste assez de pâte pour couvrir le fond de la poêle. Cuire jusqu'à ce que la crêpe soit légèrement dorée dessous. Utilisez une large spatule pour la tourner et cuire l'autre côté.

3. **Répéter** jusqu'à épuisement de la pâte. Empiler les crêpes l'une sur l'autre et les garder au chaud.

4. **Préchauffer** le four à 200 °C (400 °F). Beurrer un grand plat allant au four.

5. **Pour la farce à la ricotta,** sauter les courgettes dans le beurre dans une grande poêle à feu moyen jusqu'à ce qu'elles soient tendres, 5 à 10 minutes. Ajouter les fleurs de courgettes, la ricotta, les pignons et la muscade. Cuire 3 minutes.

6. **Mettre** 30 à 45 ml (2 à 3 c. à soupe) de farce au centre de chacune des crêpes. Plier les crêpes en deux, puis de nouveau en deux pour obtenir un triangle.

7. **Disposer** les crêpes garnies dans le plat préparé. Arroser de crème et saupoudrer de parmesan.

8. **Couvrir** de papier d'aluminium et cuire au four 10 minutes. Retirer le papier d'aluminium et cuire 8 à 10 minutes de plus, jusqu'à ce que les crêpes soient croustillantes et le fromage doré. Servir chaud.

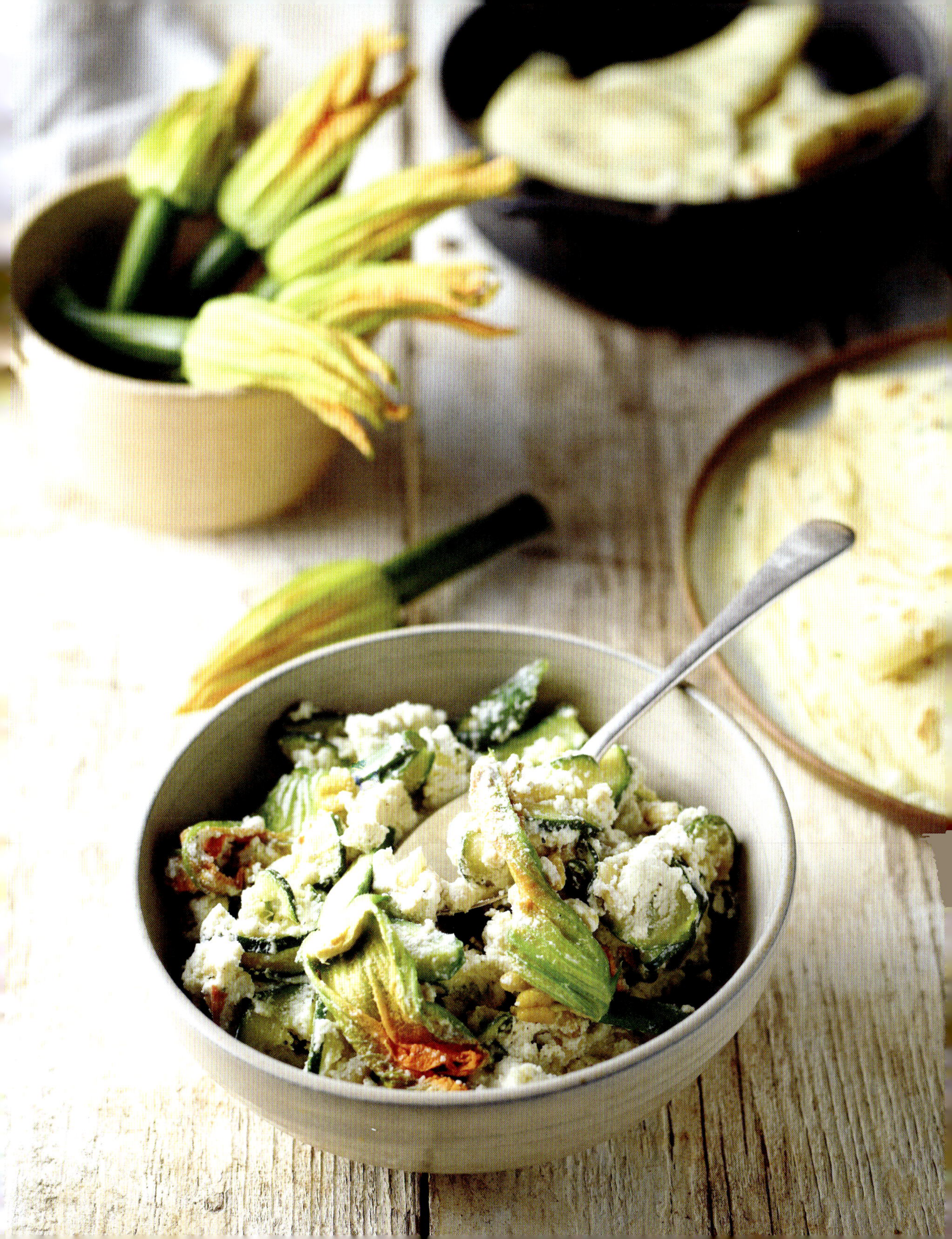

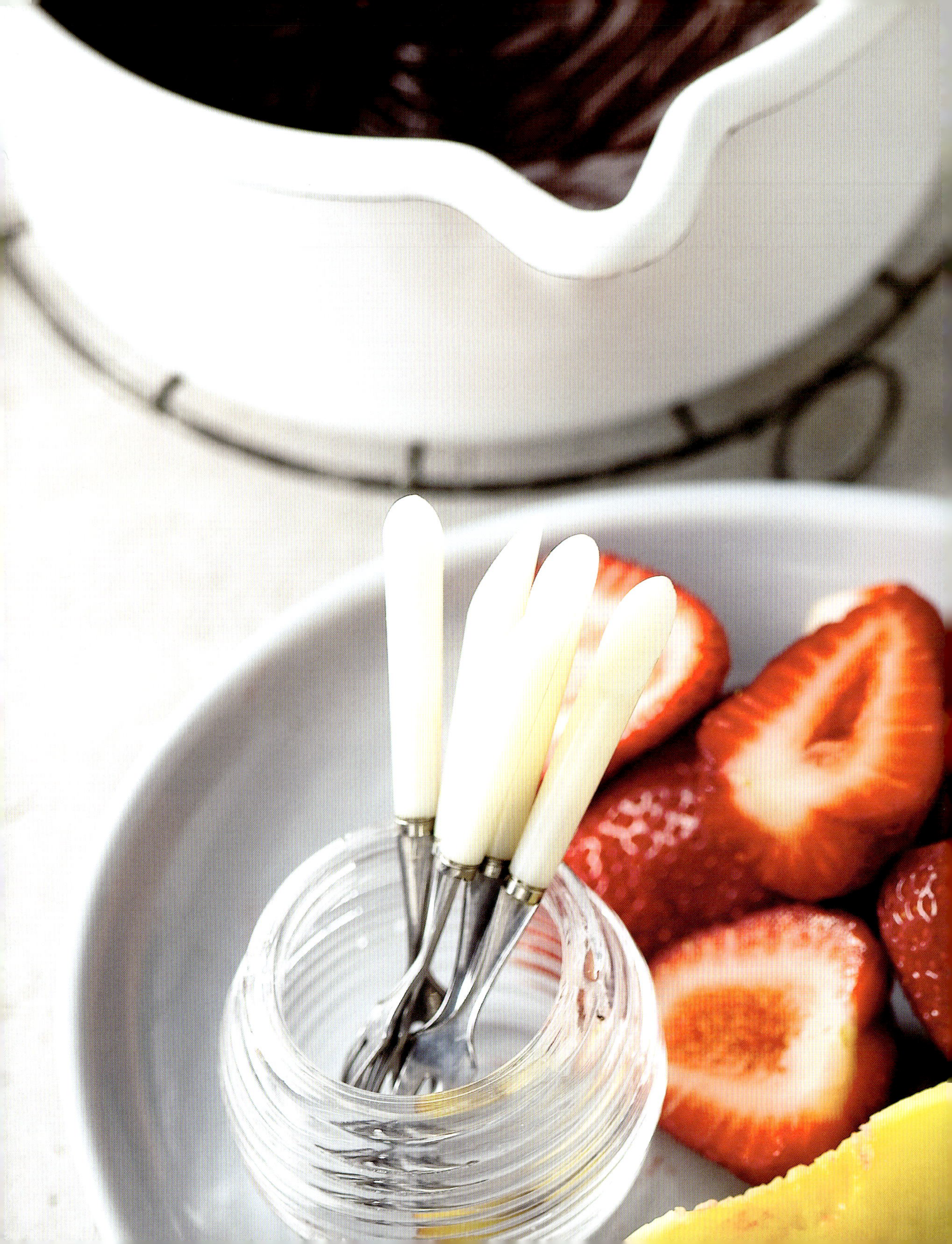

Desserts

Crème aux fraises

C'est un très joli dessert. Il est idéal pour les grands groupes et les fêtes, car on peut le préparer à l'avance. Au besoin, doublez ou triplez les quantités. Allouez une durée de réfrigération un peu plus longue pour les quantités plus importantes.

- 4-6 portions
- 15 minutes
- 2 heures
- 5 minutes
- 1

- 250 ml (1 tasse) d'eau
- 250 ml (1 tasse) de jus de pomme non sucré
- 100 g (½ tasse) de sucre
- 3 ml (½ c. à thé) de cannelle moulue
- 0,5 ml (⅛ c. à thé) de clou de girofle moulu
- 450 g (3 tasses) de fraises fraîches + quelques tranches additionnelles, pour garnir
- 250 ml (1 tasse) de yogourt aux fraises
- 2 à 3 gouttes de colorant alimentaire rouge (facultatif)
- 60 ml (¼ tasse) de crème sure

1. **Combiner** 175 ml (¾ tasse) d'eau avec le jus de pomme, le sucre, la cannelle et le clou de girofle dans un chaudron à feu moyen. Porter à ébullition, en brassant à l'occasion. Retirer du feu.

2. **Mettre** les fraises et le reste d'eau dans un robot culinaire. Couvrir et mixer jusqu'à ce que le mélange soit lisse.

3. **Verser** dans le mélange au jus de pomme. En brassant, ajouter le yogourt et le colorant alimentaire (si utilisé). Couvrir et réfrigérer jusqu'à ce que ce soit bien refroidi, au moins 2 heures.

4. **À la louche,** verser la crème aux fraises dans des bols de service. Laisser tomber une cuillerée de crème sure au centre de chacun. Garnir de quelques tranches de fraises, puis servir.

Si vous avez aimé cette recette, vous raffolerez aussi de celles-ci.

Crème aux pêches — 290

Smoothies banane royale — 292

Paniers de melon avec sorbet au citron — 294

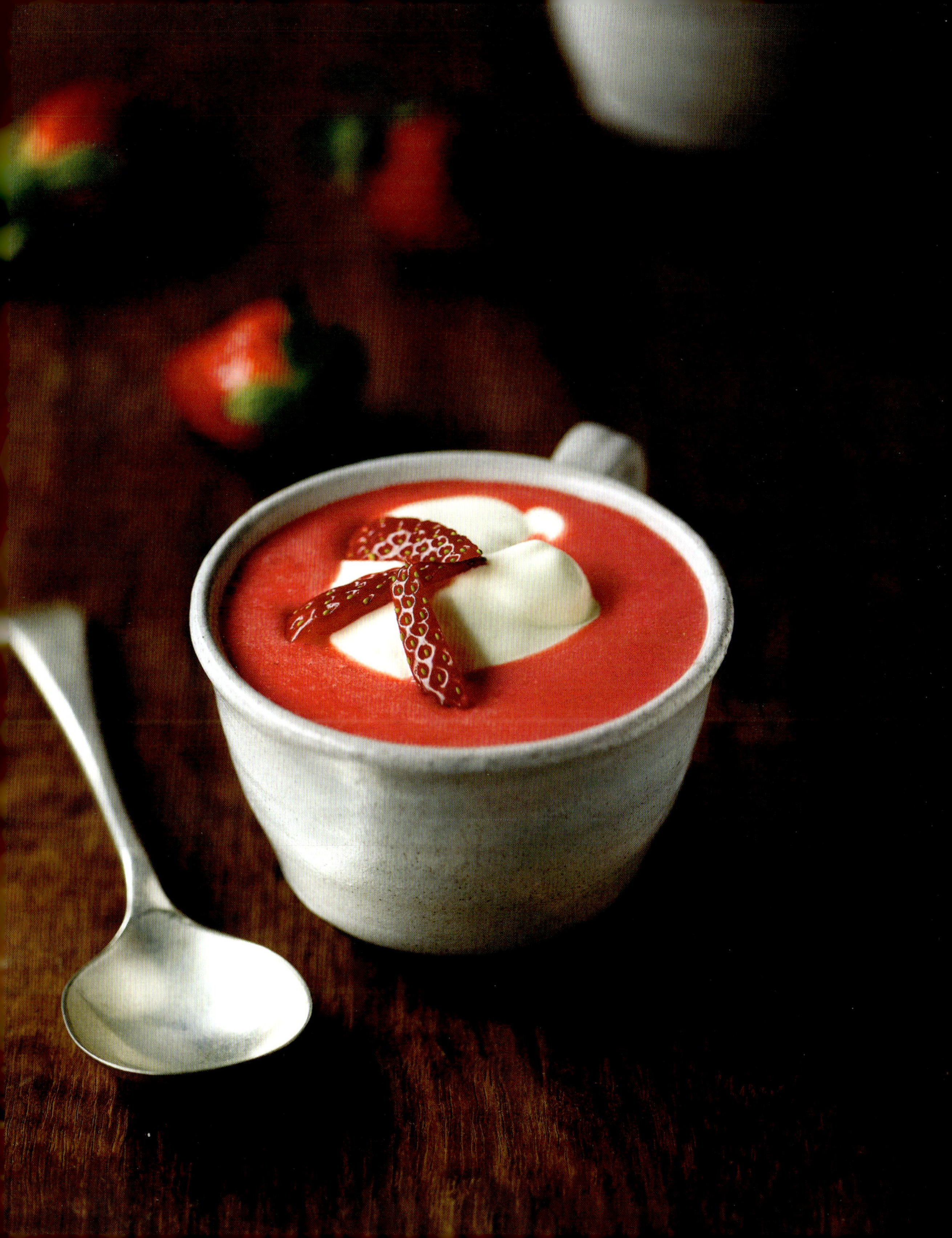

Crème aux pêches

Cette crème devrait être faite au plus fort de l'été, quand les pêches sont à leur meilleur. Assurez-vous que la crème est bien refroidie. Si vous servez ce dessert à des enfants, remplacez le rhum par 10 ml (2 c. à thé) d'extrait de vanille.

- 6–8 portions
- 10 minutes
- 20 minutes
- 1

- 1,5 kg (3 lb) de pêches fraîches, pelées, dénoyautées et hachées
- 5 ml (1 c. à thé) de gingembre moulu
- 310 ml (1 ¼ tasse) de crème 35 % m.g., légèrement battue
- 30 ml (2 c. à soupe) de rhum
- Feuilles fraîches de menthe ou de basilic, pour garnir

1. **Réserver** quelques tranches minces ou cubes minatures de pêche pour garnir la crème au moment de servir.
2. **Réduire** en purée le reste de pêches et le gingembre dans un robot culinaire jusqu'à ce que ce soit lisse.
3. **En brassant**, ajouter la crème et le rhum. Refroidir dans la section la plus froide du réfrigérateur, au moins 20 minutes.
4. **Servir** froid dans des coupes ou des bols à dessert, garni des pêches réservées et des feuilles de menthe ou de basilic.

Si vous avez aimé cette recette, vous raffolerez aussi de celles-ci.

Crème aux fraises
288

Smoothies banane royale
292

Paniers de melon avec sorbet au citron
294

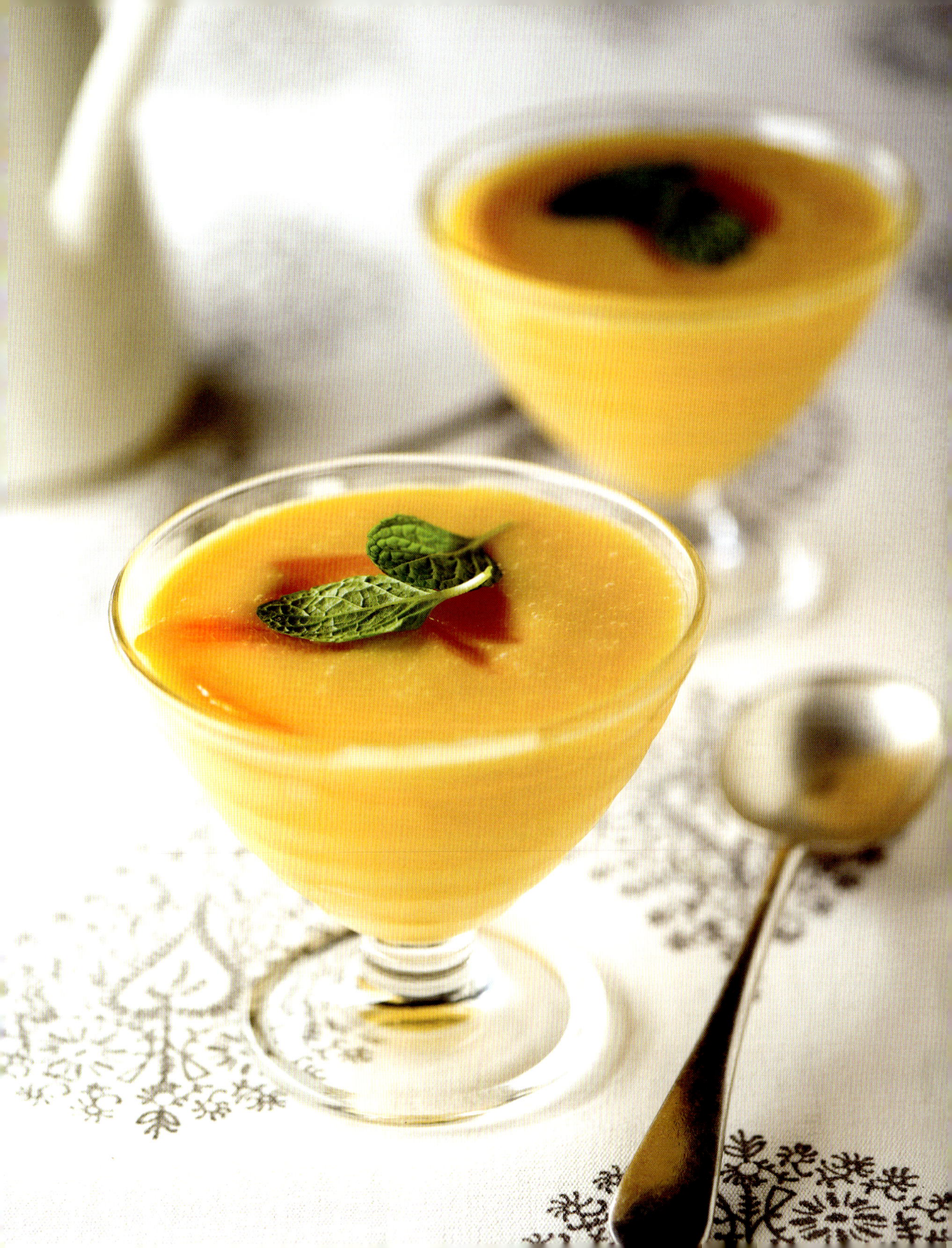

Smoothies banane royale

Ces smoothies constituent un dessert familial idéal. Remplacez la crème par la même quantité de yogourt grec, si vous préférez.

- 2–4 portions
- 10 minutes
- 1

2	bananes	
250	g (1 tasse) d'ananas broyé	
375	ml (1 ½ tasse) de lait	
6	fraises fraîches	
30	ml (2 c. à soupe) de miel	
8	glaçons	
1	boule de crème glacée à la vanille	
125	ml (½ tasse) de crème 35 % m.g.	
	Sirop de chocolat	
	Cerises au marasquin	

1. **Mettre** 2 à 4 grands verres au congélateur.
2. **Combiner** les bananes, l'ananas, le lait, les fraises et le miel dans un mélangeur et mixer jusqu'à ce que ce soit lisse. Ajouter les glaçons et la crème glacée. Mixer jusqu'à l'obtention d'une barbotine.
3. **Verser** les smoothies dans les verres.
4. **Fouetter** la crème. En déposer une quantité au sommet de chaque verre. Verser en filet le sirop de chocolat sur la crème. Couronner chaque verre de 1 ou 2 cerises au marasquin.

Si vous avez aimé cette recette, vous raffolerez aussi de celles-ci.

Crème aux fraises
288

Crème aux pêches
290

Salade de fruits frais *mojito*
296

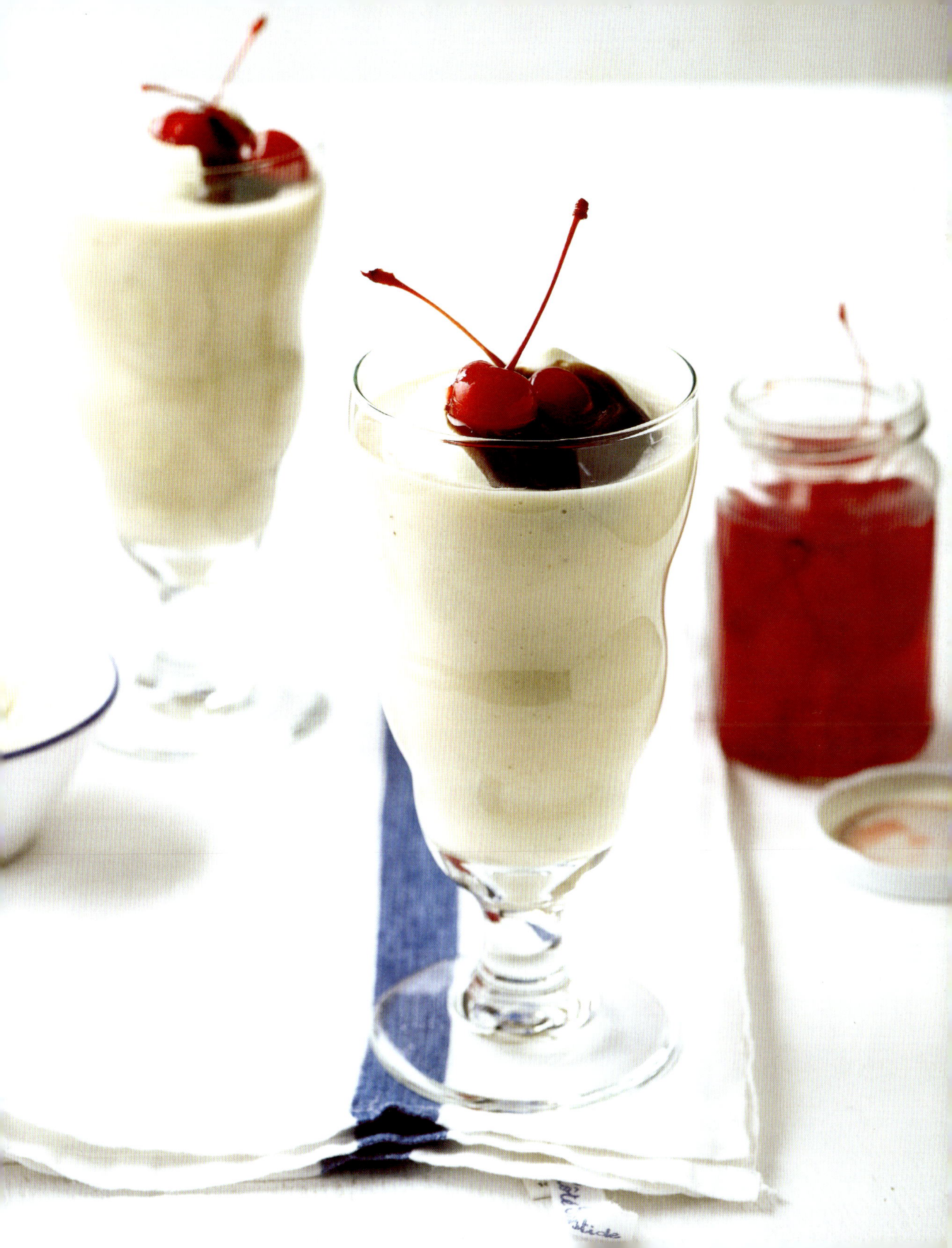

Paniers de melon
avec sorbet au citron

Choisissez de petits cantaloups, sans meurtrissures, qui feront un joli effet sur la table. Vous pouvez aussi servir les fruits dans des coupes ou des bols à dessert.

- 4 portions
- 20 minutes
- 1

2	petits cantaloups mûrs
150	g (1 tasse) de fraises, tranchées finement
150	g (1 tasse) de mûres
150	g (1 tasse) de framboises
4	à 8 boules de sorbet au citron
	Brins de menthe, pour garnir

1. **Couper** les melons en deux. À la cuillère, extraire et jeter les graines. Extraire la chair à l'aide d'une cuillère parisienne. Réserver l'écorce de chaque moitié.

2. **Mêler** les boules de melon, les fraises, les mûres et les framboises dans un grand bol.

3. **À la cuillère,** transférer les fruits dans les écorces de melon.

4. **Décorer** chaque portion de boules de sorbet au citron. Garnir de brins de menthe et servir aussitôt.

Si vous avez aimé cette recette, vous raffolerez aussi de celles-ci.

Crème aux fraises — 288

Crème aux pêches — 290

Fondue au chocolat avec fruits frais — 298

294 DESSERTS

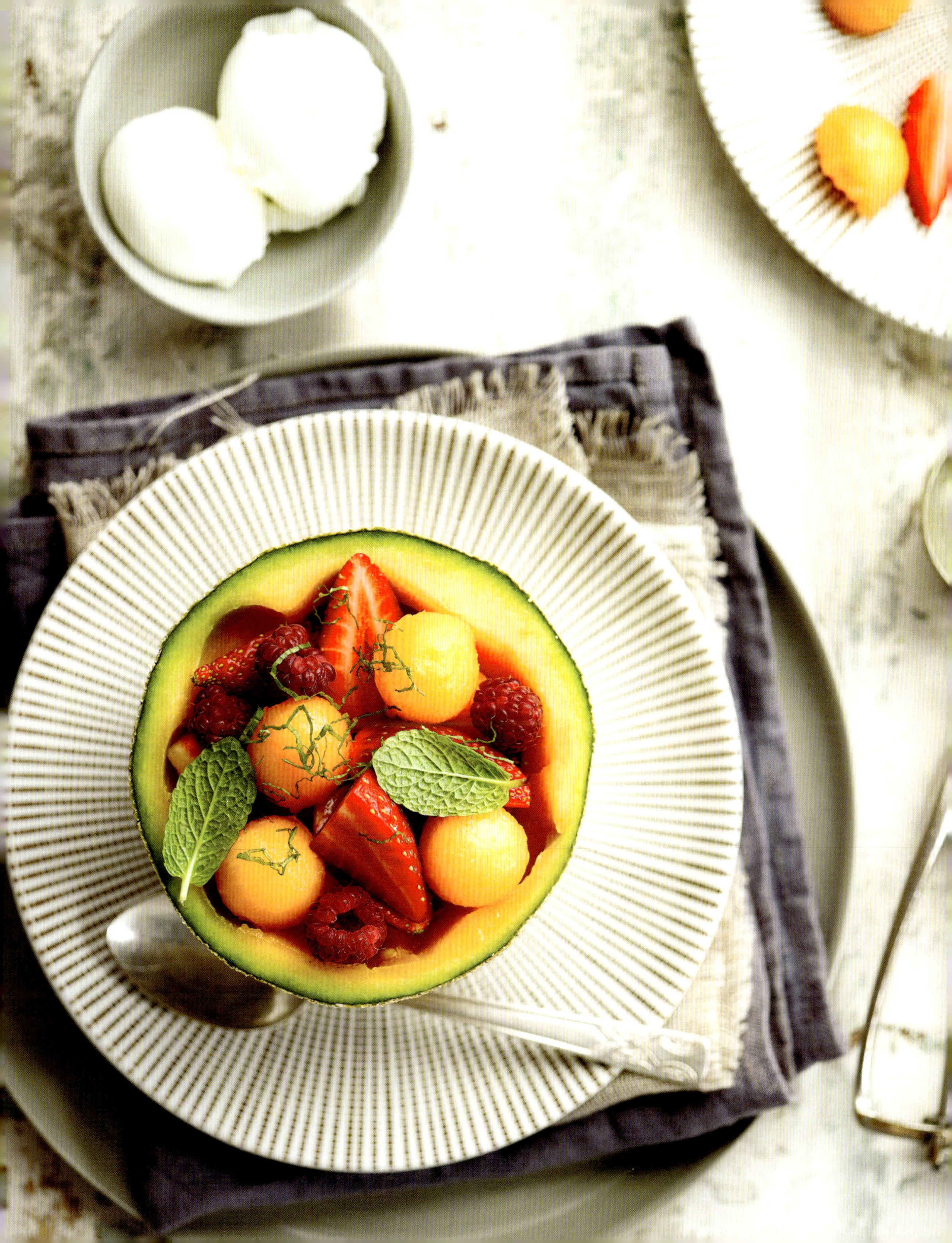

Salade de fruits frais *mojito*

Le *mojito* est un cocktail traditionnel cubain, composé de rhum blanc, de sucre, de jus de lime et de menthe. Ce dessert inclut toutes ces saveurs traditionnelles, tout en ajoutant quelques fruits.

- 4–6 portions
- 15 minutes
- 1 heure
- 1

- 150 g (1 tasse) de pastèque épépinée, en cubes
- 150 g (1 tasse) de raisins sans pépins
- 150 g (1 tasse) de cantaloup, en cubes
- 150 g (1 tasse) de fraises, en quartiers
- 150 g (1 tasse) de kiwis, pelés et en quartiers
- 150 g (1 tasse) de bleuets frais
- 3 brins de menthe fraîche
- 10 ml (2 c. à thé) de sucre
- 45 ml (3 c. à soupe) de jus de lime, fraîchement pressé
- 45 ml (3 c. à soupe) de rhum blanc

1. **Mêler** la pastèque, les raisins, le melon, les fraises, les kiwis et les bleuets dans un bol à salade.

2. **En brassant,** combiner la menthe, le sucre, le jus de lime et le rhum dans un petit bol. Broyer la menthe avec le dos d'une cuillère, tout en mélangeant pour en extraire la saveur.

3. **Verser** sur le mélange de fruits. Couvrir le bol et réfrigérer au moins 1 heure.

4. **Retirer** du réfrigérateur, mêler délicatement et servir.

Si vous avez aimé cette recette, vous raffolerez aussi de celles-ci.

Paniers de melon avec sorbet au citron — 294

Fondue au chocolat avec fruits frais — 298

Crème aux petits fruits et croquant aux noix de cajou — 300

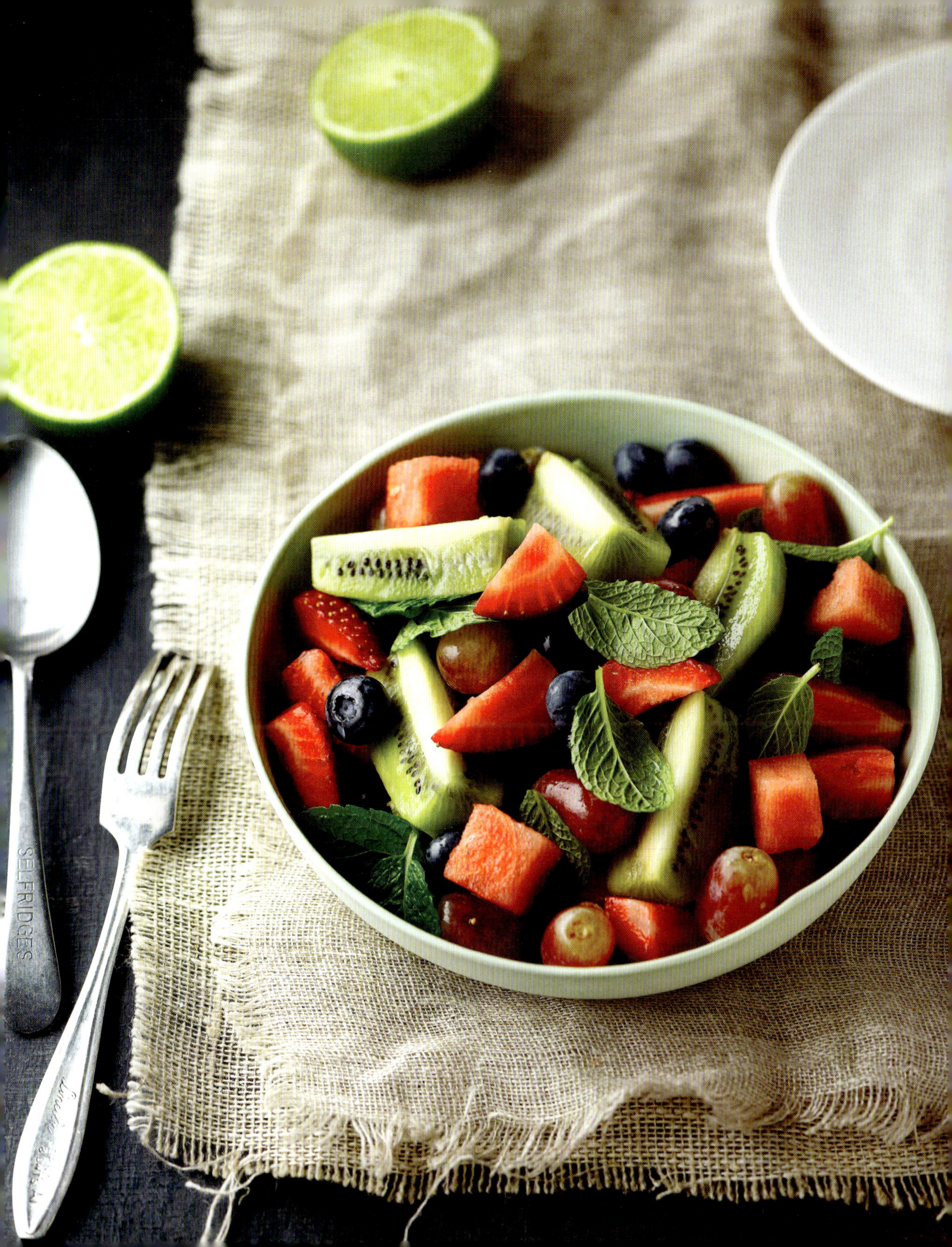
SELFRIDGES

Fondue au chocolat
avec fruits frais

Si vous n'avez pas d'ensemble à fondue, verser le mélange au chocolat dans un bol chaud et, au besoin, réchauffez-le (au micro-ondes pour gagner du temps).

- 4–6 portions
- 10 minutes
- 10 minutes
- 2

FONDUE

- 150 g (5 oz) de chocolat semi-sucré (70 % de solides de cacao)
- 120 g (4 oz) de chocolat noir à l'orange
- 5 ml (1 c. à thé) de zeste râpé finement d'orange
- 175 ml (¾ tasse) de crème 35 % m.g.
- 15 ml (1 c. à soupe) de beurre non salé
- 30 ml (2 c. à soupe) de liqueur à l'orange (Cointreau ou autre)

POUR TREMPER

Guimauves

Fruits frais réfrigérés : fraises, figues, bananes, kiwis, cubes de pêches, morceaux d'ananas

Gâteau au beurre ou gâteau éponge nature, en cubes

1. **Pour la fondue,** fondre les deux types de chocolat dans un caquelon, ou dans la partie supérieure d'un bain-marie, au-dessus d'une eau qui mijote à peine.

2. **Ajouter** le zeste d'orange, la crème et le beurre. Brasser sans arrêt jusqu'à ce que le chocolat ait fondu et que tous les ingrédients soient combinés. En brassant, verser la liqueur.

3. **Mettre** le pot sur son support au centre de la table. Le réchaud allumé sous le caquelon gardera le chocolat à la bonne température.

4. **Pour tremper,** s'assurer que chacun a sa propre fourchette à long manche ou brochette.

5. **Disposer** une sélection de fruits frais, des cubes de gâteau et des guimauves dans un grand plat de service au centre de la table, afin que chacun puisse embrocher et tremper.

Si vous avez aimé cette recette, vous raffolerez aussi de celles-ci.

Paniers de melon avec sorbet au citron — 294

Salade de fruits frais *mojito* — 296

Crème aux petits fruits croquant aux noix de cajou — 300

298 DESSERTS

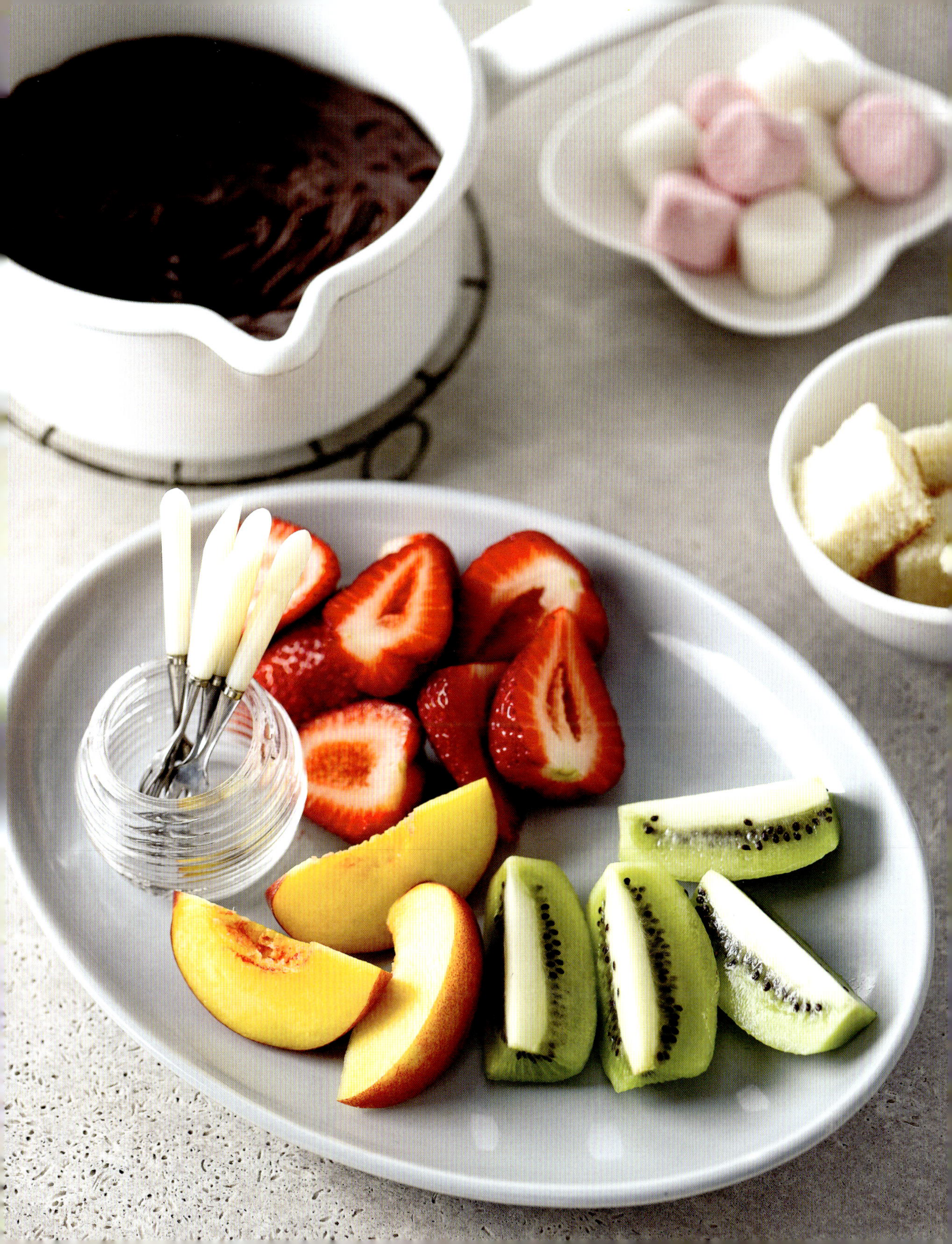

Crème aux petits fruits et croquant aux noix de cajou

Vous pouvez modifier la saveur du croquant aux noix en utilisant des amandes ou des arachides.

- 4 portions
- 20 minutes
- 10 minutes

- 2

CROQUANT

30 ml (2 c. à soupe) de sucre

50 g (½ tasse) de noix de cajou hachées

FRUITS

45 ml (3 c. à soupe) de sucre

90 ml (⅓ tasse) de jus de cerises, en boîte

45 ml (3 c. à soupe) de vin rouge

Zeste râpé finement et jus de 1 orange

300 g (2 tasses) de cerises fraîches, dénoyautées ou 450 g (3 tasses) de cerises en boîte, égouttées

300 g (2 tasses) de baies de sureau

500 ml (2 tasses) de yogourt nature ou de crème fraîche

15 ml (1 c. à soupe) de miel d'acacia

1. **Pour le croquant,** fondre le sucre dans une poêle à fond épais à feu doux, en brassant sans arrêt.
2. **Ajouter** les noix de cajou, en brassant sans arrêt, jusqu'à ce que le sucre soit doré.
3. **Étaler** le mélange sur une feuille de papier parchemin et laisser refroidir. Une fois refroidi, hacher et réserver.
4. **Pour les fruits,** fondre le sucre dans une poêle à fond épais à feu doux, en brassant sans arrêt, jusqu'à ce qu'il soit légèrement caramélisé.
5. **Ajouter** le jus de cerises, le vin rouge et le jus d'orange. En brassant, ajouter le zeste d'orange, les cerises et les baies de sureau. Augmenter le feu et porter à ébullition. Laisser mijoter quelques minutes, jusqu'à ce que le liquide ait réduit et épaissi. Retirer du feu et laisser refroidir.
6. **Mêler** le yogourt et le miel.
7. **Mettre** des fruits au fond de quatre verres ou verres à pied. À la cuillère, verser le yogourt, puis alterner une autre couche de fruits et une autre couche de yogourt.
8. **Parsemer** le dessus de croquant aux noix de cajou tout juste avant de servir.

Si vous avez aimé cette recette, vous raffolerez aussi de celles-ci.

Paniers de melon avec sorbet au citron
294

Salade de fruits frais *mojito*
296

Pêches rôties au miel avec crème
302

DESSERTS

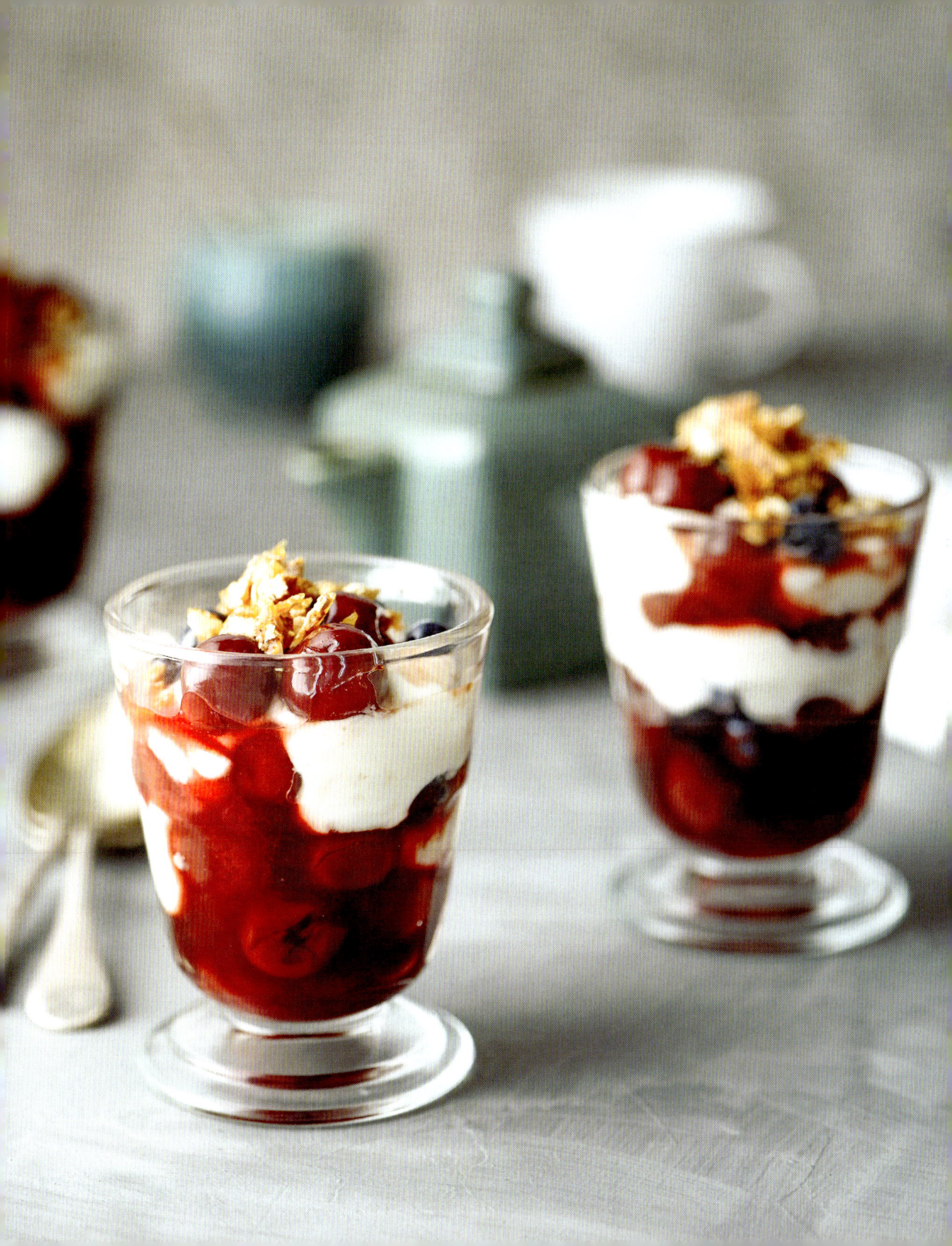

Pêches rôties au miel
avec crème

C'est un dessert superbe durant les mois d'été, alors que les pêches sont sucrées et à leur meilleur.

- 4-6 portions
- 10 minutes
- 15–20 minutes
- 2

PÊCHES

6	pêches jaunes mûres, en moitiés et dénoyautées
350 ml (1 ⅓ tasse)	de jus d'orange, fraîchement pressé
	Jus fraîchement pressé de 1 citron
30 à 45 ml (2 à 3 c. à soupe)	de Vin Santo ou de xérès
90 ml (6 c. à soupe)	de miel de fleurs d'oranger + un surplus, au besoin
12	biscuits amaretti, broyés
	Poignée d'amandes blanchies, hachées
15 ml (1 c. à soupe)	de sucre

CRÈME

15 ml (1 c. à soupe)	de sucre glace
30 ml (2 c. à soupe)	de Vin Santo ou de xérès
250 g (1 tasse)	de mascarpone ou de yogourt grec

1. **Pour les pêches,** préchauffer le four à 200 °C (400 °F).
2. **Beurrer** un plat allant au four assez grand pour loger les moitiés de pêches en une seule couche.
3. **Combiner** les jus d'orange et de citron dans un bol. Ajouter le Vin Santo et le miel en brassant pour obtenir un sirop épais.
4. **Mettre** les pêches, partie coupée vers le haut, dans le plat. Combler avec les biscuits amaretti, en les pressant dans les pêches.
5. **Verser** le sirop à l'orange, en vous assurant que chaque moitié de pêche est nappée et reste droite. Parsemer d'amandes et de sucre.
6. **Cuire** 15 à 20 minutes, jusqu'à ce que les fruits soient tendres.
7. **Pour la crème,** fouetter le sucre et le Vin Santo dans le mascarpone (ou le yogourt).
8. **Servir** les pêches chaudes ou à la température de la pièce avec la crème.

Si vous avez aimé cette recette, vous raffolerez aussi de celles-ci.

Crème aux pêches — 290

Poires pochées et crème ricotta — 304

Croustade aux abricots faible en gras — 306

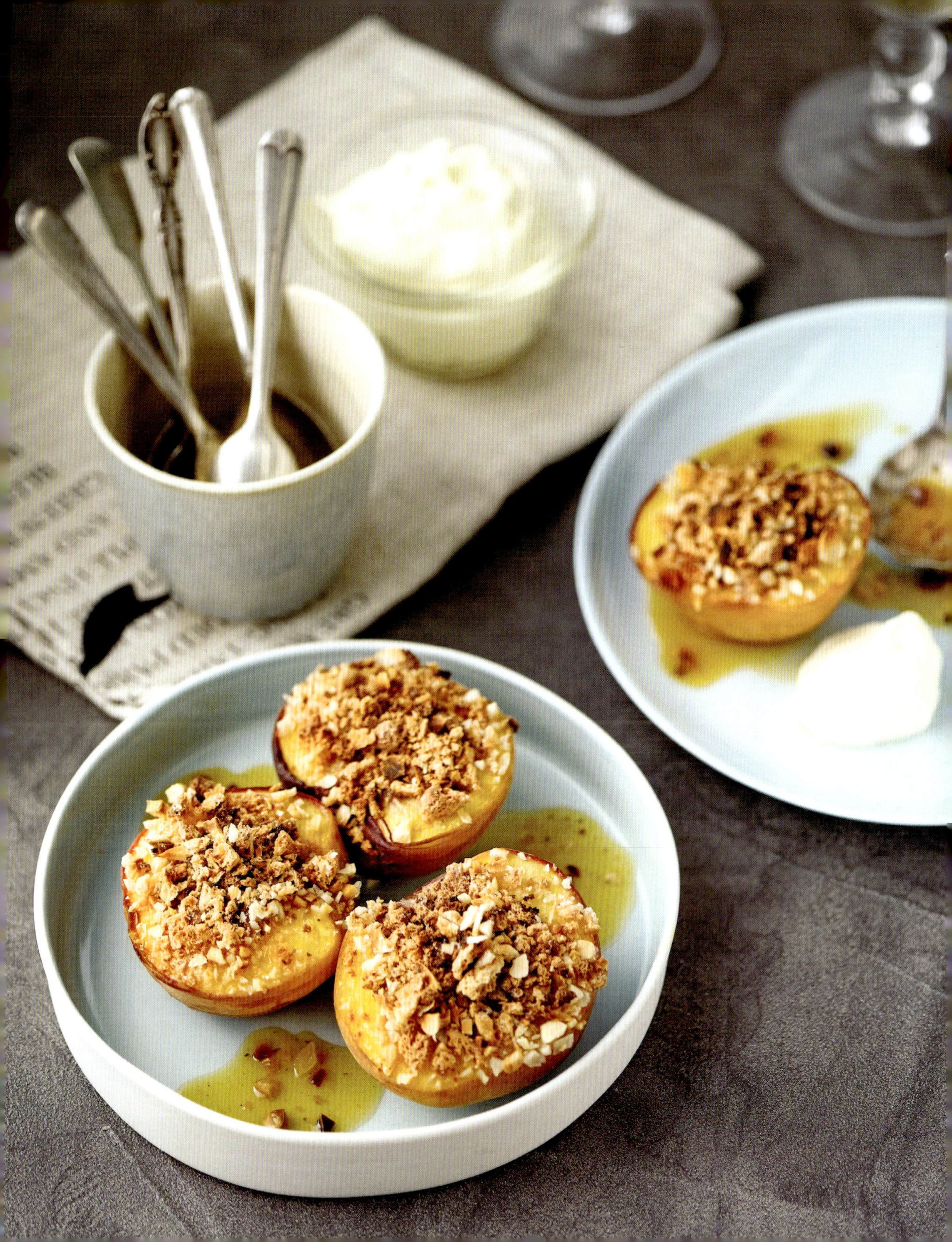

Poires pochées
et crème ricotta

Si vous servez ce dessert à des enfants, remplacez la liqueur dans la crème ricotta par un arôme de caramel écossais ou de chocolat.

- 6 portions
- 15 minutes
- 10 minutes
- 2

POIRES

- 1 l (4 tasses) d'eau
- 200 g (1 tasse) de sucre
- 250 ml (1 tasse) de jus d'orange fraîchement pressé, sans la pulpe
- Zeste râpé finement de 1 orange
- 1 bâtonnet de cannelle
- 6 poires, pelées, en moitiés, sans le cœur, avec la queue

CRÈME RICOTTA

- 375 g (1 ½ tasse) de ricotta fraîche
- 60 ml (¼ tasse) de crème 35 % m.g.
- 60 ml (¼ tasse) de Frangelico ou autre liqueur de noisette
- 60 ml (¼ tasse) de menthe fraîche, hachée finement
- 12 moitiés de noix de grenoble

1. **Pour les poires,** mêler l'eau, le sucre, le jus et le zeste d'orange, et la cannelle dans une grande casserole et porter à ébullition.

2. **Ajouter** les poires. Réduire à feu doux et pocher jusqu'à ce que les fruits soient tendres, environ 10 minutes.

3. **Pour la crème ricotta,** mêler la ricotta, la crème, le Frangelico et la menthe dans un bol moyen, jusqu'à ce que le mélange soit lisse.

4. **À la cuillère,** déposer les poires dans six bols individuels avec un peu du liquide ayant servi à pocher les fruits.

5. **Servir** chaud, avec une cuillerée du mélange à la ricotta et quelques noix.

Si vous avez aimé cette recette, vous raffolerez aussi de celles-ci.

Crème aux petits fruits croquant aux noix de cajou — 300

Pêches rôties au miel avec crème — 302

Croustade aux abricots faible en gras — 306

304 DESSERTS

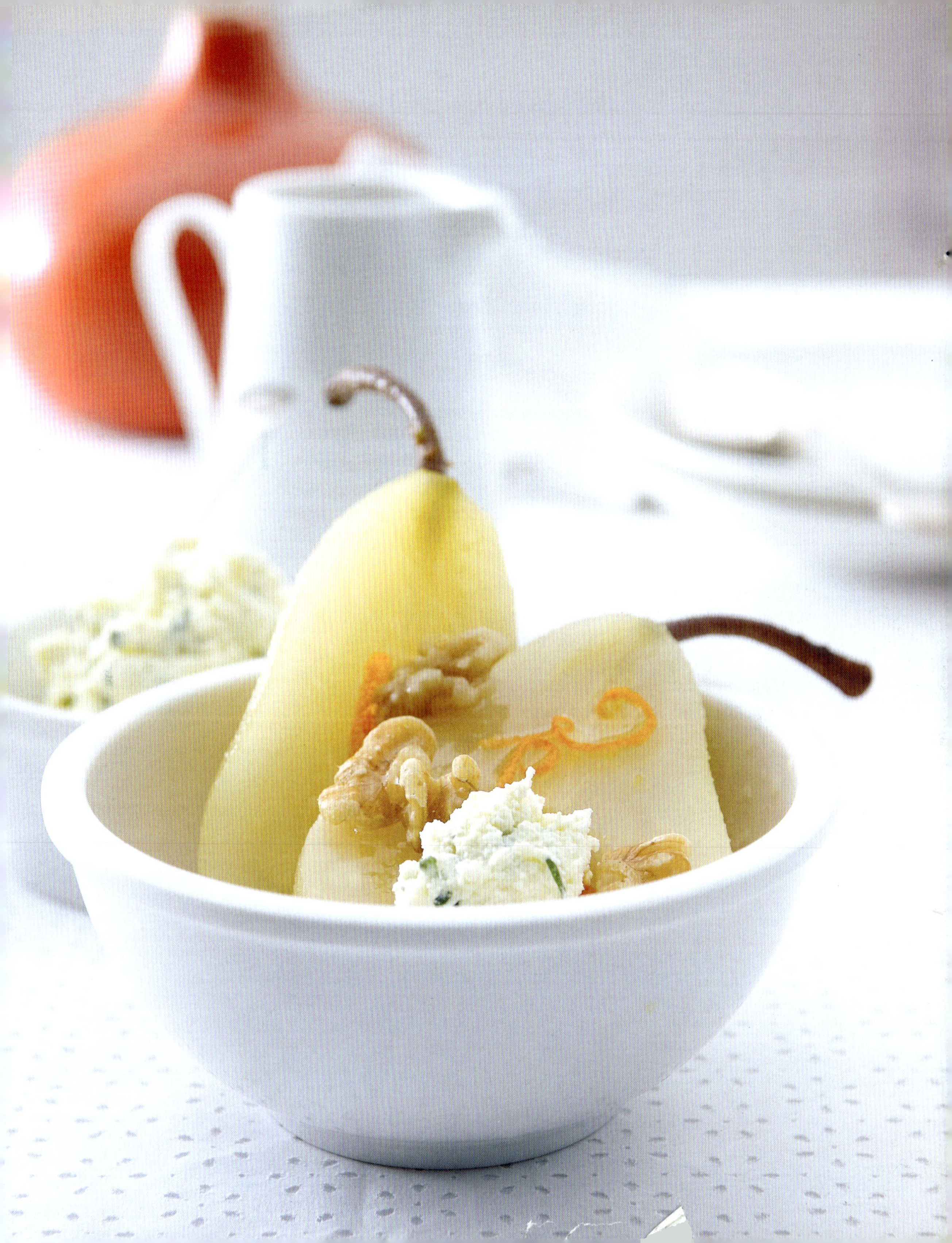

Croustade aux abricots
faible en gras

L'abricot est faible en calories et en gras, et sa douceur provient de ses propres sucres naturels. C'est une bonne source de vitamines A et C.

- 4-6 portions
- 10 minutes
- 20 minutes
- 2

8	gros abricots mûrs, pelés, dénoyautés et tranchés
	Jus fraîchement pressé de 1 citron
75	g (½ tasse) de farine de blé entier
50	g (⅓ tasse) d'avoine à l'ancienne (à cuisson rapide)
50	g (¼ tasse) de cassonade foncée, tassée fermement
3	ml (½ c. à thé) de cannelle moulue
1	ml (¼ c. à thé) de muscade moulue
45	ml (3 c. à soupe) de beurre salé
250	ml (1 tasse) de yogourt sans gras nature ou à la vanille, pour servir (facultatif)

1. **Préchauffer** le four à 190 °C (375 °F). Huiler légèrement une assiette à tarte de 25 cm (10 po).
2. **Disposer** les tranches d'abricot dans l'assiette huilée. Asperger de jus de citron.
3. **Combiner** la farine, l'avoine, la cassonade, la cannelle et la muscade dans un petit bol. Ajouter le beurre, en l'incorporant avec les doigts.
4. **Parsemer** uniformément le mélange sur les abricots.
5. **Cuire** environ 20 minutes, jusqu'à ce que les abricots soient tendres et la garniture dorée.
6. **Servir** chaud, avec une cuillerée de yogourt sur le dessus, si désiré.

Si vous avez aimé cette recette, vous raffolerez aussi de celles-ci.

Pêches rôties au miel avec crème — 302

Poires pochées et crème ricotta — 304

Shortcake aux fraises à faible teneur en gras — 314

DESSERTS

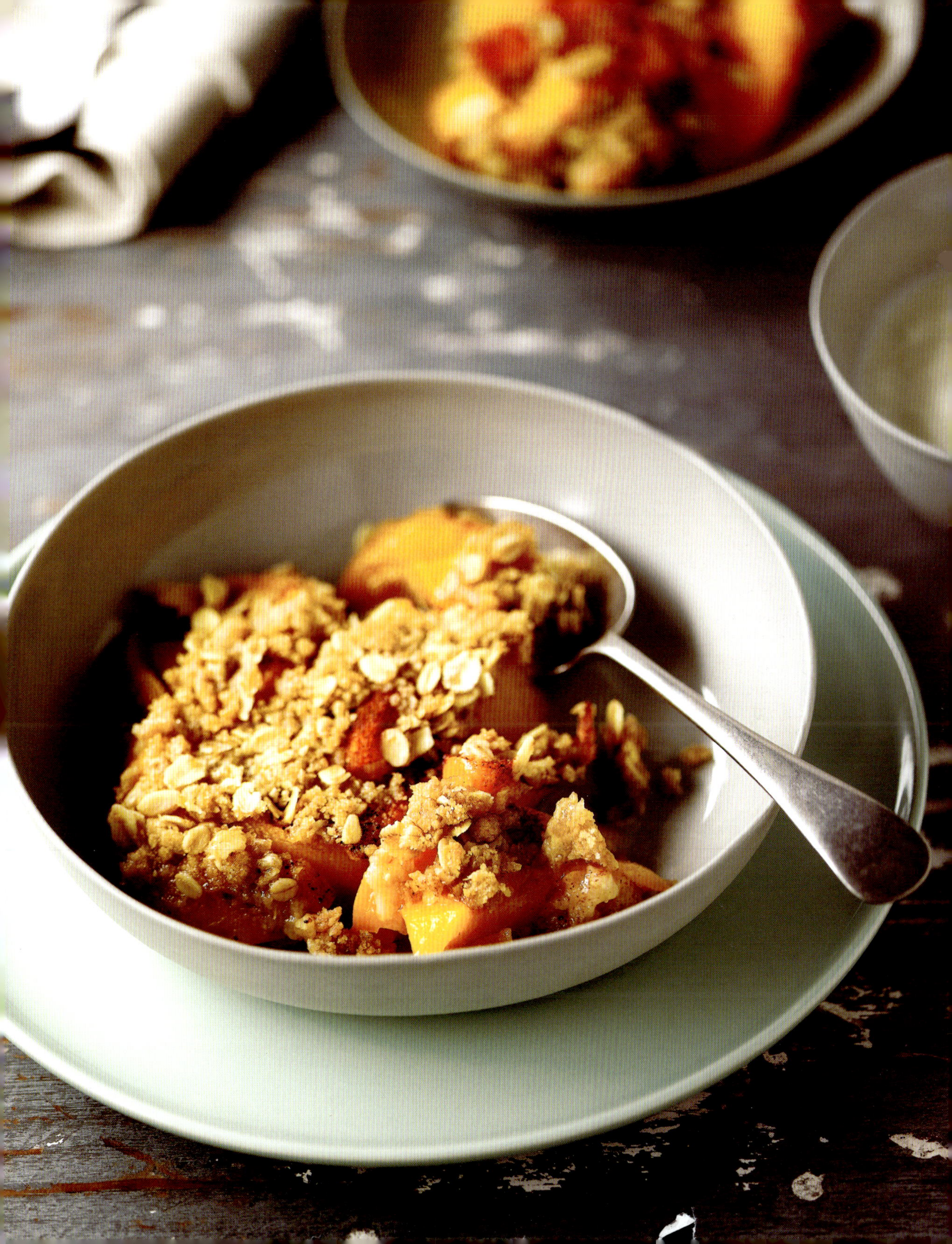

Bananes enrobées
de chocolat congelées

Le chocolat noir est très nutritif. Extrait de la fève du cacaoyer, c'est l'une des meilleures sources d'antioxydants sur la planète. Toutefois, rappelez-vous de toujours choisir une marque de première qualité offrant un contenu d'au moins 70 % de solides de cacao. Le chocolat au lait et le chocolat blanc ne sont pas bons pour la santé.

- 6 portions
- 15 minutes
- 2 heures
- 1

- 180 g (1 tasse) de grains de chocolat noir
- 90 ml (⅓ tasse) de lait
- 120 g (¾ tasse) d'amandes effilées, grillées
- 6 petites bananes sucrées, comme les Ladyfinger

1. **Combiner** les grains de chocolat et le lait dans la partie supérieure d'un bain-marie au-dessus d'eau à peine frémissante. Brasser jusqu'à ce soit fondu et lisse.

2. **Doubler** une grande plaque à pâtisserie avec du papier parchemin.

3. **Mettre** les amandes grillées dans une grande assiette et réserver.

4. **Peler** les bananes et, depuis la base jusqu'au tiers du fruit, insérer une brochette en bambou ou un bâtonnet en bois.

5. **Plonger** chaque banane dans le chocolat fondu, en laissant s'égoutter le surplus. Rouler dans les amandes grillées.

6. **Placer** les bananes sur la plaque à pâtisserie préparée et mettre au congélateur 2 heures.

7. **Retirer** du congélateur tout juste avant de servir.

Si vous avez aimé cette recette, vous raffolerez aussi de celles-ci.

Smoothies banane royale — 292

Mousse d'avocat au chocolat — 310

Soufflés au chocolat faibles en gras — 312

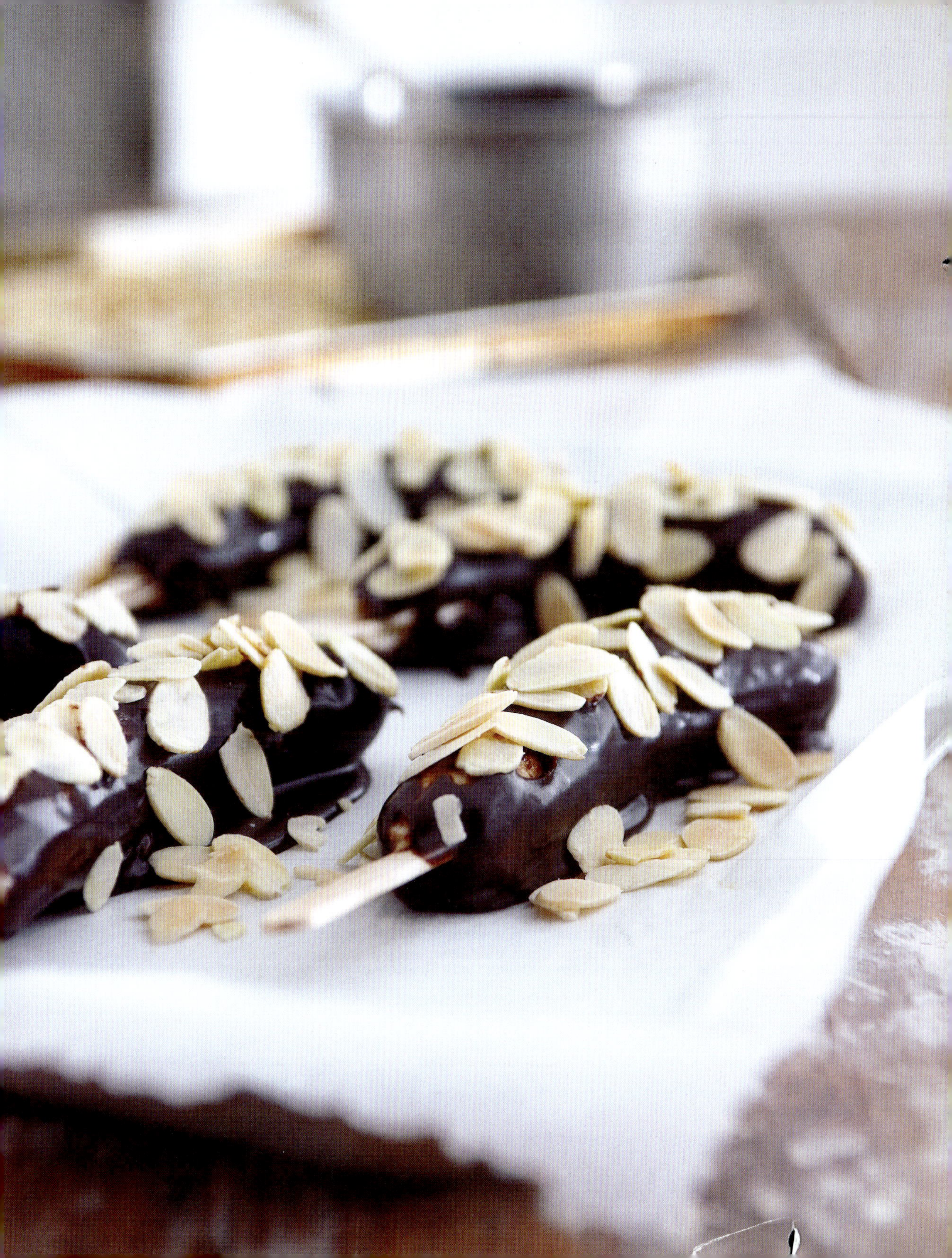

Mousse d'avocat au chocolat

L'avocat est une excellente source d'acides gras monoinsaturés, de même que de plusieurs vitamines du complexe B, de vitamine E, de potassium et de fibres alimentaires. On pense qu'il aide à réduire le taux de mauvais cholestérol et hausser celui du bon cholestérol.

- 4 portions
- 10 minutes
- 1

3	avocats, pelés et dénoyautés
75	g (½ tasse) de cacao en poudre non sucré
90	ml (⅓ tasse) de miel clair
5	ml (1 c. à thé) d'extrait de vanille
	Sel de mer grossier, pour servir

1. **Hacher** les avocats et mettre dans un robot culinaire avec le cacao, le miel et l'extrait de vanille. Mixer jusqu'à ce que le mélange soit lisse.

2. **Répartir** uniformément le mélange d'avocats au chocolat entre quatre coupes ou bols à dessert.

3. **Saupoudrer** légèrement de sel de mer et servir aussitôt.

Si vous avez aimé cette recette, vous raffolerez aussi de celles-ci.

Fondue au chocolat avec fruits frais — 298

Bananes enrobées de chocolat congelées — 308

Soufflés au chocolat faibles en gras — 312

310 DESSERTS

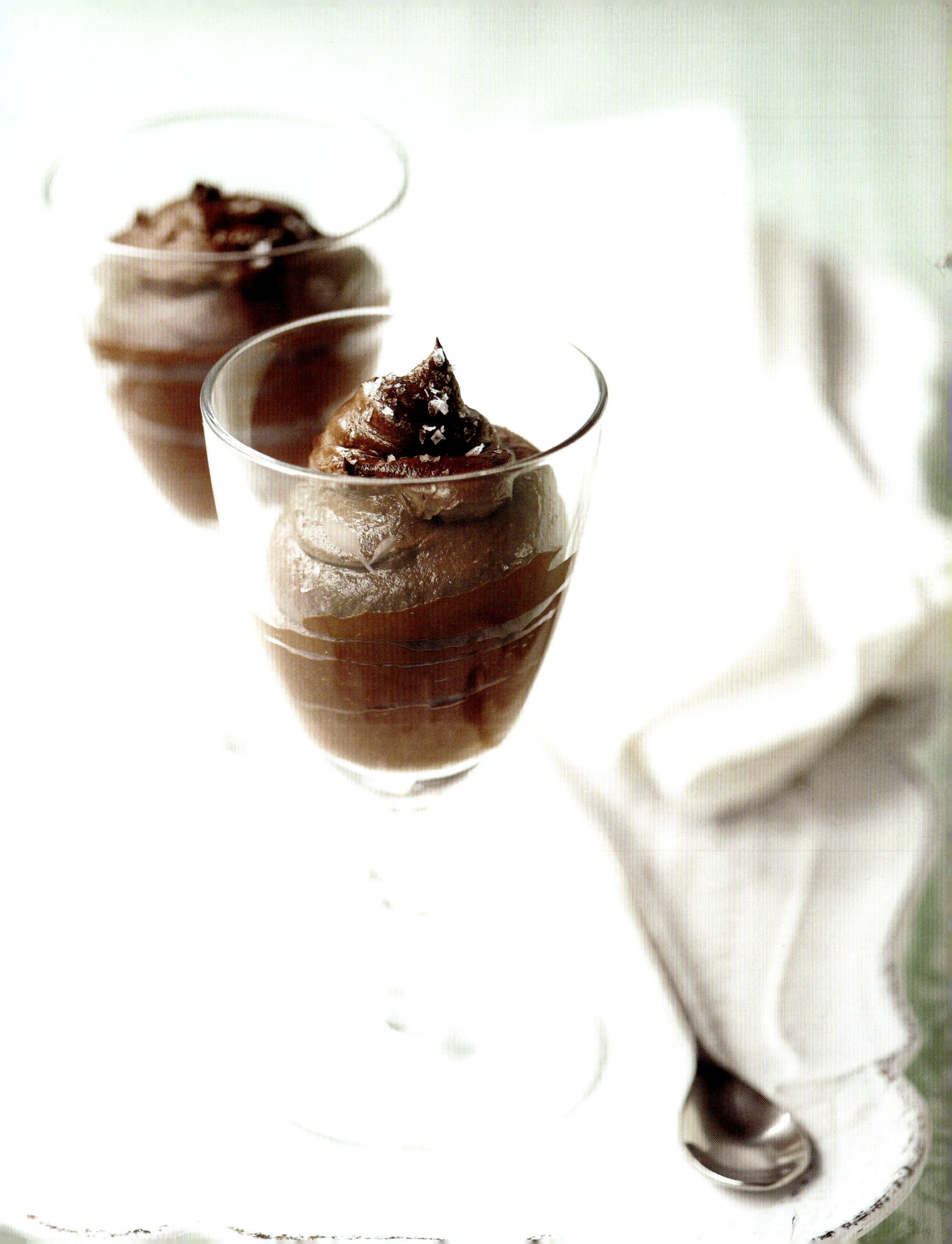

Soufflés au chocolat
faibles en gras

Servez ces délicieux petits soufflés lors d'occasions spéciales.

- 6 portions
- 10 minutes
- 20 minutes
- 3

- 75 g (½ tasse) de cacao en poudre non sucré
- 90 ml (6 c. à soupe) d'eau chaude
- 15 ml (1 c. à soupe) de beurre non salé
- 15 ml (1 c. à soupe) d'huile de canola
- 45 ml (3 c. à soupe) de farine tout usage
- 15 ml (1 c. à soupe) de noisettes moulues
- 1 ml (¼ c. à thé) de cannelle moulue
- 45 ml (3 c. à soupe) de cassonade foncée, tassée fermement
- 30 ml (2 c. à soupe) de miel
- 1 pincée de sel
- 175 ml (¾ tasse) de lait écrémé
- 4 gros blancs d'œufs
- 45 ml (3 c. à soupe) de sucre
- 10 ml (2 c. à thé) de sucre glace
- 150 g (1 tasse) de framboises, pour servir

1. **Préchauffer** le four à 190 °C (375 °F). Huiler six plats à soufflé de 250 ml (1 tasse).

2. **Mêler** le cacao et l'eau chaude dans un bol moyen, jusqu'à ce que ce soit lisse. Réserver.

3. **Fondre** le beurre dans une petite casserole à feu doux. Ajouter l'huile et brasser pour mêler. Ajouter la farine, les noisettes et la cannelle. Cuire 1 minute en brassant sans arrêt. Ajouter le cassonade, le miel et le sel en brassant.

4. **Ajouter** graduellement le lait et cuire, en brassant sans arrêt, jusqu'à ce que ce soit épaissi, environ 3 minutes. En brassant, ajouter au mélange au cacao. Laisser refroidir un peu.

5. **Battre** les blancs d'œufs jusqu'à ce qu'ils soient mousseux. Ajouter le sucre et battre jusqu'à la formation de pics fermes. Plier les blancs d'œufs dans le mélange au cacao.

6. **Délicatement,** transférer le mélange dans les plats huilés à l'aide d'une cuillère.

7. **Cuire** au four environ 20 minutes, jusqu'à ce que le mélange ait levé et que le centre soit pris.

8. **Laisser** refroidir 10 minutes sur une grille en métal.

9. **Saupoudrer** de sucre glace et servir chaud avec les framboises.

Si vous avez aimé cette recette, vous raffolerez aussi de celles-ci.

Fondue au chocolat avec fruits frais
298

Bananes enrobées de chocolat congelées
308

Mousse d'avocat au chocolat
310

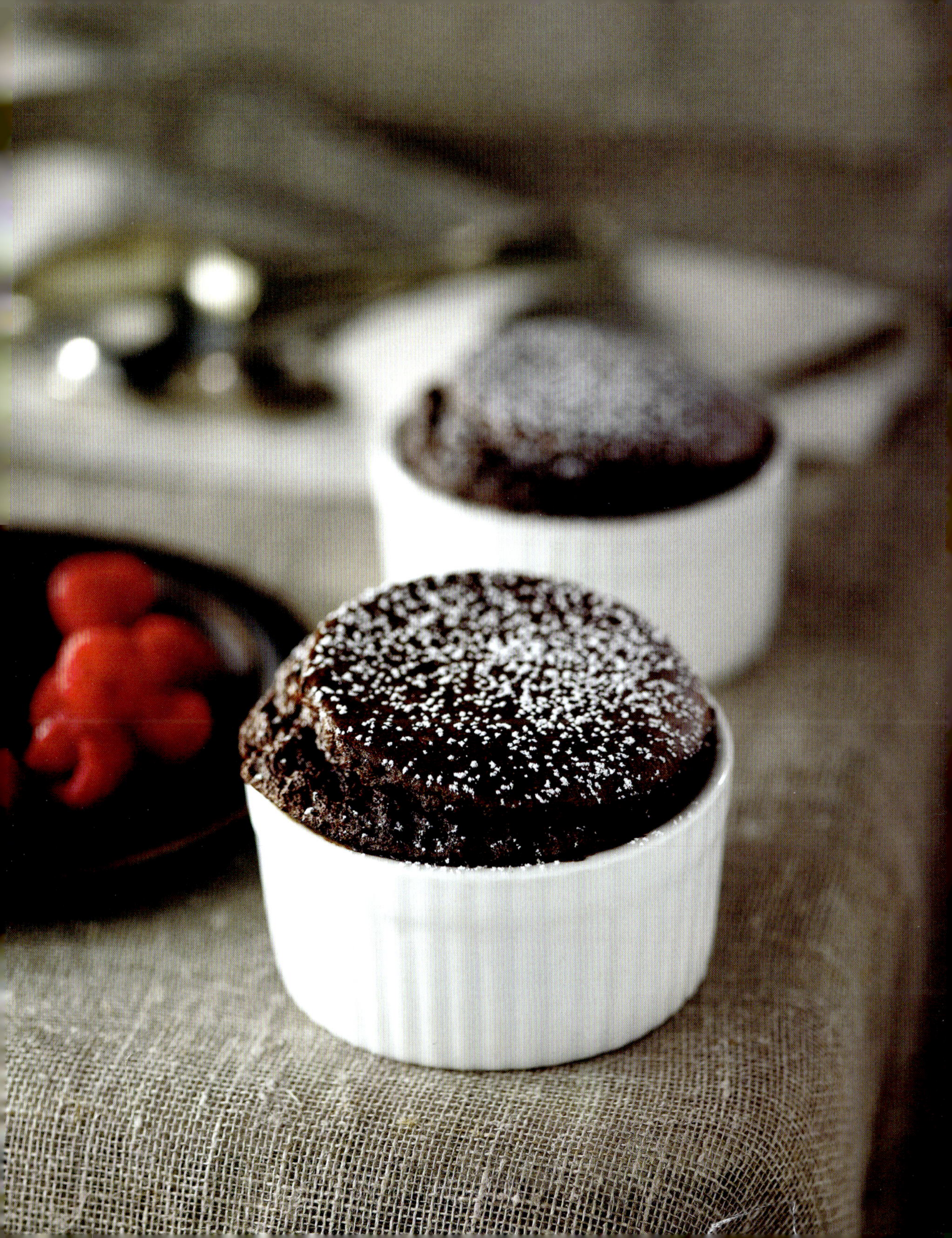

Shortcake aux fraises
à faible teneur en gras

C'est la version réduite en calories et en gras d'une recette classique.

- 8 portions
- 15 minutes
- 10–12 minutes
- 2

- 270 g (1¾ tasse) de farine de blé entier
- 30 g (¼ tasse) de farine tout usage
- 13 ml (2½ c. à thé) de levure chimique
- 15 ml (1 c. à soupe) de sucre
- 60 g (¼ tasse) de beurre, froid
- 175 ml (¾ tasse) de lait sans matières grasses, froid
- 300 g (2 tasses) de fraises, équeutées et tranchées
- 60 ml (¼ tasse) de yogourt à la vanille sans matières grasses

1. **Préchauffer** le four à 180°C (350°F). Doubler une plaque à pâtisserie avec du papier parchemin.
2. **Combiner** les deux farines, la levure chimique et le sucre dans un bol. Couper le beurre réfrigéré avec une fourchette dans le mélange jusqu'à ce qu'il ressemble à une chapelure grossière. Ajouter le lait et brasser jusqu'à l'obtention d'une pâte molle et humide.
3. **Déposer** sur une surface de travail enfarinée et pétrir jusqu'à ce que la pâte soit homogène. Rouler en forme de rectangle de 5 mm (¼ po) d'épaisseur. Couper en 8 carrés.
4. **Disposer** sur la plaque préparée. Cuire 10 à 12 minutes, jusqu'à ce que les carrés soient dorés.
5. **Transférer** les carrés de shortcake dans les assiettes de service. Garnir de fraises et de yogourt. Servir chaud.

Si vous avez aimé cette recette, vous raffolerez aussi de celles-ci.

Pêches rôties au miel avec crème — 302

Croustade aux abricots faible en gras — 306

Soufflés au chocolat faibles en gras — 312

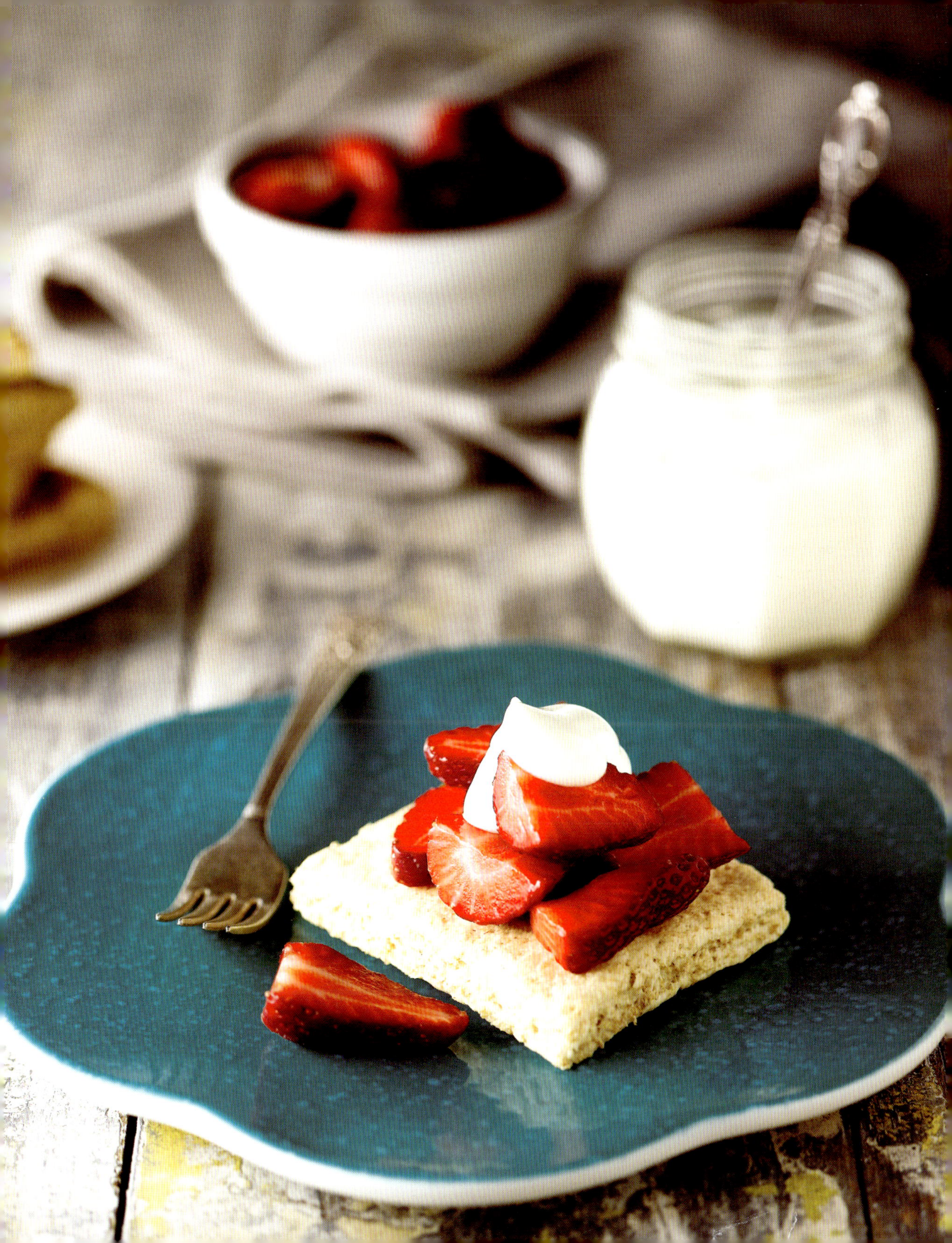

Index

A

Abricots
  Croustade aux abricots faible en gras 306
  Smoothies pomme et abricots 32
Agneau
  Côtelettes d'agneau aux herbes de Provence 246
  Salade agneau grillé et légumes printaniers 134
  Steaks d'agneau et pesto aux graines de citrouille 248
Amandes épicées rôties 54
Asperges
  Asperges grillées avec œufs et mayonnaise au yogourt 258
  Omelette asperges et fromage 50
  Risotto aux asperges 166
  Salade thon, haricots et asperges 126
Asperges grillées avec œufs et mayonnaise au yogourt 258
Avocat
  Mousse d'avocat au chocolat 310
  Salade haricots noirs, avocat et œufs 122
  Salade verte, croûtons et avocats 116
  Soupe froide concombre et avocats 94

B

Bananes enrobées de chocolat congelées 308
Bébés pieuvres grillés 188
Bœuf
  Boulettes de bœuf et pommes 242
  Soupe épicée au bœuf 114
Brochettes de légumes et halloumi grillés 264
Brochettes de poulet soya et coriandre avec riz au jasmin 224
Brochettes italiennes 72
Brochettes panir et légumes 274
Bruschettas tomates et oignon 66
Burgers épicés au tofu et aux légumes 280
Burritos déjeuner 46

C

Carpaccio de saumon fumé 178
Céviché 182
Champignons au four farcis au parmesan 266
Chocolat
  Bananes enrobées de chocolat congelées 308
  Fondue au chocolat avec fruits frais 298
  Mousse d'avocat au chocolat 310
  Soufflés au chocolat faibles en gras 312
Courgettes
  Beignets courgette et maïs 82
  Courgettes et tomates 252
  Salade courgettes grillées et fromage de chèvre 120
Couscous épicé aux légumes 168
Craquelins multigrains 74
Crème aux fraises 288
Crème aux pêches 290
Crème aux petits fruits et croquant aux noix de cajou 300
Crème de brocoli avec fromage bleu 106
Crêpes sans gluten 42
Crevettes
  Crevettes épicées à l'orange 196
  Crevettes grillées épicées 86
  Crevettes sauce verte 194

Riz à la noix de coco avec crevettes
   et lime 164
Sauté de crevettes et nouilles 158
Crevettes épicées à l'orange 196
Crevettes grillées épicées 86
Crostinis guacamole et fromage 70
Croustade aux abricots
   faible en gras 306

E

Escalopes de veau à la romaine 236
Escalopes de veau,
   citron et carottes 238
Escalopes de veau sauce aux tomates
   fraîches 234

F

Falafels et hoummos 80
Foie de veau à la vénitienne avec purée
   de pommes de terre à l'ail 244
Fricadelles de poisson thaïlandaises
   avec trempette 88
Frittata pois et fromage de chèvre 268

G

Gnocchis épinards et ricotta 152
Granola avoine, noix et petits fruits 36
Gruau à la cannelle avec fruits frais 40
Gruau déjeuner 38

H

Haricots au four à la toscane 262
Hoummos aux herbes 58

J

Jus agrumes et persil 22
Jus épinards, soya et blé avec ginko 18

K

Kasha épicée aux légumes 170

L

Lanières de steak avec pesto, roquette
   et tomates cerises 240
Légumes au cari vert thaï 272

M

Macaronis, citron et fromage 140
Maïs
   Beignets courgette et maïs 82
   Soupe au maïs avec bacon 100
Minestrone rapide avec saucisses 112
Morue, pommes de terre et romarin 206
Moules espagnoles 186
Muesli rapide 34

N

Nouilles au poulet épicé 162
Nouilles épicées, poulet et citron 160

O

Œufs
   Asperges grillées avec œufs
      et mayonnaise au yogourt 258
   Frittata pois et fromage de chèvre 268
   Œufs pochés sur pain grillé
      avec tomates rôties 44
   Omelette asperges et fromage 50
   Salade haricots noirs, avocat et œufs 122
   Thon grillé, œufs, tomates et olives 200
Œufs pochés sur pain grillé avec tomates
   rôties 44
Omelette aux herbes 48
Orge perlé pesto tomates séchés 174

P

Pad thaï avec tofu 154

Pains de semoule cuits à la poêle 76

Palourdes au vin blanc 184

Paniers de melon
   avec sorbet au citron 294

Pêches rôties au miel avec crème 302

Pennes, tomates séchées et haricots
   verts 142

Pétoncles
   Pétoncles au four et prosciutto 192
   Pétoncles grillés avec salsa à l'orange 190

Pétoncles au four et prosciutto 192

Pétoncles grillés avec salsa à l'orange 190

Pico de gallo (salsa) 62

Poires pochées et crème ricotta 304

Pois, jambon et persil 260

Poisson à la sauce chermoula avec
   couscous 208

Pommes
   Boulettes de bœuf et pommes 242
   Quinoa pomme et fromage 172
   Régénérant matinal pomme
      et légumes 20
   Smoothies pomme et abricots 32

Pommes de terre et épinards épicés 256

Potage épicée aux patates douces 102

Potage parmentier 104

Poulet
   Boulettes de poulet et lait de coco 232
   Brochettes de poulet citron et herbes
      fraîches 226
   Brochettes de poulet soya et coriandre
      avec riz au jasmin 224
   Nouilles au poulet épicé 162
   Nouilles épicées, poulet et citron 160

Poulet avec sauce citron et câpres 222

Poulet épicé avec haricots cannellini 220

Poulet grillé ail et citron 228

Poulet grillé, roquette et haricots
   blancs 218

Rouleaux de poulet, pancetta,
   sauge et parmesan 230

Salade grecque au poulet
   avec bruschettas 216

Salade poulet, roquette et pois
   chiches 130

Salade poulet rôti, tomates
   et menthe 132

Soupe au maïs avec bacon 100

Soupe poulet et nouilles
   à l'orientale 110

Poulet épicé avec haricots cannellini 220

Poulet grillé ail et citron 228

Poulet grillé, roquette et haricots
   blancs 218

Purée de pommes de terre à l'ail 254

Q

Quinoa pomme et fromage 172

R

Ragoût aux légumes épicé 270

Réveille-matin carottes
   et gingembre 24

Riz à la noix de coco avec crevettes
   et lime 164

S

Salade agneau grillé et légumes
   printaniers 134

Salade chaude de saumon, pommes
   de terre et betteraves 128

Salade courgettes grillées et fromage de chèvre 120
Salade de fruits frais *mojito* 296
Salade de pois chiches et steak 136
Salade grecque au poulet avec bruschettas 216
Salade haricots noirs, avocat et œufs 122
Salade lentilles, feta et tomates cerises 124
Salade poires, fromage de chèvre et noix 118
Salade poulet rôti, tomates et menthe 132
Salade verte, croûtons et avocats 116
Salsa à la mangue 64
Sardines grillées farcies aux raisins de Corinthe et aux pignons 210
Saumon
   Carpaccio de saumon fumé 178
   Darnes de saumon et sauce hollandaise à l'aneth 202
   Salade chaude de saumon, pommes de terre et betteraves 128
   Saumon au four avec chapelure au parmesan 204
   Saumon au four avec chapelure au parmesan 204
Sauté de nouilles ramen et tofu 156
Scones de blé entier fromage et herbes 78
Shortcake aux fraises à faible teneur en gras 314
Smoothies aux framboises 28
Smoothies aux fruits exotiques 30
Smoothies banane royale 292
Smoothies melon et kiwi 26

Sole meunière 212
Soufflés au chocolat faible en gras 312
Soupe aux carottes crémeuse 96
Soupe aux haricots d'Afrique du Nord 108
Soupe épicée au bœuf 114
Soupe froide concombre et avocats 94
Soupe haricots et pommes de terre avec pesto 98
Soupe poulet et nouilles à l'orientale 110
Spaghettis avec sauce aux tomates fraîches 146
Spaghettis de blé entier, anchois et chapelure croustillante 148
Spaghettis pesto aux herbes 144

T
Tagliatelles pesto amandes et basilic 150
Taramasalata 60
Thon
   Carpaccio de thon avec endives 180
   Salade thon, haricots et asperges 126
   Steaks de thon avec sauce au yogourt et au concombre 198
   Thon grillé, œufs, tomates et olives 200
Thon grillé, œufs, tomates et olives 200
Toasts à la grecque 68
Tofu
   Brochettes de tofu avec sauce aux arachides 84
   Burgers épicés au tofu et aux légumes 280
   Succédané de panir au tofu 276
   Tofu au cari avec épinards et tomates 278
Tofu au cari avec épinards et tomates 278
Trempette aux poivrons 56